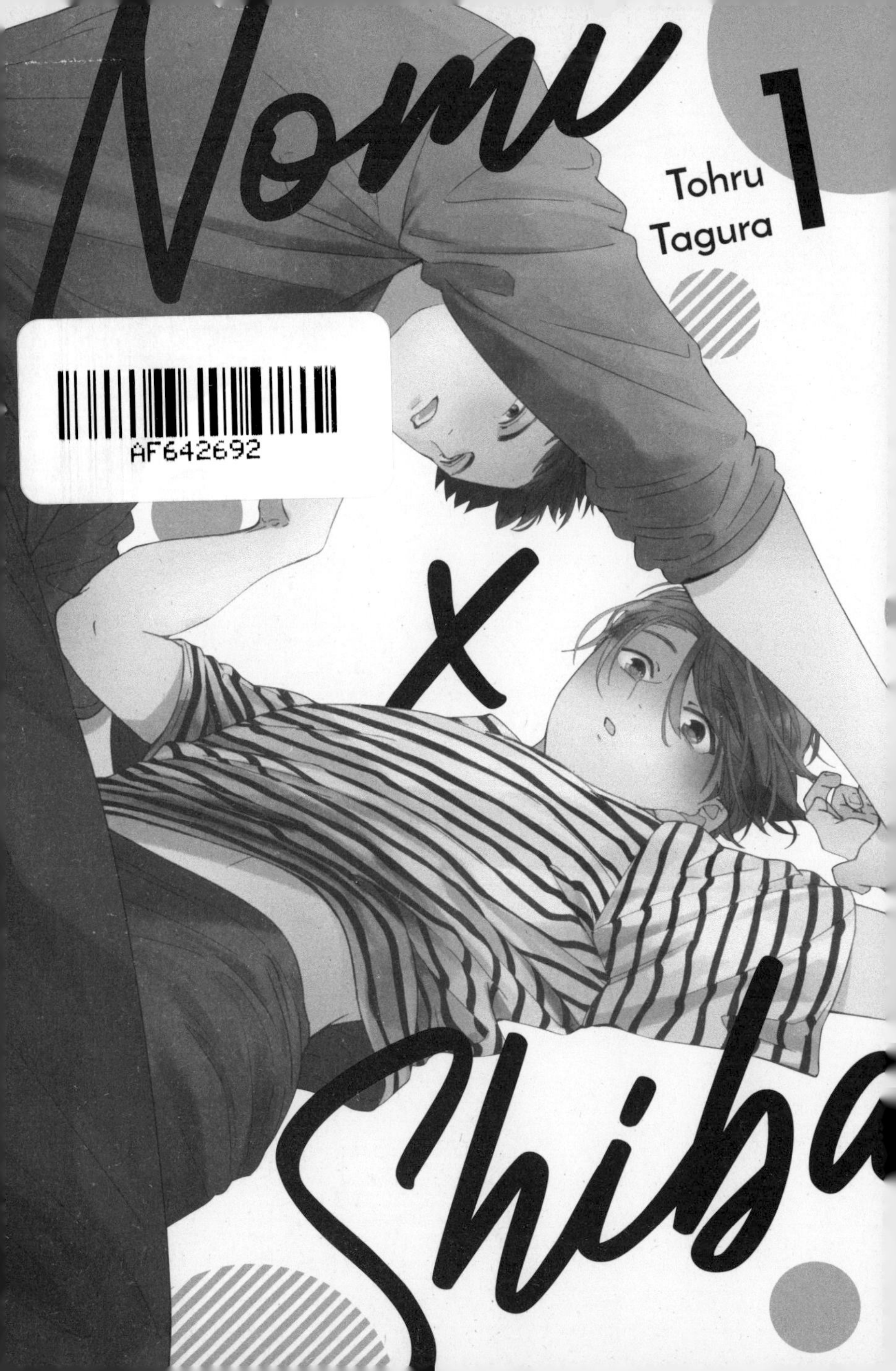
Nomi
x
Shiba
1
Tohru
Tagura

Nomi x Shiba

Inhalt

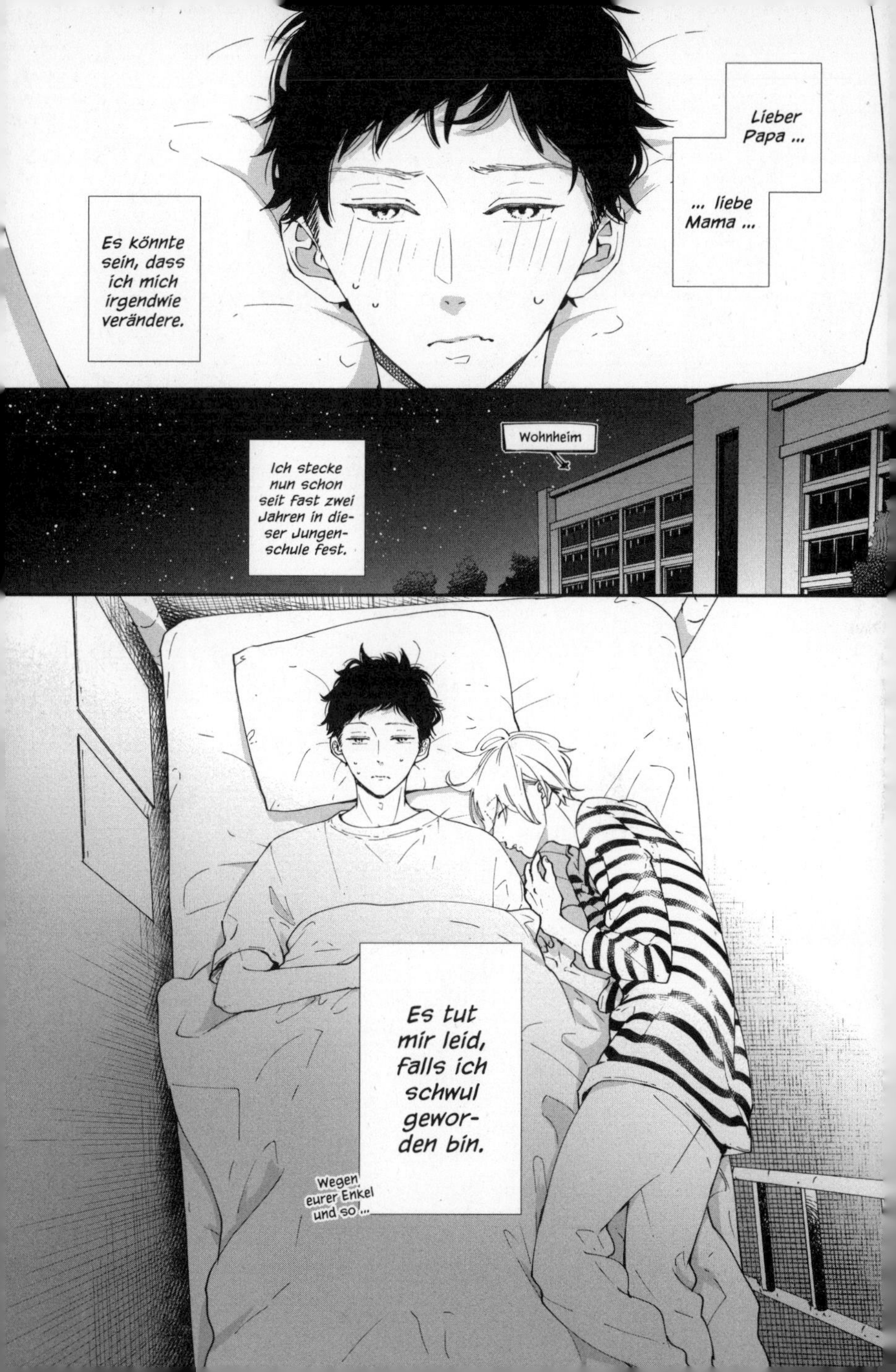

Lieber Papa ...
... liebe Mama ...
Es könnte sein, dass ich mich irgendwie verändere.
Wohnheim
Ich stecke nun schon seit fast zwei Jahren in dieser Jungenschule fest.
Es tut mir leid, falls ich schwul geworden bin.
Wegen eurer Enkel und so ...

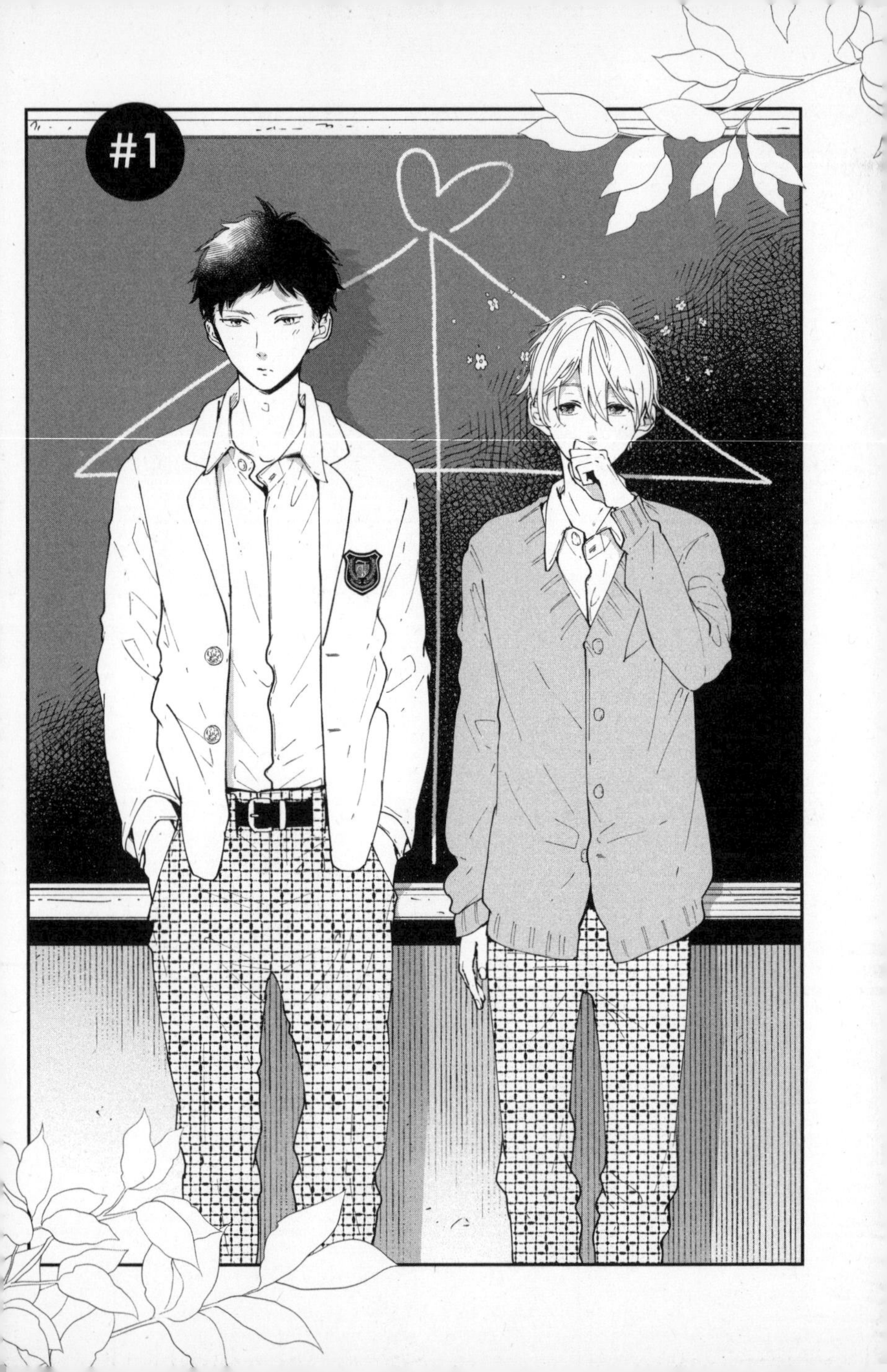
#1

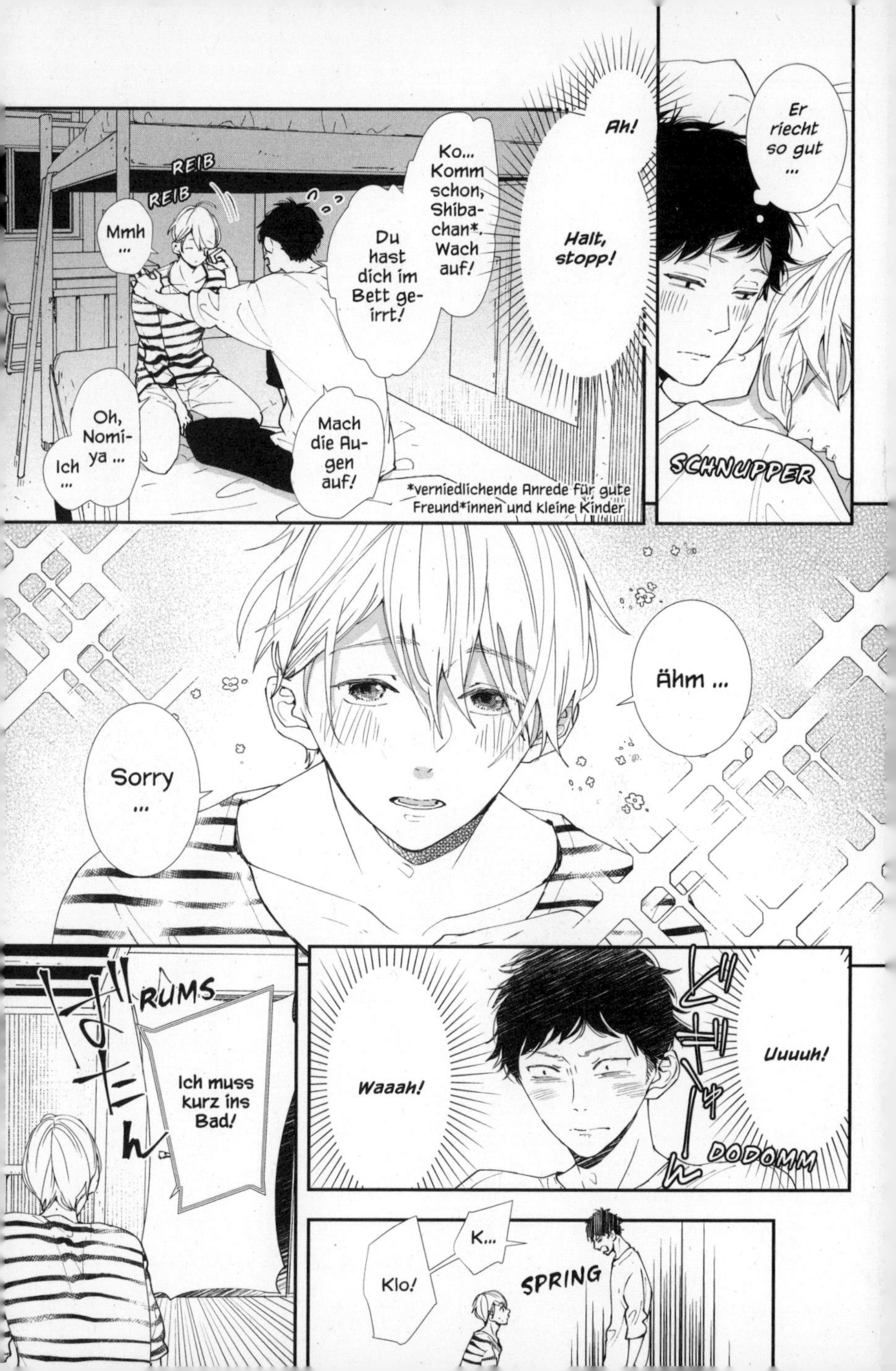
Er riecht so gut ...
SCHNUPPER
Ah!
Halt, stopp!
Ko... Komm schon, Shibachan*. Wach auf!
Du hast dich im Bett geirrt!
Mach die Augen auf!
REIB
REIB
Mmh ...
Oh, Nomiya ...
Ich ...
*verniedlichende Anrede für gute Freund*innen und kleine Kinder
Ähm ...
Sorry ...
Uuuuh!
DODOMM
Waaah!
RUMS
Ich muss kurz ins Bad!
K...
Klo!
SPRING

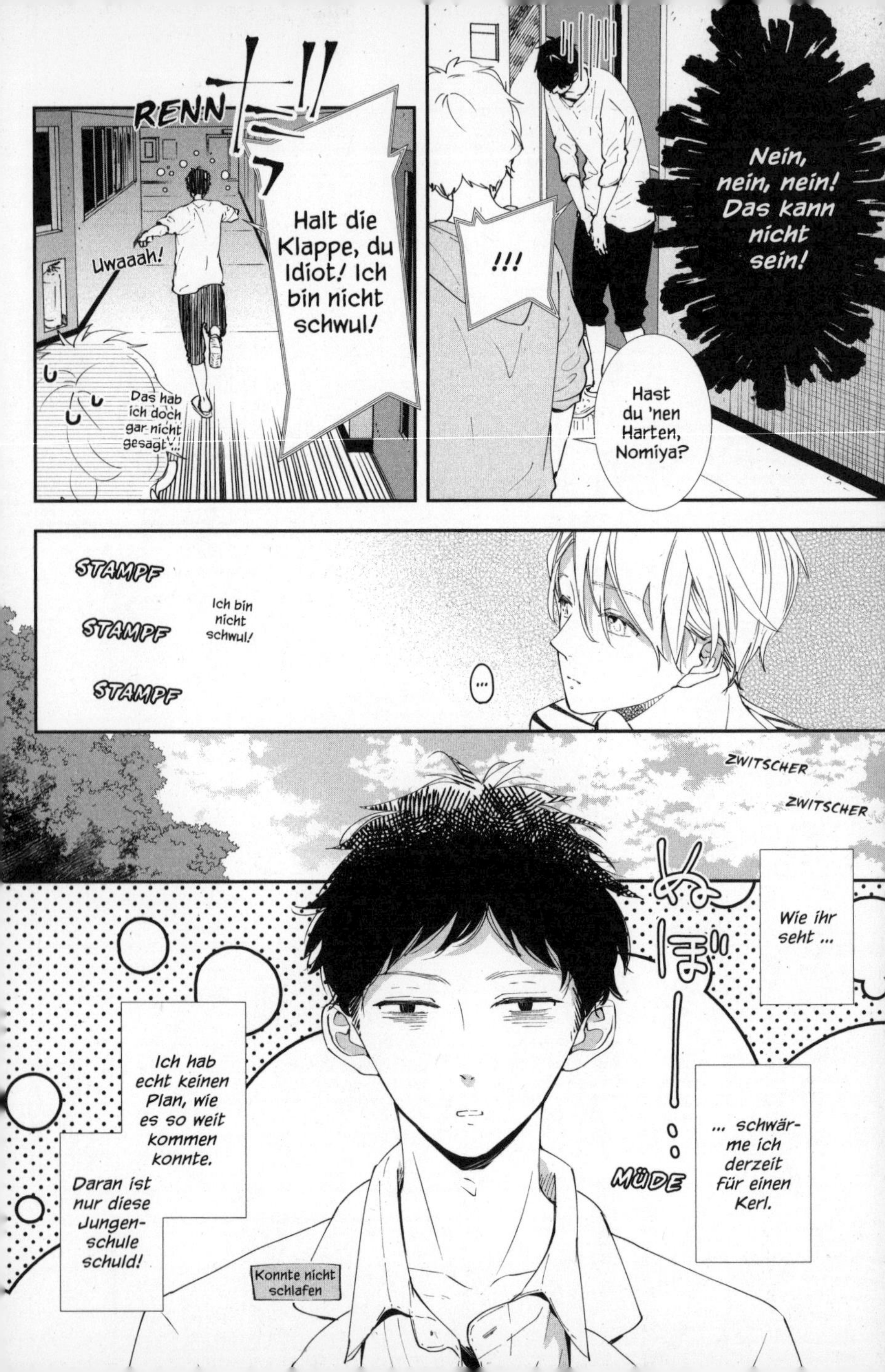
Nein, nein, nein! Das kann nicht sein!
!!!
Hast du 'nen Harten, Nomiya?
RENN
Halt die Klappe, du Idiot! Ich bin nicht schwul!
Uwaaah!
Das hab ich doch gar nicht gesagt ...
STAMPF
STAMPF
STAMPF
Ich bin nicht schwul!
...
ZWITSCHER
ZWITSCHER
Wie ihr seht ...
... schwärme ich derzeit für einen Kerl.
ぬぼー
MÜDE
Ich hab echt keinen Plan, wie es so weit kommen konnte.
Daran ist nur diese Jungenschule schuld!
Konnte nicht schlafen

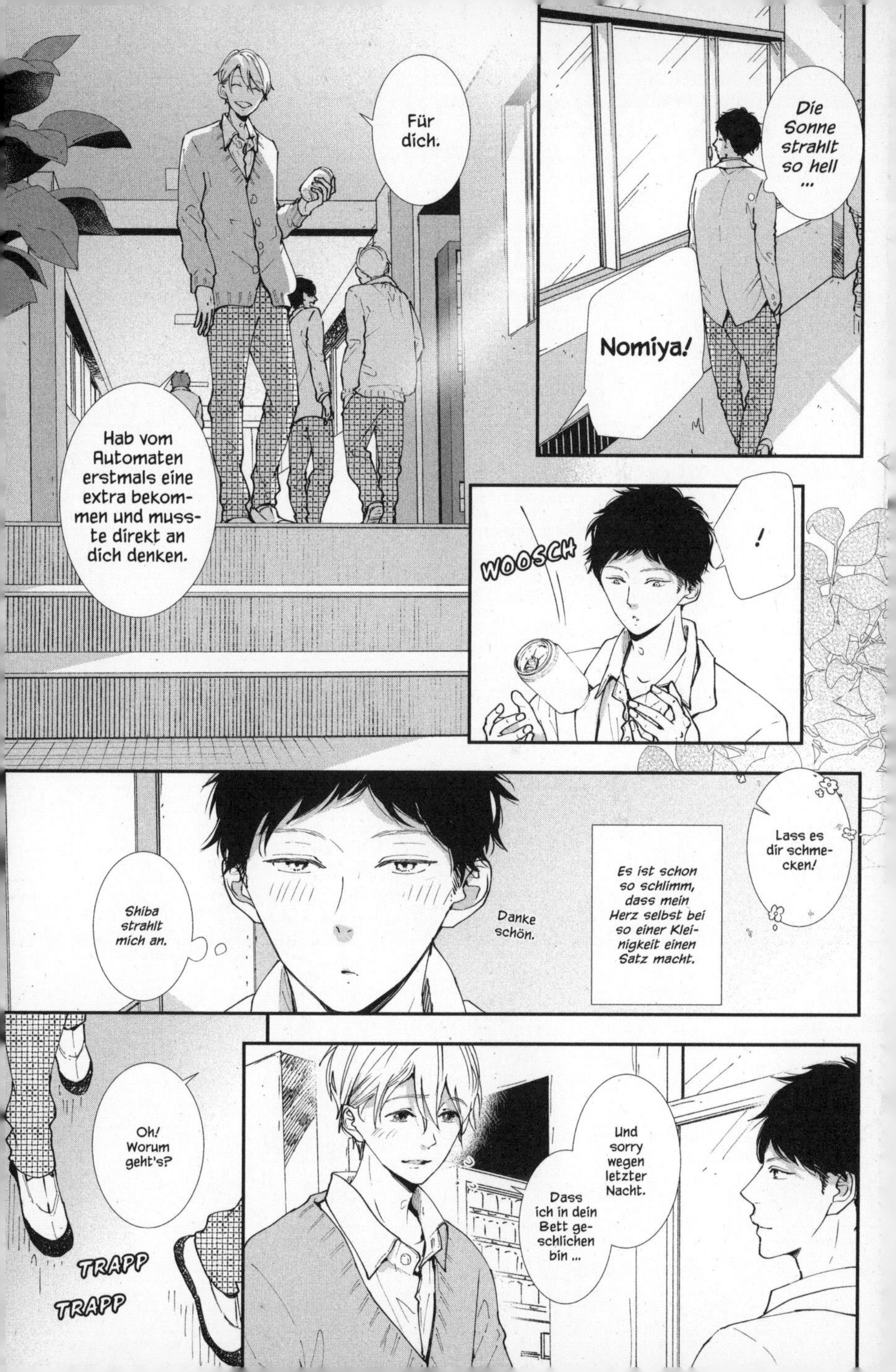

Die Sonne strahlt so hell ...
Nomiya!
Für dich.
Hab vom Automaten erstmals eine extra bekommen und musste direkt an dich denken.
!
WOOSCH
Lass es dir schmecken!
Es ist schon so schlimm, dass mein Herz selbst bei so einer Kleinigkeit einen Satz macht.
Danke schön.
Shiba strahlt mich an.
Und sorry wegen letzter Nacht.
Dass ich in dein Bett geschlichen bin ...
Oh! Worum geht's?
TRAPP
TRAPP

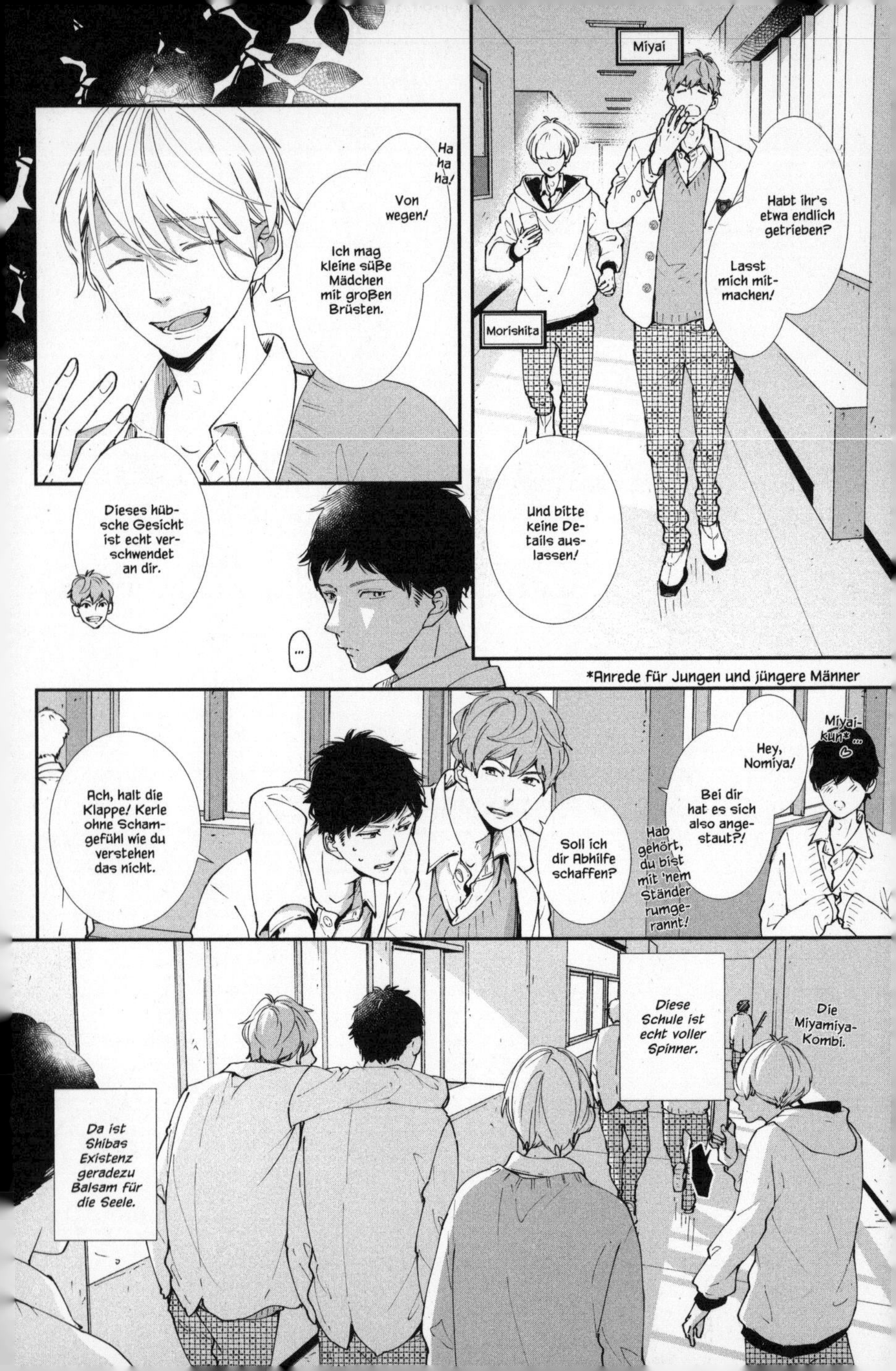

*Anrede für Jungen und jüngere Männer

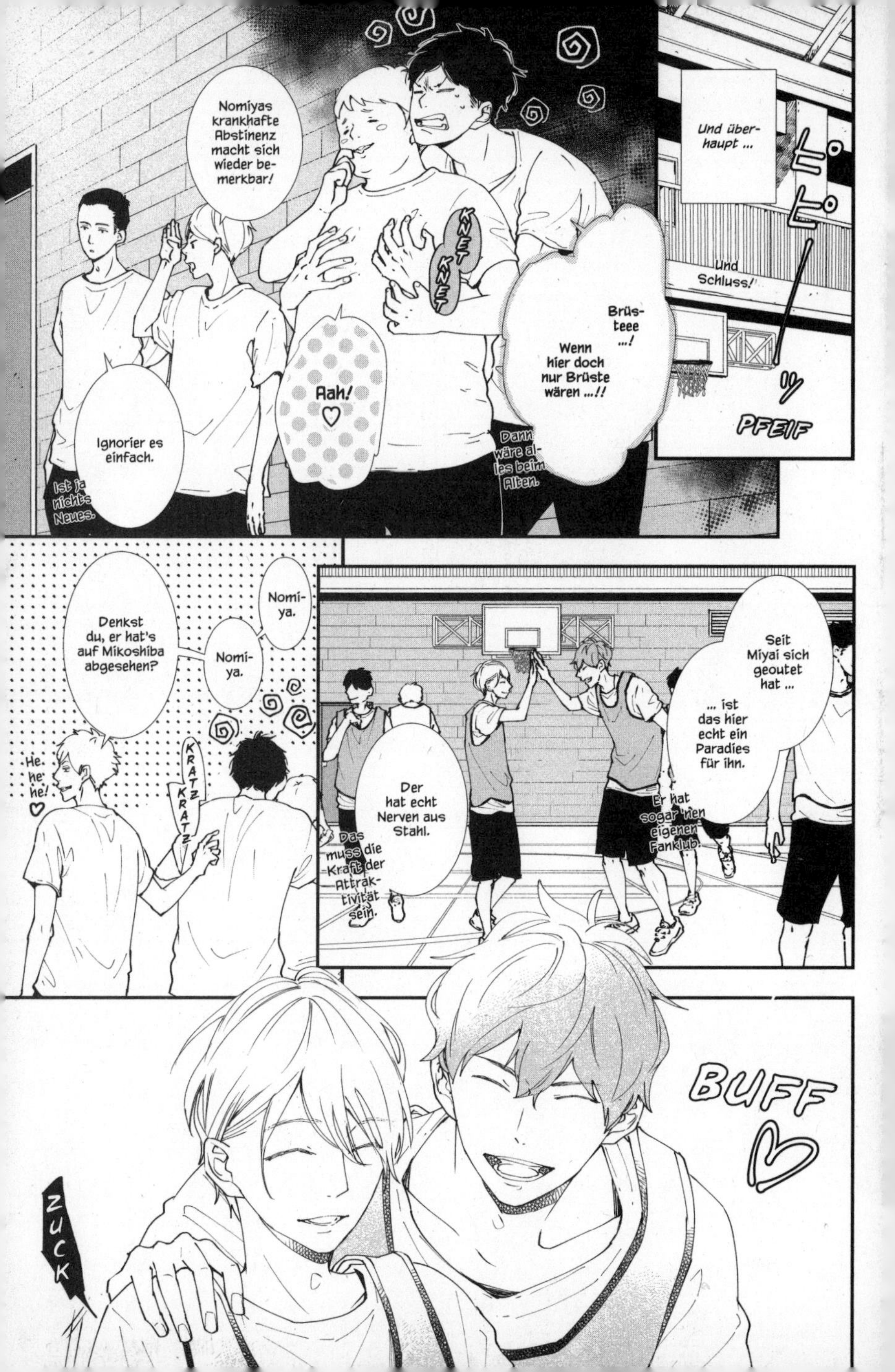
Und überhaupt ...
Und Schluss!
PFEIF
Brüsteee ...!
Wenn hier doch nur Brüste wären ...!!
Dann wäre alles beim Alten.
KNET KNET
Aah! ♡
Nomiyas krankhafte Abstinenz macht sich wieder bemerkbar!
Ignorier es einfach.
Ist ja nichts Neues.
Seit Miyai sich geoutet hat ...
... ist das hier echt ein Paradies für ihn.
Er hat sogar 'nen eigenen Fanklub.
Der hat echt Nerven aus Stahl.
Das muss die Kraft der Attraktivität sein.
Nomi-ya.
Nomi-ya.
Denkst du, er hat's auf Mikoshiba abgesehen?
KRATZ KRATZ
He he he! ♡
BUFF ♡
ZUCK

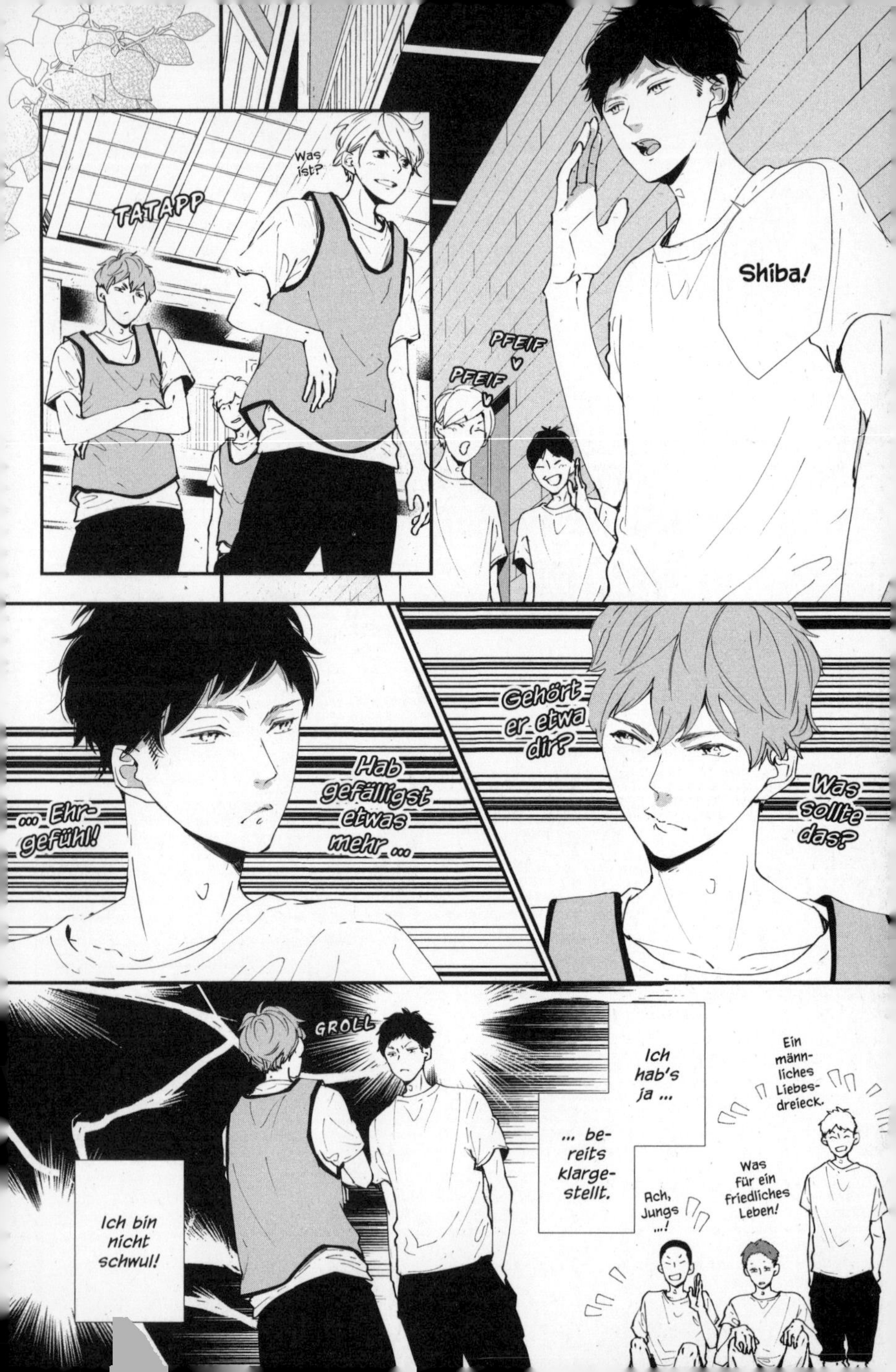
Shiba!
PFEIF
PFEIF
Was ist?
TATAPP
Gehört er etwa dir?
Was sollte das?
Hab gefälligst etwas mehr ...
... Ehrgefühl!
Ein männliches Liebesdreieck.
Was für ein friedliches Leben!
Ach, Jungs ...!
Ich hab's ja ...
... bereits klargestellt.
GROLL
Ich bin nicht schwul!

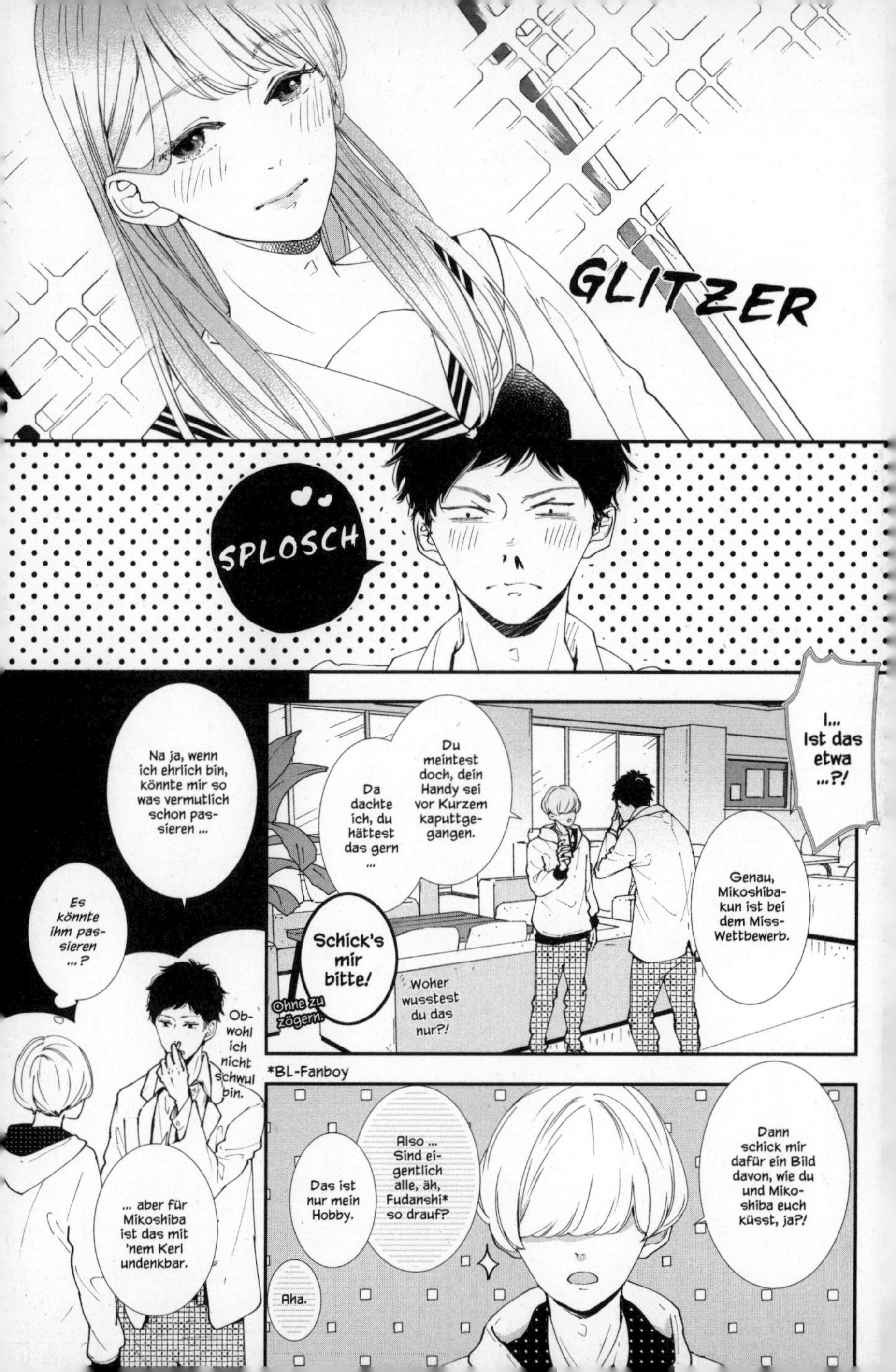
GLITZER
SPLOSCH
I... Ist das etwa ...?!
Genau, Mikoshiba-kun ist bei dem Miss-Wettbewerb.
Du meintest doch, dein Handy sei vor Kurzem kaputtgegangen.
Da dachte ich, du hättest das gern ...
Woher wusstest du das nur?!
Schick's mir bitte!
Ohne zu zögern.
Na ja, wenn ich ehrlich bin, könnte mir so was vermutlich schon passieren ...
Es könnte ihm passieren ...?
Obwohl ich nicht schwul bin.
... aber für Mikoshiba ist das mit 'nem Kerl undenkbar.
Dann schick mir dafür ein Bild davon, wie du und Mikoshiba euch küsst, ja?!
Also ... Sind eigentlich alle, äh, Fudanshi* so drauf?
Das ist nur mein Hobby.
Aha.
*BL-Fanboy

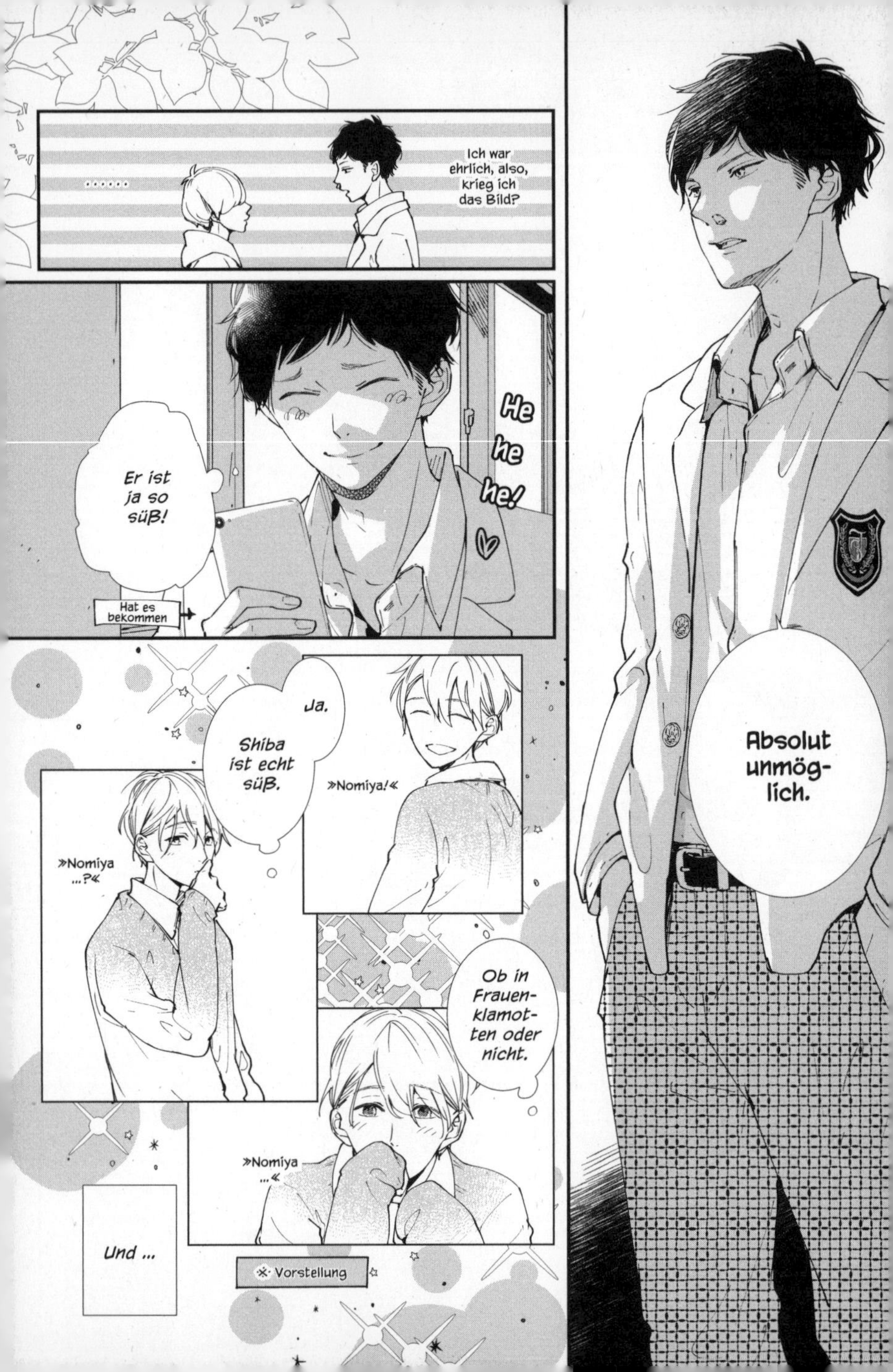

Absolut unmög-lich.
Ich war ehrlich, also, krieg ich das Bild?
......
He he he!
Er ist ja so süß!
Hat es bekommen
Ja.
Shiba ist echt süß.
»Nomiya!«
»Nomiya ...?«
Ob in Frauen-klamot-ten oder nicht.
»Nomiya ...«
Und ...
※ Vorstellung

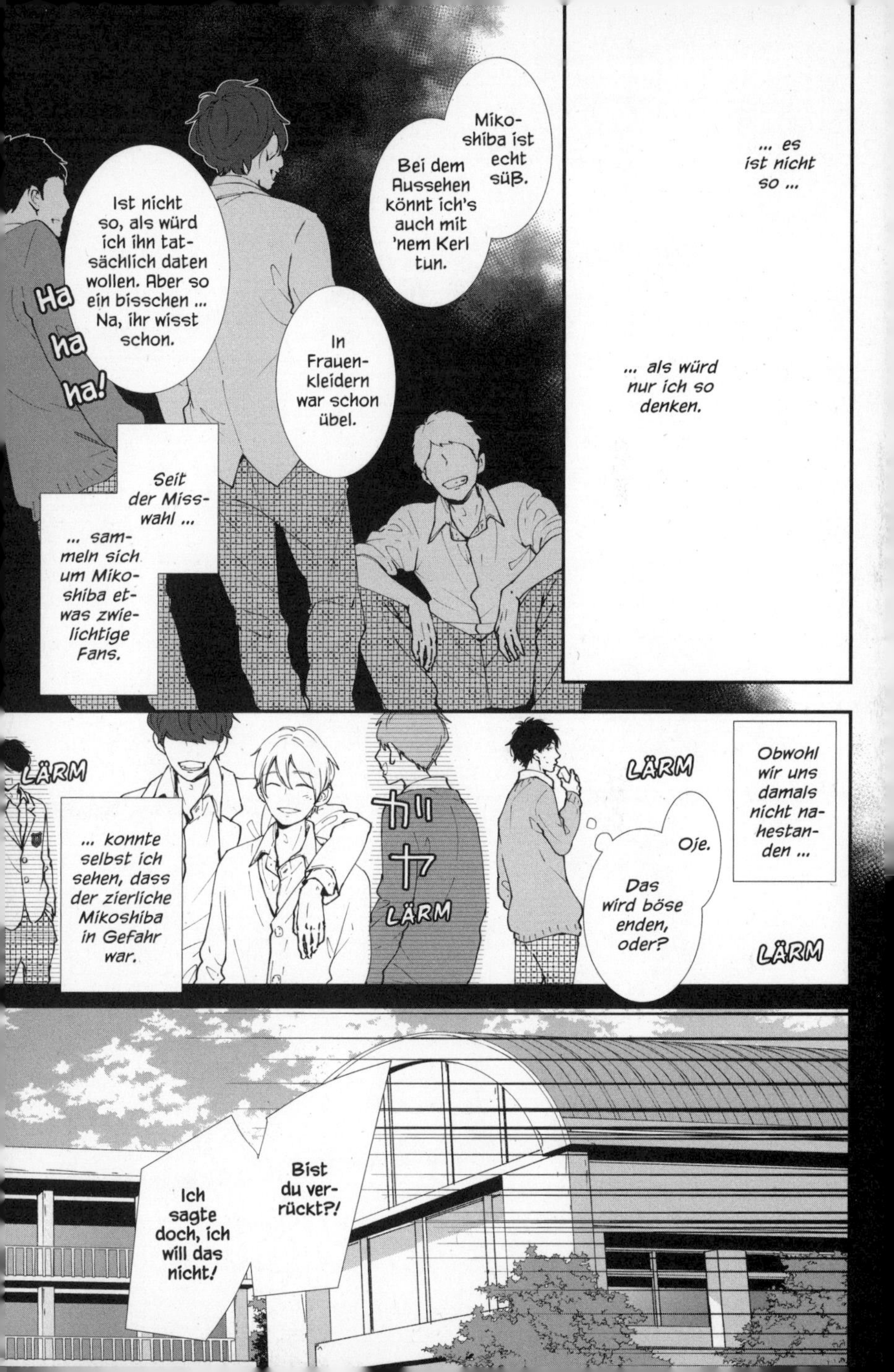
... es ist nicht so ...
... als würd nur ich so denken.
Mikoshiba ist echt süß.
Bei dem Aussehen könnt ich's auch mit 'nem Kerl tun.
In Frauenkleidern war schon übel.
Ist nicht so, als würd ich ihn tatsächlich daten wollen. Aber so ein bisschen ... Na, ihr wisst schon.
Ha ha ha!
Seit der Misswahl ...
... sammeln sich um Mikoshiba etwas zwielichtige Fans.
Obwohl wir uns damals nicht nahestanden ...
LÄRM
LÄRM
Oje.
Das wird böse enden, oder?
LÄRM
LÄRM
... konnte selbst ich sehen, dass der zierliche Mikoshiba in Gefahr war.
Bist du verrückt?!
Ich sagte doch, ich will das nicht!

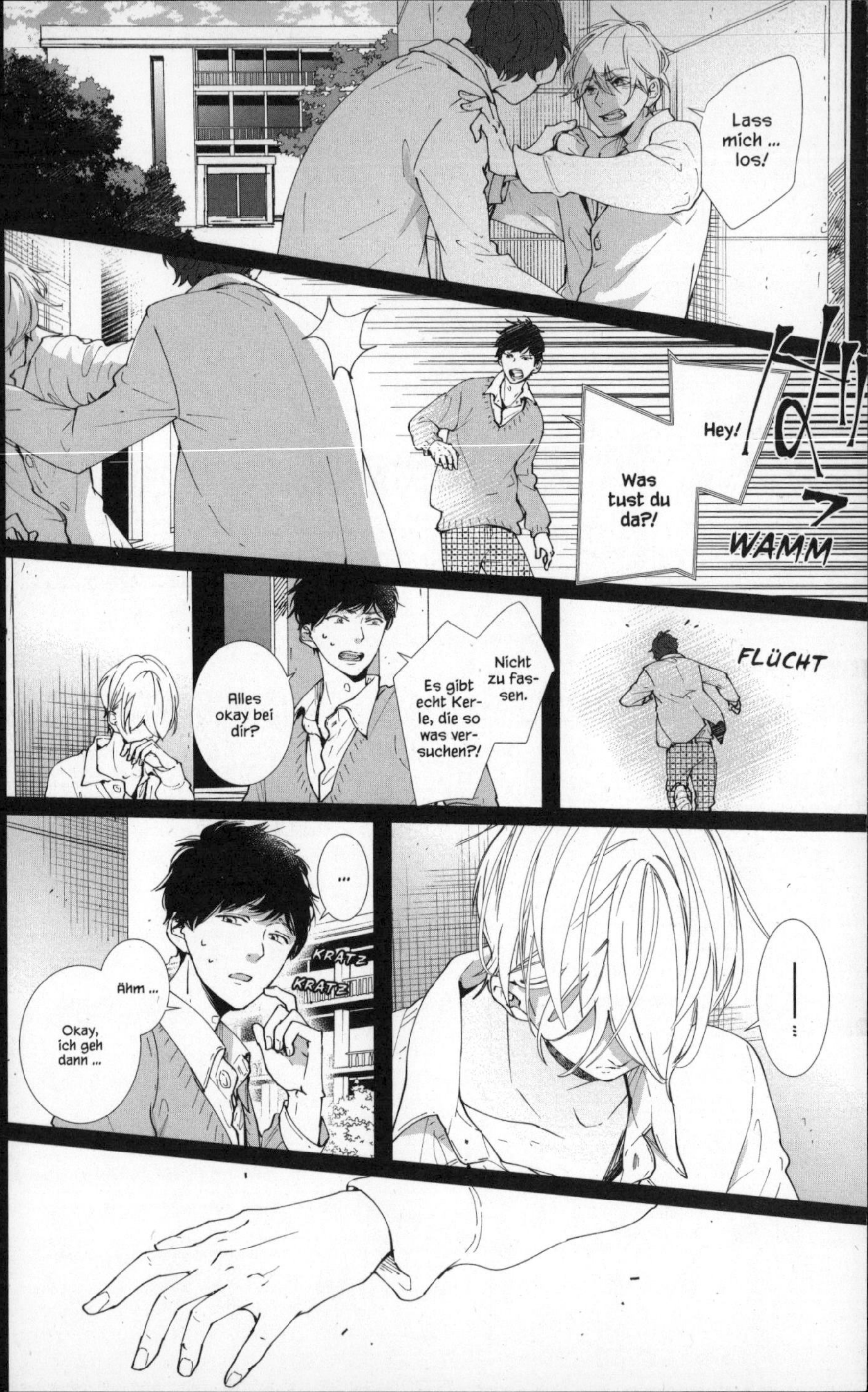
Lass mich ... los!
Hey!
Was tust du da?!
WAMM
FLÜCHT
Nicht zu fassen.
Es gibt echt Kerle, die so was versuchen?!
Alles okay bei dir?
…!
...
KRATZ
KRATZ
Ähm ...
Okay, ich geh dann ...

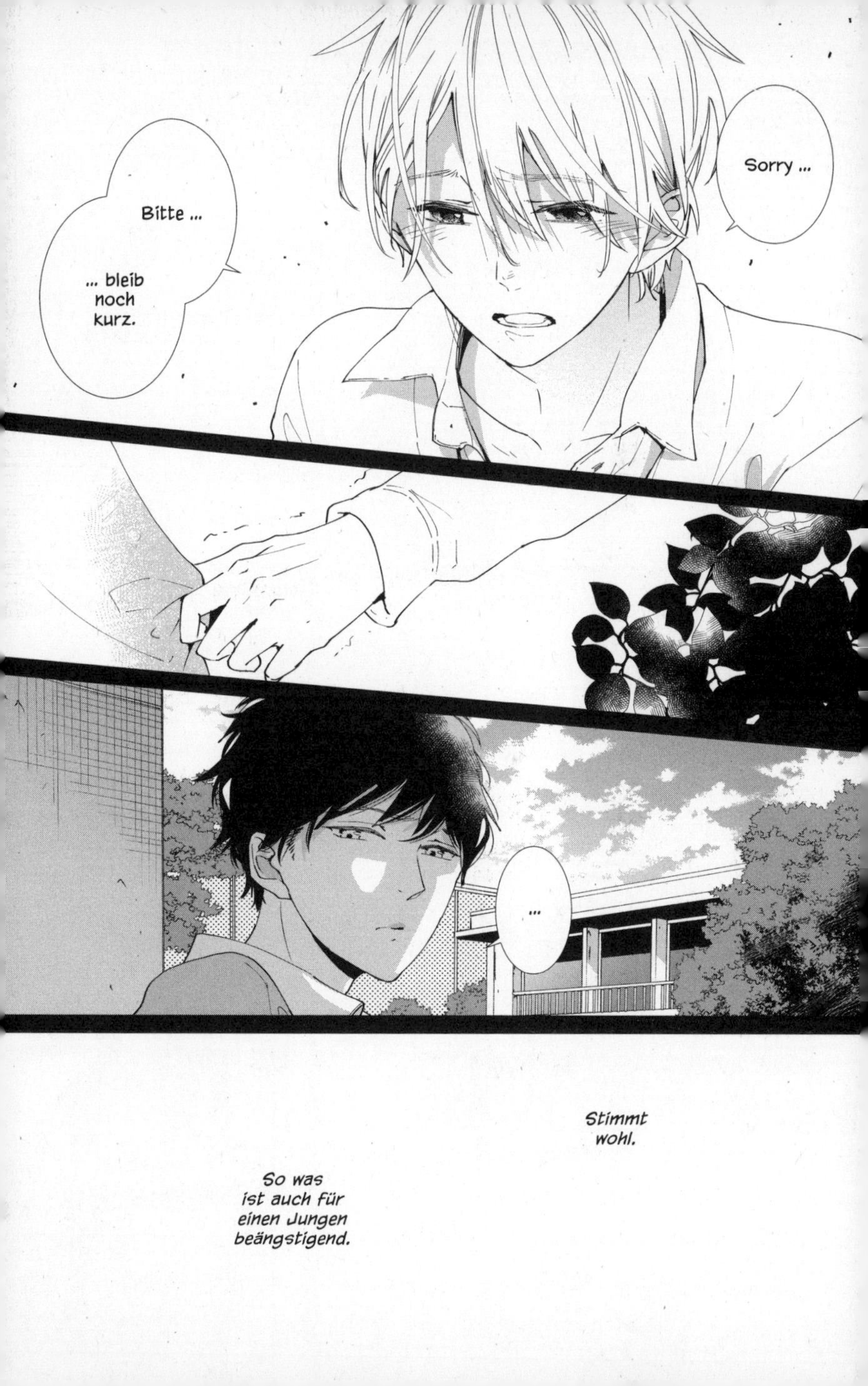
Sorry ...
Bitte ...
... bleib noch kurz.
...
Stimmt wohl.
So was ist auch für einen Jungen beängstigend.

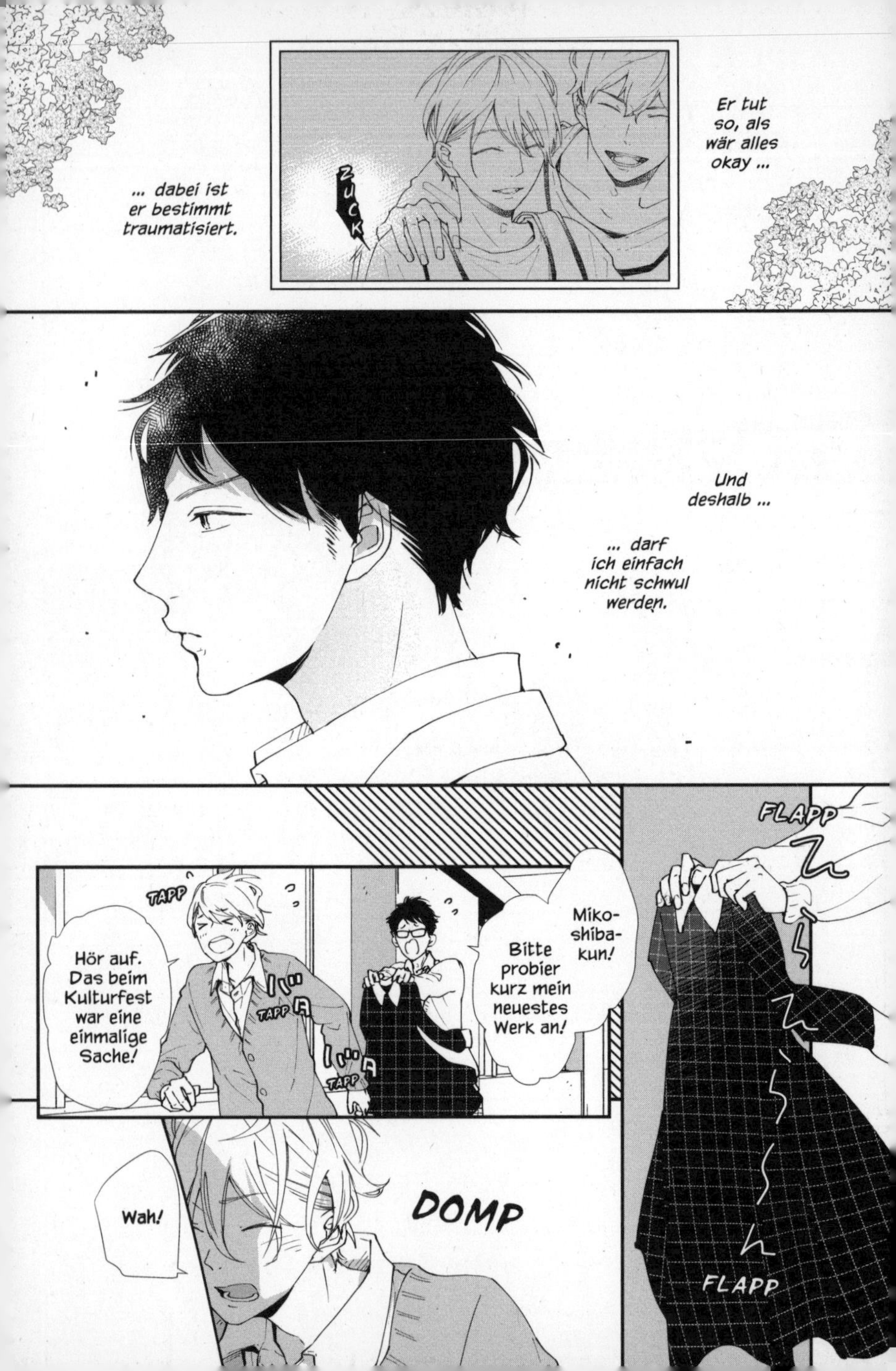
Er tut so, als wär alles okay ...
ZUCK
... dabei ist er bestimmt traumatisiert.
Und deshalb ...
... darf ich einfach nicht schwul werden.
FLAPP
Miko-shiba-kun!
Bitte probier kurz mein neuestes Werk an!
TAPP
TAPP
TAPP
Hör auf. Das beim Kulturfest war eine einmalige Sache!
FLAPP
DOMP
Wah!

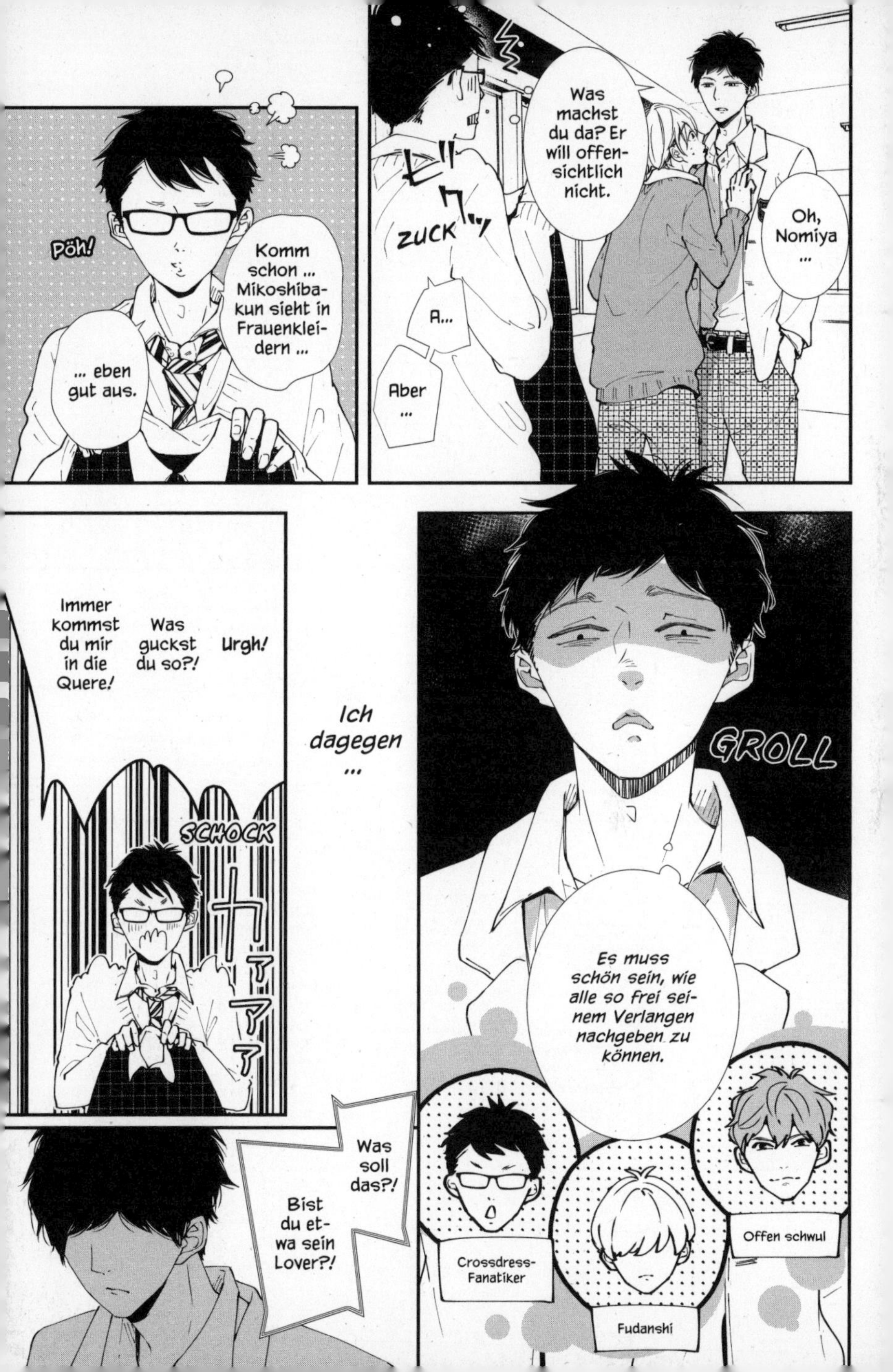
Oh, Nomiya ...
Was machst du da? Er will offensichtlich nicht.
ZUCK
A...
Aber ...
Komm schon ... Mikoshiba-kun sieht in Frauenkleidern ...
... eben gut aus.
Pöh!
GROLL
Es muss schön sein, wie alle so frei seinem Verlangen nachgeben zu können.
Offen schwul
Fudanshi
Crossdress-Fanatiker
Ich dagegen ...
Urgh!
Was guckst du so?!
Immer kommst du mir in die Quere!
SCHOCK
Was soll das?!
Bist du etwa sein Lover?!

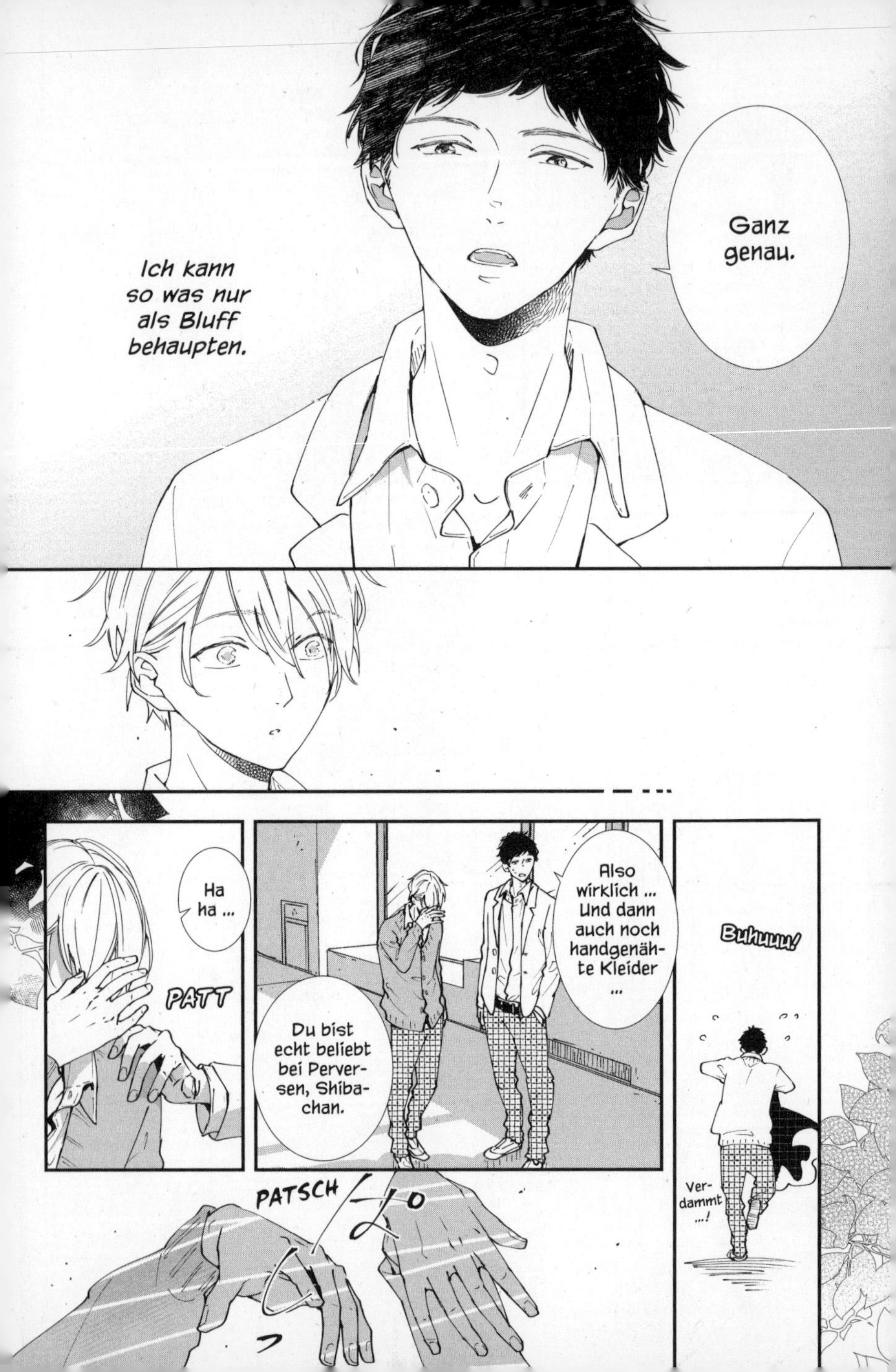
Ganz genau.
Ich kann so was nur als Bluff behaupten.
Buhuuu!
Verdammt ...!
Also wirklich ... Und dann auch noch handgenähte Kleider ...
Du bist echt beliebt bei Perversen, Shibachan.
Ha ha ...
PATT
PATSCH

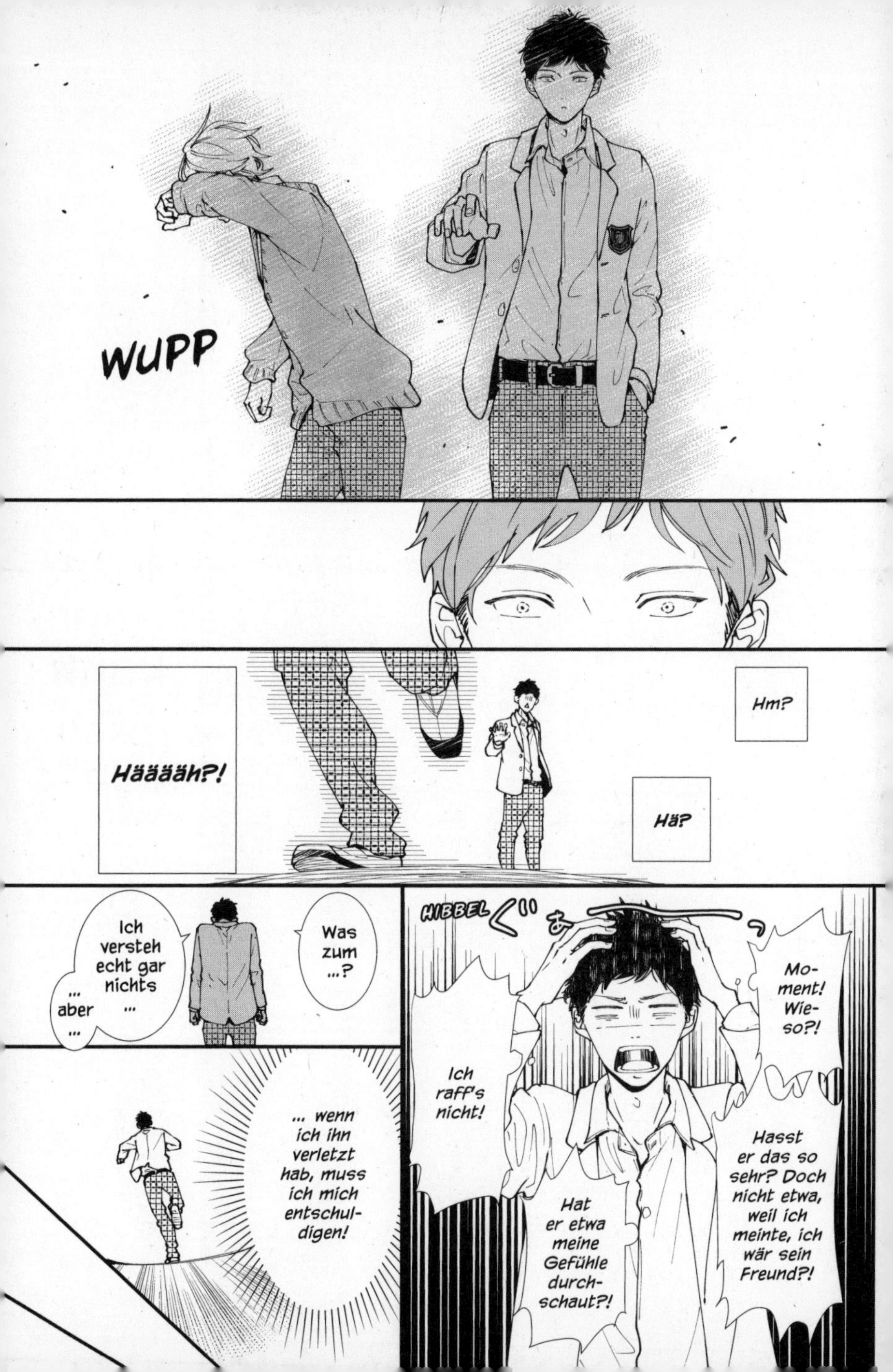
WUPP
Hm?
Hä?
Hääääh?!
Was zum ...?
Ich versteh echt gar nichts ... aber ...
... wenn ich ihn verletzt hab, muss ich mich entschuldigen!
HIBBEL
Mo-ment! Wie-so?!
Ich raff's nicht!
Hasst er das so sehr? Doch nicht etwa, weil ich meinte, ich wär sein Freund?!
Hat er etwa meine Gefühle durch-schaut?!

Argh! Ich kann nicht mehr!

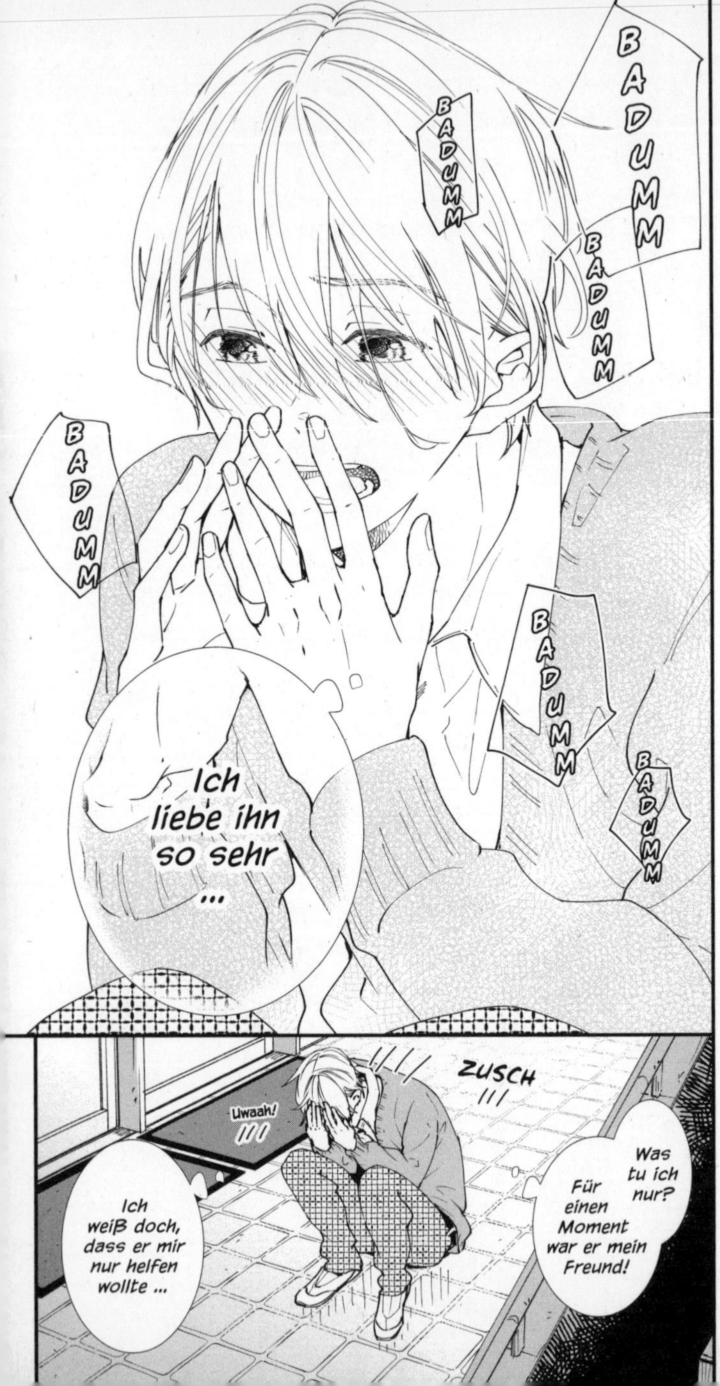

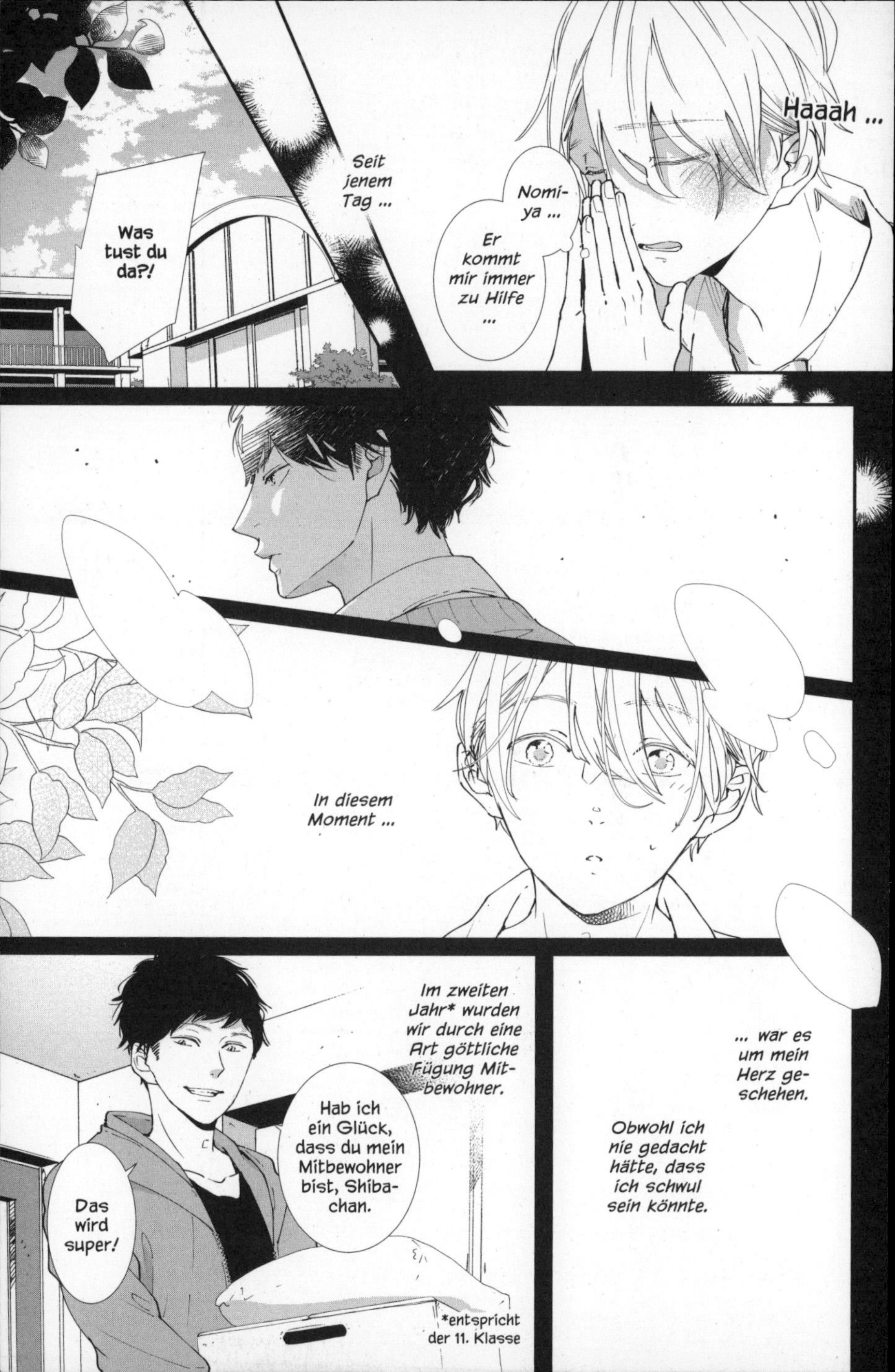
Haaah ...
Nomi-ya ...
Er kommt mir immer zu Hilfe ...
Seit jenem Tag ...
Was tust du da?!
In diesem Moment ...
... war es um mein Herz geschehen.
Obwohl ich nie gedacht hätte, dass ich schwul sein könnte.
Im zweiten Jahr* wurden wir durch eine Art göttliche Fügung Mitbewohner.
Hab ich ein Glück, dass du mein Mitbewohner bist, Shiba-chan.
Das wird super!
*entspricht der 11. Klasse

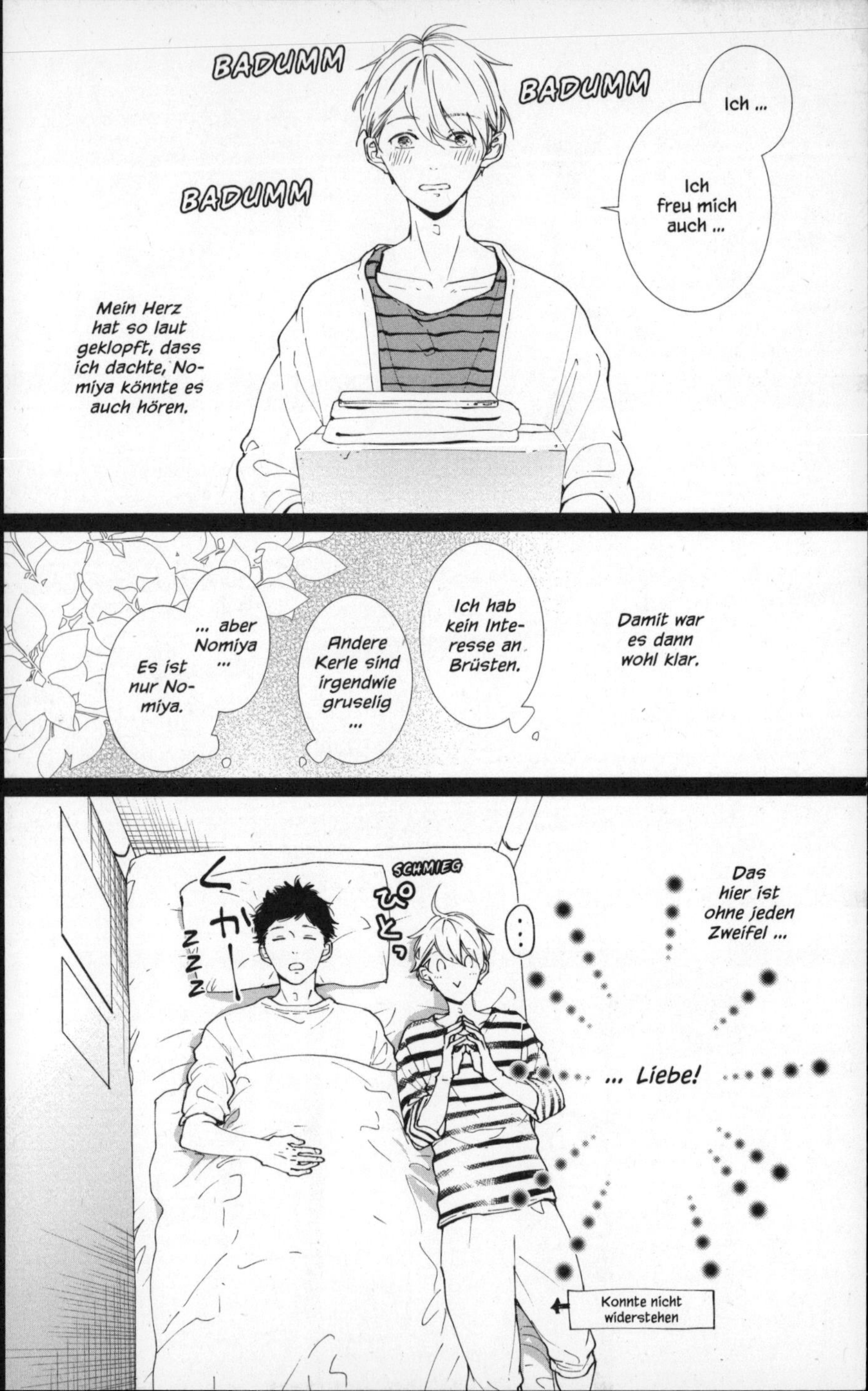
BADUMM
BADUMM
BADUMM
Ich ...
Ich freu mich auch ...
Mein Herz hat so laut geklopft, dass ich dachte, Nomiya könnte es auch hören.
Damit war es dann wohl klar.
Ich hab kein Interesse an Brüsten.
Andere Kerle sind irgendwie gruselig ...
... aber Nomiya ...
Es ist nur Nomiya.
Das hier ist ohne jeden Zweifel ...
... Liebe!
SCHMIEG
...
Konnte nicht widerstehen

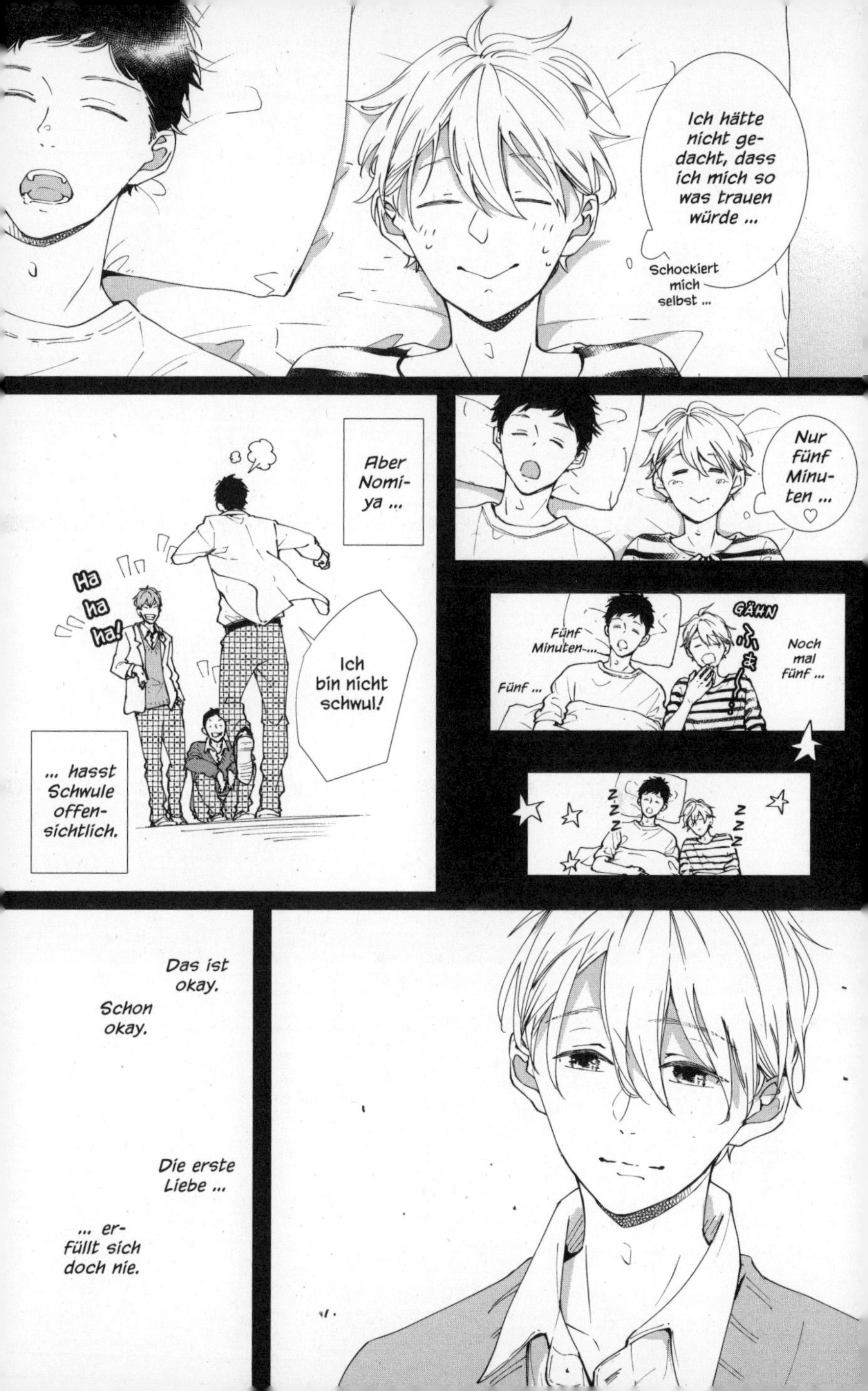

Ich hätte nicht gedacht, dass ich mich so was trauen würde ...
Schockiert mich selbst ...
Nur fünf Minuten ... ♡
GÄHN
Noch mal fünf ...
Fünf Minuten-...
Fünf ...
Aber Nomiya ...
Ich bin nicht schwul!
Ha ha ha!
... hasst Schwule offensichtlich.
Das ist okay.
Schon okay.
Die erste Liebe ...
... erfüllt sich doch nie.

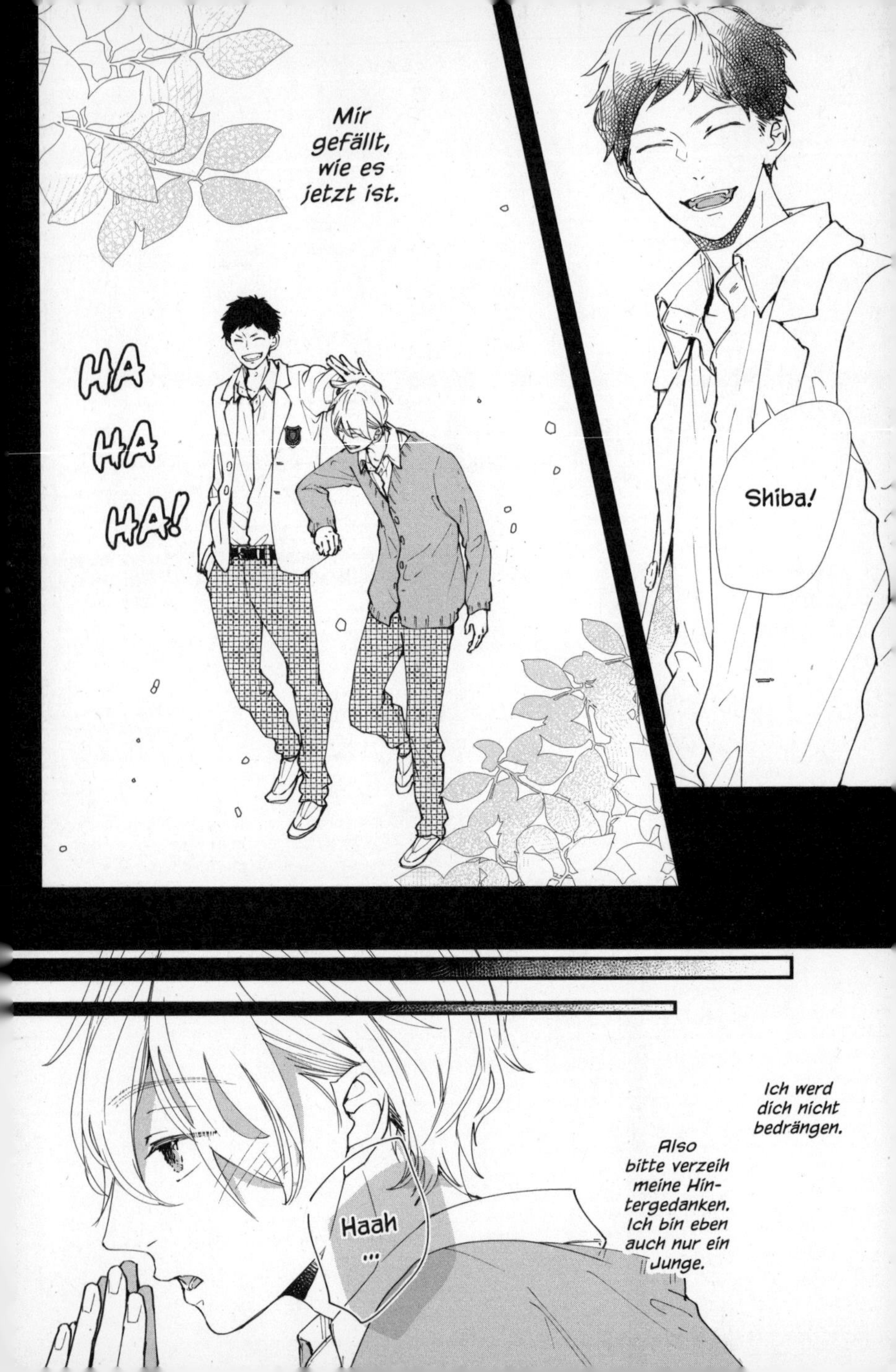
Shiba!
Mir gefällt, wie es jetzt ist.
HA HA HA!
Ich werd dich nicht bedrängen.
Also bitte verzeih meine Hin-tergedanken. Ich bin eben auch nur ein Junge.
Haah …

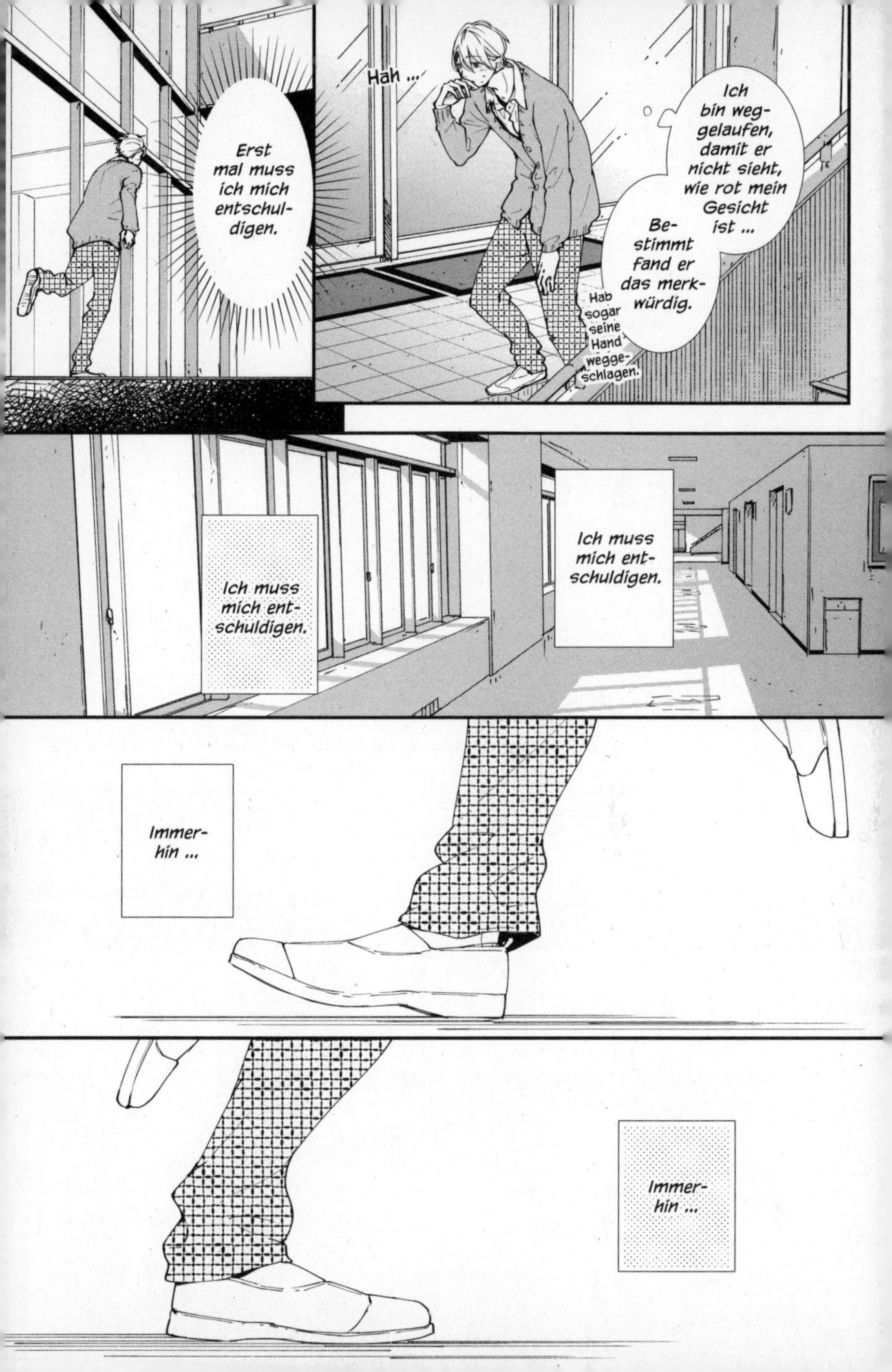
Ich bin weg-gelaufen, damit er nicht sieht, wie rot mein Gesicht ist ...
Be-stimmt fand er das merk-würdig.
Hab sogar seine Hand wegge-schlagen.
Hah ...
Erst mal muss ich mich entschul-digen.
Ich muss mich ent-schuldigen.
Ich muss mich ent-schuldigen.
Immer-hin ...
Immer-hin ...

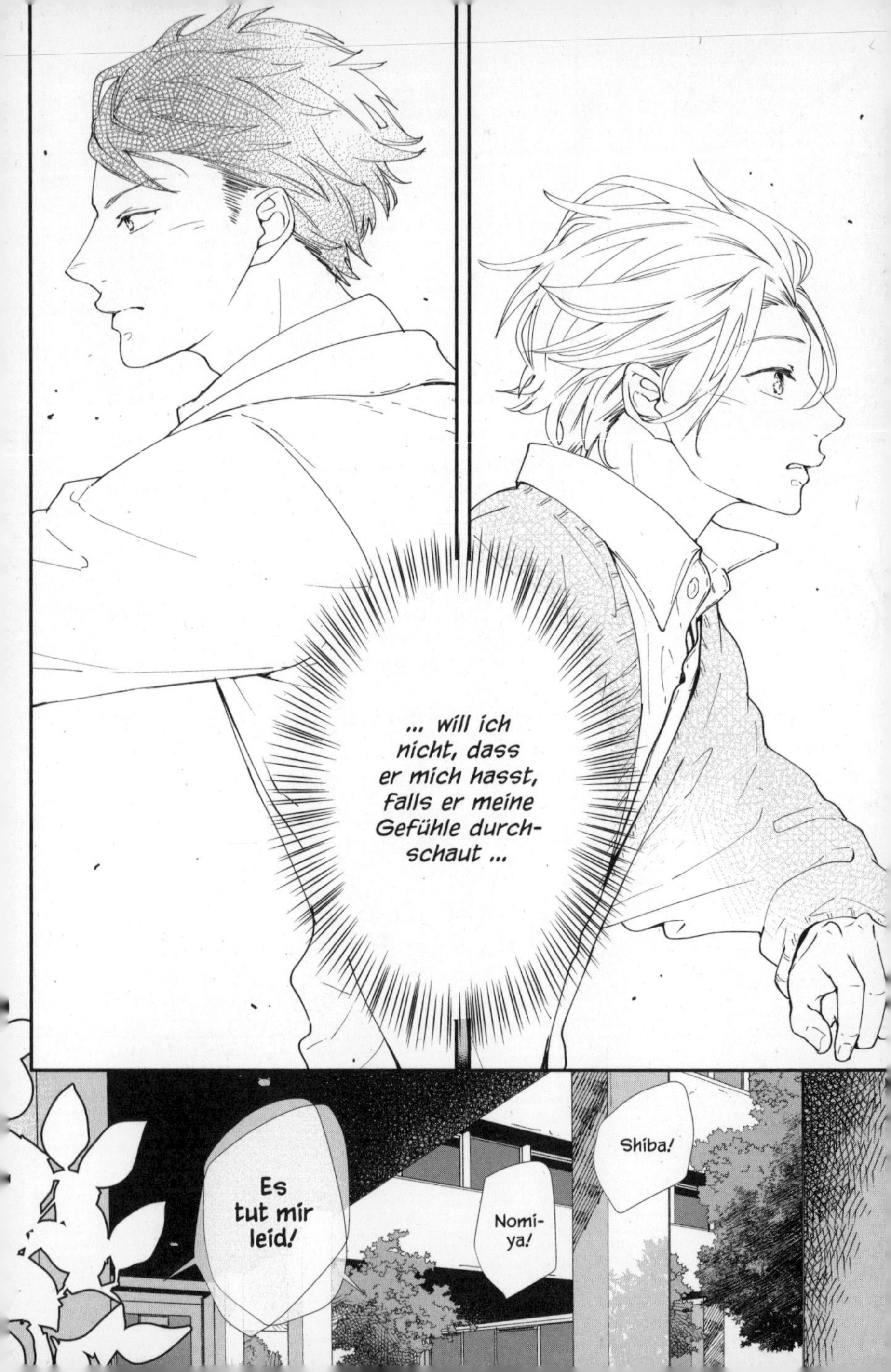
... will ich nicht, dass er mich hasst, falls er meine Gefühle durchschaut ...
Shiba!
Nomi-ya!
Es tut mir leid!

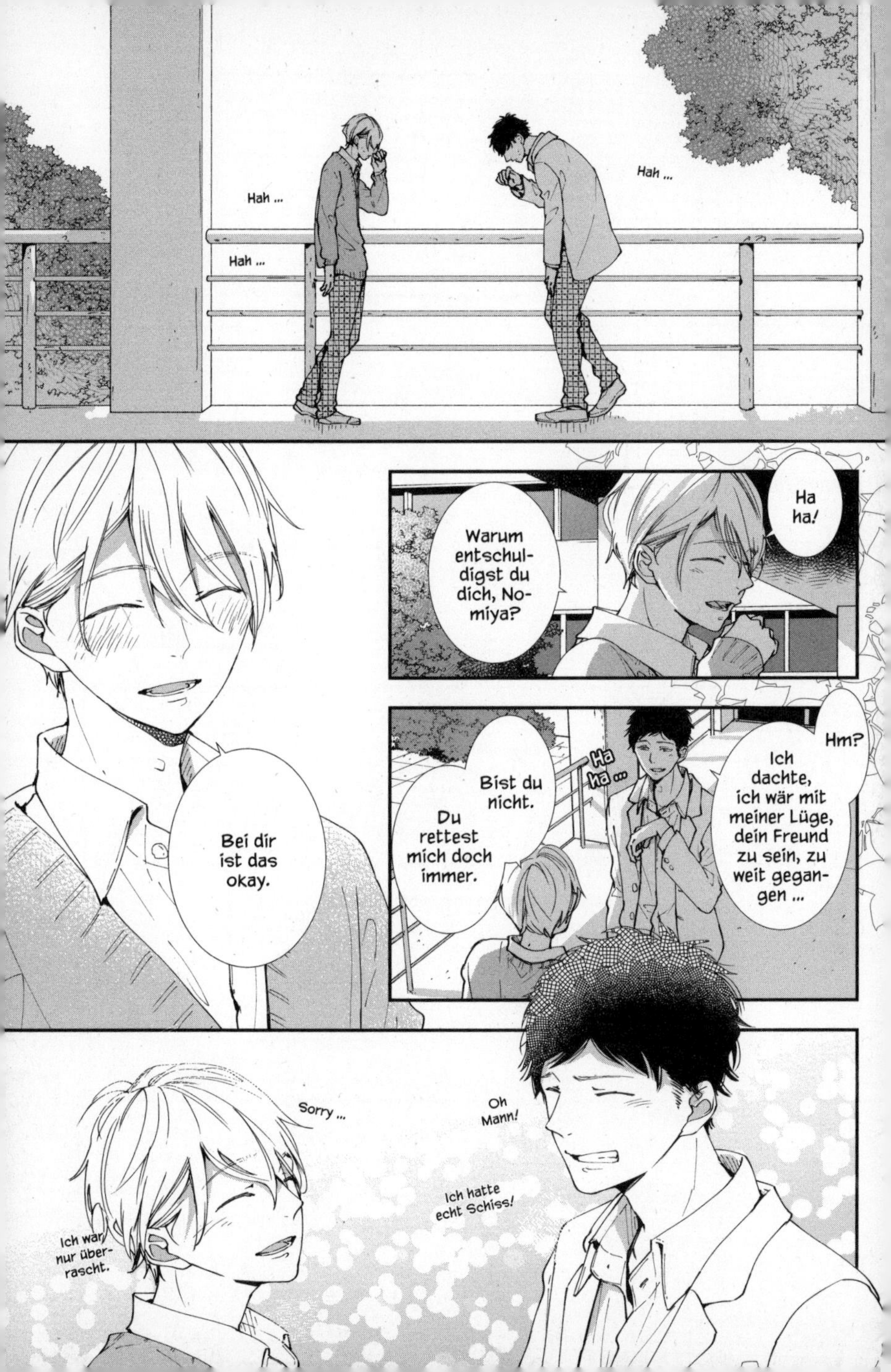
Hah ...
Hah ...
Hah ...
Ha ha!
Warum entschuldigst du dich, Nomiya?
Hm?
Ich dachte, ich wär mit meiner Lüge, dein Freund zu sein, zu weit gegangen ...
Ha ha ...
Bist du nicht.
Du rettest mich doch immer.
Bei dir ist das okay.
Oh Mann!
Ich hatte echt Schiss!
Sorry ...
Ich war nur überrascht.

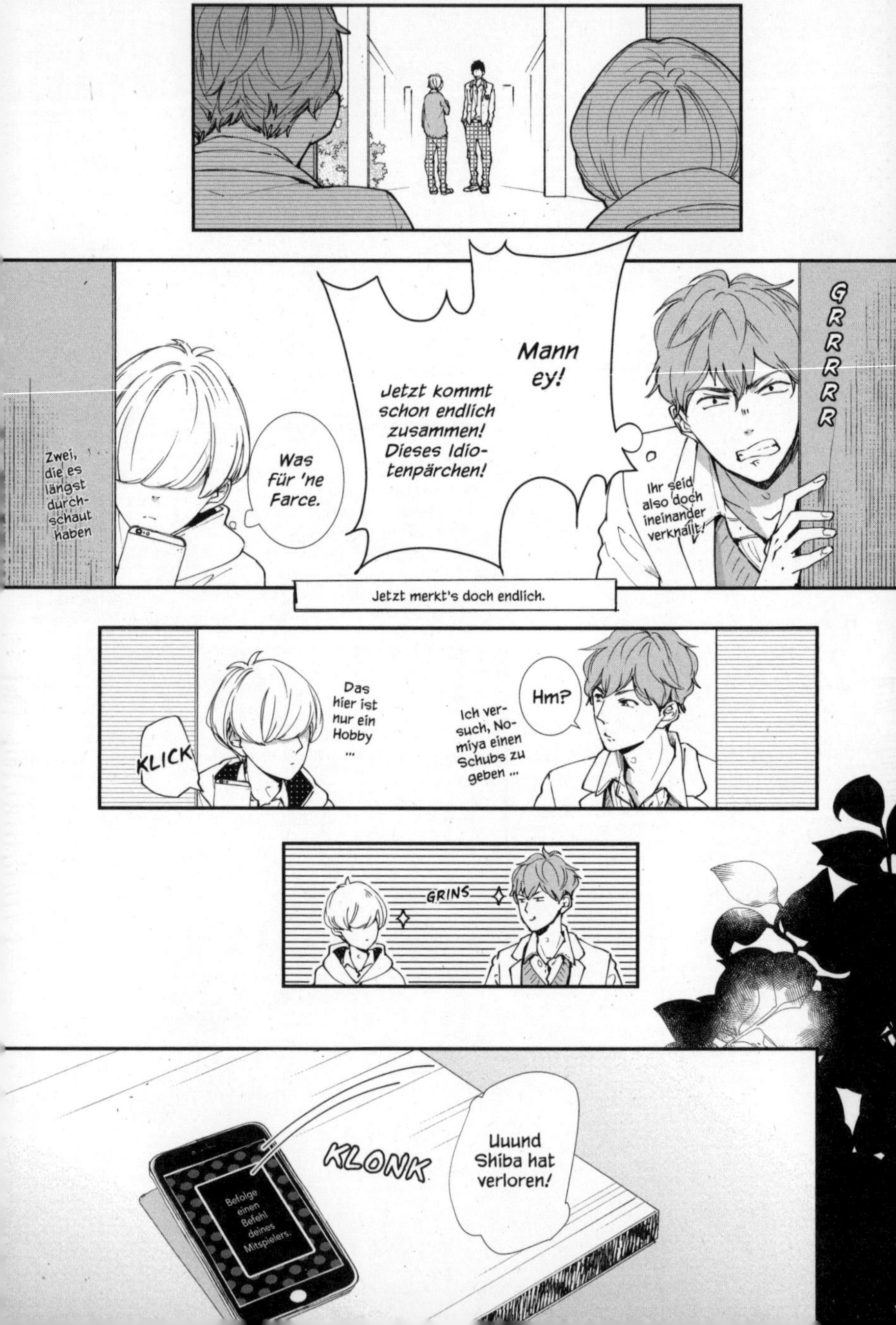
GRRRRR
Mann ey!
Jetzt kommt schon endlich zusammen! Dieses Idiotenpärchen!
Ihr seid also doch ineinander verknallt!
Was für 'ne Farce.
Zwei, die es längst durchschaut haben
Jetzt merkt's doch endlich.
Hm?
Ich versuch, Nomiya einen Schubs zu geben ...
Das hier ist nur ein Hobby ...
KLICK
GRINS
Uuund Shiba hat verloren!
KLONK
Befolge einen Befehl deines Mitspielers.

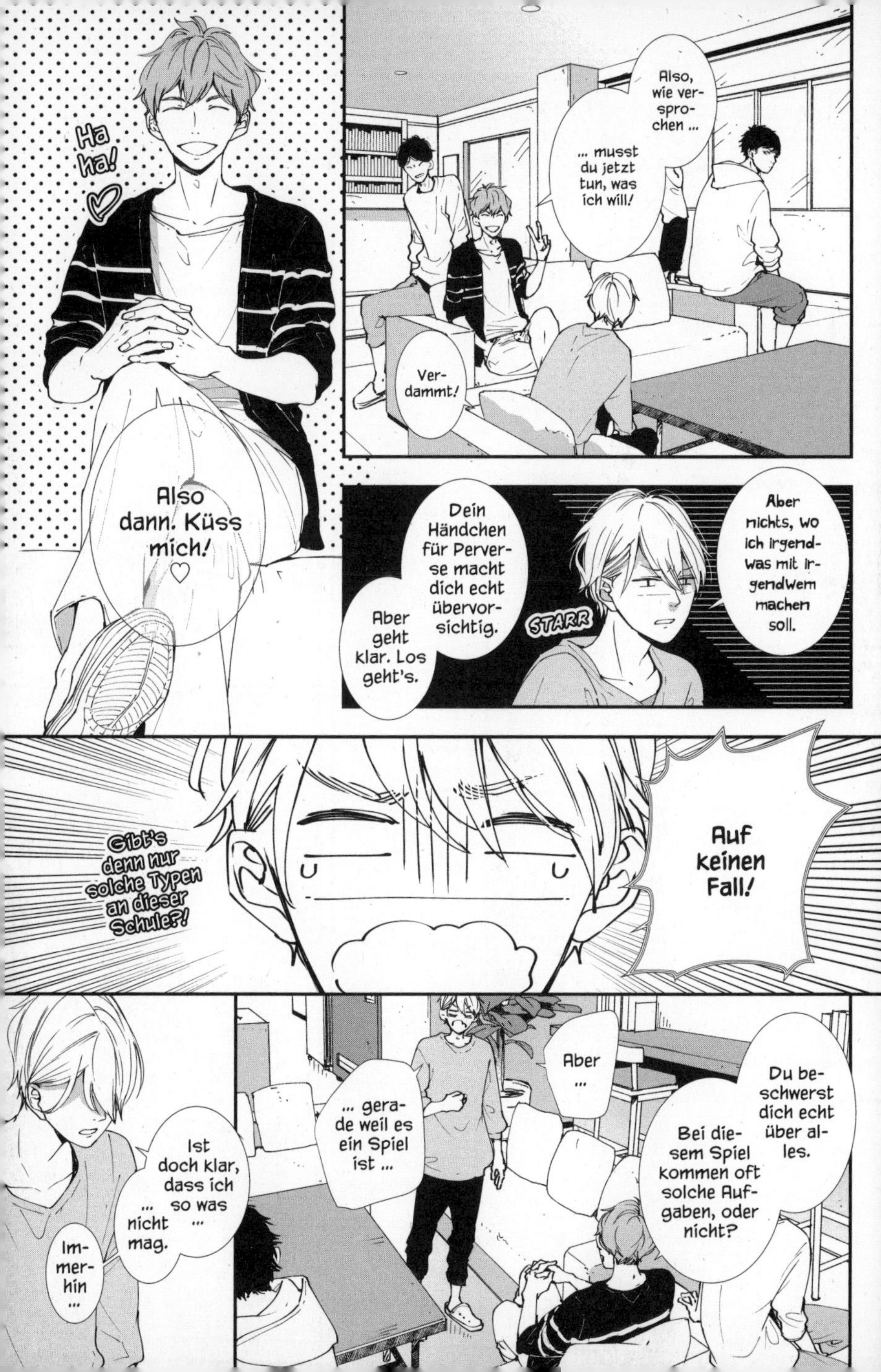
Also, wie versprochen ...
... musst du jetzt tun, was ich will!
Verdammt!
Aber nichts, wo ich irgendwas mit irgendwem machen soll.
STARR
Dein Händchen für Perverse macht dich echt übervorsichtig.
Aber geht klar. Los geht's.
Ha ha! ♡
Also dann. Küss mich! ♡
Auf keinen Fall!
Gibt's denn nur solche Typen an dieser Schule?!
Du beschwerst dich echt über alles.
Bei diesem Spiel kommen oft solche Aufgaben, oder nicht?
Aber ...
... gerade weil es ein Spiel ist ...
Ist doch klar, dass ich so was ...
... nicht mag.
Immerhin ...

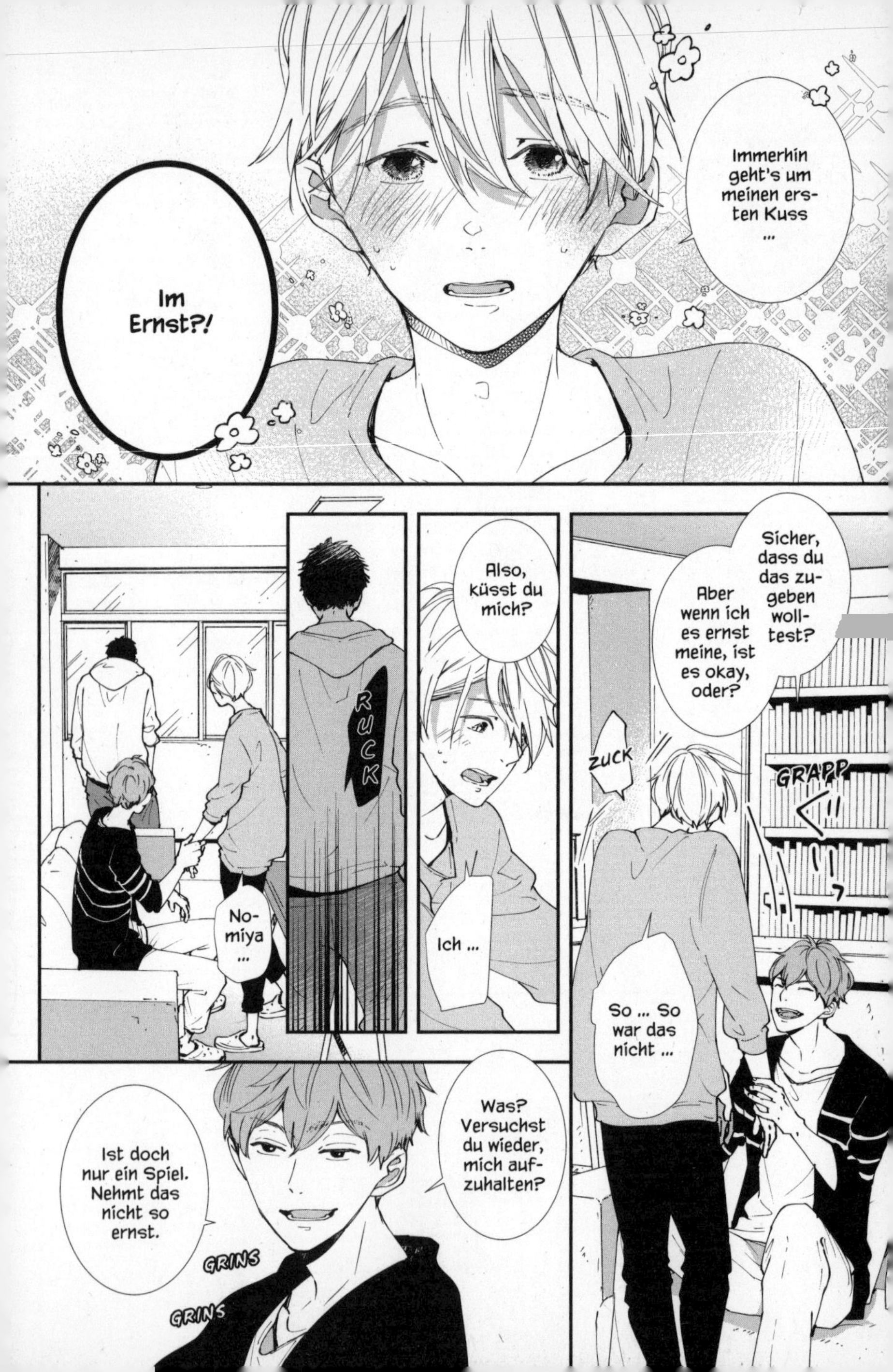
Immerhin geht's um meinen ersten Kuss ...
Im Ernst?!
Sicher, dass du das zugeben wolltest?
Aber wenn ich es ernst meine, ist es okay, oder?
ZUCK
GRAPP
So ... So war das nicht ...
Also, küsst du mich?
Ich ...
RUCK
Nomiya ...
Was? Versuchst du wieder, mich aufzuhalten?
Ist doch nur ein Spiel. Nehmt das nicht so ernst.
GRINS
GRINS

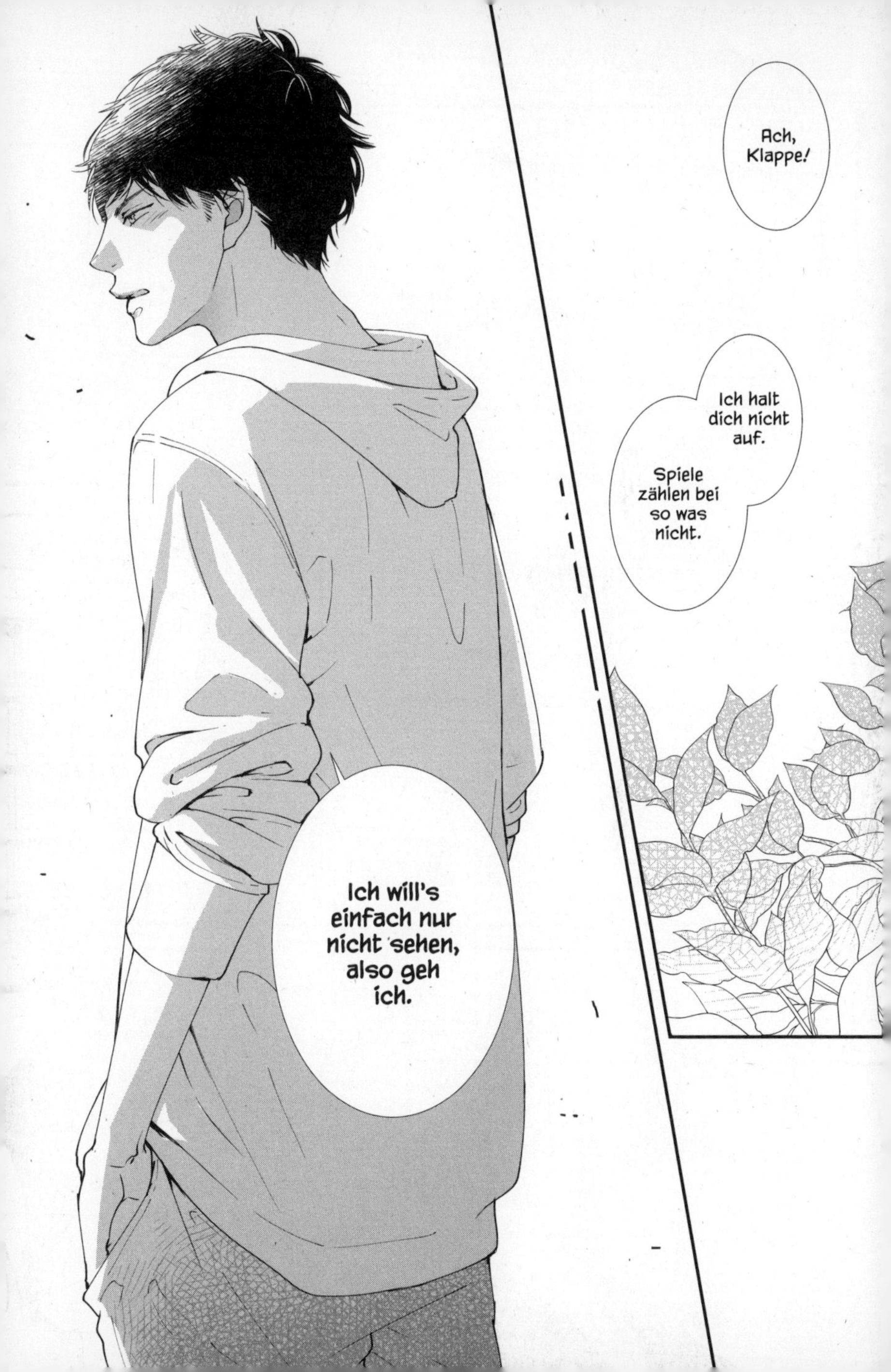
Ach, Klappe!
Ich halt dich nicht auf.
Spiele zählen bei so was nicht.
Ich will's einfach nur nicht sehen, also geh ich.

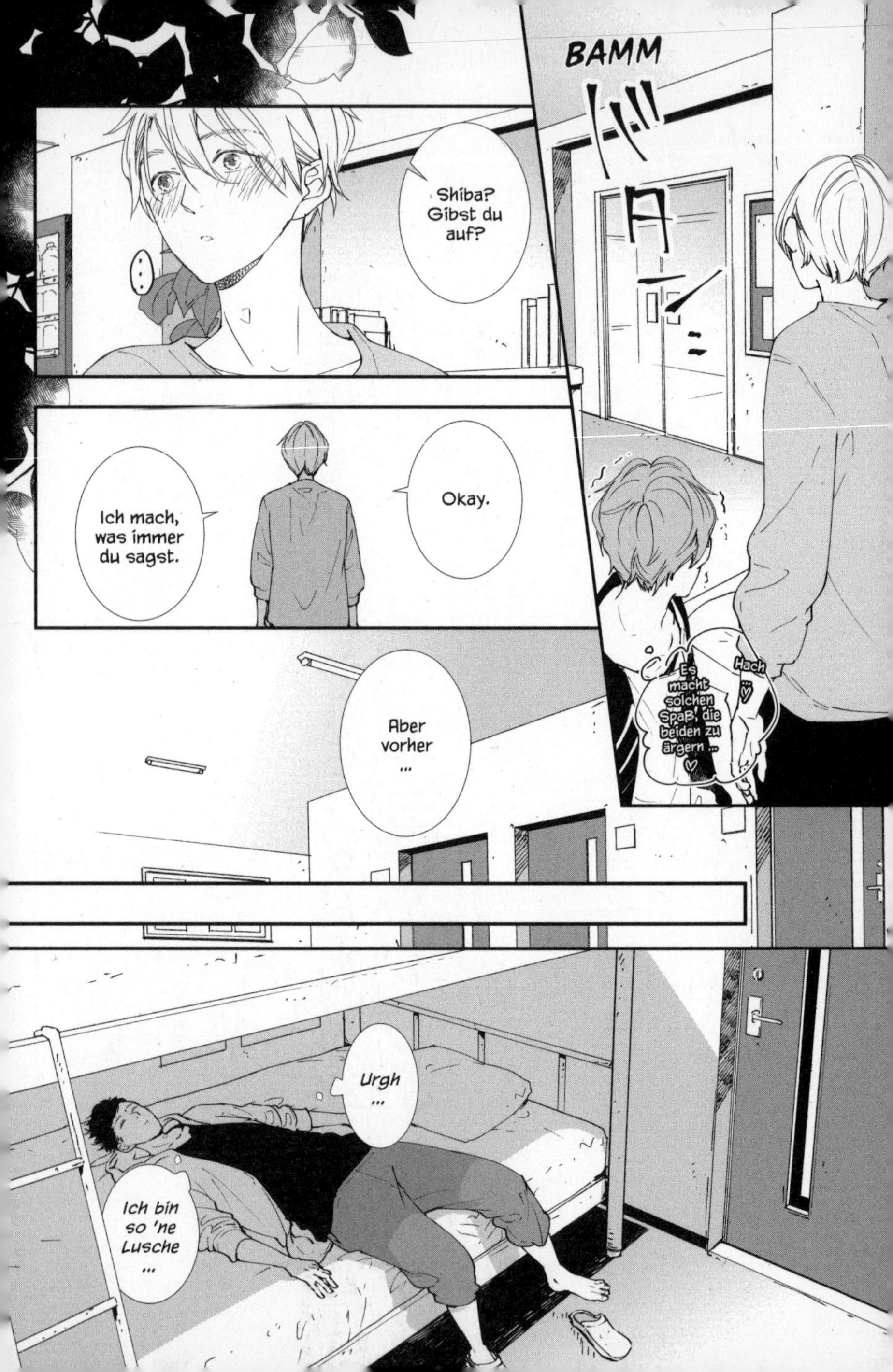
Shiba? Gibst du auf?
...
BAMM
Okay.
Ich mach, was immer du sagst.
Hach ...
Es macht solchen Spaß, die beiden zu ärgern ...
Aber vorher ...
Urgh ...
Ich bin so 'ne Lusche ...

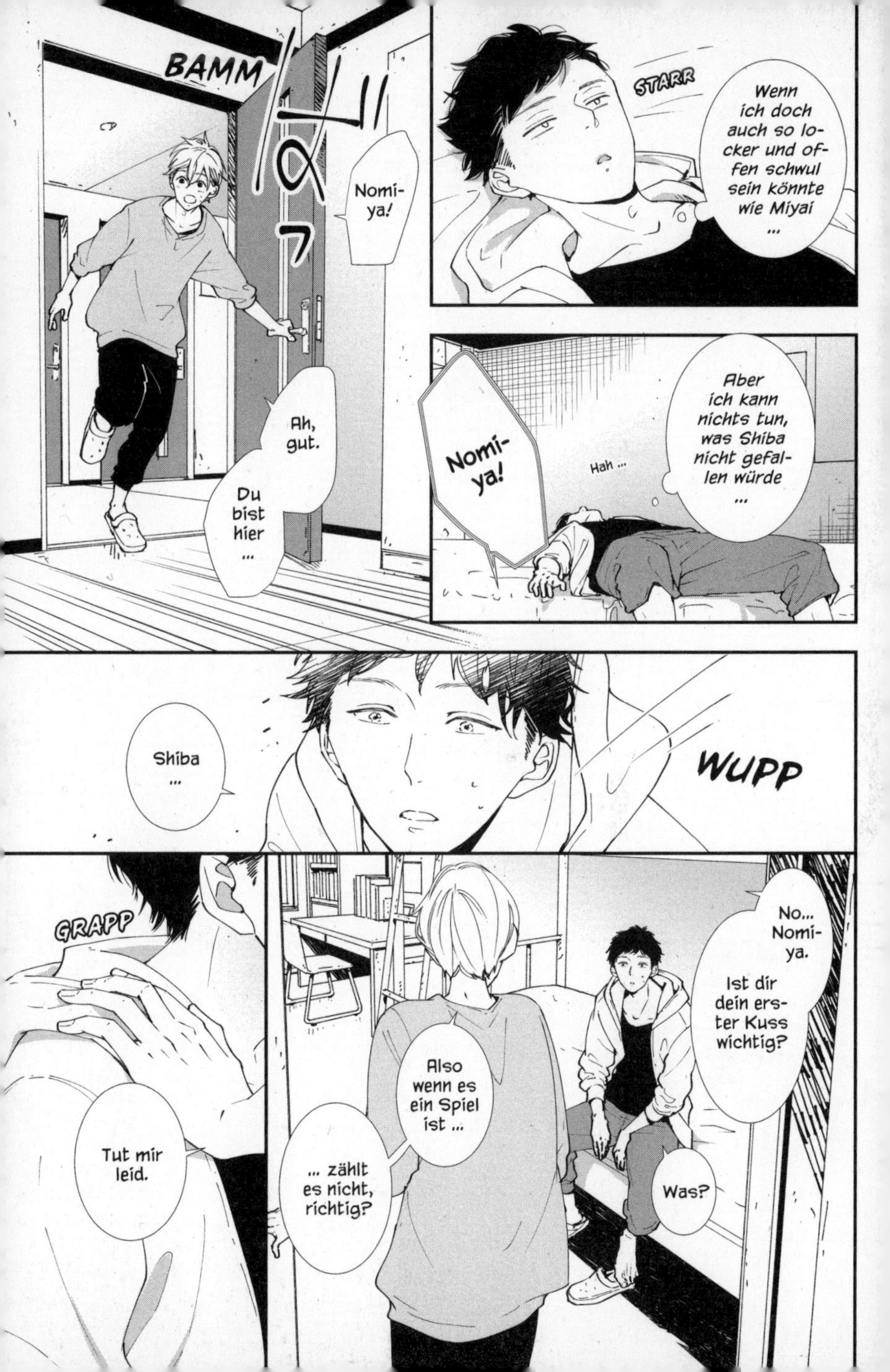
STARR
Wenn ich doch auch so locker und offen schwul sein könnte wie Miyai ...
Aber ich kann nichts tun, was Shiba nicht gefallen würde ...
Hah ...
Nomiya!
BAMM
Nomiya!
Ah, gut.
Du bist hier ...
WUPP
Shiba ...
No... Nomiya.
Ist dir dein erster Kuss wichtig?
Was?
Also wenn es ein Spiel ist ...
... zählt es nicht, richtig?
GRAPP
Tut mir leid.

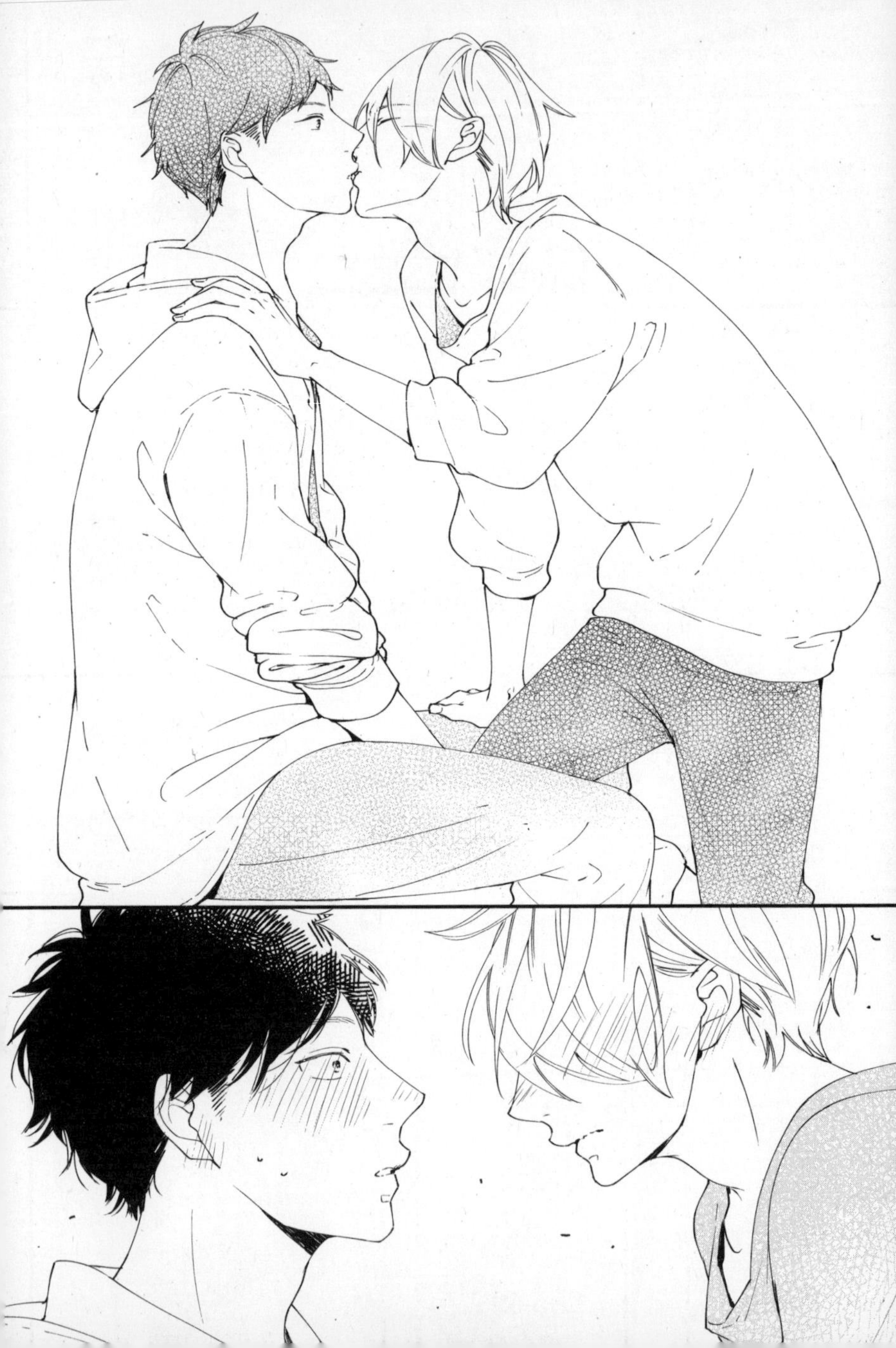

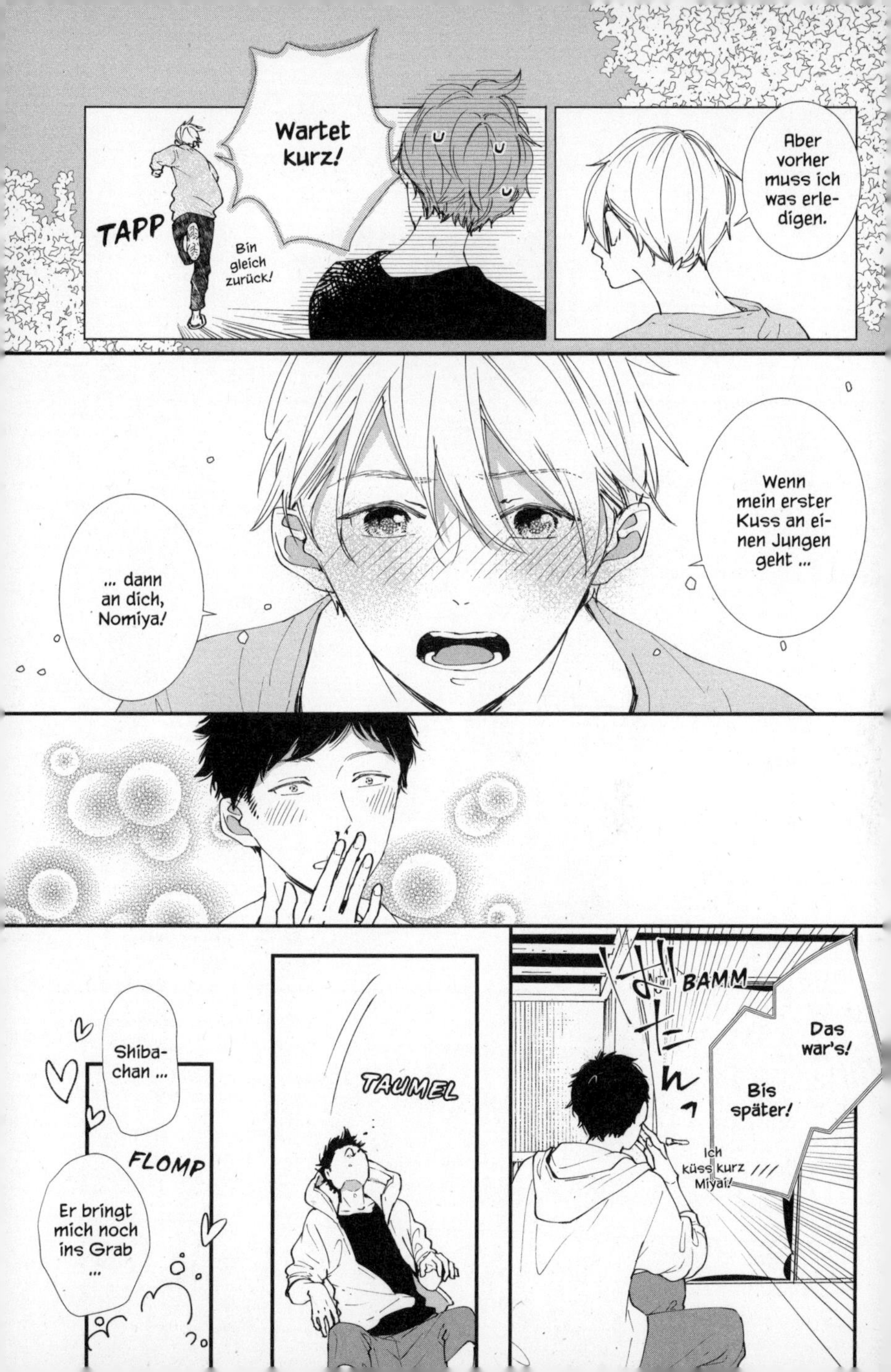
Aber vorher muss ich was erledigen.
Wartet kurz!
Bin gleich zurück!
TAPP
Wenn mein erster Kuss an einen Jungen geht ...
... dann an dich, Nomiya!
Das war's!
Bis später!
Ich küss kurz Miyai!
BAMM
TAUMEL
Shibachan ...
FLOMP
Er bringt mich noch ins Grab ...

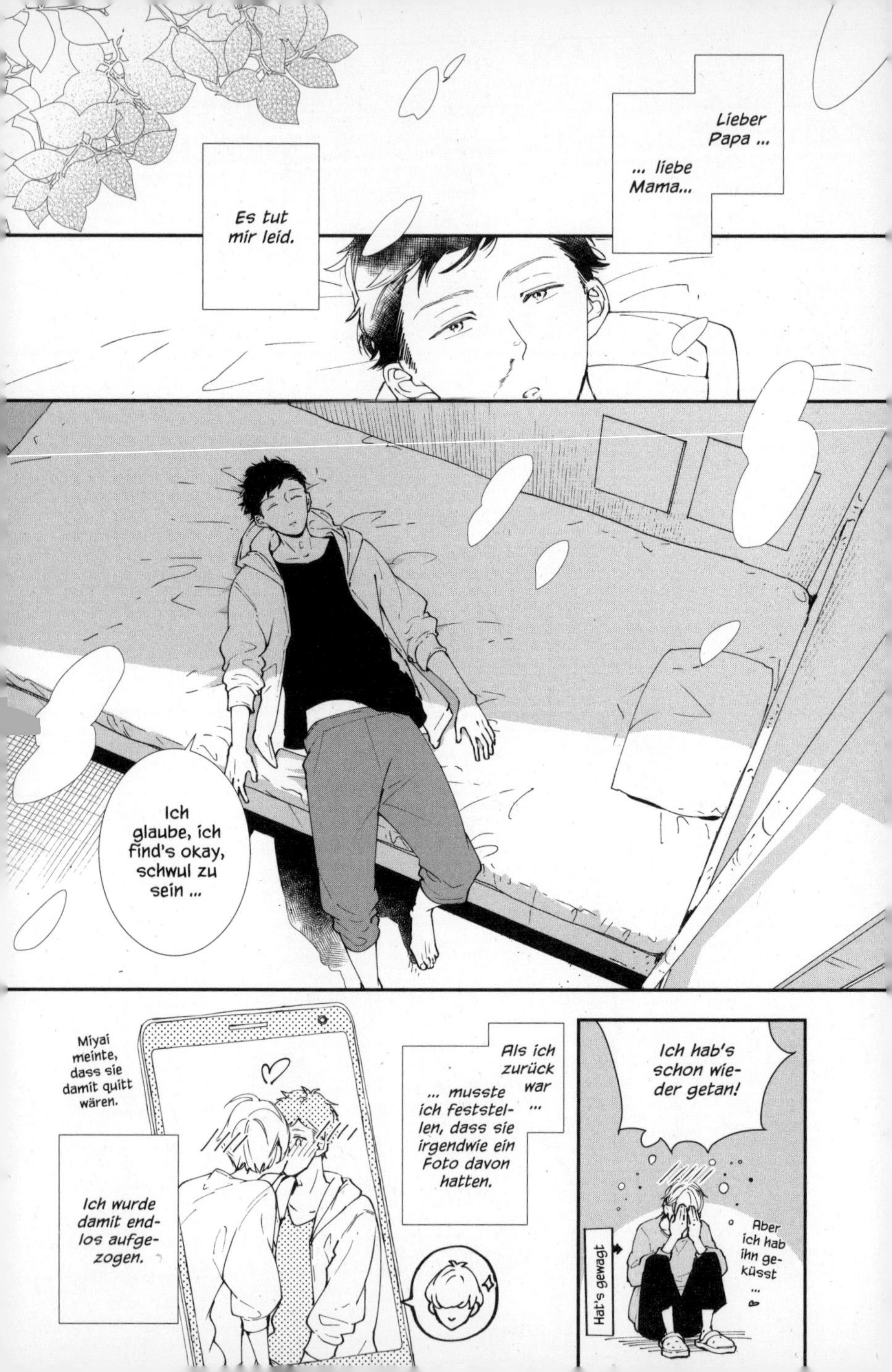
Lieber Papa ...
... liebe Mama...
Es tut mir leid.
Ich glaube, ich find's okay, schwul zu sein ...
Ich hab's schon wieder getan!
Hat's gewagt
Aber ich hab ihn geküsst ...
Als ich zurück war ...
... musste ich feststellen, dass sie irgendwie ein Foto davon hatten.
Miyai meinte, dass sie damit quitt wären.
Ich wurde damit endlos aufgezogen.

Nomi x Shiba

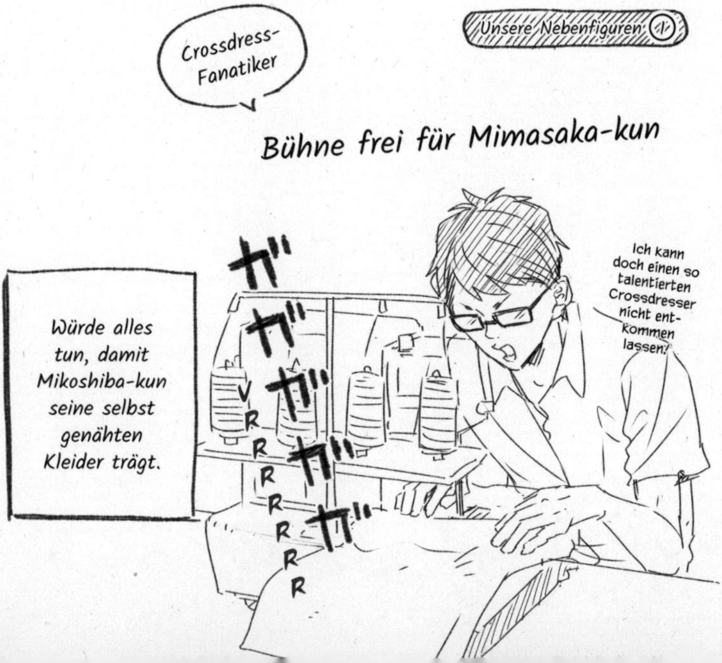
Unsere Nebenfiguren (1)
Crossdress-Fanatiker
Bühne frei für Mimasaka-kun
Ich kann doch einen so talentierten Crossdresser nicht entkommen lassen!
Würde alles tun, damit Mikoshiba-kun seine selbst genähten Kleider trägt.
ガガガガガ
VRRRRRRR

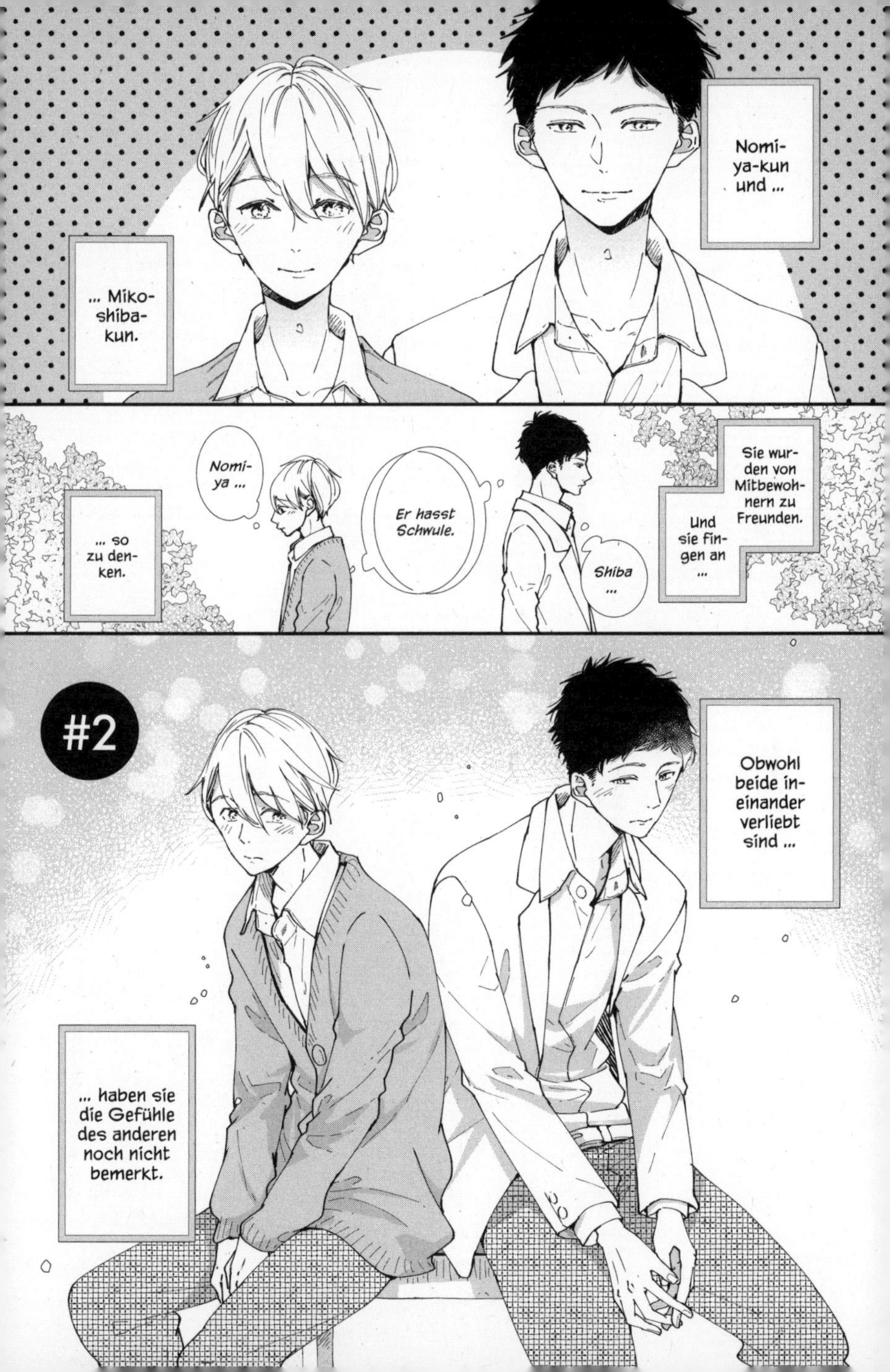
Nomi-ya-kun und ...
... Miko-shiba-kun.
Sie wurden von Mitbewohnern zu Freunden.
Und sie fingen an ...
Shiba ...
Er hasst Schwule.
Nomi-ya ...
... so zu denken.
#2
Obwohl beide ineinander verliebt sind ...
... haben sie die Gefühle des anderen noch nicht bemerkt.

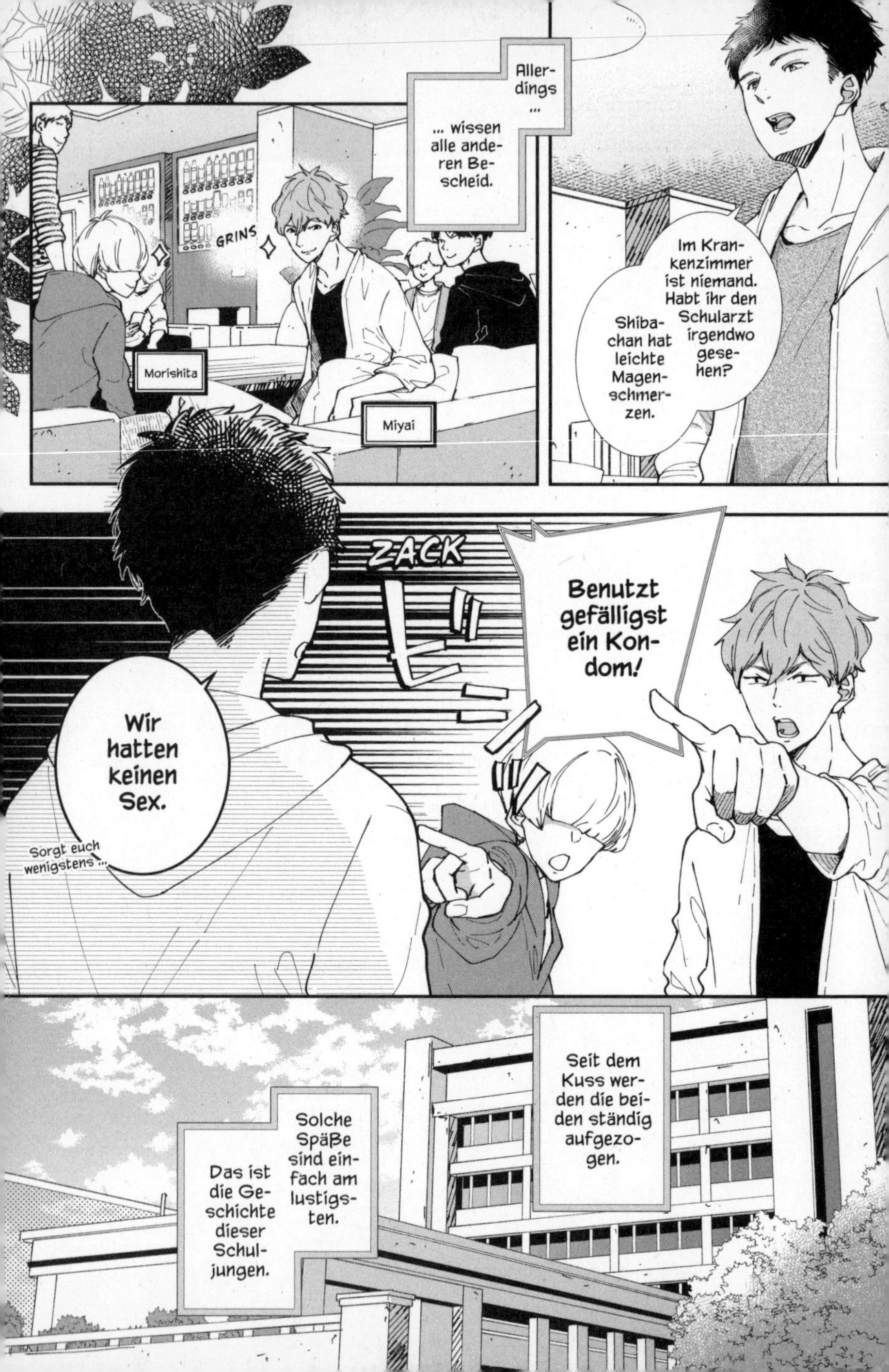

Im Krankenzimmer ist niemand. Habt ihr den Schularzt irgendwo gesehen?
Shibachan hat leichte Magenschmerzen.
Allerdings ...
... wissen alle anderen Bescheid.
GRINS
Morishita
Miyai
ZACK
Benutzt gefälligst ein Kondom!
Wir hatten keinen Sex.
Sorgt euch wenigstens ...
Seit dem Kuss werden die beiden ständig aufgezogen.
Solche Späße sind einfach am lustigsten.
Das ist die Geschichte dieser Schuljungen.

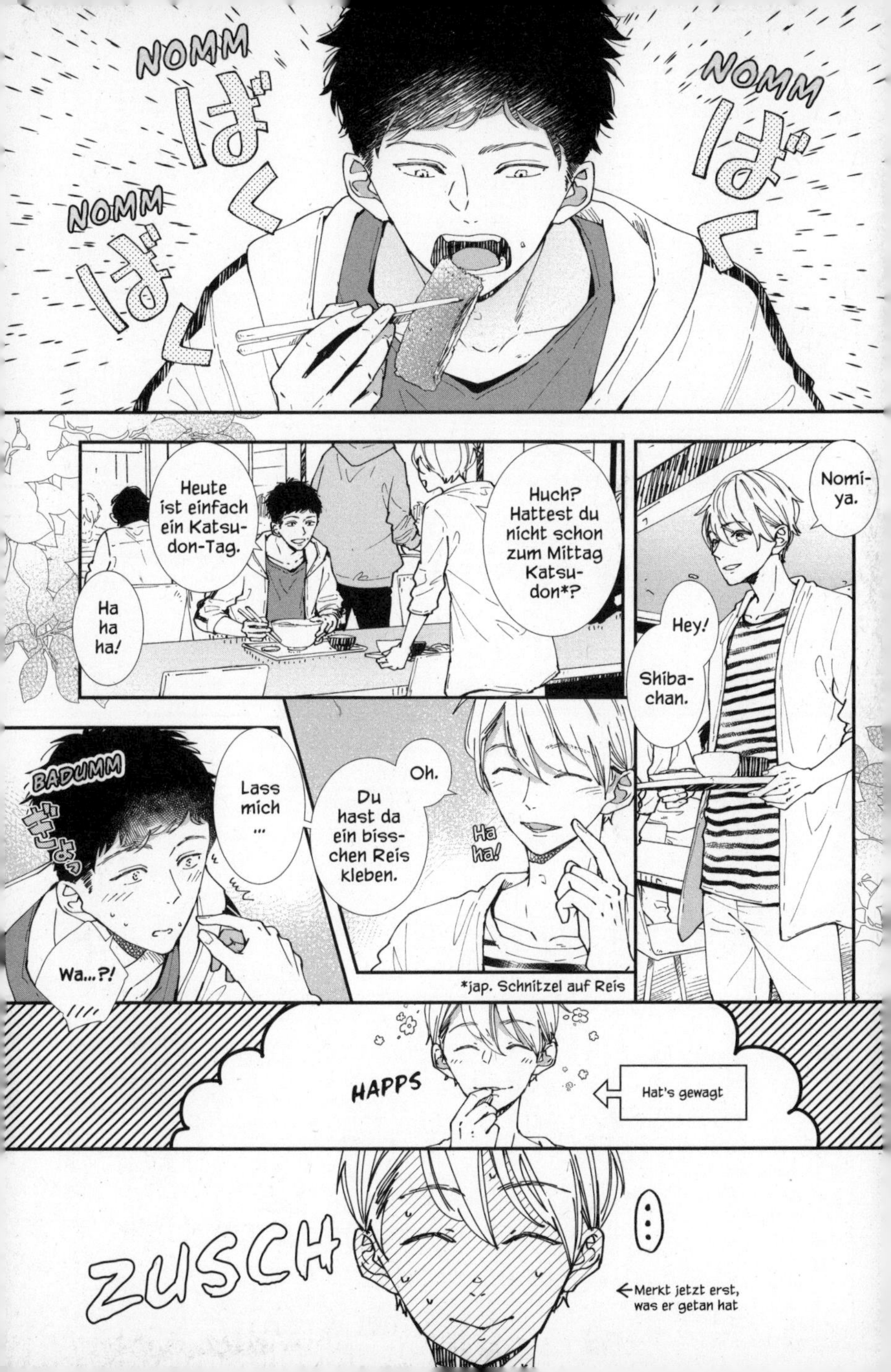

NOMM
ばく
NOMM
ばく
NOMM
ばく
Nomi-ya.
Hey!
Shiba-chan.
Huch? Hattest du nicht schon zum Mittag Katsu-don*?
Heute ist einfach ein Katsu-don-Tag.
Ha ha ha!
Oh.
Du hast da ein bisschen Reis kleben.
Ha ha!
Lass mich ...
BADUMM
ぎょっ
Wa...?!
*jap. Schnitzel auf Reis
HAPPS
Hat's gewagt
ZUSCH
...
Merkt jetzt erst, was er getan hat

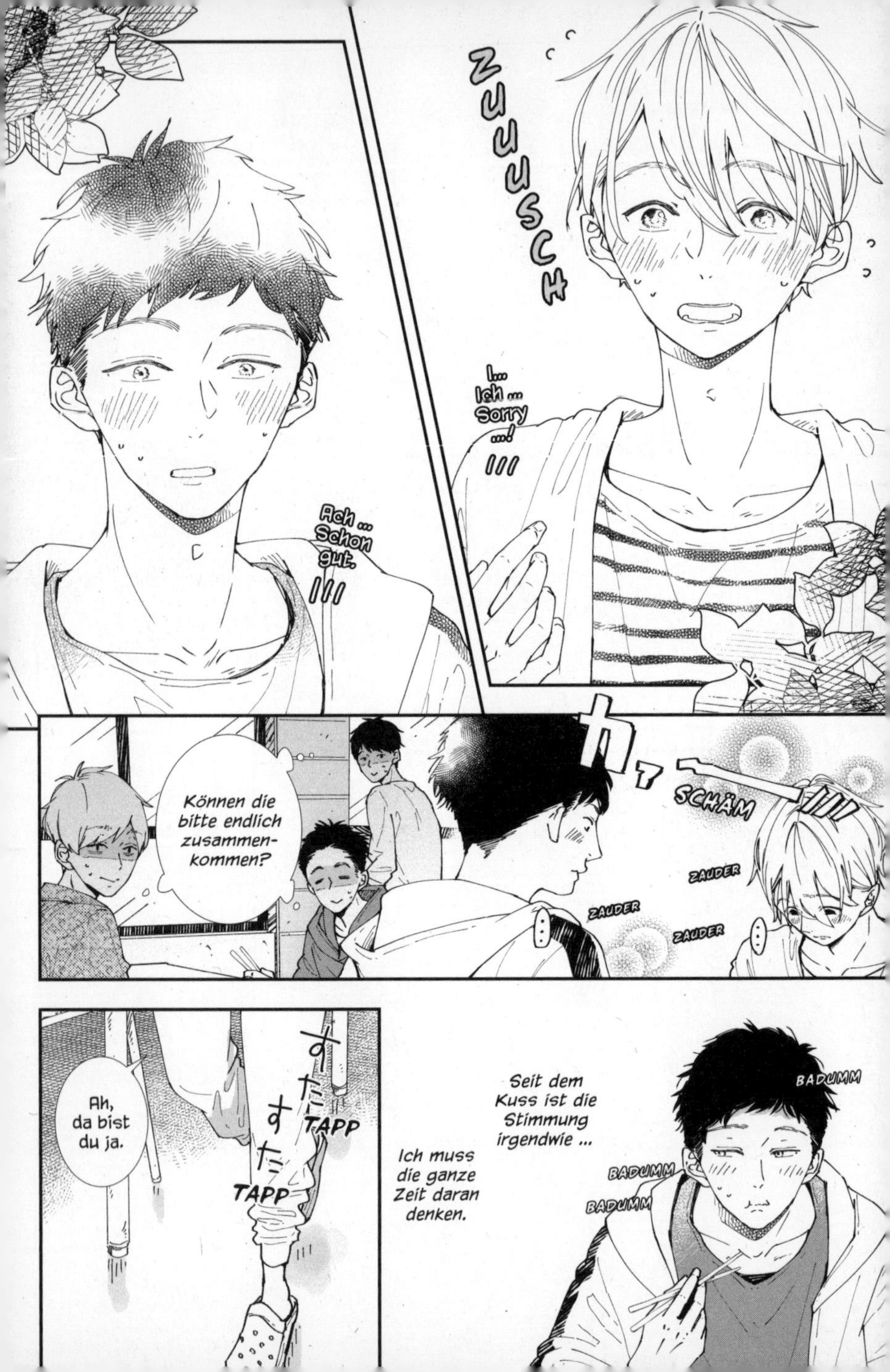
ZUUUSCH
I... Ich ... Sorry ...!
///
Ach ... Schon gut.
///
SCHÄM
ZAUDER
ZAUDER
ZAUDER
…
…
Können die bitte endlich zusammen-kommen?
Seit dem Kuss ist die Stimmung irgendwie ...
BADUMM
BADUMM
BADUMM
Ich muss die ganze Zeit daran denken.
すた TAPP
すた TAPP
Ah, da bist du ja.

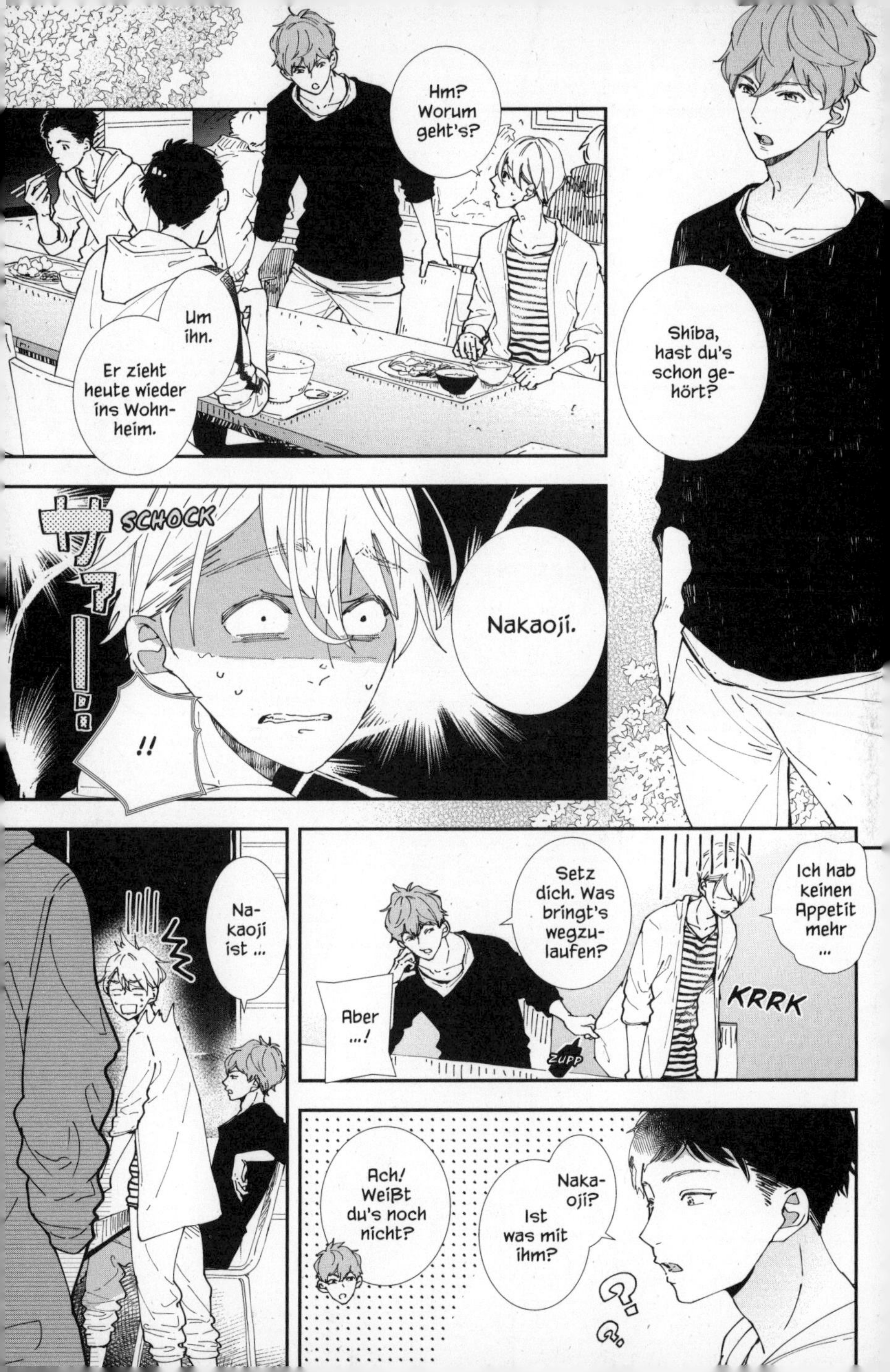

Shiba, hast du's schon gehört?
Hm? Worum geht's?
Um ihn.
Er zieht heute wieder ins Wohnheim.
Nakaoji.
SCHOCK
!!
Ich hab keinen Appetit mehr ...
KRRK
Setz dich. Was bringt's wegzulaufen?
ZUPP
Aber ...!
Naka-oji? Ist was mit ihm?
Ach! Weißt du's noch nicht?
Na-kaoji ist ...

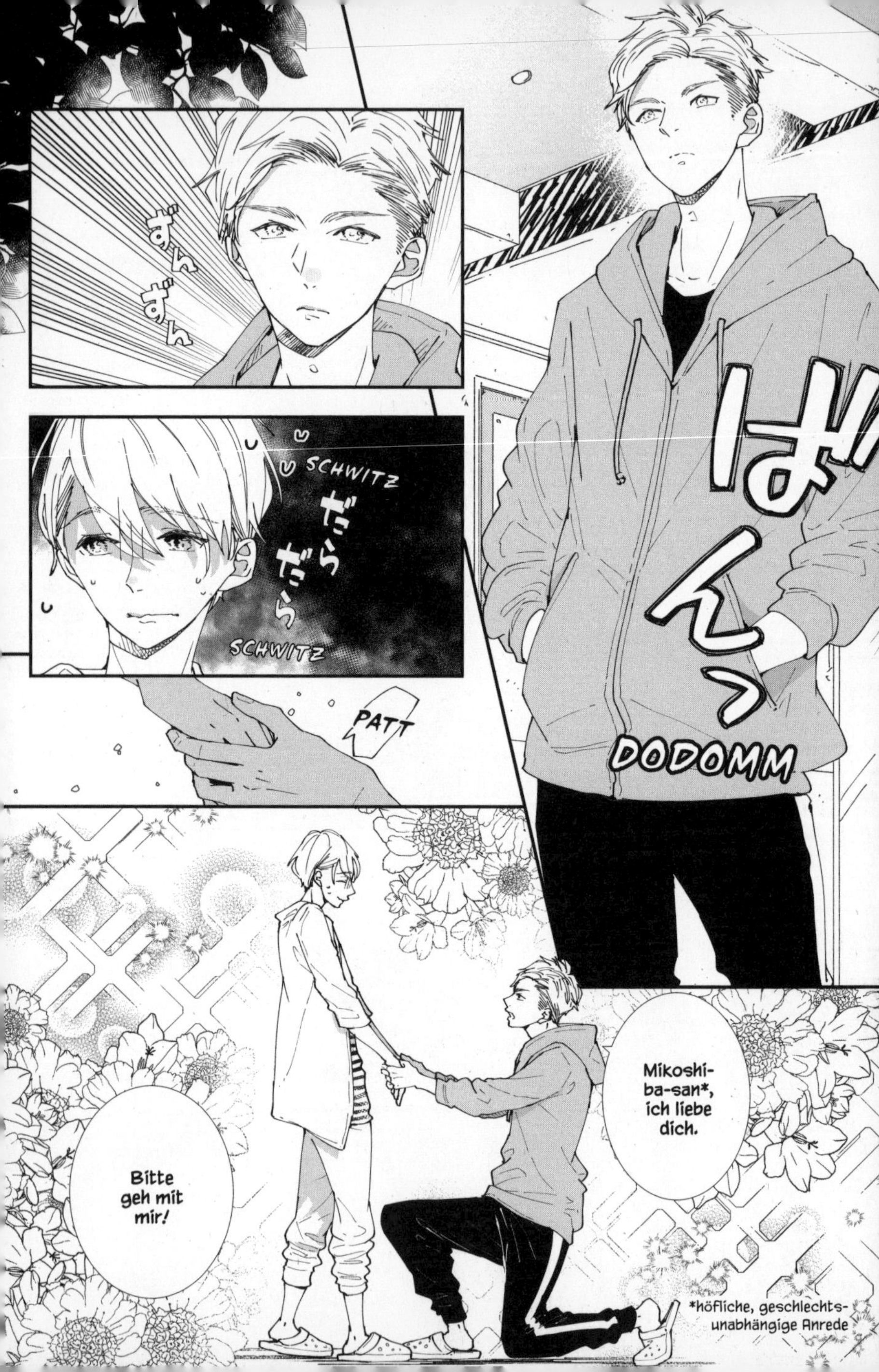
ばんっ
DODOMM
ずんずん
SCHWITZ
だらだら
SCHWITZ
PATT
Mikoshiba-san*, ich liebe dich.
Bitte geh mit mir!
*höfliche, geschlechts-unabhängige Anrede

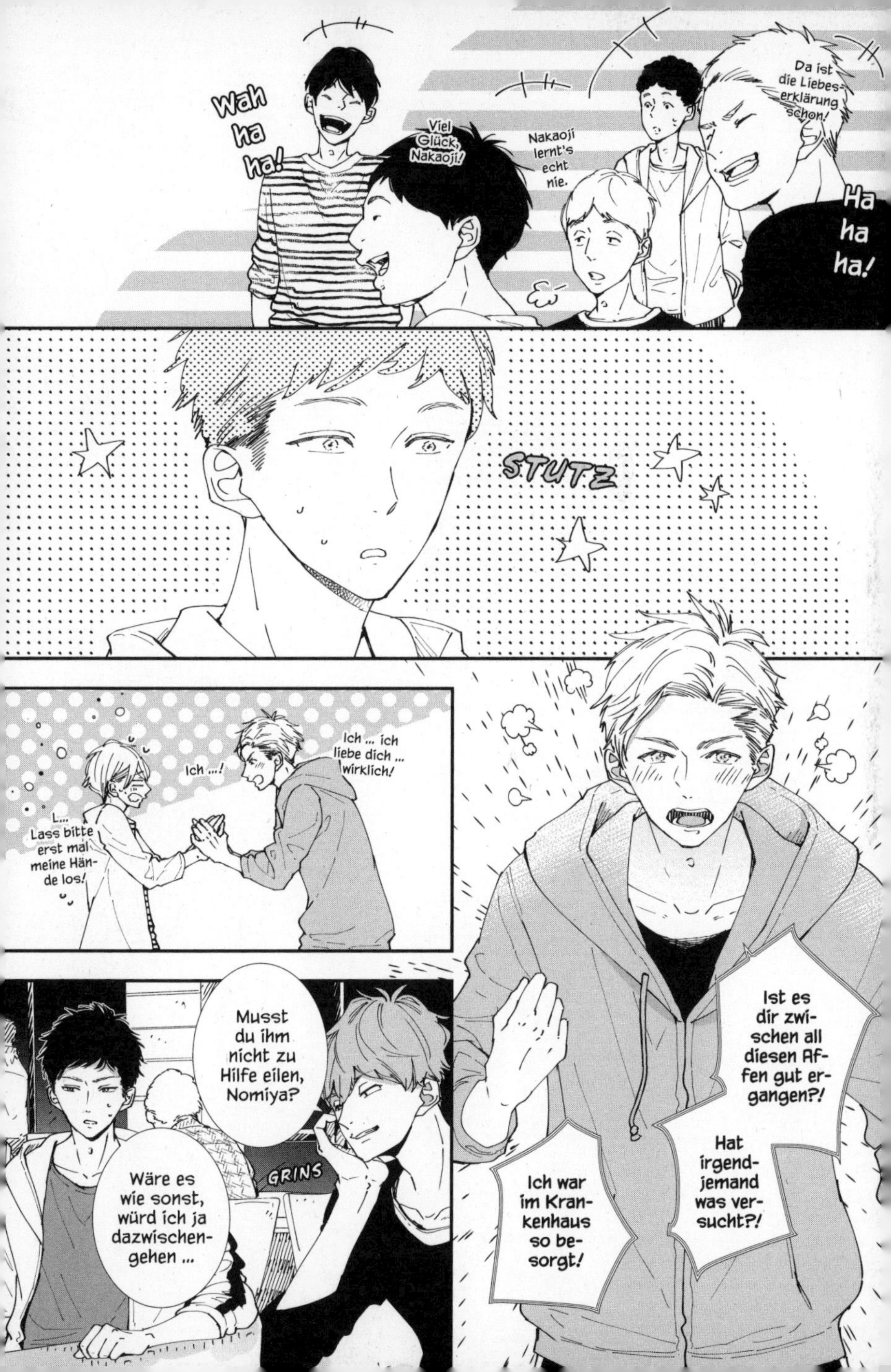
Da ist die Liebeserklärung schon!
Ha ha ha!
Nakaoji lernt's echt nie.
Viel Glück, Nakaoji!
Wah ha ha!
STUTZ
Ich ... ich liebe dich ... wirklich!
Ich ...!
L... Lass bitte erst mal meine Hände los!
Ist es dir zwischen all diesen Affen gut ergangen?!
Hat irgendjemand was versucht?!
Ich war im Krankenhaus so besorgt!
Musst du ihm nicht zu Hilfe eilen, Nomiya?
GRINS
Wäre es wie sonst, würd ich ja dazwischengehen ...

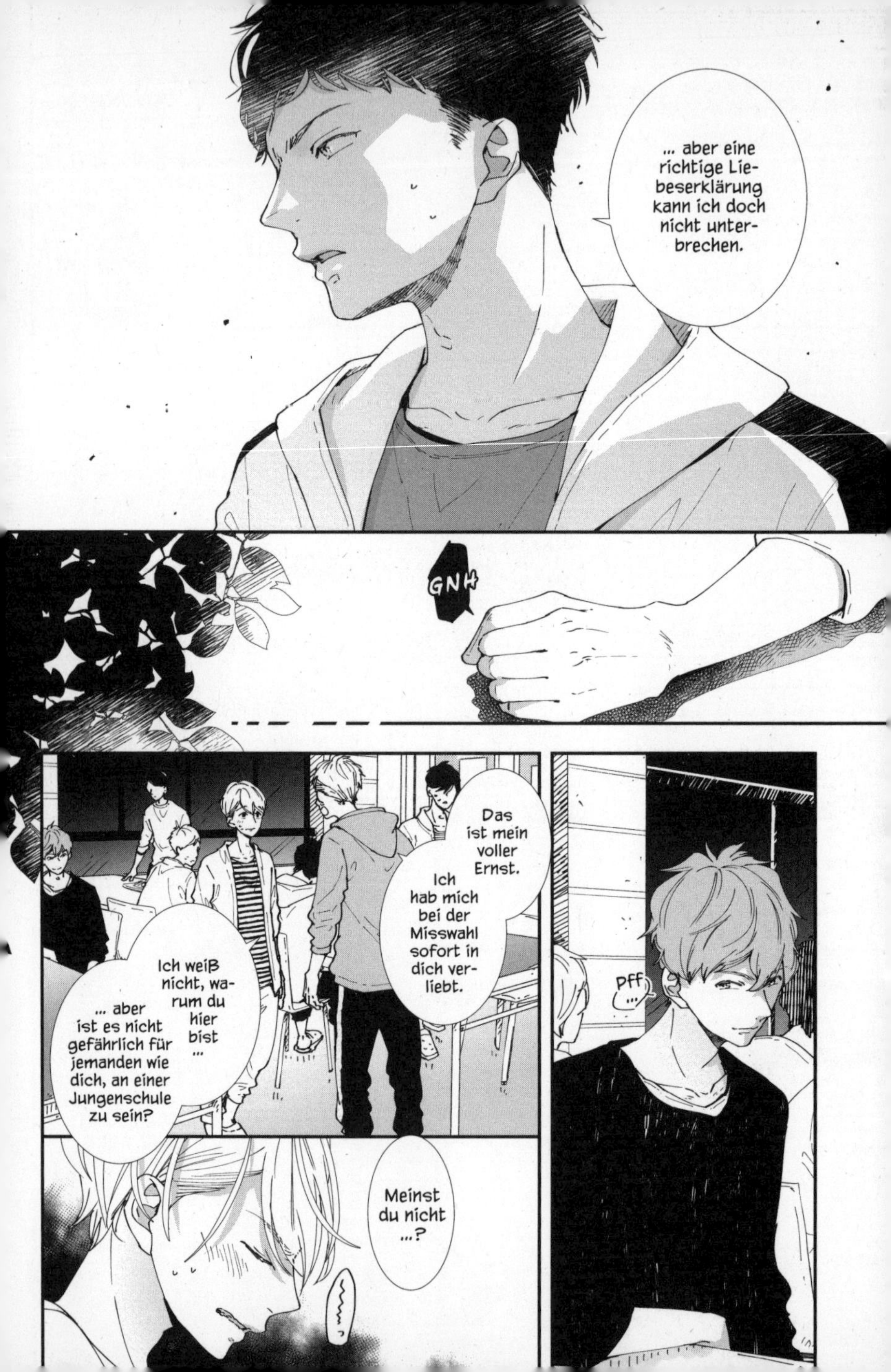
... aber eine richtige Liebeserklärung kann ich doch nicht unterbrechen.
GNH
Das ist mein voller Ernst.
Ich hab mich bei der Misswahl sofort in dich verliebt.
Ich weiß nicht, warum du hier bist ...
... aber ist es nicht gefährlich für jemanden wie dich, an einer Jungenschule zu sein?
PFF ...
Meinst du nicht ...?

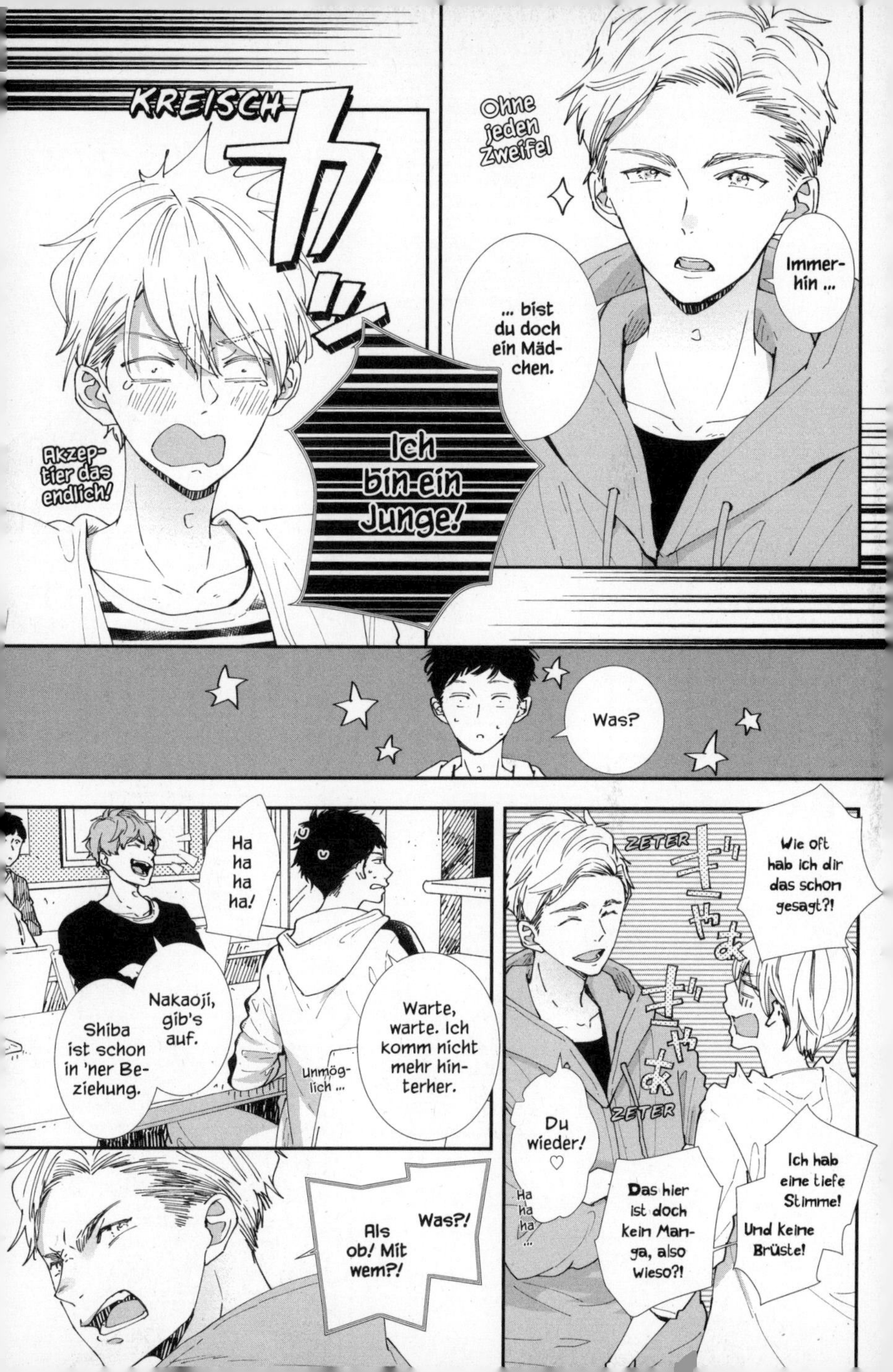
Ohne jeden Zweifel
Immer-hin ...
... bist du doch ein Mäd-chen.
KREISCH
Ich bin ein Junge!
Akzep-tier das endlich!
Was?
ZETER
Wie oft hab ich dir das schon gesagt?!
ZETER
Du wieder! ♡
Ha ha ha ...
Ich hab eine tiefe Stimme!
Und keine Brüste!
Das hier ist doch kein Man-ga, also wieso?!
Ha ha ha ha!
Warte, warte. Ich komm nicht mehr hin-terher.
unmög-lich ...
Nakaoji, gib's auf.
Shiba ist schon in 'ner Be-ziehung.
Was?!
Als ob! Mit wem?!

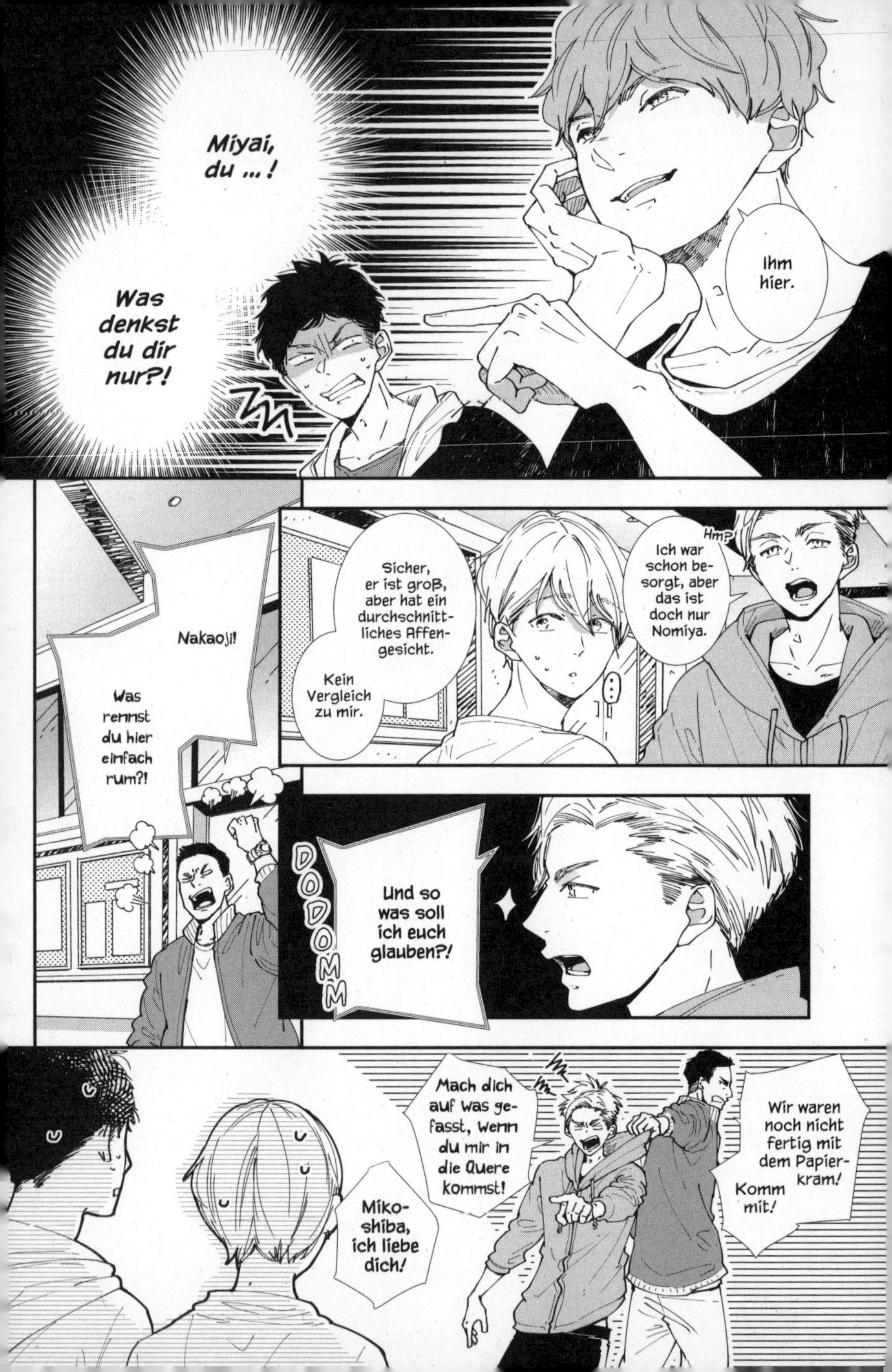
Ihm hier.
Miyai, du ...!
Was denkst du dir nur?!
Hm?
Ich war schon besorgt, aber das ist doch nur Nomiya.
Sicher, er ist groß, aber hat ein durchschnittliches Affengesicht.
Kein Vergleich zu mir.
Nakaoji!
Was rennst du hier einfach rum?!
Und so was soll ich euch glauben?!
DODOMM
Wir waren noch nicht fertig mit dem Papierkram!
Komm mit!
Mach dich auf was gefasst, wenn du mir in die Quere kommst!
Mikoshiba, ich liebe dich!

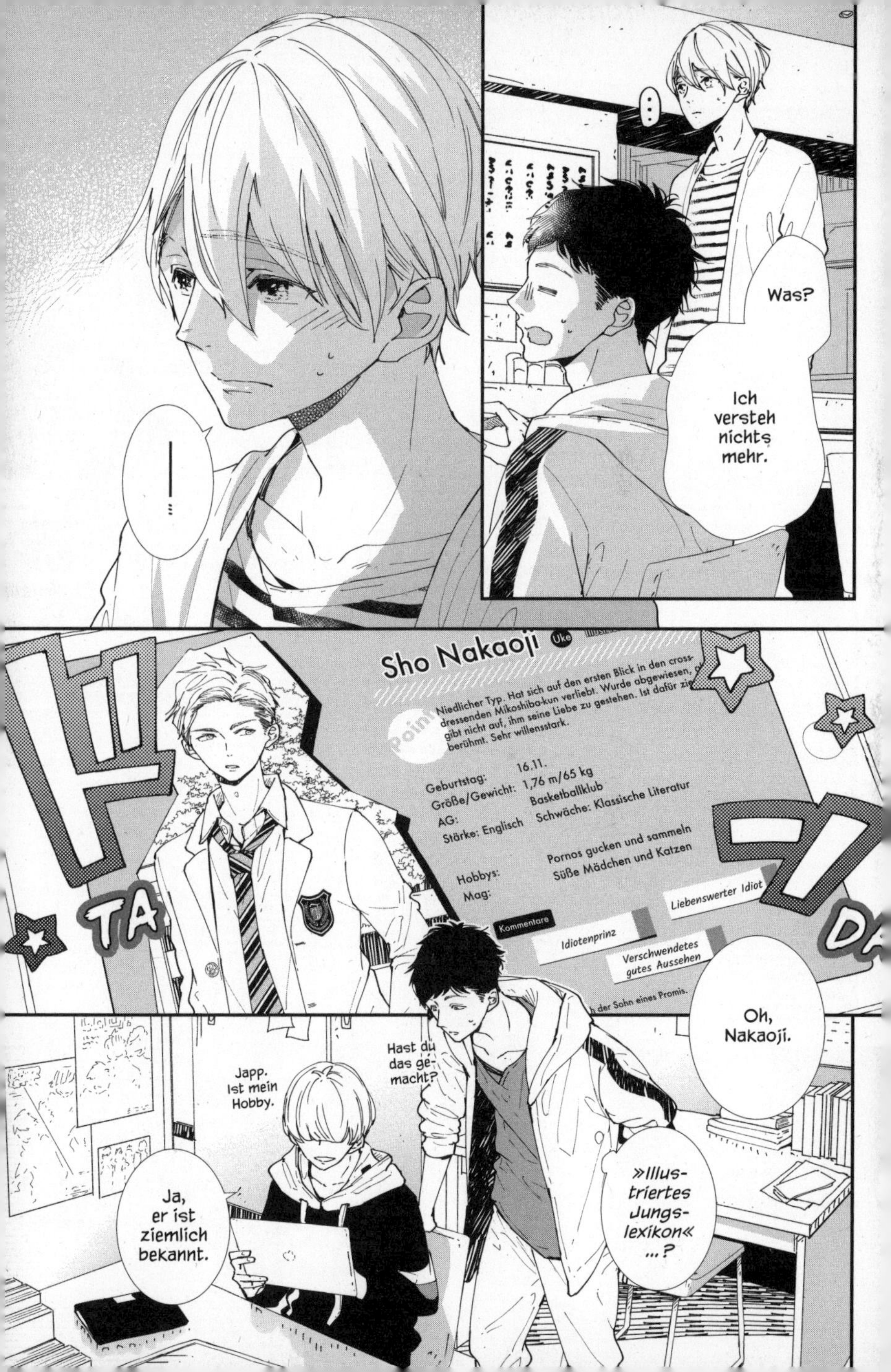
…
Was?
Ich versteh nichts mehr.
…!…
Sho Nakaoji
Uke
Point
Niedlicher Typ. Hat sich auf den ersten Blick in den cross-
dressenden Mikoshiba-kun verliebt. Wurde abgewiesen,
gibt nicht auf, ihm seine Liebe zu gestehen. Ist dafür
berühmt. Sehr willensstark.
Geburtstag: 16.11.
Größe/Gewicht: 1,76 m/65 kg
AG: Basketballklub
Stärke: Englisch Schwäche: Klassische Literatur
Hobbys: Pornos gucken und sammeln
Mag: Süße Mädchen und Katzen
Kommentare
Liebenswerter Idiot
Idiotenprinz
Verschwendetes gutes Aussehen
der Sohn eines Promis.
TA
Oh, Nakaoji.
»Illustriertes Jungslexikon« …?
Hast du das gemacht?
Japp. Ist mein Hobby.
Ja, er ist ziemlich bekannt.

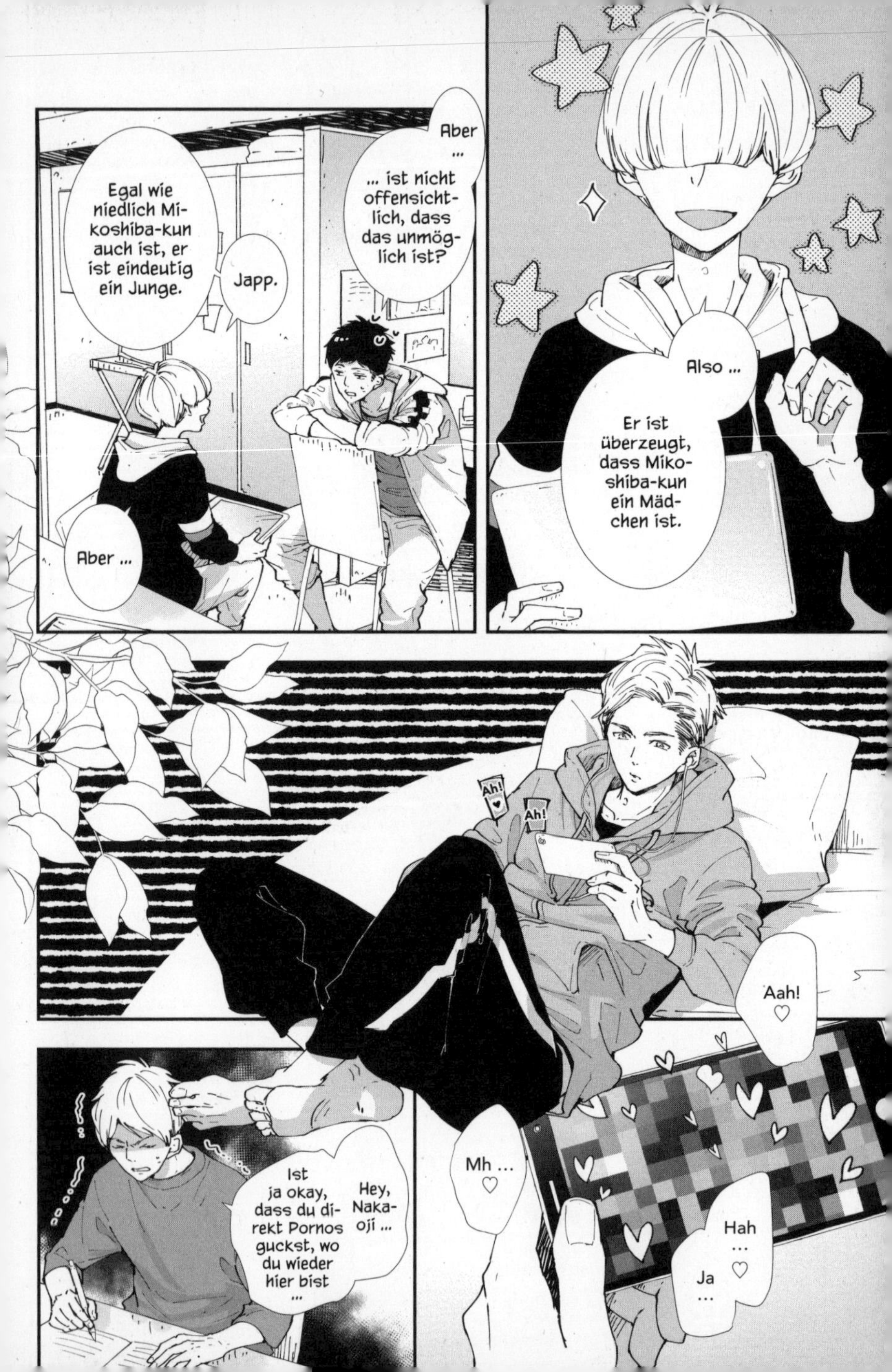

Also ...
Er ist überzeugt, dass Mikoshiba-kun ein Mädchen ist.
Aber ...
... ist nicht offensichtlich, dass das unmöglich ist?
Egal wie niedlich Mikoshiba-kun auch ist, er ist eindeutig ein Junge.
Japp.
Aber ...
Ah!
Ah!
Aah! ♡
Hah ... ♡
Ja ...
Mh ... ♡
Hey, Nakaoji ...
Ist ja okay, dass du direkt Pornos guckst, wo du wieder hier bist ...

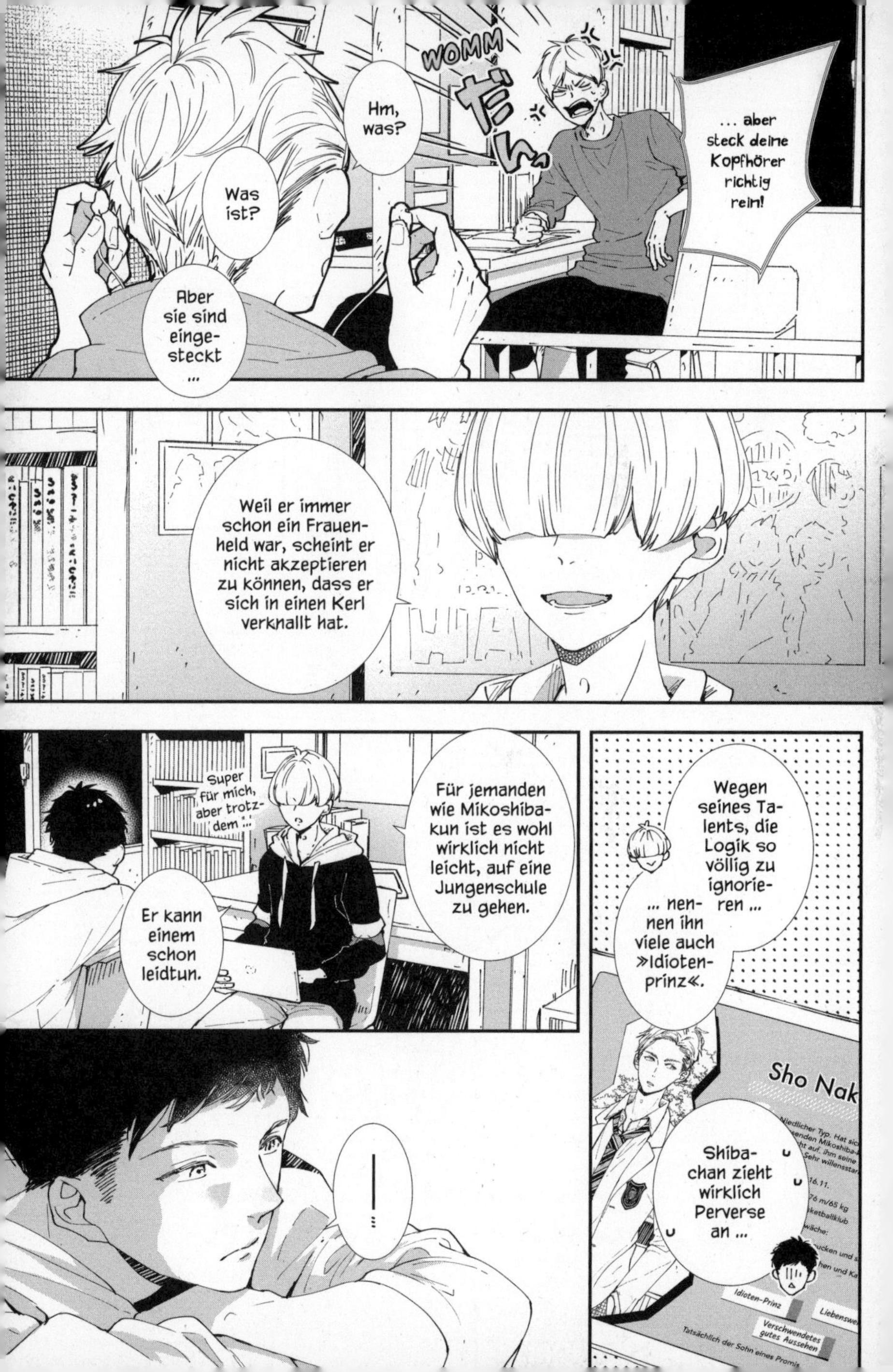
... aber steck deine Kopfhörer richtig rein!
WOMM
Hm, was?
Was ist?
Aber sie sind einge-steckt ...
Weil er immer schon ein Frauen-held war, scheint er nicht akzeptieren zu können, dass er sich in einen Kerl verknallt hat.
Wegen seines Ta-lents, die Logik so völlig zu ignorie-ren ...
... nen-nen ihn viele auch »Idioten-prinz«.
Sho Nak
Idioten-Prinz
Verschwendetes gutes Aussehen
Tatsächlich der Sohn eines Promis
Für jemanden wie Mikoshiba-kun ist es wohl wirklich nicht leicht, auf eine Jungenschule zu gehen.
Super für mich, aber trotz-dem ...
Er kann einem schon leidtun.
Shiba-chan zieht wirklich Perverse an ...
―!...

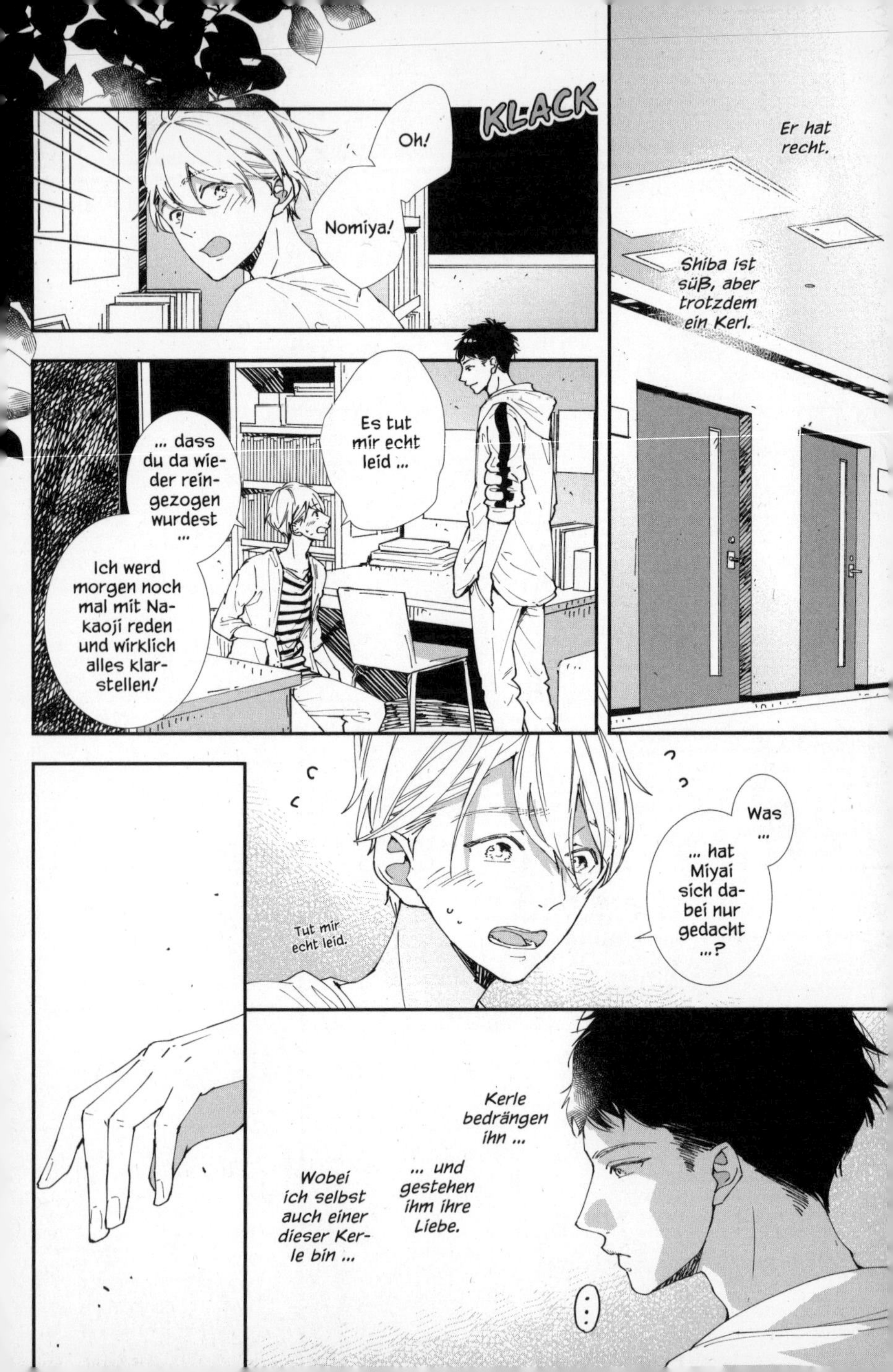

Er hat recht.
Shiba ist süß, aber trotzdem ein Kerl.
KLACK
Oh!
Nomiya!
Es tut mir echt leid ...
... dass du da wieder reingezogen wurdest ...
Ich werd morgen noch mal mit Nakaoji reden und wirklich alles klarstellen!
Was ...
... hat Miyai sich dabei nur gedacht ...?
Tut mir echt leid.
Kerle bedrängen ihn ...
... und gestehen ihm ihre Liebe.
Wobei ich selbst auch einer dieser Kerle bin ...
...

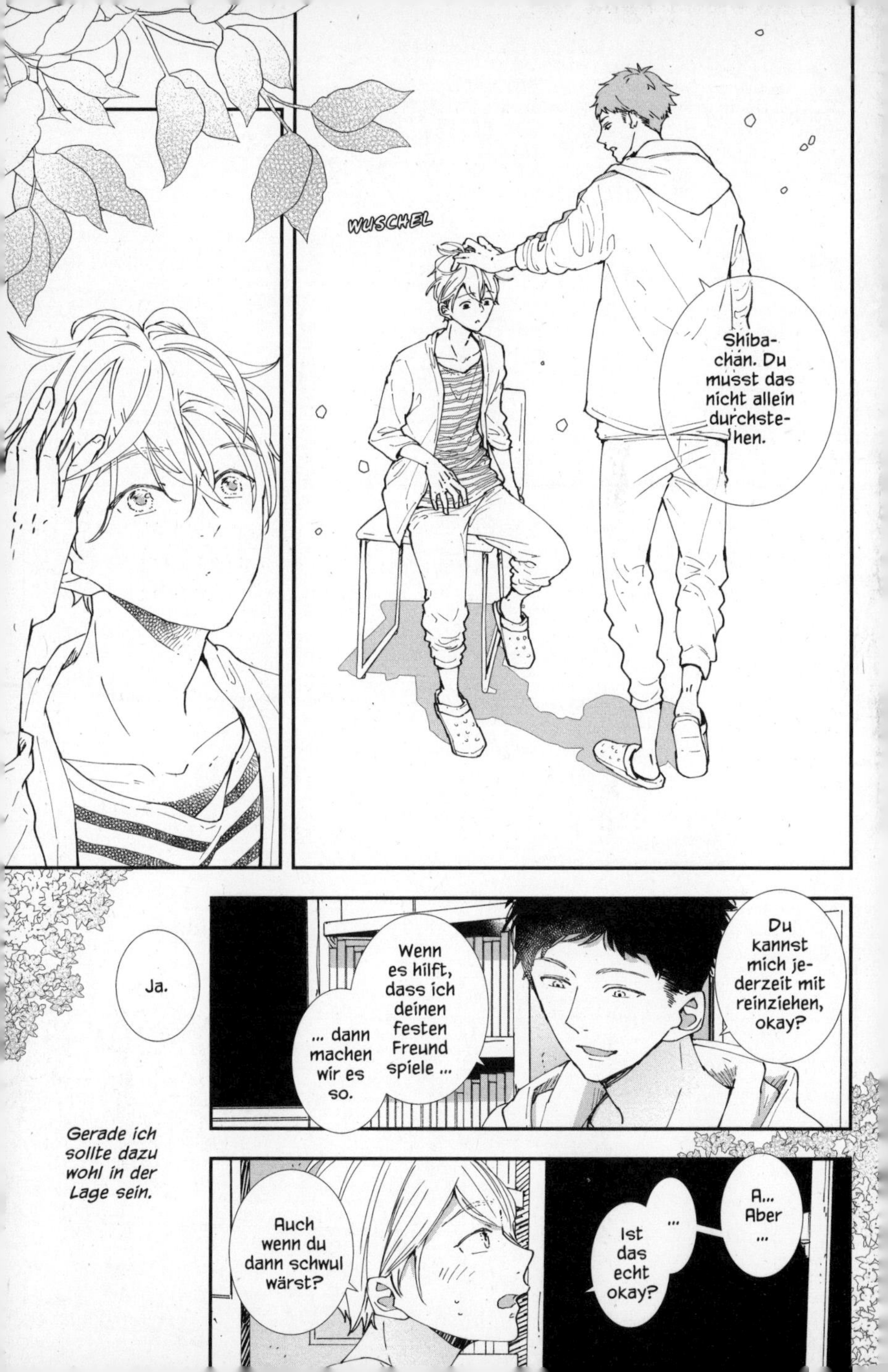
WUSCHEL
Shiba-chan. Du musst das nicht allein durchstehen.
Du kannst mich jederzeit mit reinziehen, okay?
Wenn es hilft, dass ich deinen festen Freund spiele ...
... dann machen wir es so.
Ja.
A... Aber ...
... Ist das echt okay?
Auch wenn du dann schwul wärst?
Gerade ich sollte dazu wohl in der Lage sein.

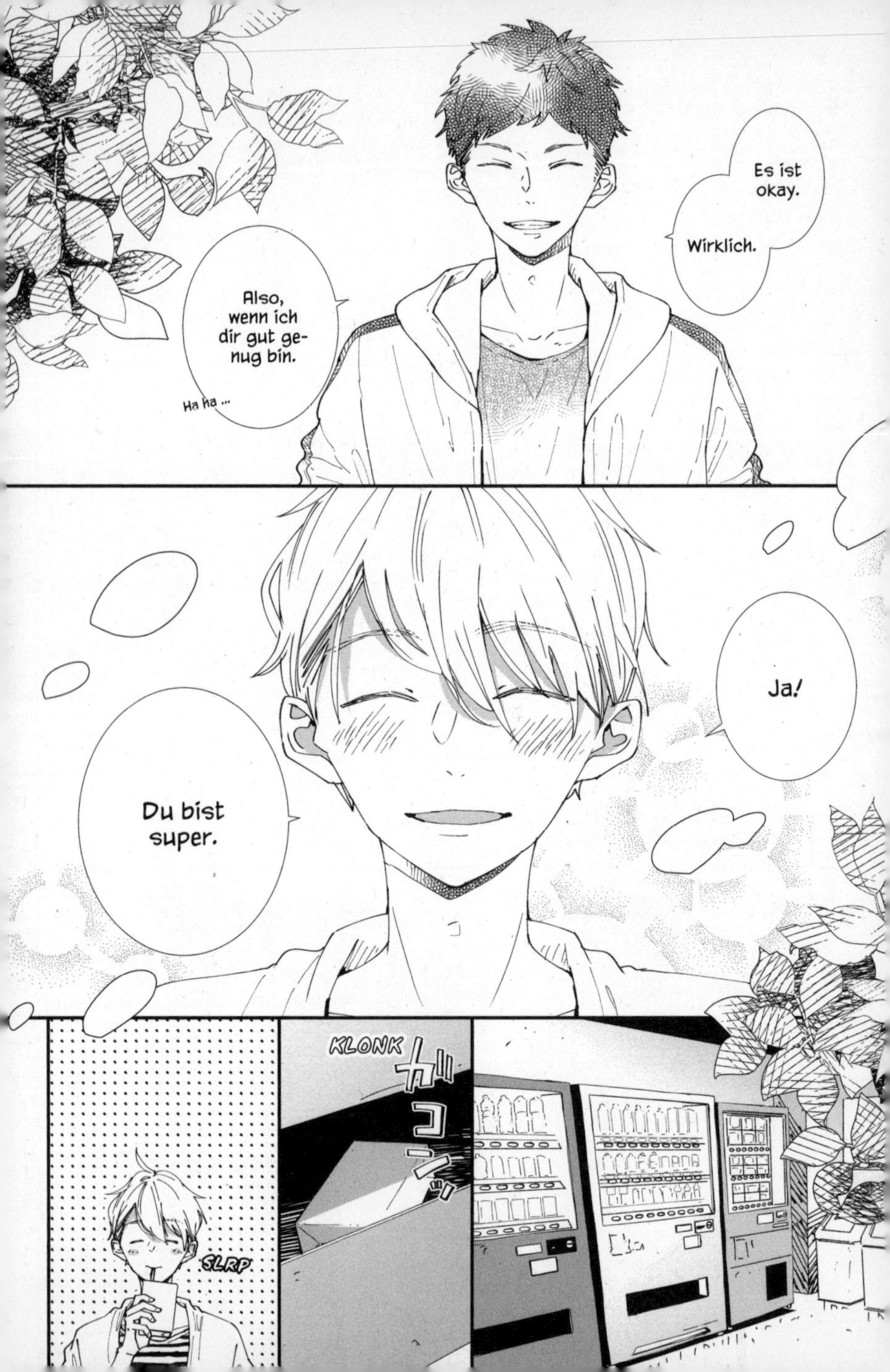

Es ist okay.
Wirklich.
Also, wenn ich dir gut genug bin.
Ha ha ...
Ja!
Du bist super.
KLONK
SLRP

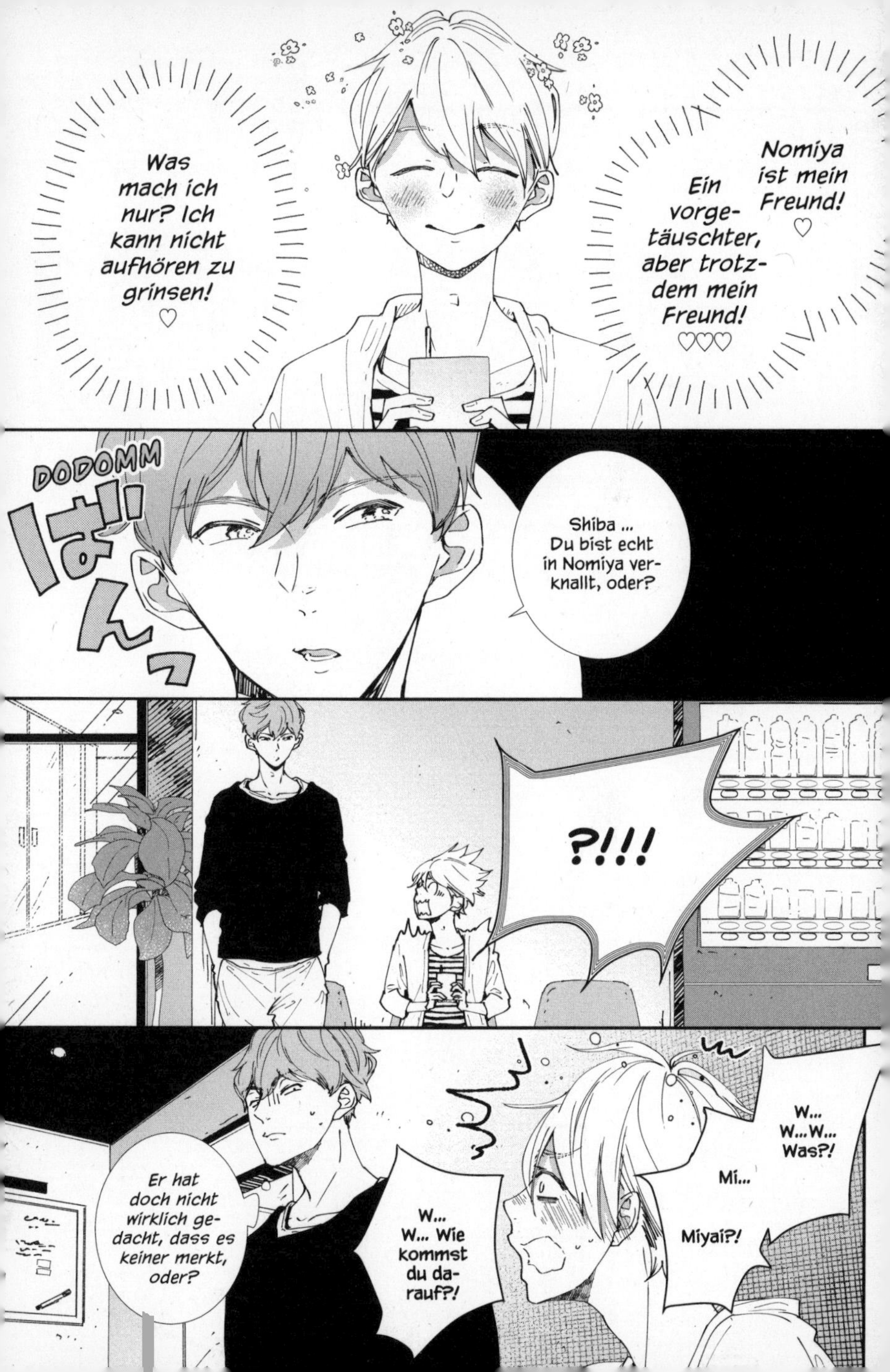
Nomiya ist mein Freund! ♡
Ein vorgetäuschter, aber trotzdem mein Freund! ♡♡♡
Was mach ich nur? Ich kann nicht aufhören zu grinsen! ♡
DODOMM
ばんっ
Shiba ... Du bist echt in Nomiya verknallt, oder?
?!!!
W... W...W... Was?!
Mi...
Miyai?!
W... W... Wie kommst du darauf?!
Er hat doch nicht wirklich gedacht, dass es keiner merkt, oder?

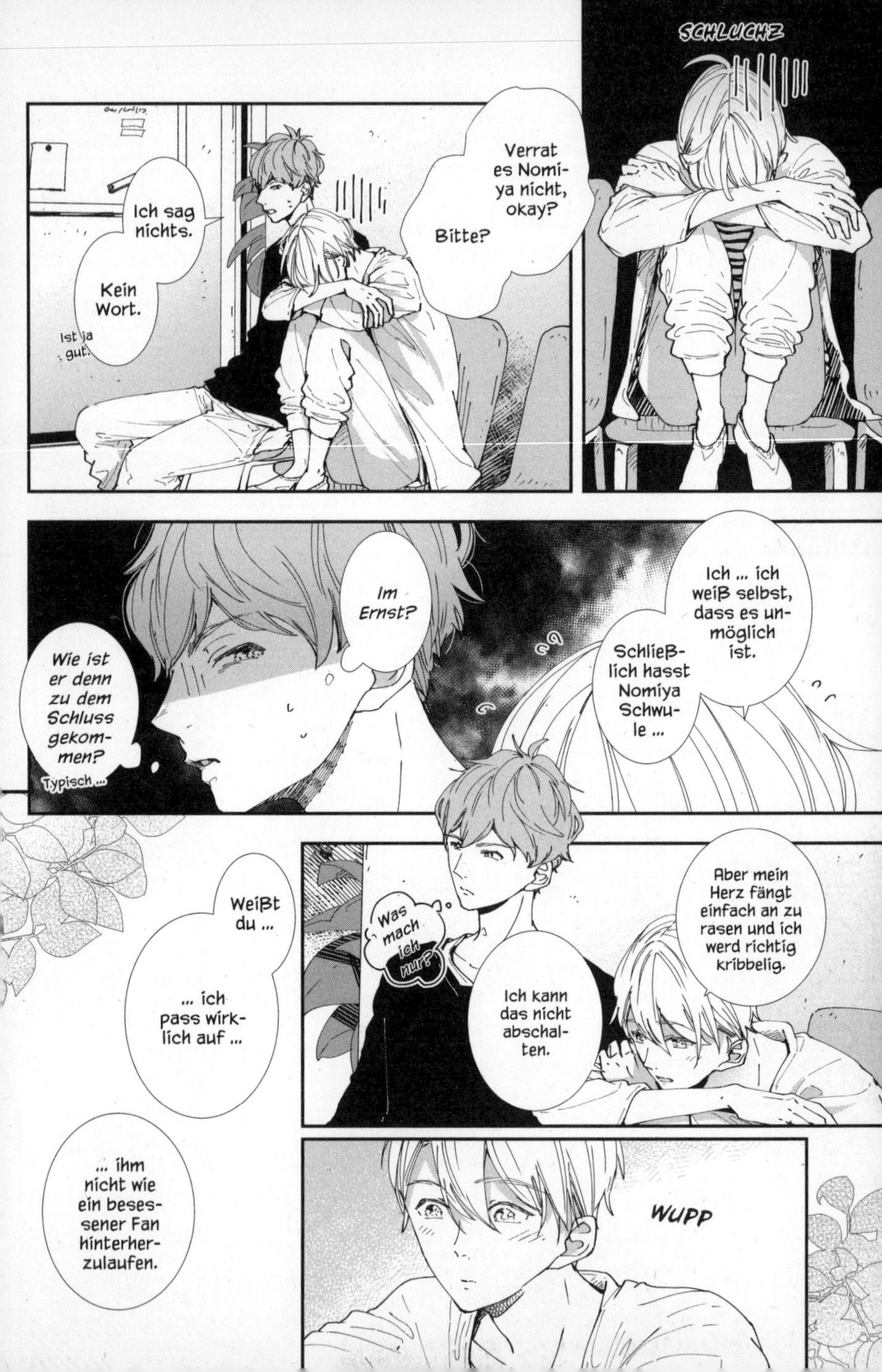
SCHLUCHZ
Verrat es Nomiya nicht, okay?
Bitte?
Ich sag nichts.
Kein Wort.
Ist ja gut.
Ich ... ich weiß selbst, dass es unmöglich ist.
Schließlich hasst Nomiya Schwule ...
Im Ernst?
Wie ist er denn zu dem Schluss gekommen?
Typisch ...
Aber mein Herz fängt einfach an zu rasen und ich werd richtig kribbelig.
Ich kann das nicht abschalten.
Was mach ich nur?
Weißt du ...
... ich pass wirklich auf ...
... ihm nicht wie ein besessener Fan hinterherzulaufen.
WUPP

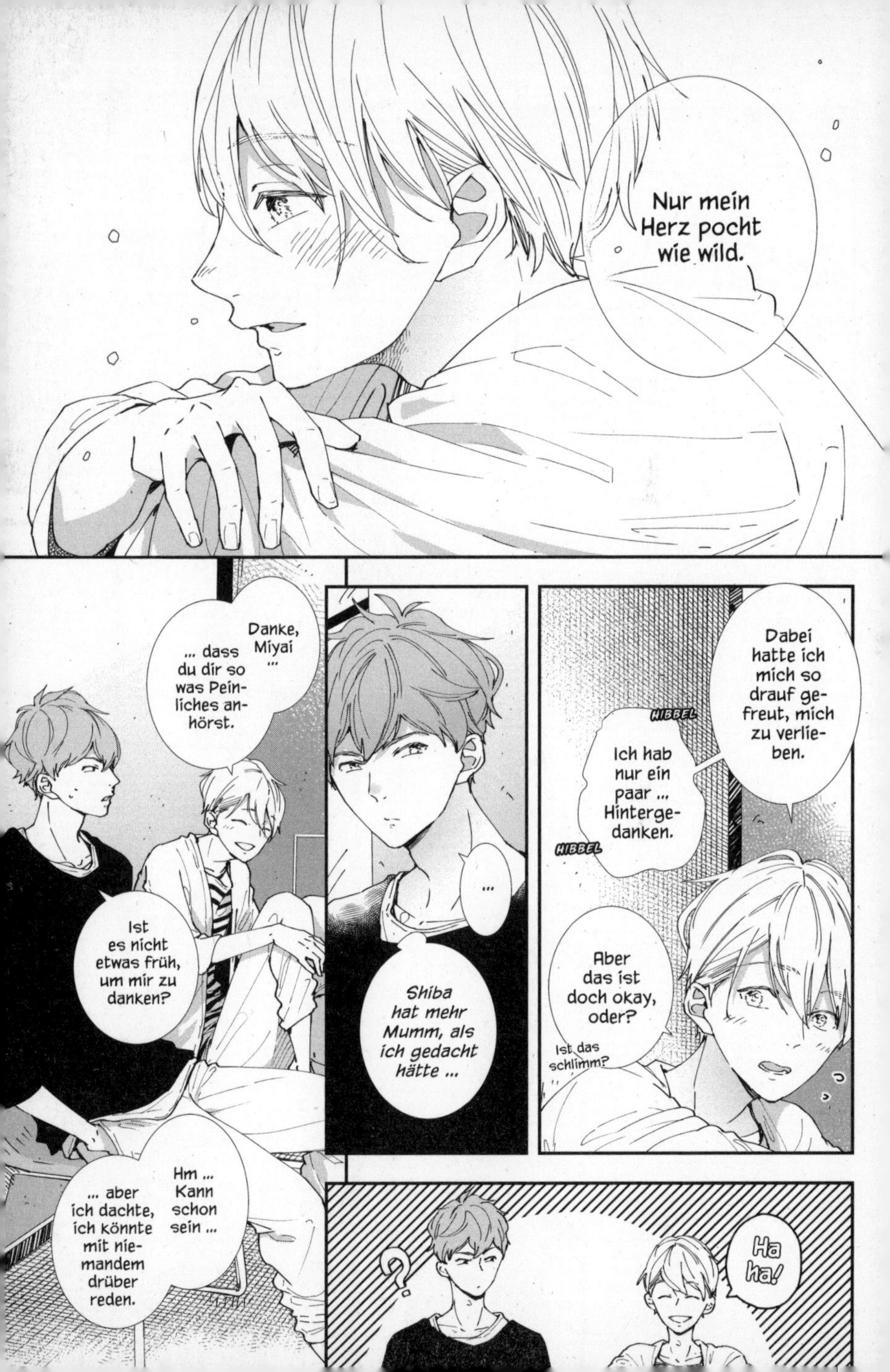
Nur mein Herz pocht wie wild.
Dabei hatte ich mich so drauf gefreut, mich zu verlieben.
HIBBEL
Ich hab nur ein paar ... Hintergedanken.
HIBBEL
Aber das ist doch okay, oder?
Ist das schlimm?
...
Shiba hat mehr Mumm, als ich gedacht hätte ...
Danke, Miyai ...
... dass du dir so was Peinliches anhörst.
Ist es nicht etwas früh, um mir zu danken?
Hm ... Kann schon sein ...
... aber ich dachte, ich könnte mit niemandem drüber reden.
Ha ha!

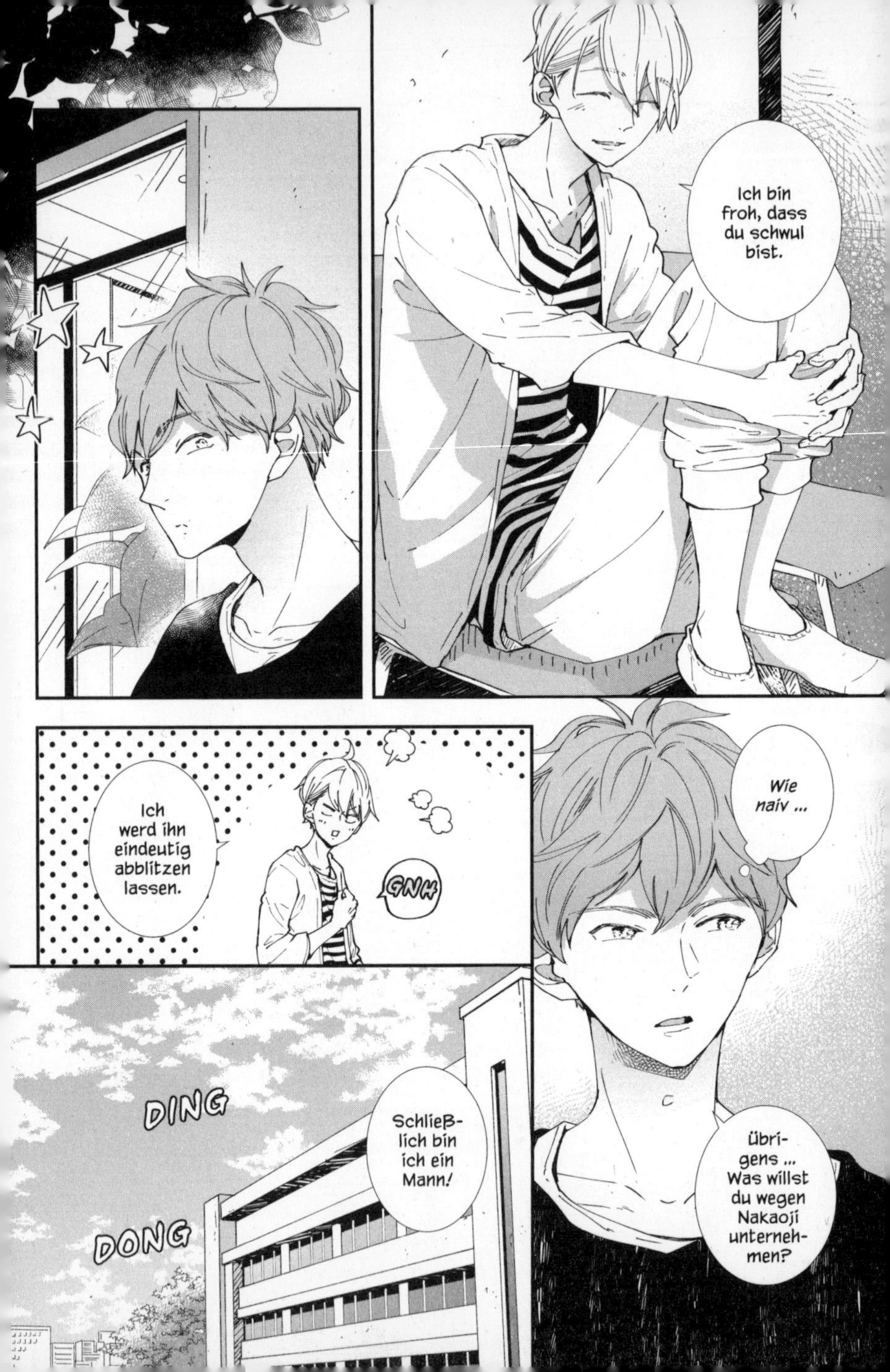
Ich bin froh, dass du schwul bist.
Wie naiv ...
Ich werd ihn eindeutig abblitzen lassen.
GNH
Schließlich bin ich ein Mann!
DING
DONG
übrigens ... Was willst du wegen Nakaoji unternehmen?

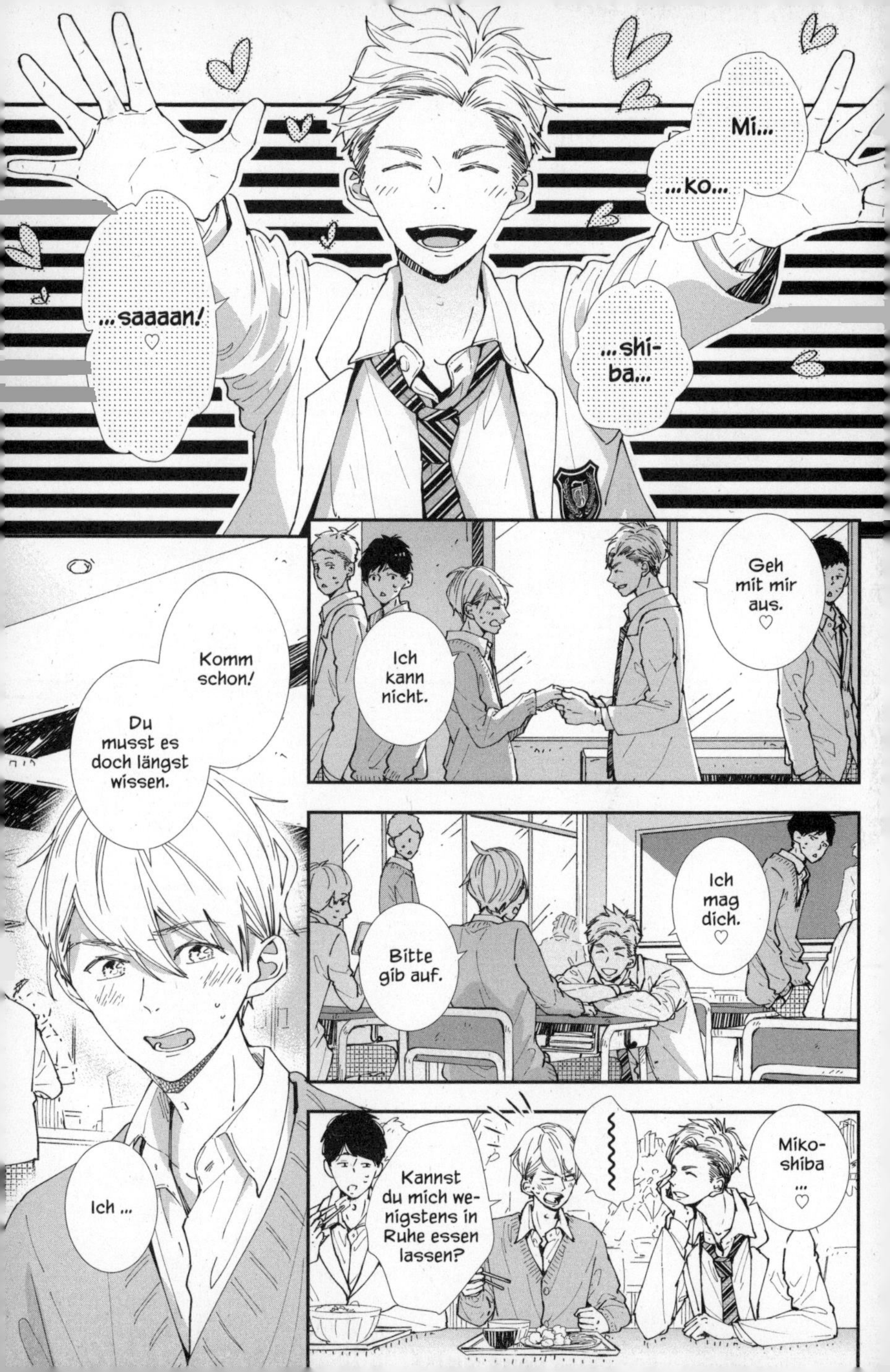
Mi...
...ko...
...shi-ba...
...saaaan! ♡
Geh mit mir aus. ♡
Ich kann nicht.
Ich mag dich. ♡
Bitte gib auf.
Miko-shiba ... ♡
Kannst du mich wenigstens in Ruhe essen lassen?
Komm schon!
Du musst es doch längst wissen.
Ich ...

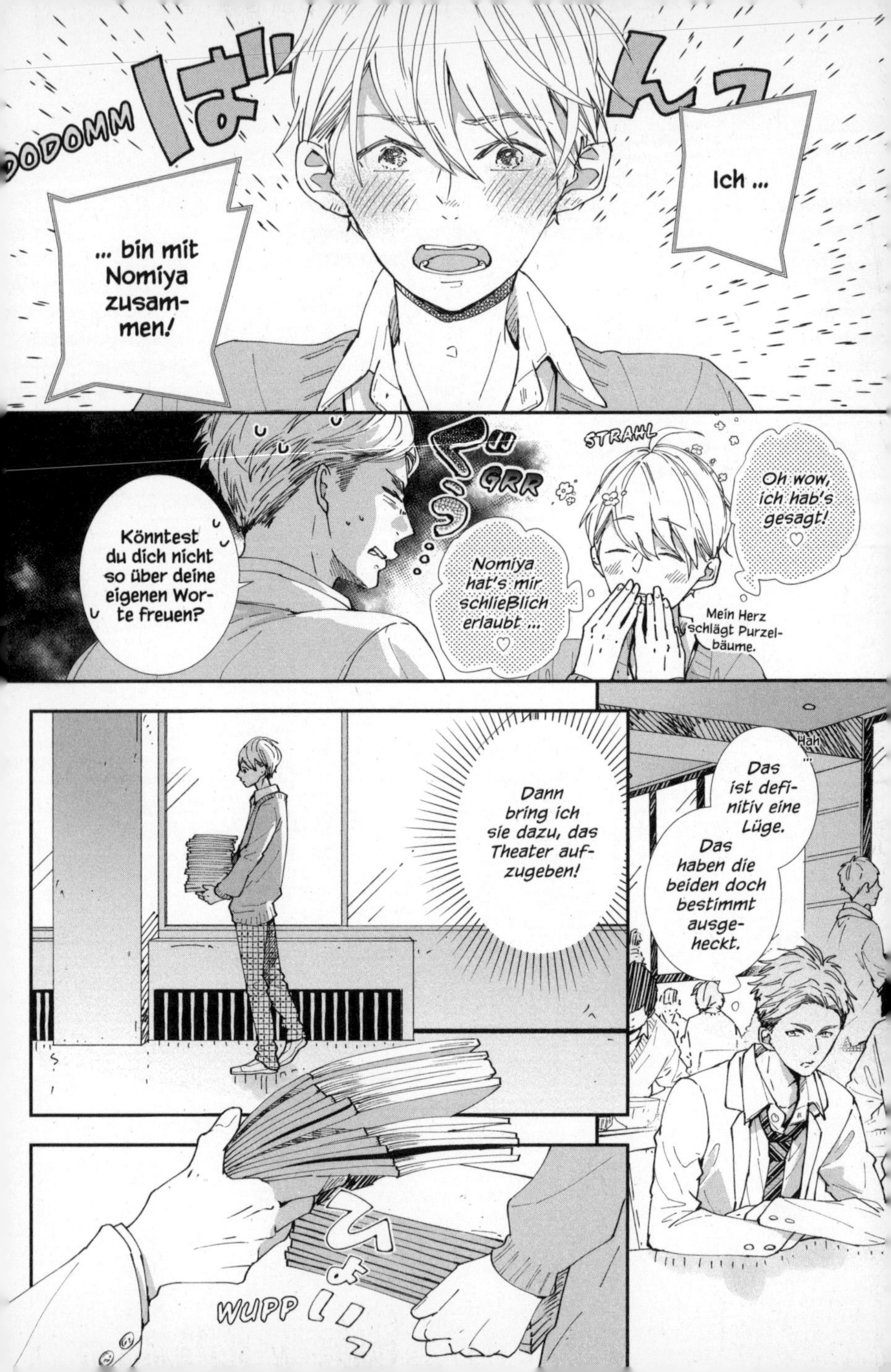
DODOMM
Ich ...
... bin mit Nomiya zusammen!
STRAHL
Oh wow, ich hab's gesagt! ♡
Mein Herz schlägt Purzelbäume.
Nomiya hat's mir schließlich erlaubt ... ♡
GRR
Könntest du dich nicht so über deine eigenen Worte freuen?
Hah ...
Das ist definitiv eine Lüge.
Das haben die beiden doch bestimmt ausgeheckt.
Dann bring ich sie dazu, das Theater aufzugeben!
WUPP

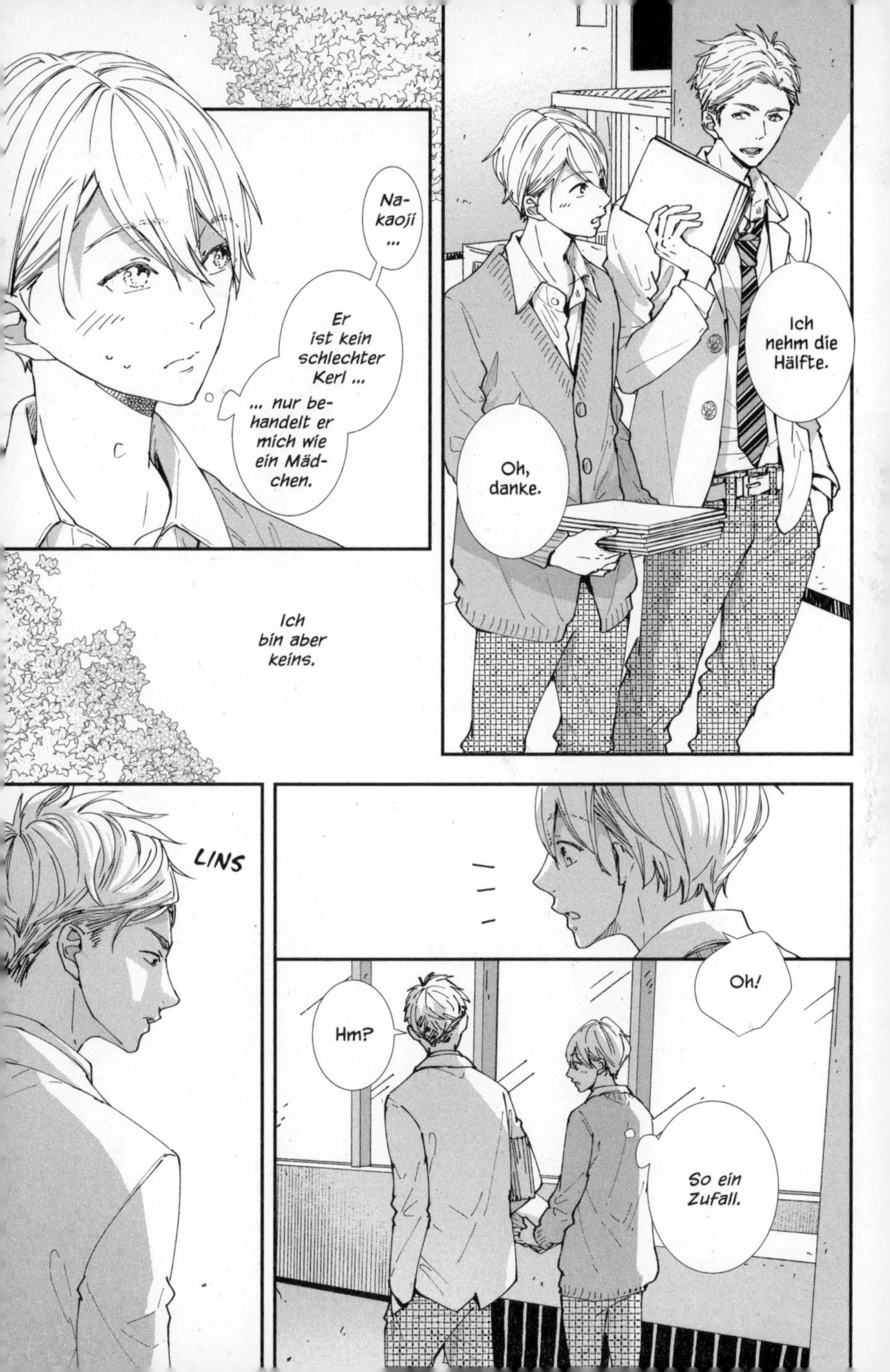
Ich nehm die Hälfte.
Oh, danke.
Nakaoji ...
Er ist kein schlechter Kerl ...
... nur behandelt er mich wie ein Mädchen.
Ich bin aber keins.
Oh!
Hm?
So ein Zufall.
LINS

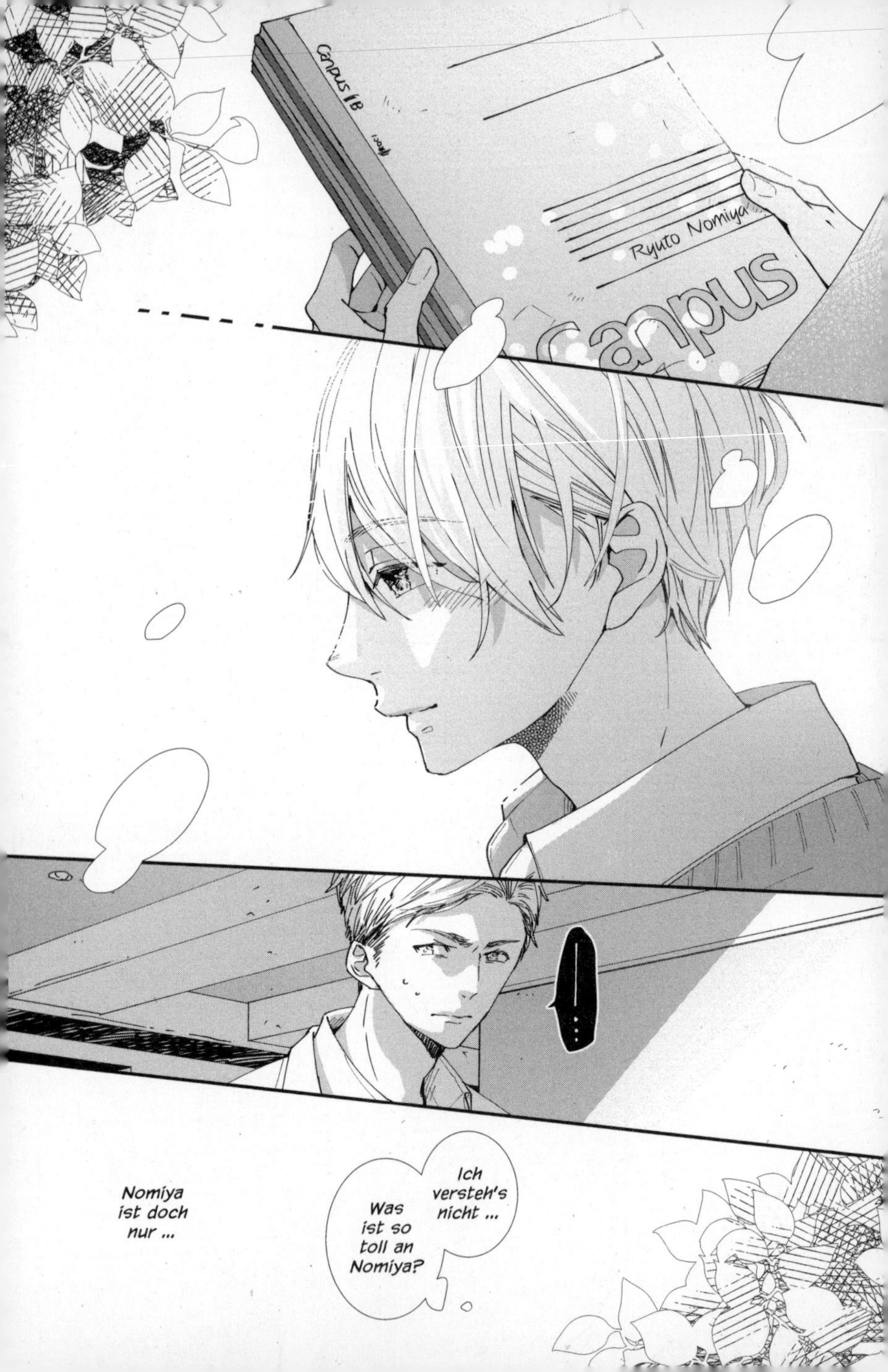
Ryuto Nomiya
Canpus
Ich versteh's nicht ...
Was ist so toll an Nomiya?
Nomiya ist doch nur ...

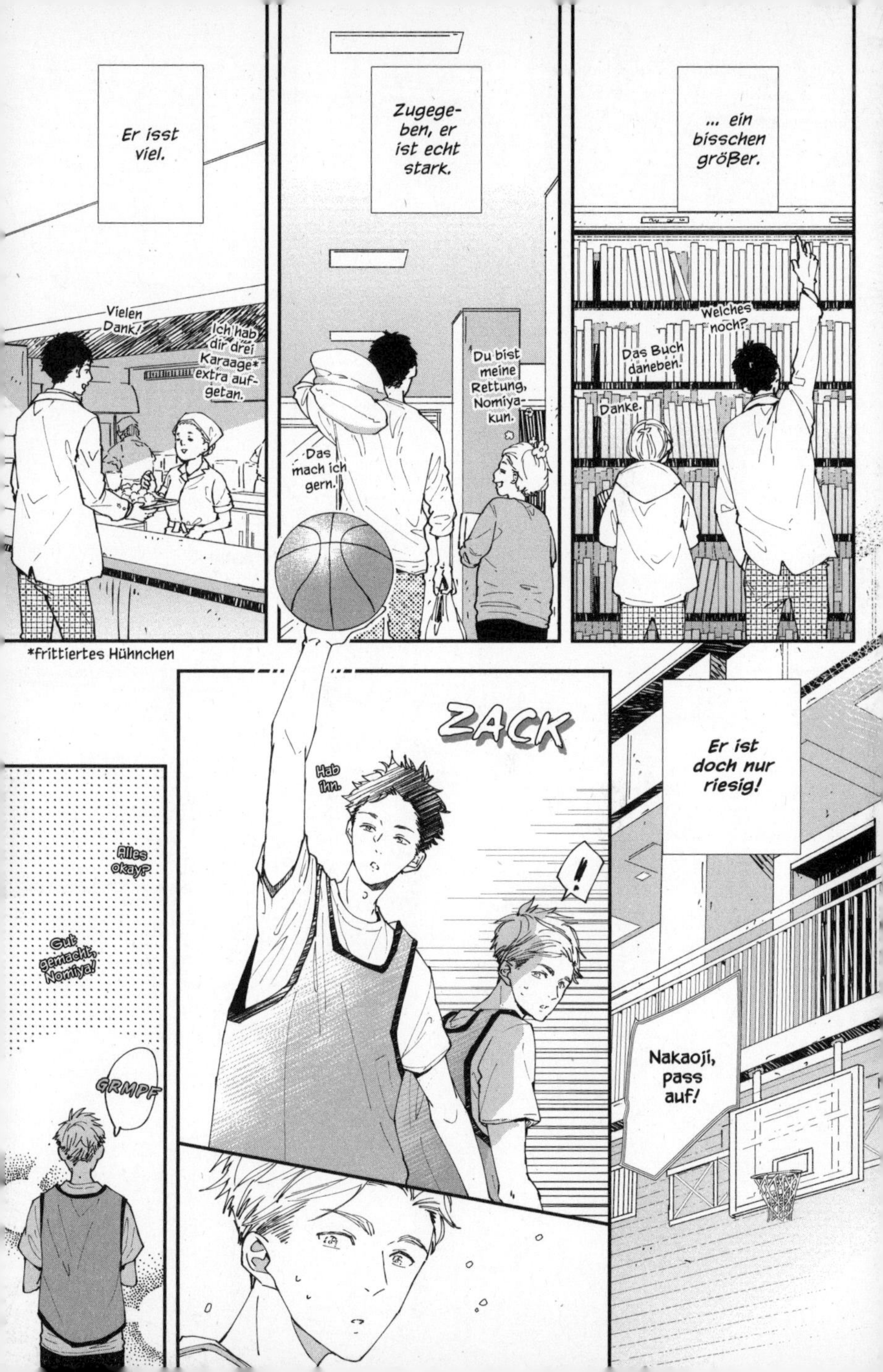

*frittiertes Hühnchen

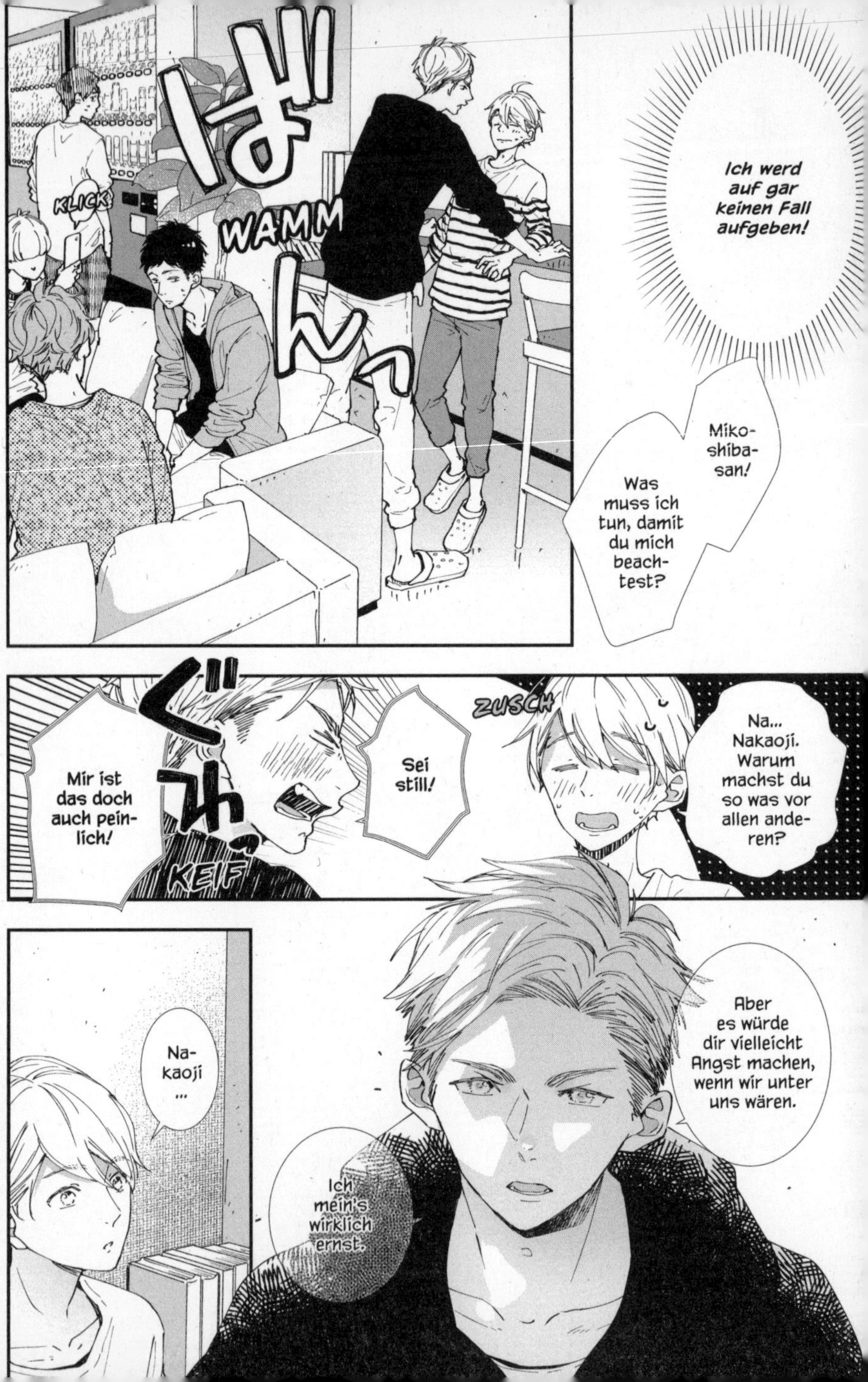
Ich werd auf gar keinen Fall aufgeben!
Miko-shiba-san!
Was muss ich tun, damit du mich beachtest?
WAMM
KLICK
ZUSCH
Na... Nakaoji. Warum machst du so was vor allen anderen?
Sei still!
Mir ist das doch auch pein-lich!
KEIF
Aber es würde dir vielleicht Angst machen, wenn wir unter uns wären.
Ich mein's wirklich ernst.
Na-kaoji ...

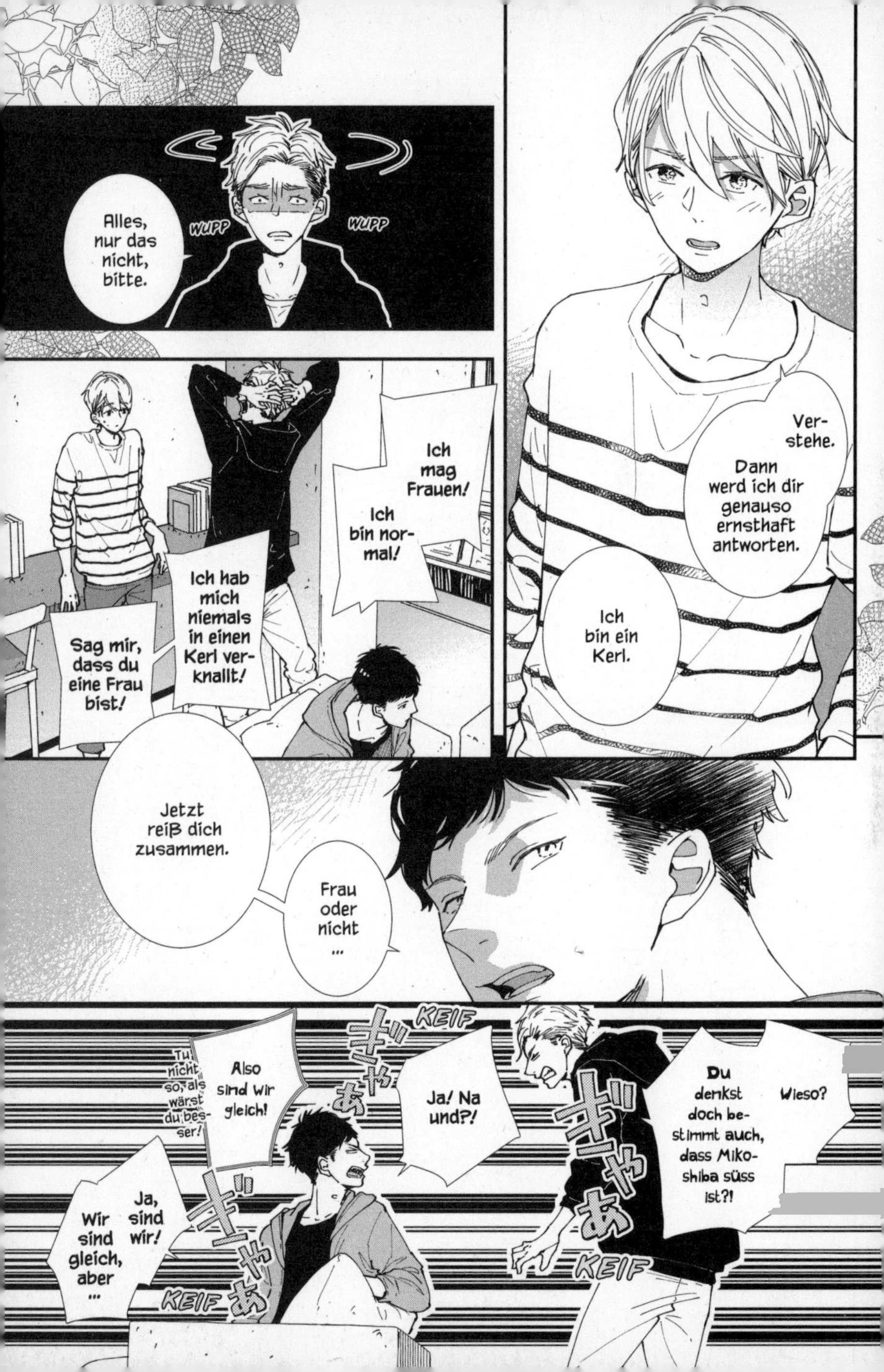

Verstehe. Dann werd ich dir genauso ernsthaft antworten.
Ich bin ein Kerl.
Alles, nur das nicht, bitte.
WUPP
WUPP
Ich mag Frauen!
Ich bin normal!
Ich hab mich niemals in einen Kerl verknallt!
Sag mir, dass du eine Frau bist!
Jetzt reiß dich zusammen.
Frau oder nicht ...
Wieso?
Du denkst doch bestimmt auch, dass Mikoshiba süss ist?!
KEIF
Ja! Na und?!
Also sind wir gleich!
Tu nicht so, als wärst du besser!
Ja, sind wir!
Wir sind gleich, aber ...
KEIF
KEIF

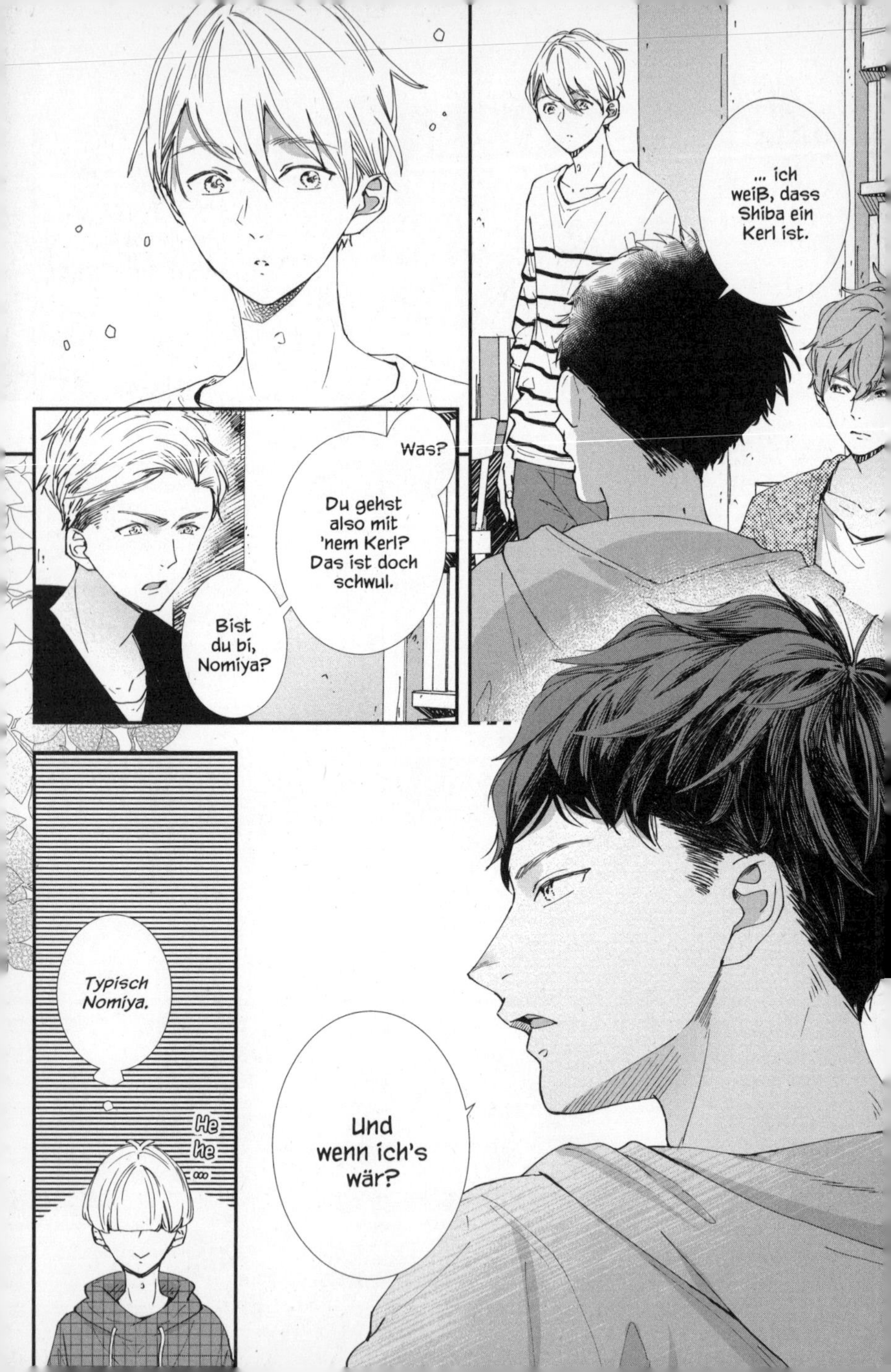
... ich weiß, dass Shiba ein Kerl ist.
Was?
Du gehst also mit 'nem Kerl? Das ist doch schwul.
Bist du bi, Nomiya?
Und wenn ich's wär?
Typisch Nomiya.
Hehe ...

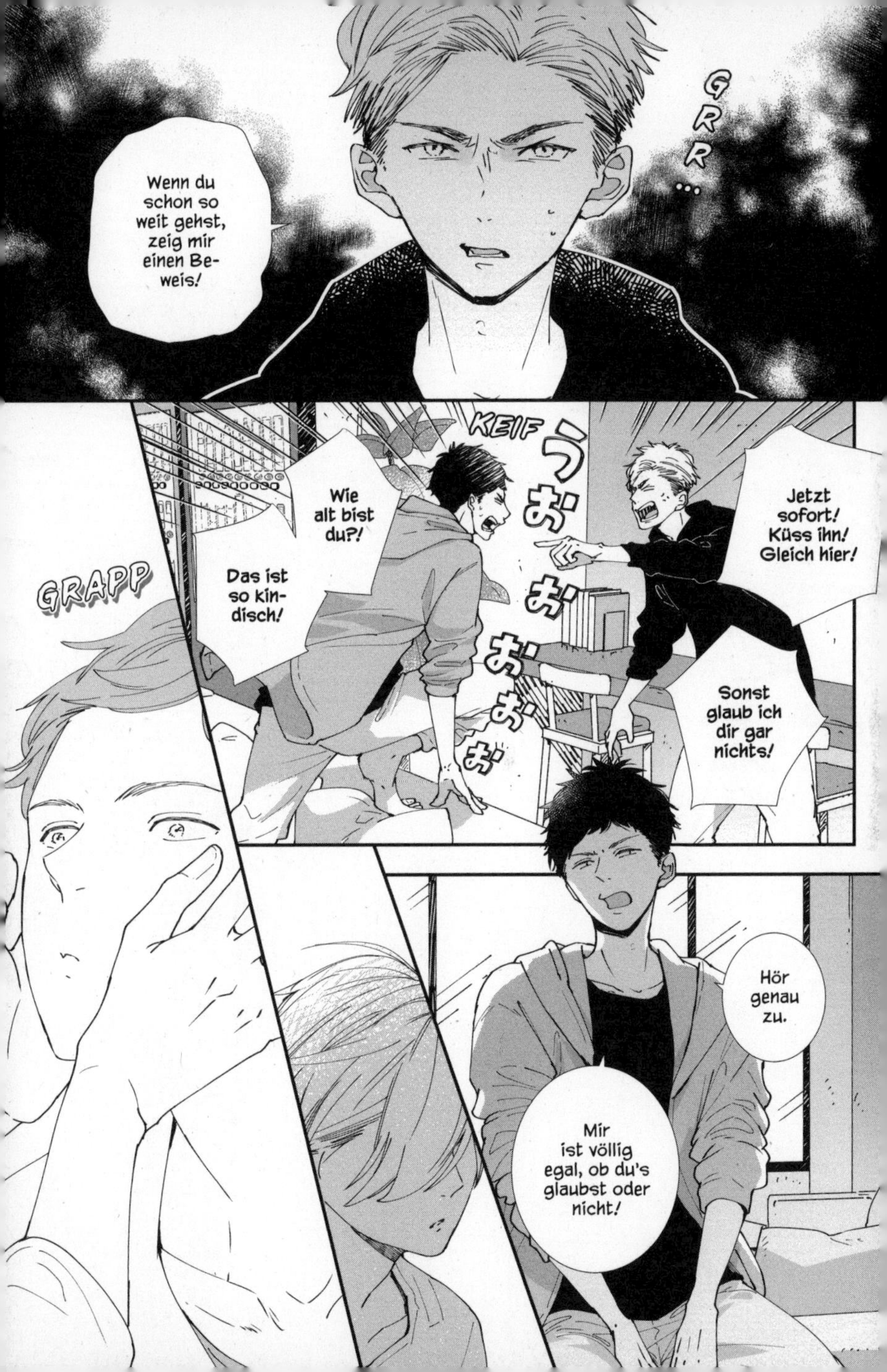
GRRR...
Wenn du schon so weit gehst, zeig mir einen Beweis!
Jetzt sofort! Küss ihn! Gleich hier!
KEIF
うおおおおお
Wie alt bist du?!
Sonst glaub ich dir gar nichts!
Das ist so kindisch!
Hör genau zu.
Mir ist völlig egal, ob du's glaubst oder nicht!
GRAPP

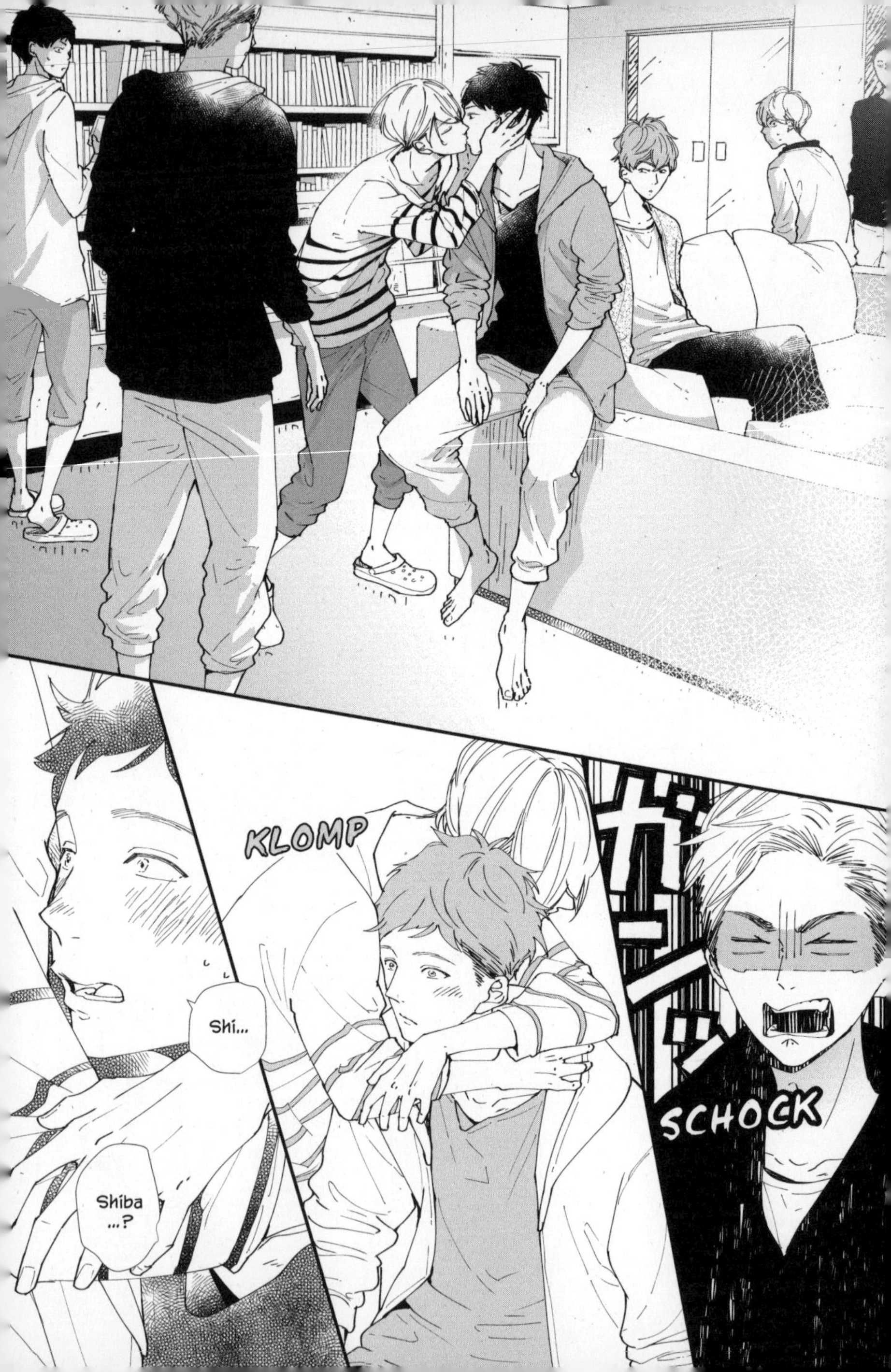

KLOMP
SCHOCK
Shi...
Shiba
...?

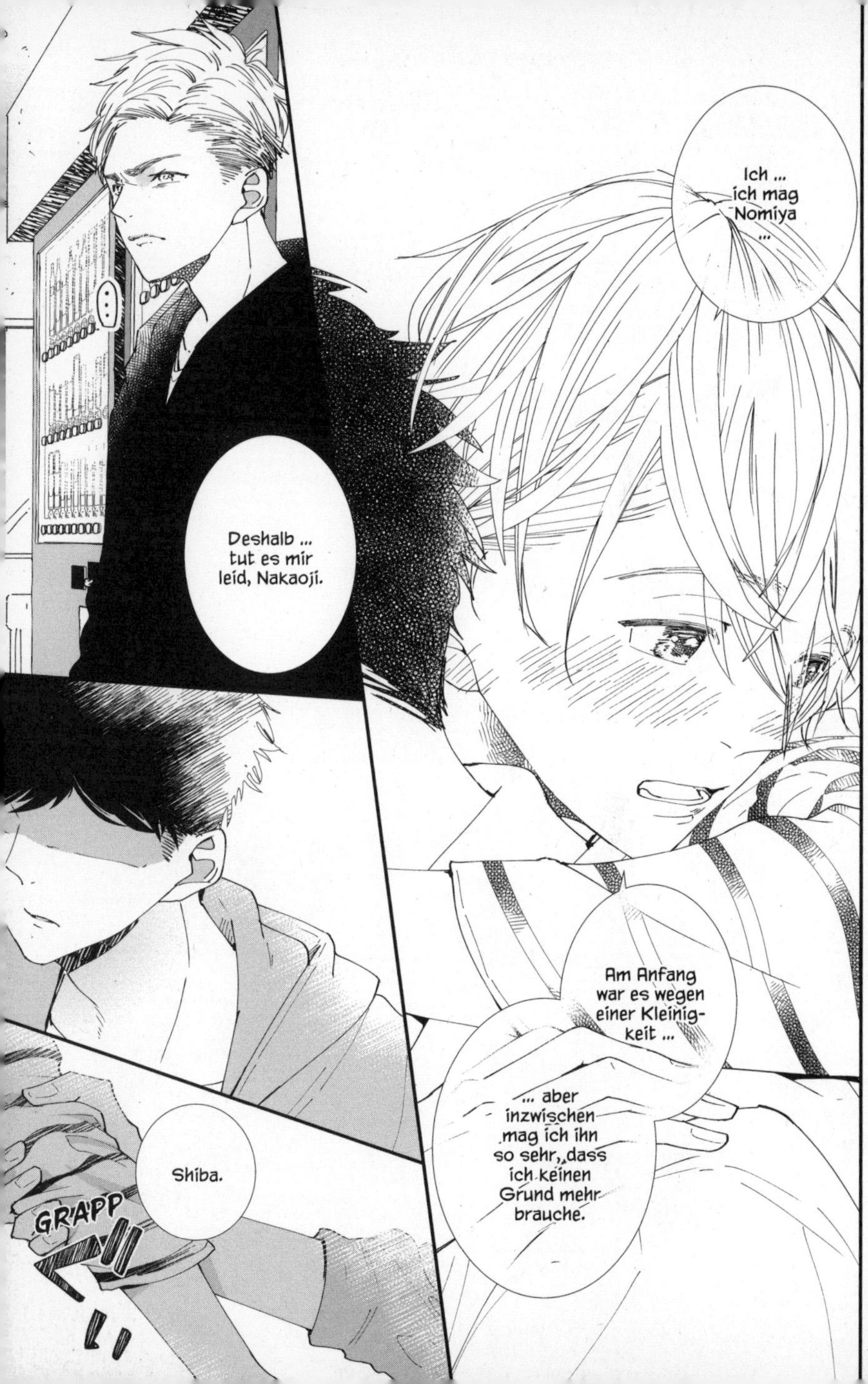
Ich ... ich mag Nomiya ...
Deshalb ... tut es mir leid, Nakaoji.
...
Am Anfang war es wegen einer Kleinig-keit ...
... aber inzwischen mag ich ihn so sehr, dass ich keinen Grund mehr brauche.
Shiba.
GRAPP

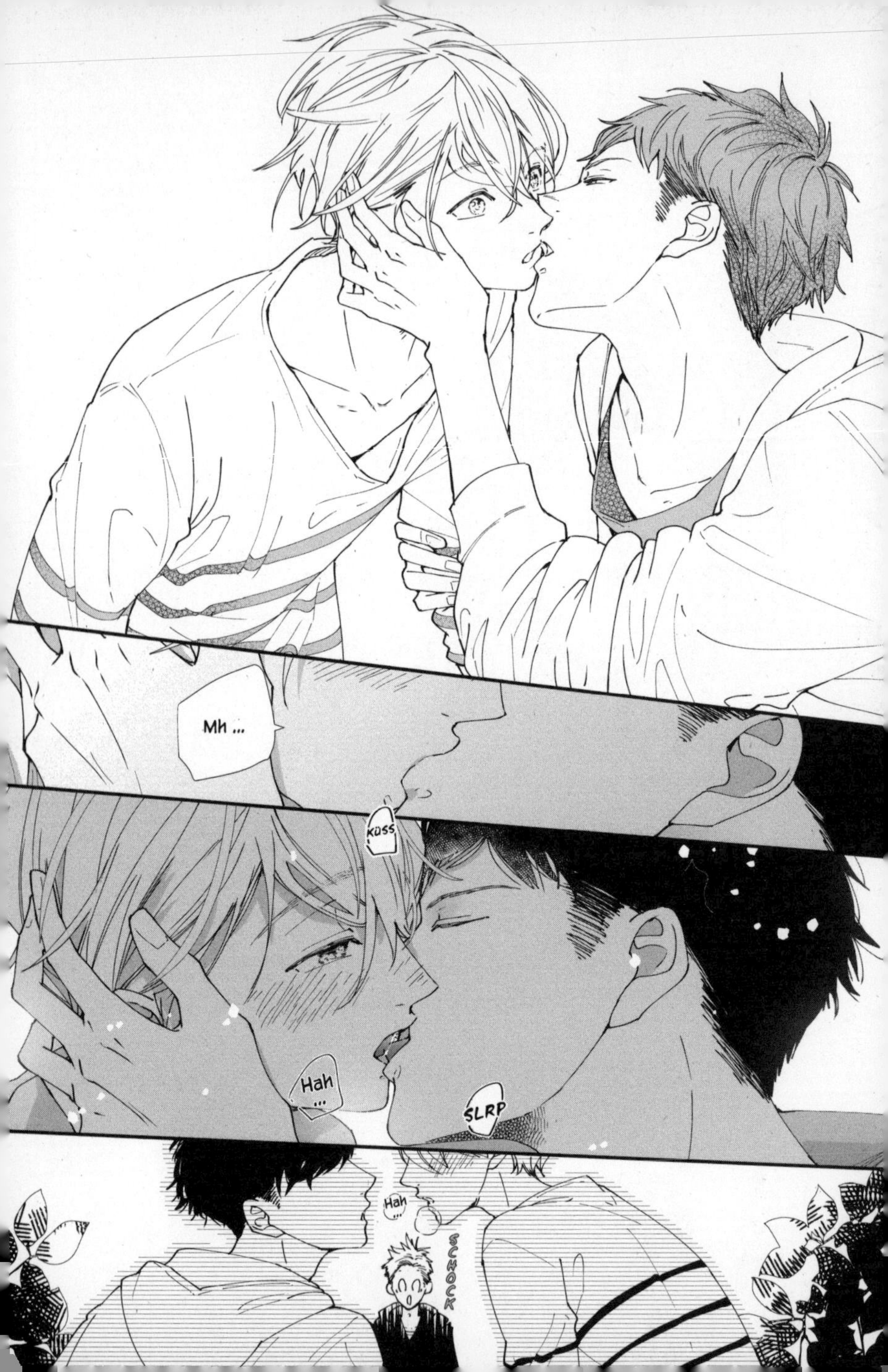
Mh ...
KÜSS
Hah ...
SLRP
Hah ...
SCHOCK

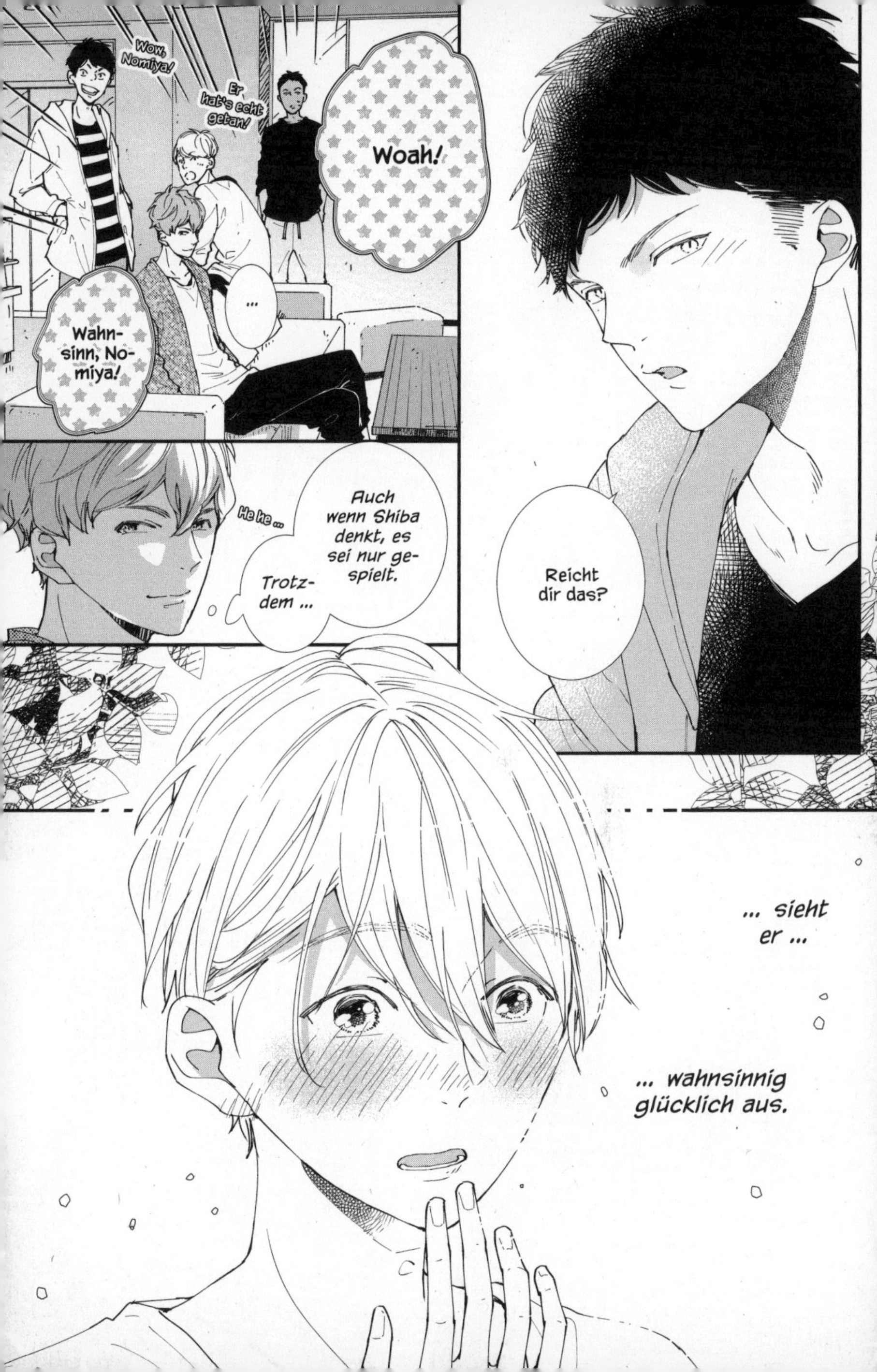
Reicht dir das?
Woah!
Er hat's echt getan!
Wow, Nomiya!
...
Wahnsinn, Nomiya!
Auch wenn Shiba denkt, es sei nur gespielt.
Trotzdem ...
He he ...
... sieht er ...
... wahnsinnig glücklich aus.

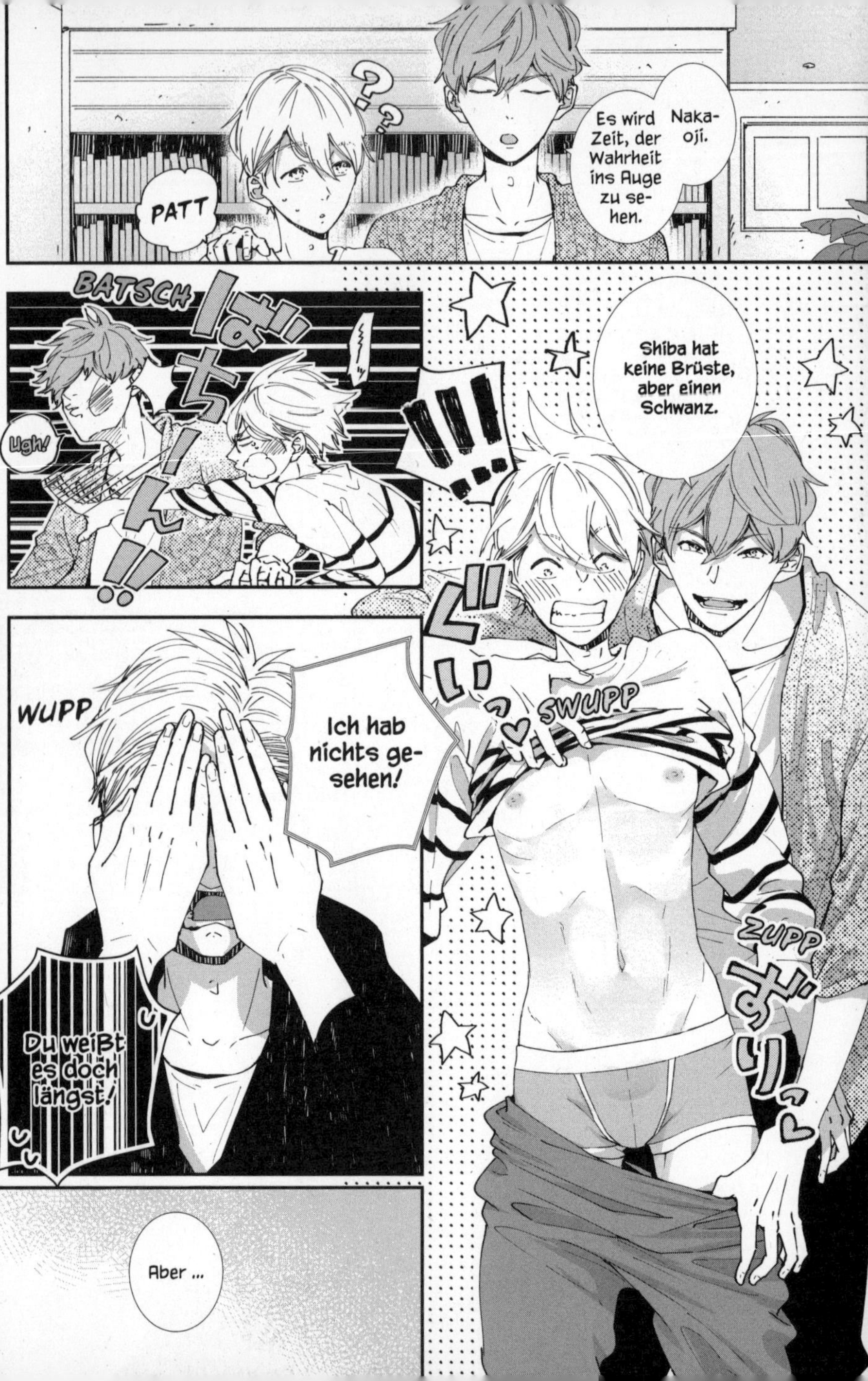
Naka-oji.
Es wird Zeit, der Wahrheit ins Auge zu sehen.
PATT
Shiba hat keine Brüste, aber einen Schwanz.
SWUPP
ZUPP
BATSCH
Ugh!
Ich hab nichts gesehen!
WUPP
Du weißt es doch längst!
Aber ...

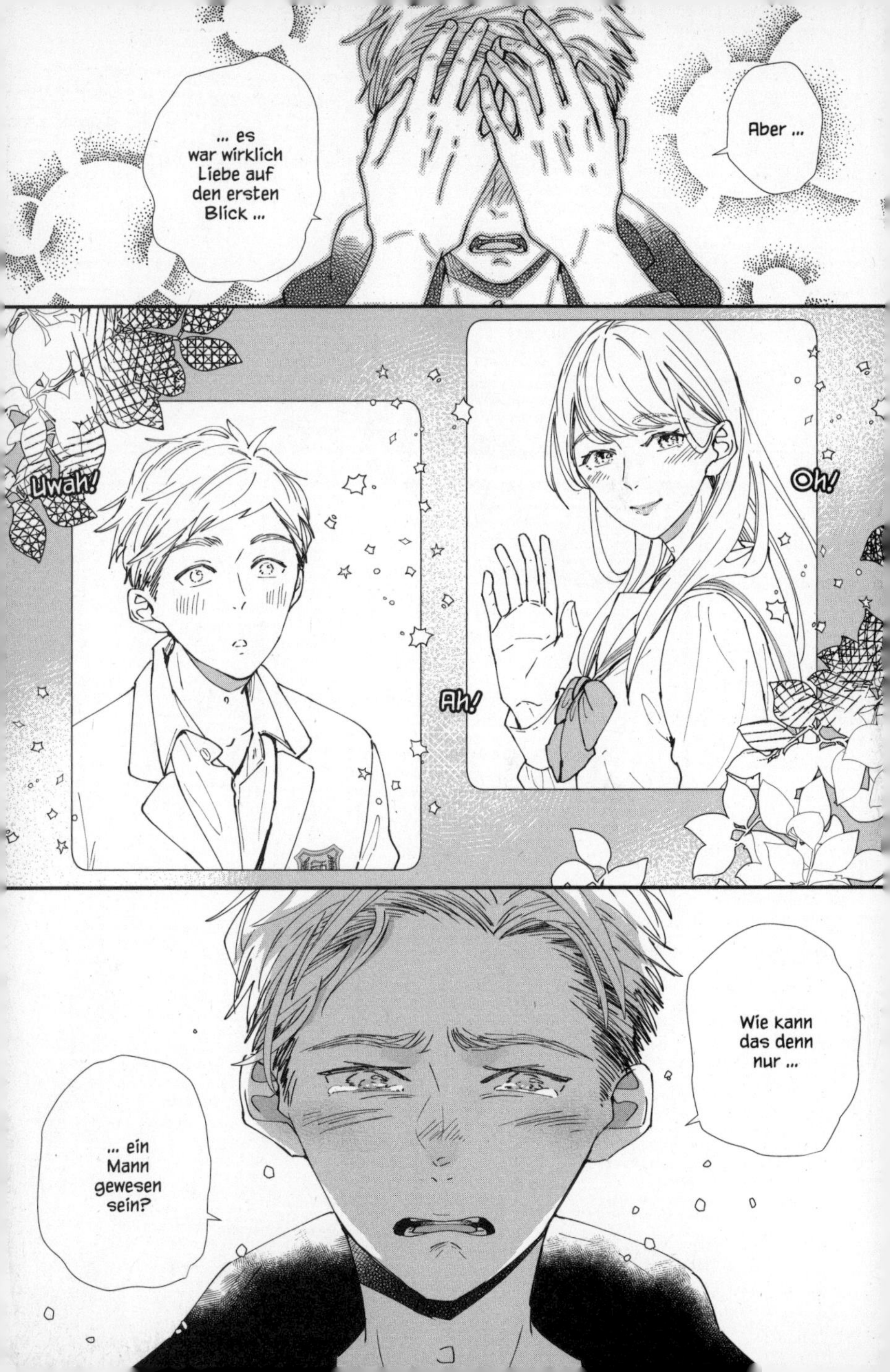
Aber ...
... es war wirklich Liebe auf den ersten Blick ...
Oh!
Ah!
Uwah!
Wie kann das denn nur ...
... ein Mann gewesen sein?

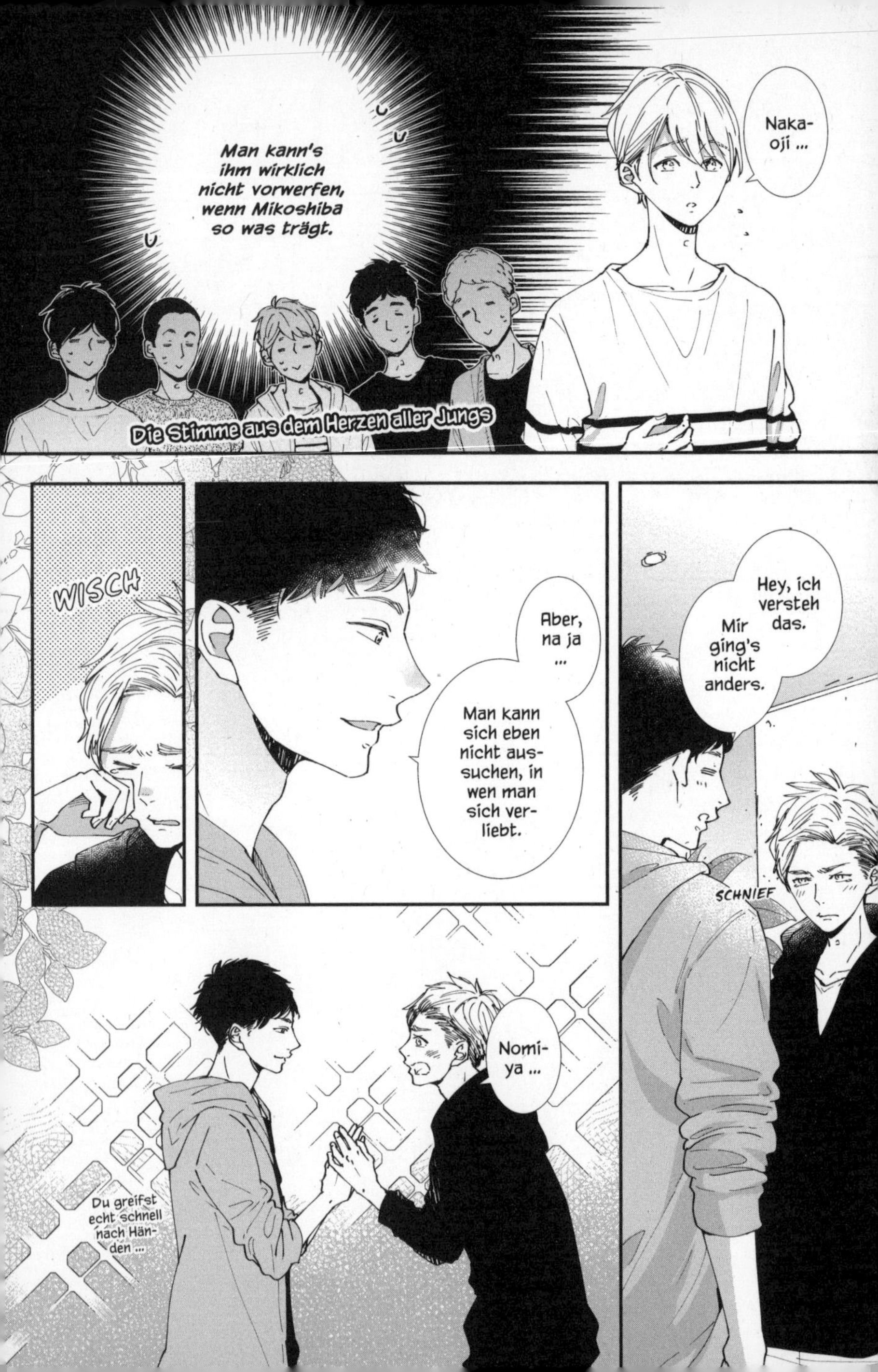
Naka-oji ...
Man kann's ihm wirklich nicht vorwerfen, wenn Mikoshiba so was trägt.
Die Stimme aus dem Herzen aller Jungs
Hey, ich versteh das.
Mir ging's nicht anders.
SCHNIEF
Aber, na ja ...
Man kann sich eben nicht aus-suchen, in wen man sich ver-liebt.
WISCH
Nomi-ya ...
Du greifst echt schnell nach Hän-den ...

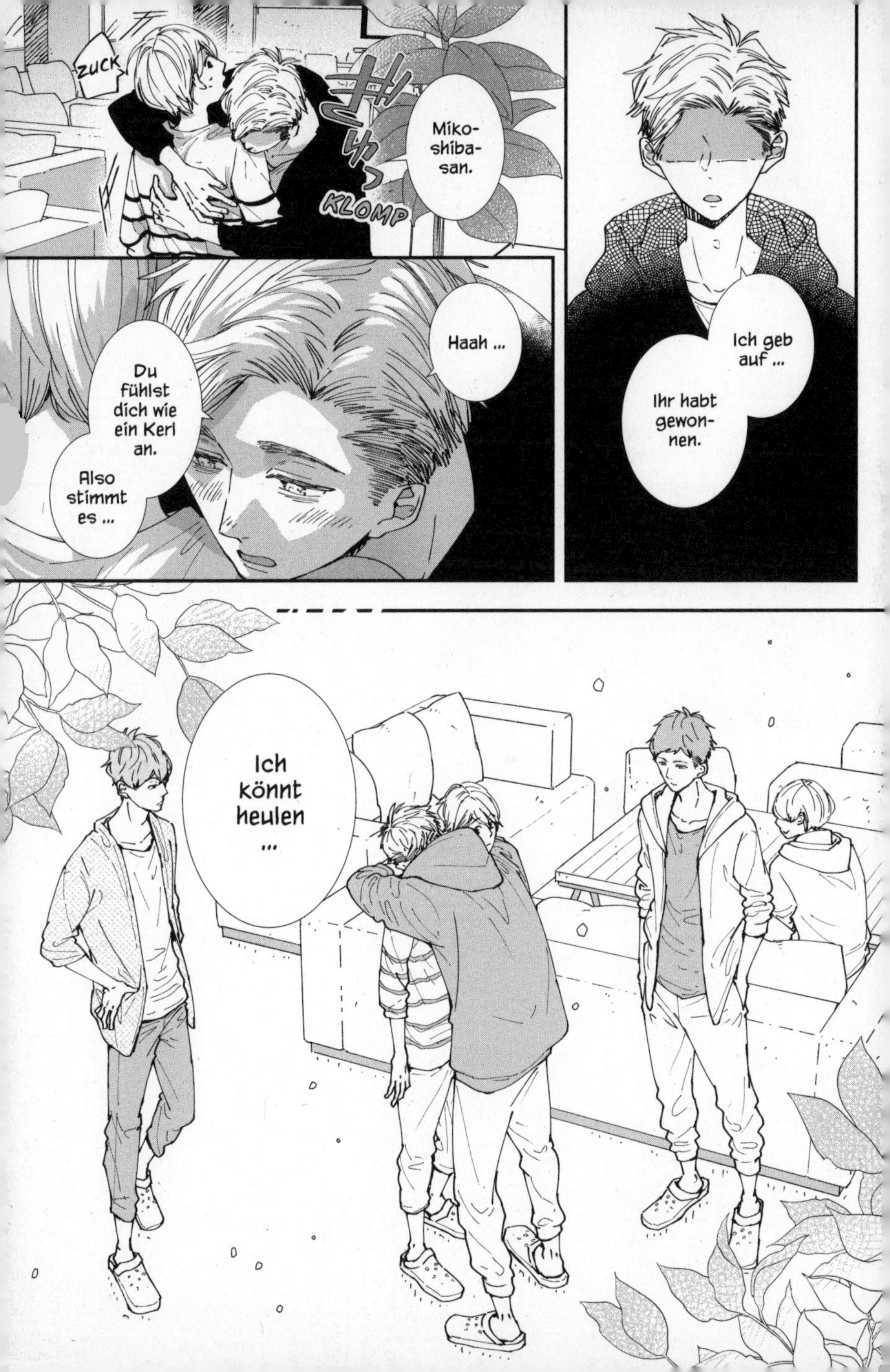
Ich geb auf ...
Ihr habt gewonnen.
ZUCK
KLOMP
Miko-shiba-san.
Haah ...
Du fühlst dich wie ein Kerl an.
Also stimmt es ...
Ich könnt heulen ...

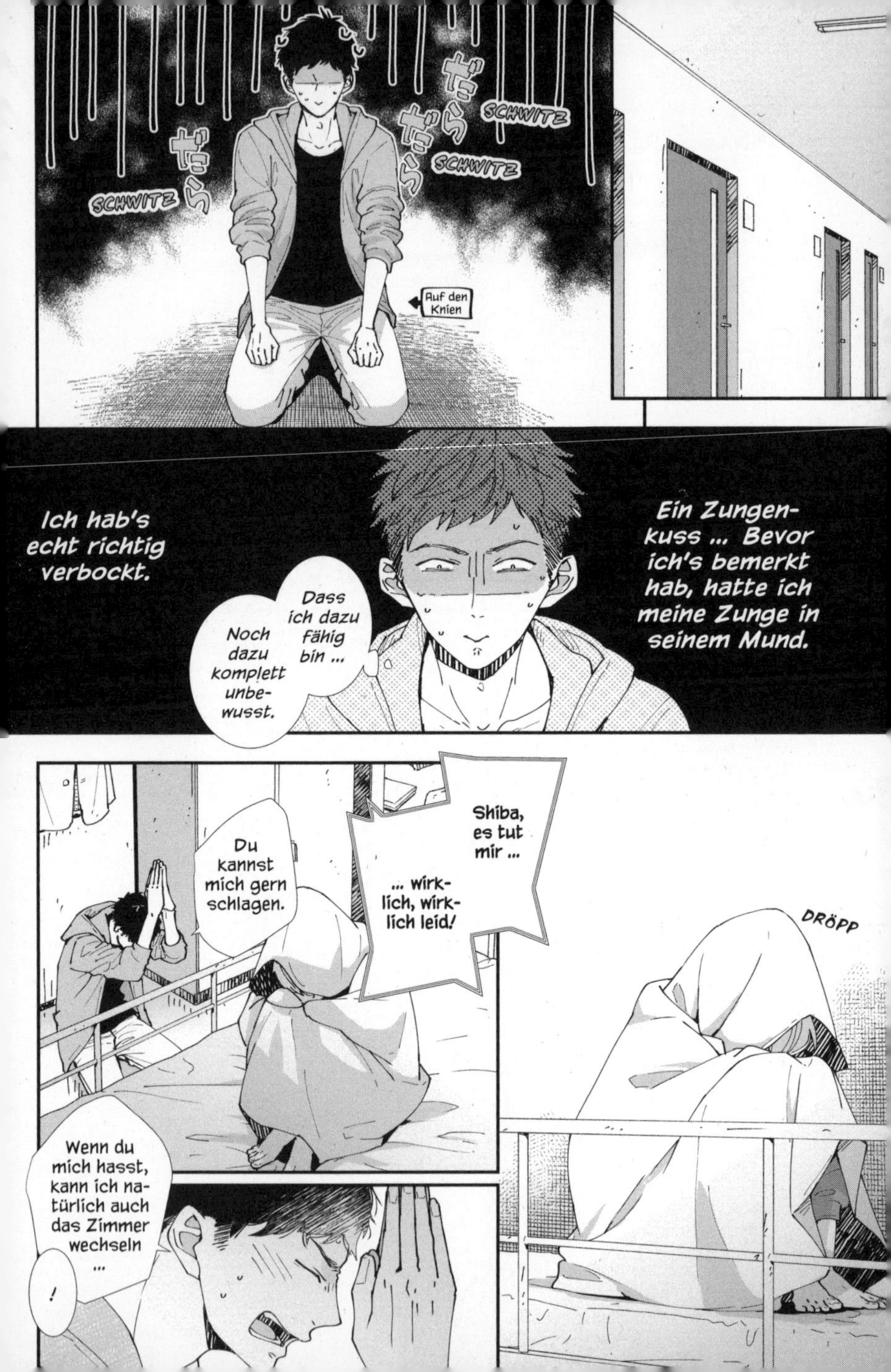

ざらざら
SCHWITZ
ざら
SCHWITZ
ざら
SCHWITZ
Auf den Knien
Ein Zungen-kuss ... Bevor ich's bemerkt hab, hatte ich meine Zunge in seinem Mund.
Dass ich dazu fähig bin ...
Noch dazu komplett unbe-wusst.
Ich hab's echt richtig verbockt.
DRÖPP
Shiba, es tut mir ...
... wirk-lich, wirk-lich leid!
Du kannst mich gern schlagen.
Wenn du mich hasst, kann ich na-türlich auch das Zimmer wechseln ...
!

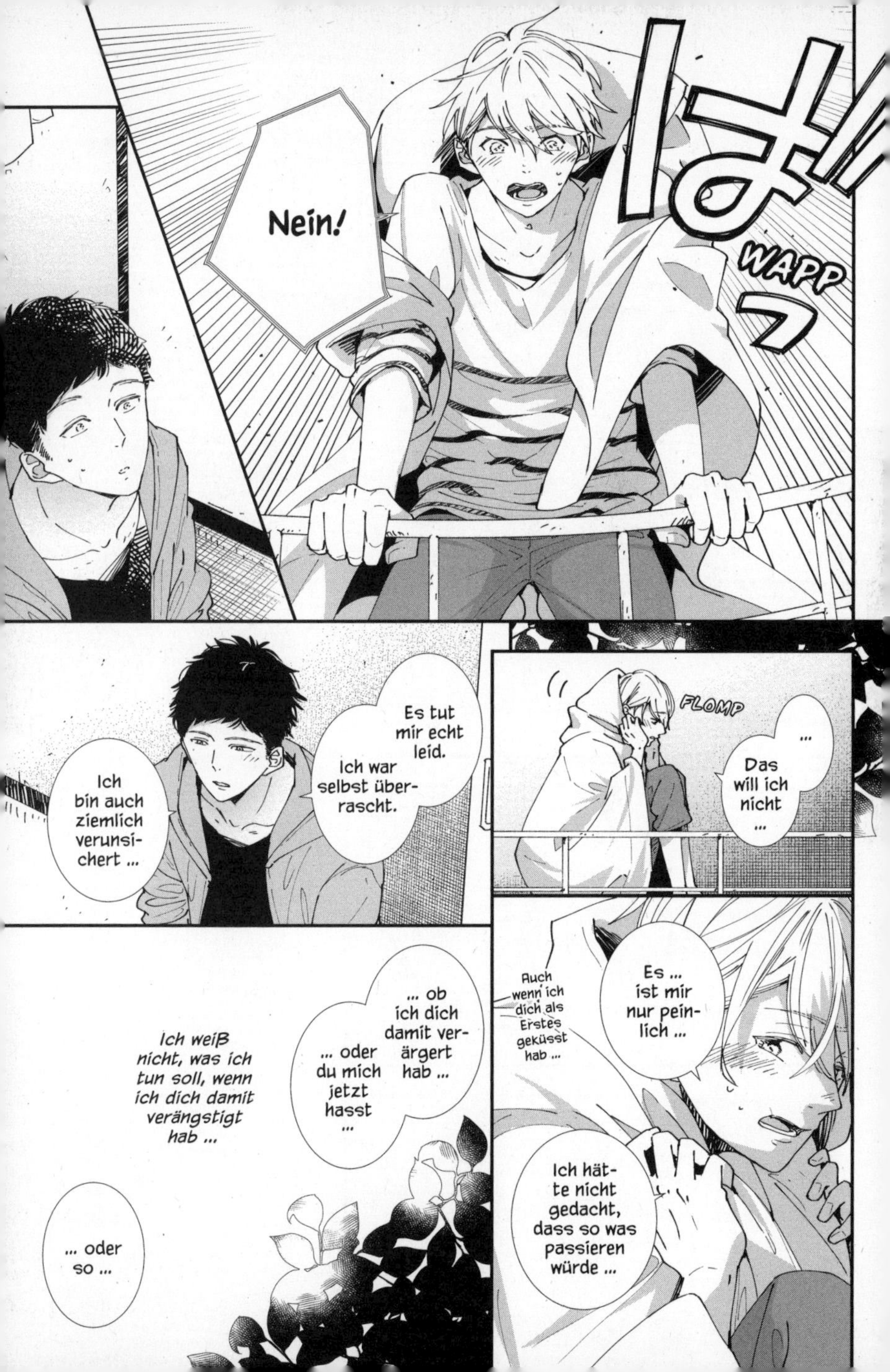

は!!
WAPP
Nein!
FLOMP
... Das will ich nicht ...
Es tut mir echt leid.
Ich war selbst überrascht.
Ich bin auch ziemlich verunsichert ...
Es ... ist mir nur peinlich ...
Auch wenn ich dich als Erstes geküsst hab ...
Ich hätte nicht gedacht, dass so was passieren würde ...
... ob ich dich damit verärgert hab ...
... oder du mich jetzt hasst ...
Ich weiß nicht, was ich tun soll, wenn ich dich damit verängstigt hab ...
... oder so ...

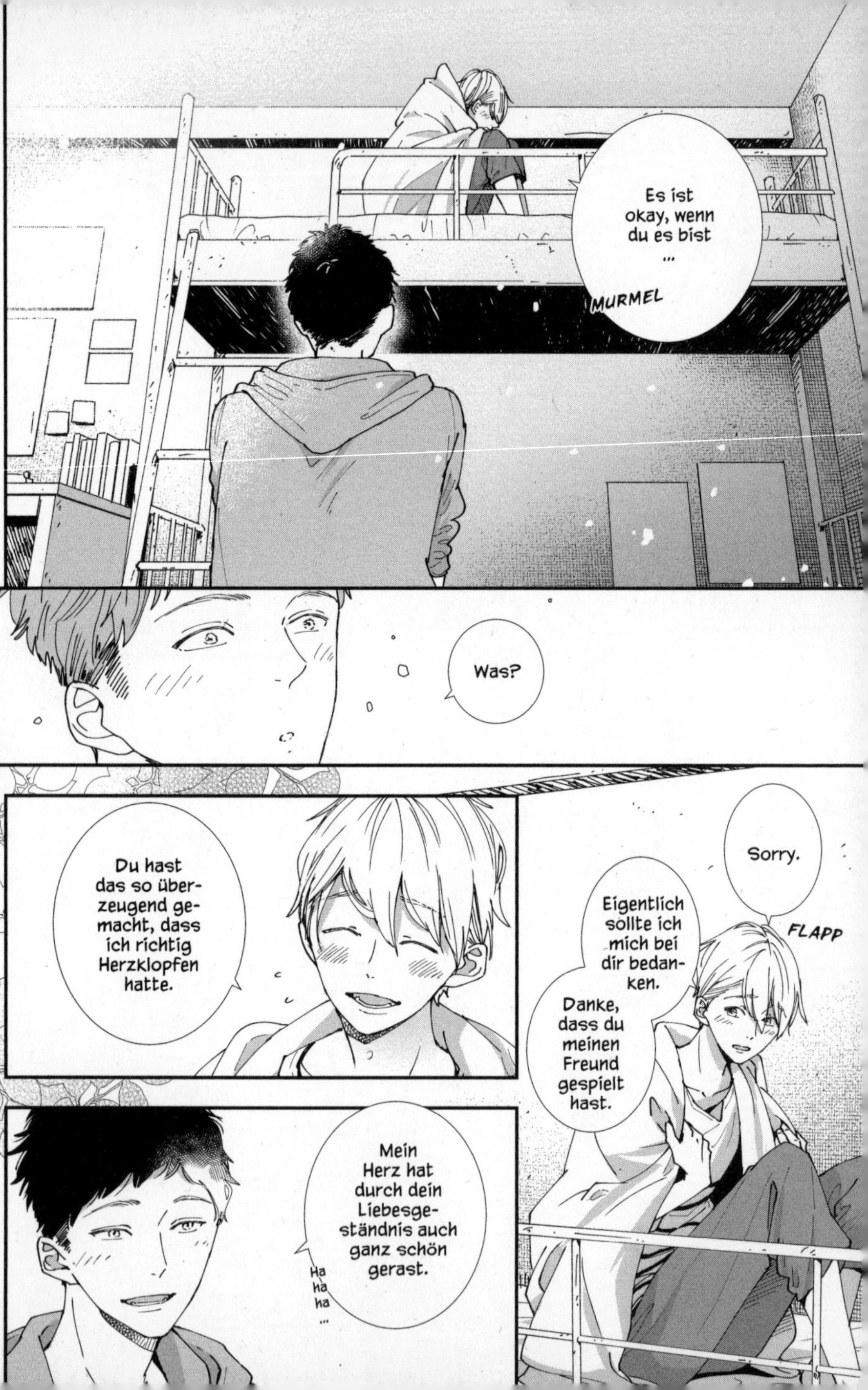
Es ist okay, wenn du es bist ...
MURMEL
Was?
Sorry.
FLAPP
Eigentlich sollte ich mich bei dir bedanken.
Danke, dass du meinen Freund gespielt hast.
Du hast das so überzeugend gemacht, dass ich richtig Herzklopfen hatte.
Mein Herz hat durch dein Liebesgeständnis auch ganz schön gerast.
Ha ha ha ...

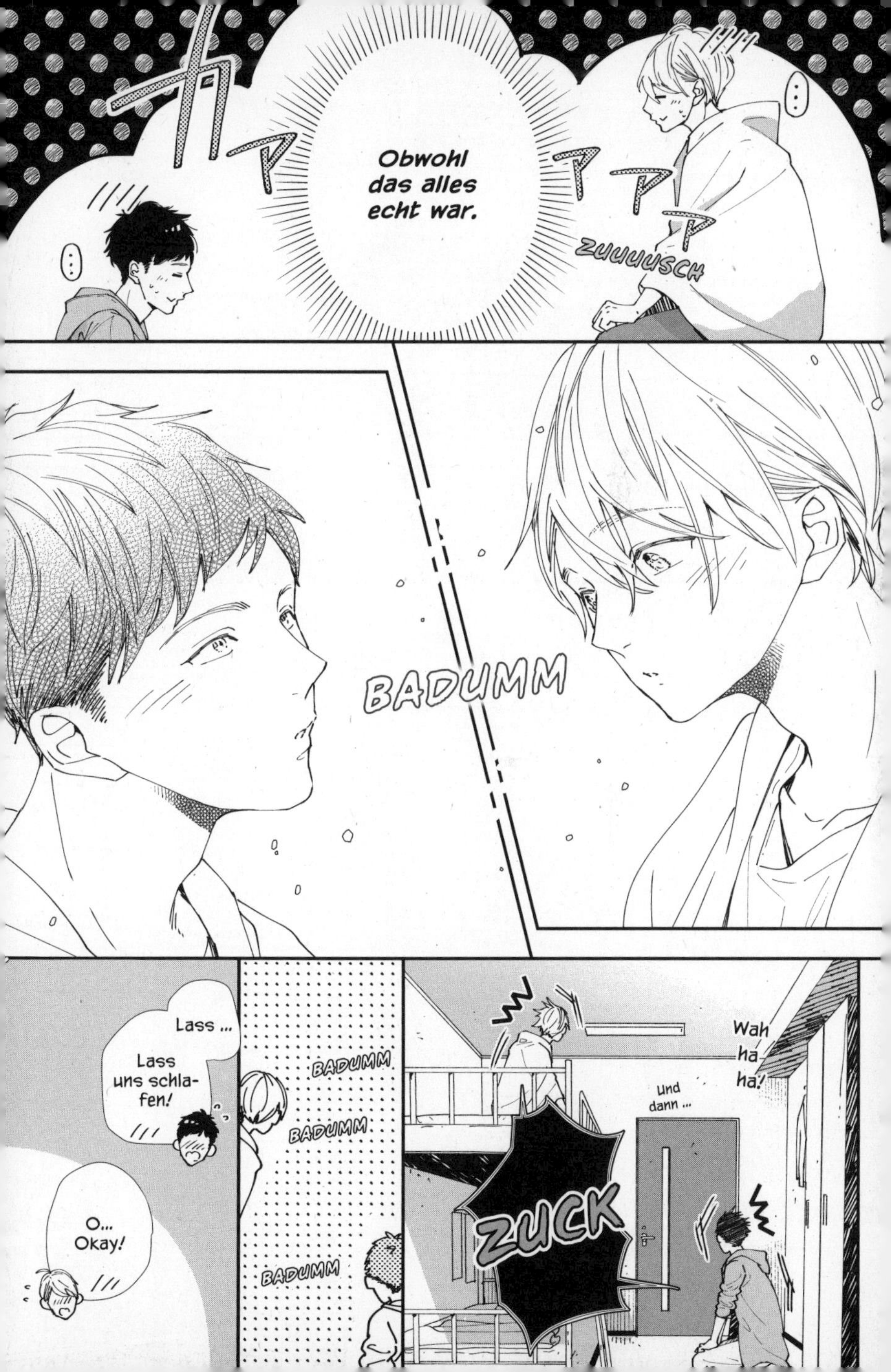

…
ZUUUUSCH
Obwohl das alles echt war.
…
BADUMM
Wah ha ha!
Und dann …
ZUCK
BADUMM
BADUMM
BADUMM
Lass …
Lass uns schla-fen!
O… Okay!

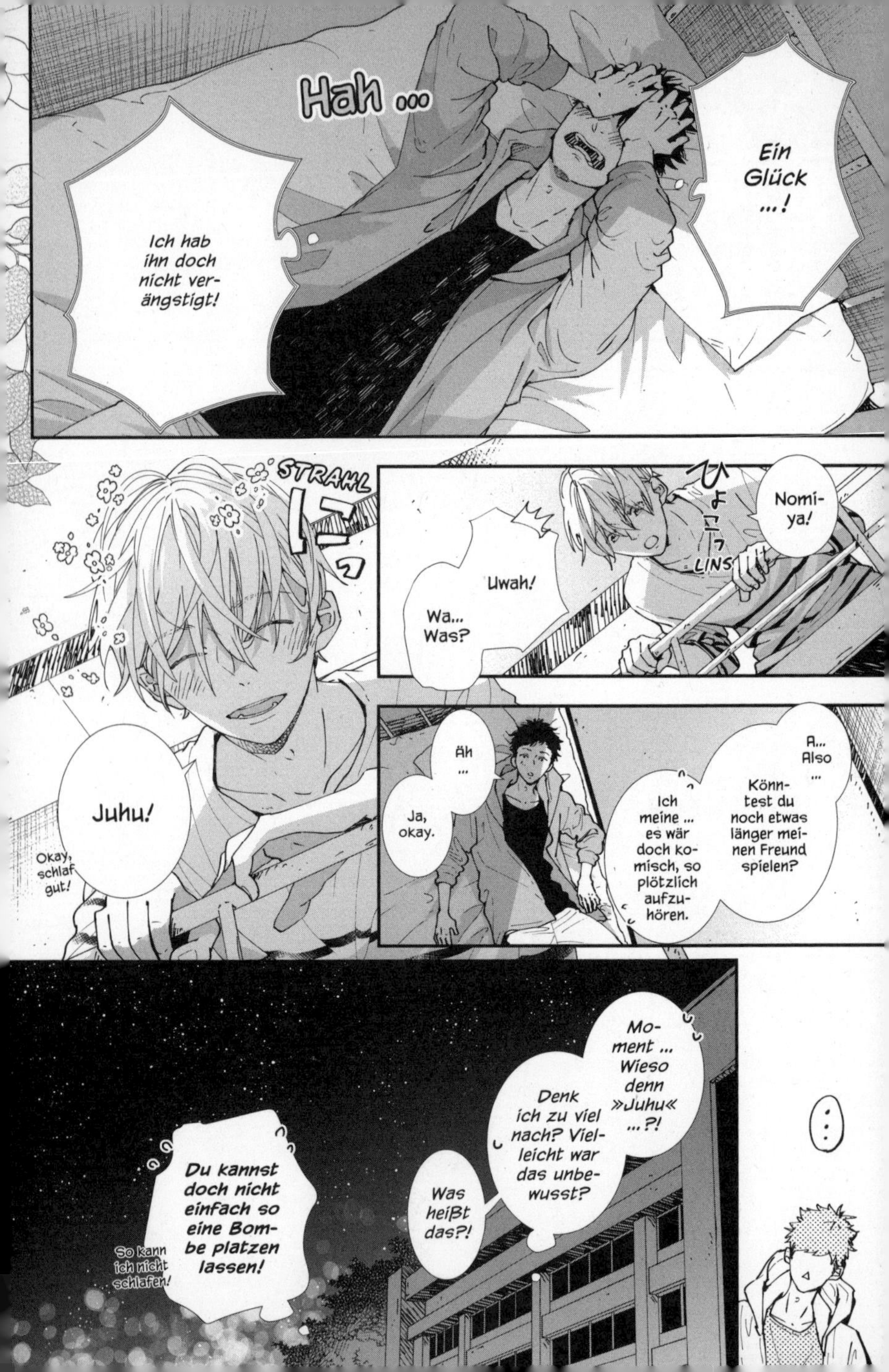
Hah ...
Ein Glück ...!
Ich hab ihn doch nicht verängstigt!
Nomiya!
LINS
Uwah!
Wa... Was?
STRAHL
Juhu!
Okay, schlaf gut!
A... Also ...
Könntest du noch etwas länger meinen Freund spielen?
Ich meine ... es wär doch komisch, so plötzlich aufzuhören.
Äh ...
Ja, okay.
...
Moment ... Wieso denn »Juhu« ...?!
Denk ich zu viel nach? Vielleicht war das unbewusst?
Was heißt das?!
Du kannst doch nicht einfach so eine Bombe platzen lassen!
So kann ich nicht schlafen!

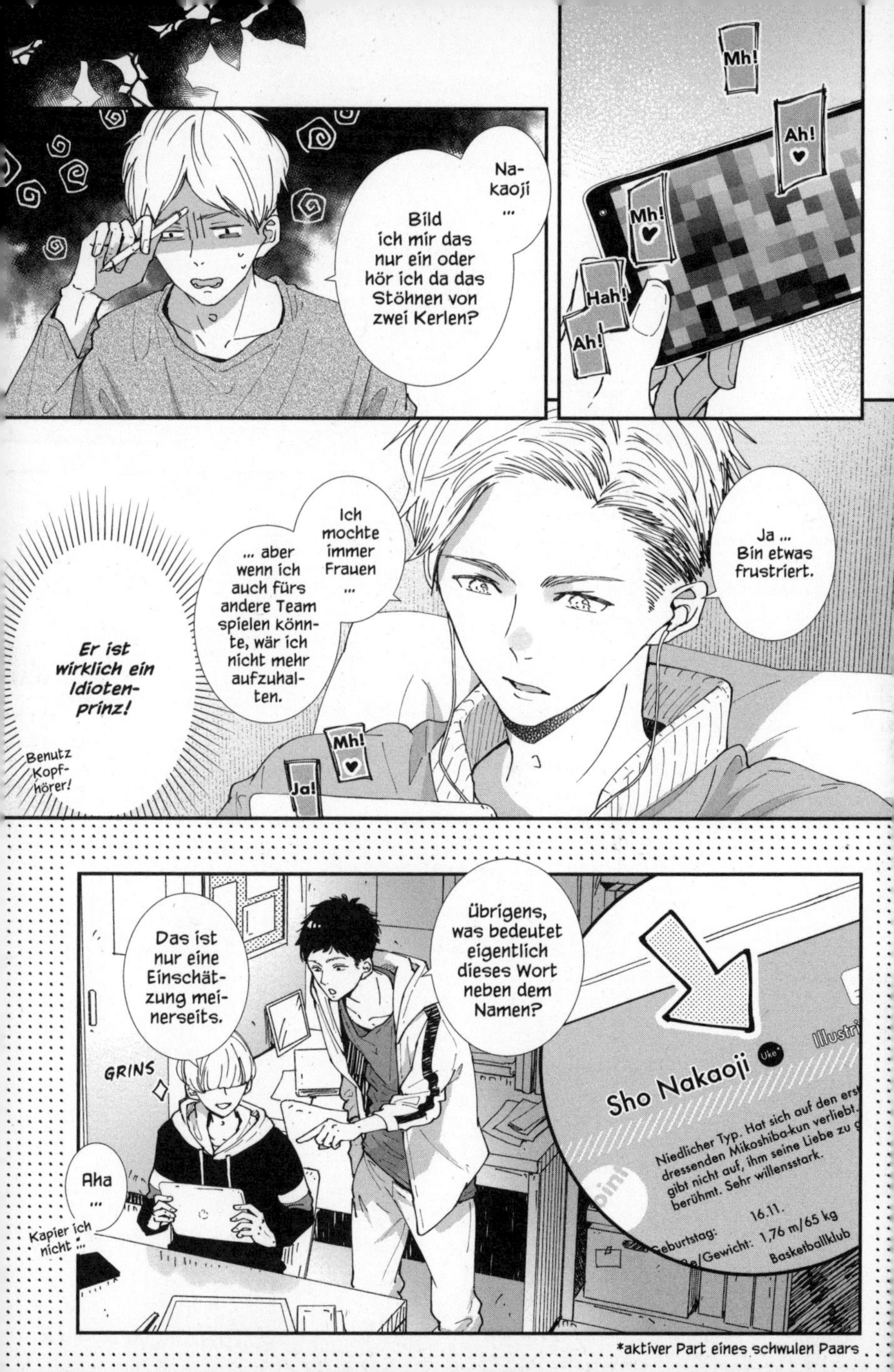

*aktiver Part eines schwulen Paars

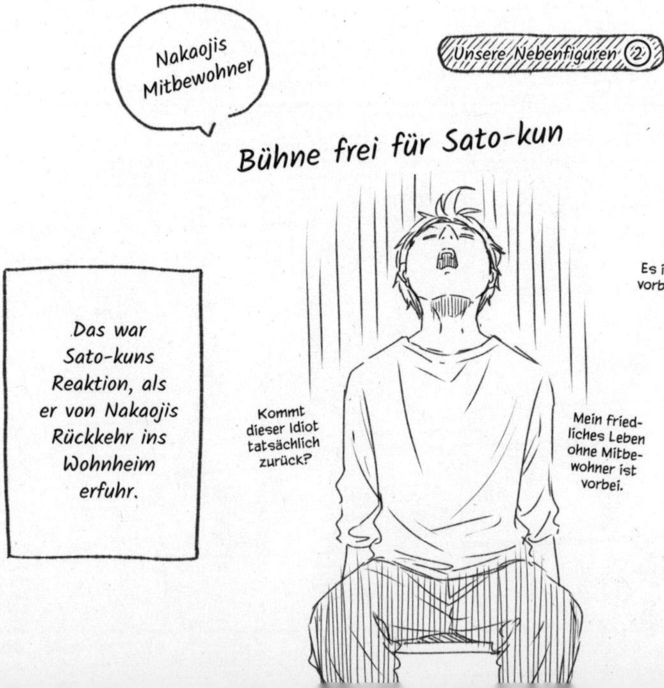
Unsere Nebenfiguren 2
Nakaojis Mitbewohner
Bühne frei für Sato-kun
Es ist vorbei.
Mein friedliches Leben ohne Mitbewohner ist vorbei.
Kommt dieser Idiot tatsächlich zurück?
Das war Sato-kuns Reaktion, als er von Nakaojis Rückkehr ins Wohnheim erfuhr.

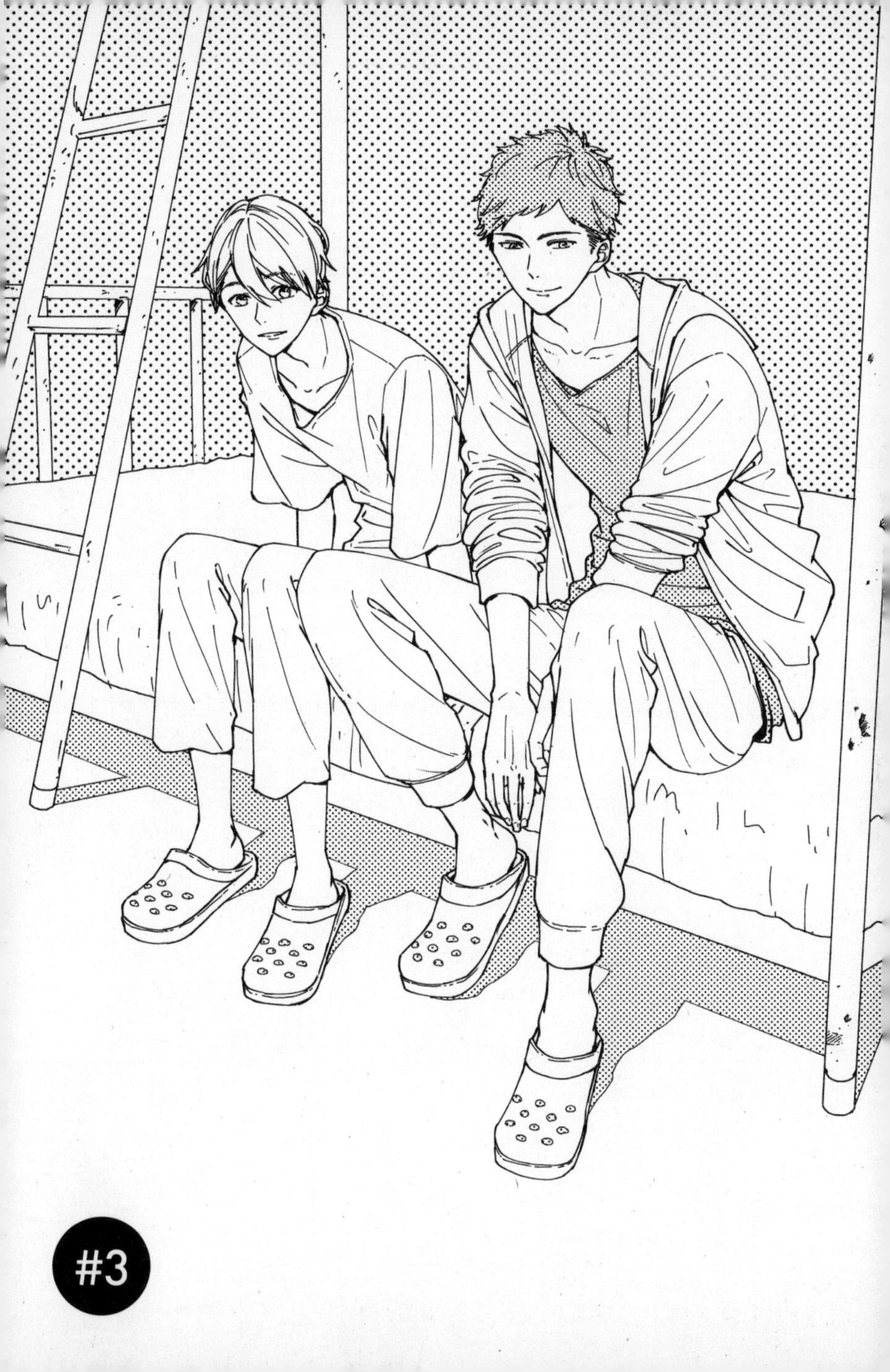

#3

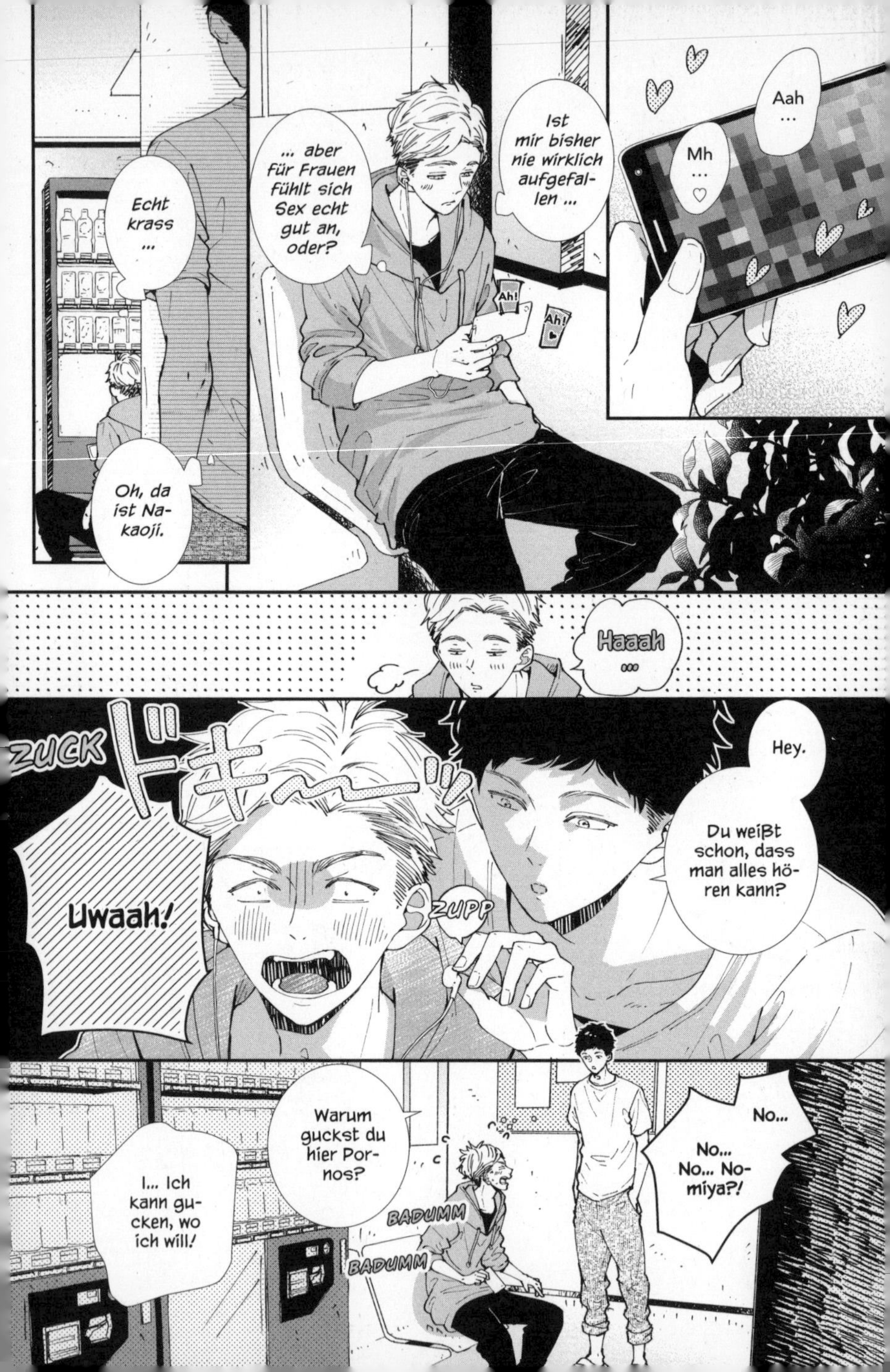
Aah ...
Mh ... ♡
Ah!
Ah!
Ist mir bisher nie wirklich aufgefallen ...
... aber für Frauen fühlt sich Sex echt gut an, oder?
Echt krass ...
Oh, da ist Nakaoji.
Haaah ...
Hey.
Du weißt schon, dass man alles hören kann?
ZUPP
ZUCK
Uwaah!
No...
No... No... No-miya?!
BADUMM
BADUMM
Warum guckst du hier Pornos?
I... Ich kann gucken, wo ich will!

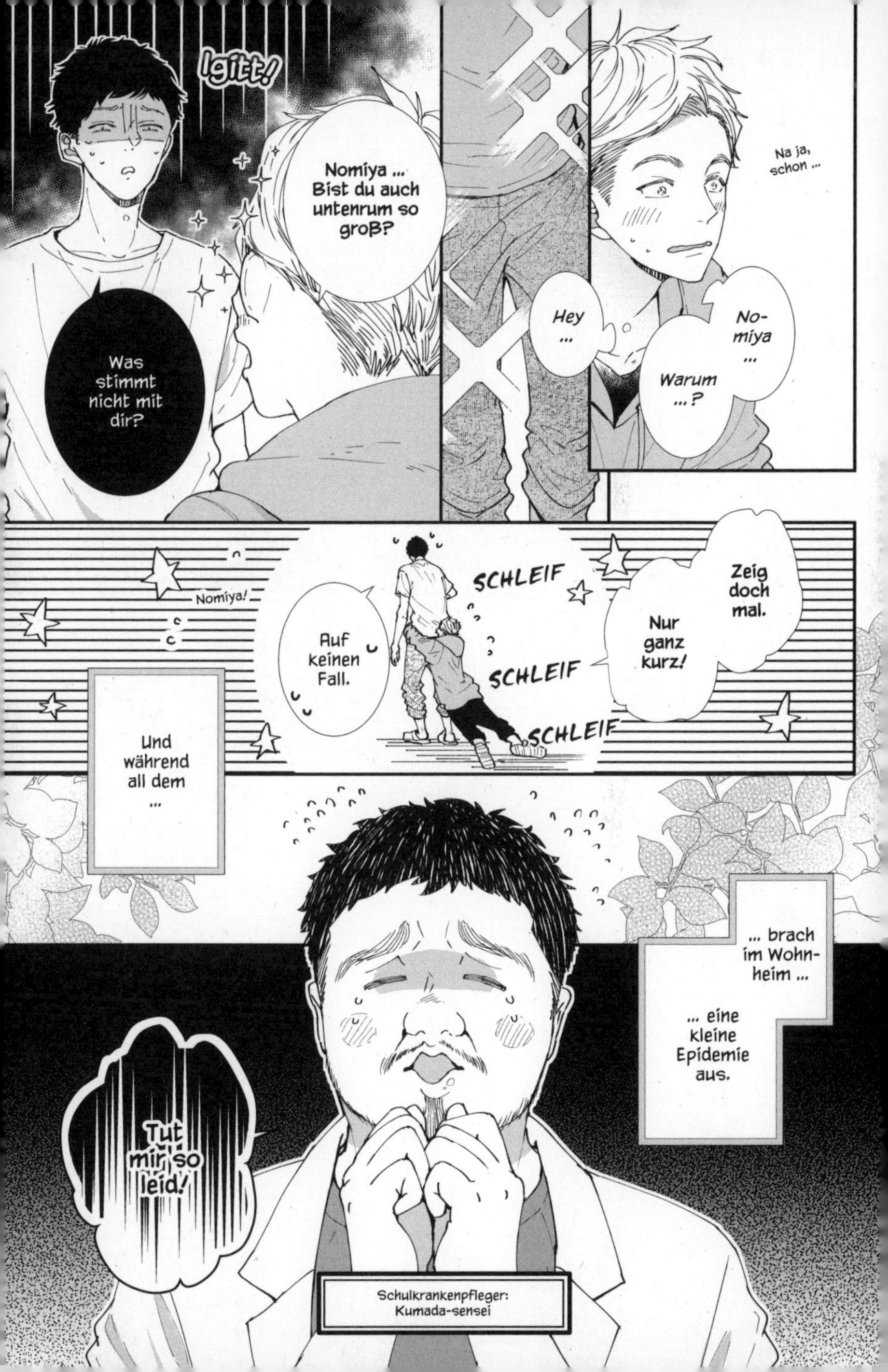
Na ja, schon ...
No-miya ...
Warum ...?
Hey ...
Nomiya ... Bist du auch untenrum so groß?
Igitt!
Was stimmt nicht mit dir?
Zeig doch mal.
Nur ganz kurz!
SCHLEIF
SCHLEIF
SCHLEIF
Auf keinen Fall.
Nomiya!
Und während all dem ...
... brach im Wohnheim ...
... eine kleine Epidemie aus.
Tut mir so leid!
Schulkrankenpfleger: Kumada-sensei

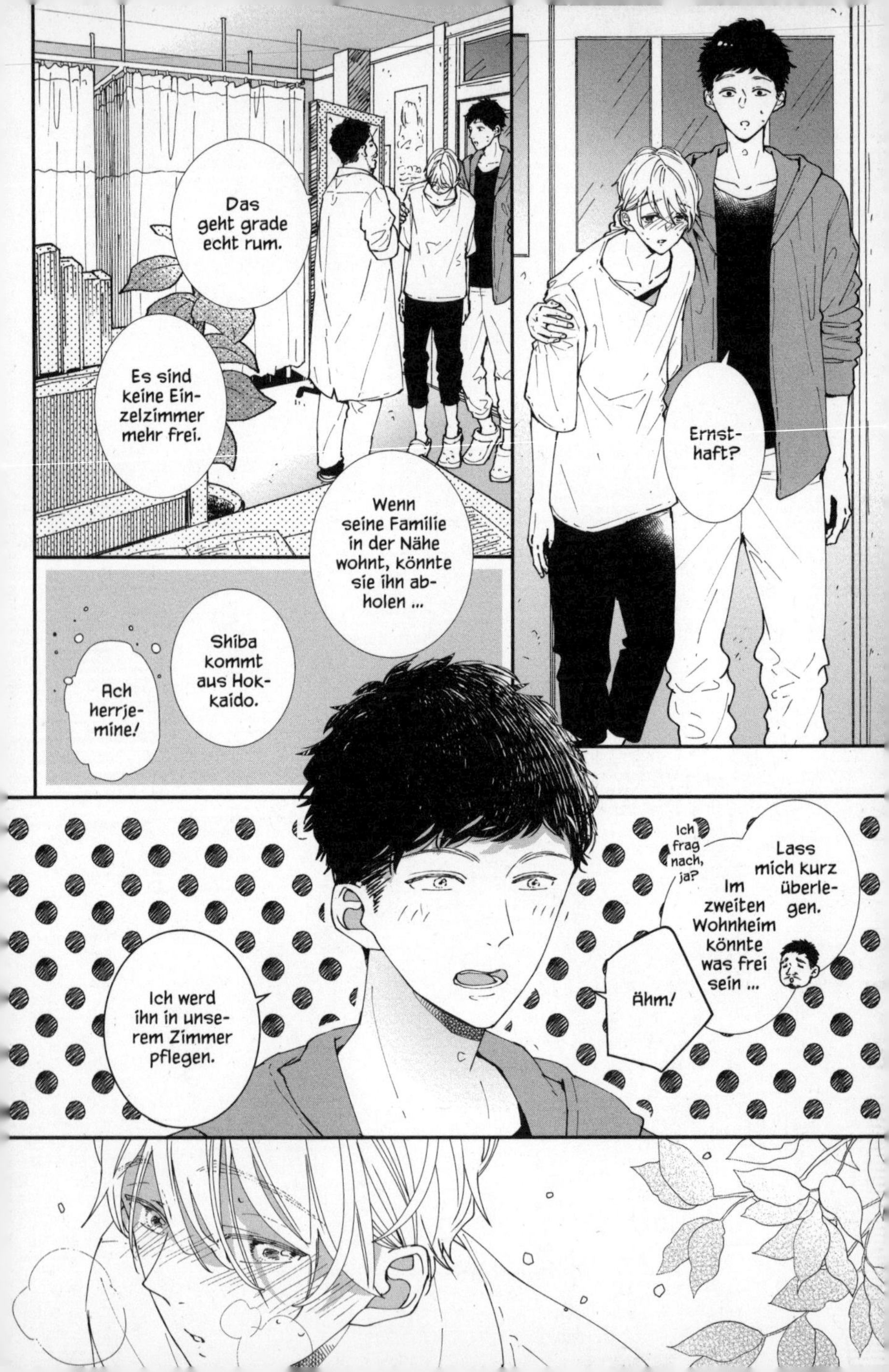

Ernsthaft?
Das geht grade echt rum.
Es sind keine Einzelzimmer mehr frei.
Wenn seine Familie in der Nähe wohnt, könnte sie ihn abholen ...
Shiba kommt aus Hokkaido.
Ach herrjemine!
Lass mich kurz überlegen.
Im zweiten Wohnheim könnte was frei sein ...
Ich frag nach, ja?
Ähm!
Ich werd ihn in unserem Zimmer pflegen.

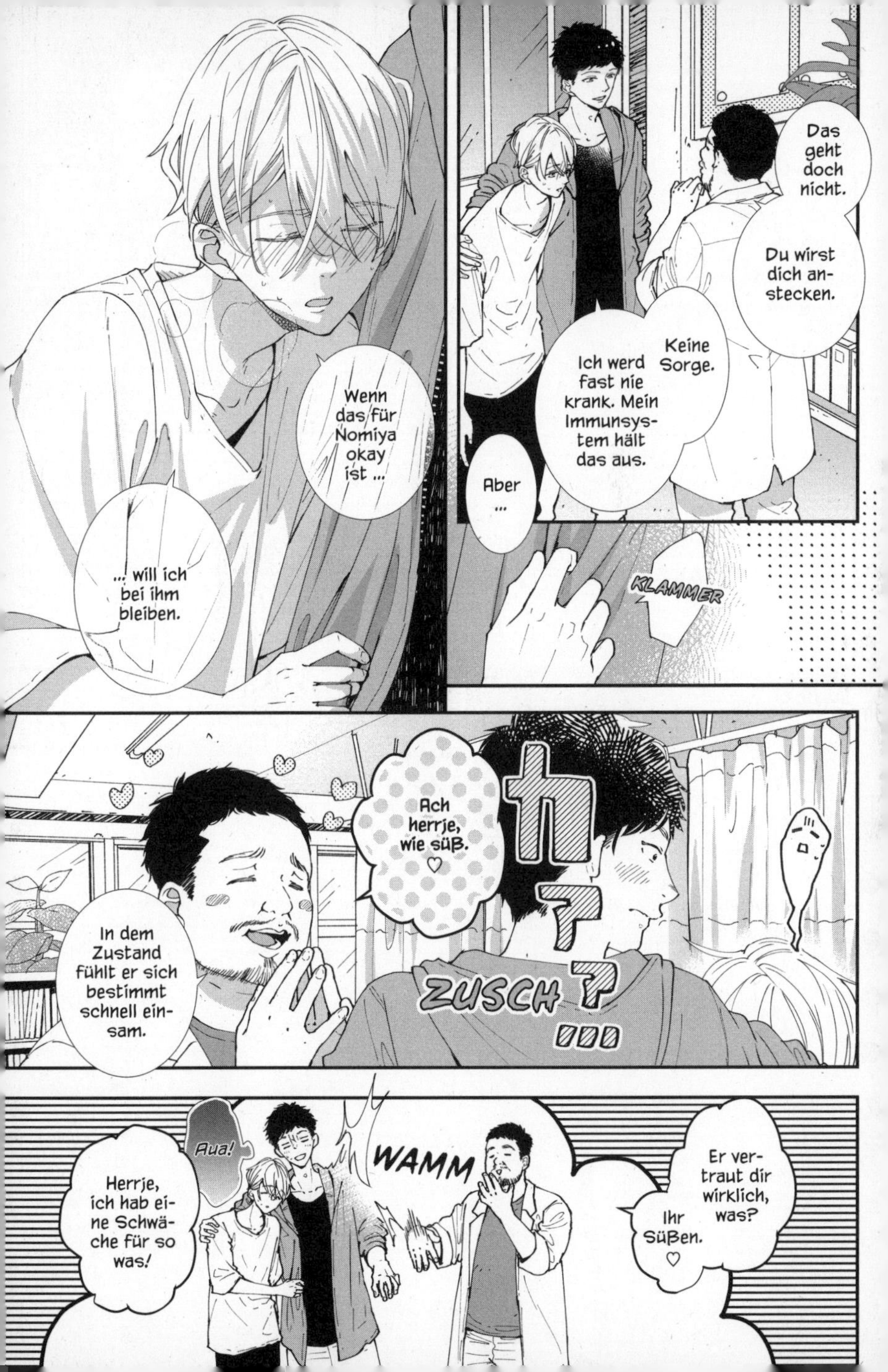

Das geht doch nicht.
Du wirst dich anstecken.
Keine Sorge.
Ich werd fast nie krank. Mein Immunsystem hält das aus.
Aber ...
KLAMMER
Wenn das für Nomiya okay ist ...
... will ich bei ihm bleiben.
ZUSCH
Ach herrje, wie süß. ♡
In dem Zustand fühlt er sich bestimmt schnell einsam.
Er vertraut dir wirklich, was?
Ihr Süßen. ♡
WAMM
Aua!
Herrje, ich hab eine Schwäche für so was!

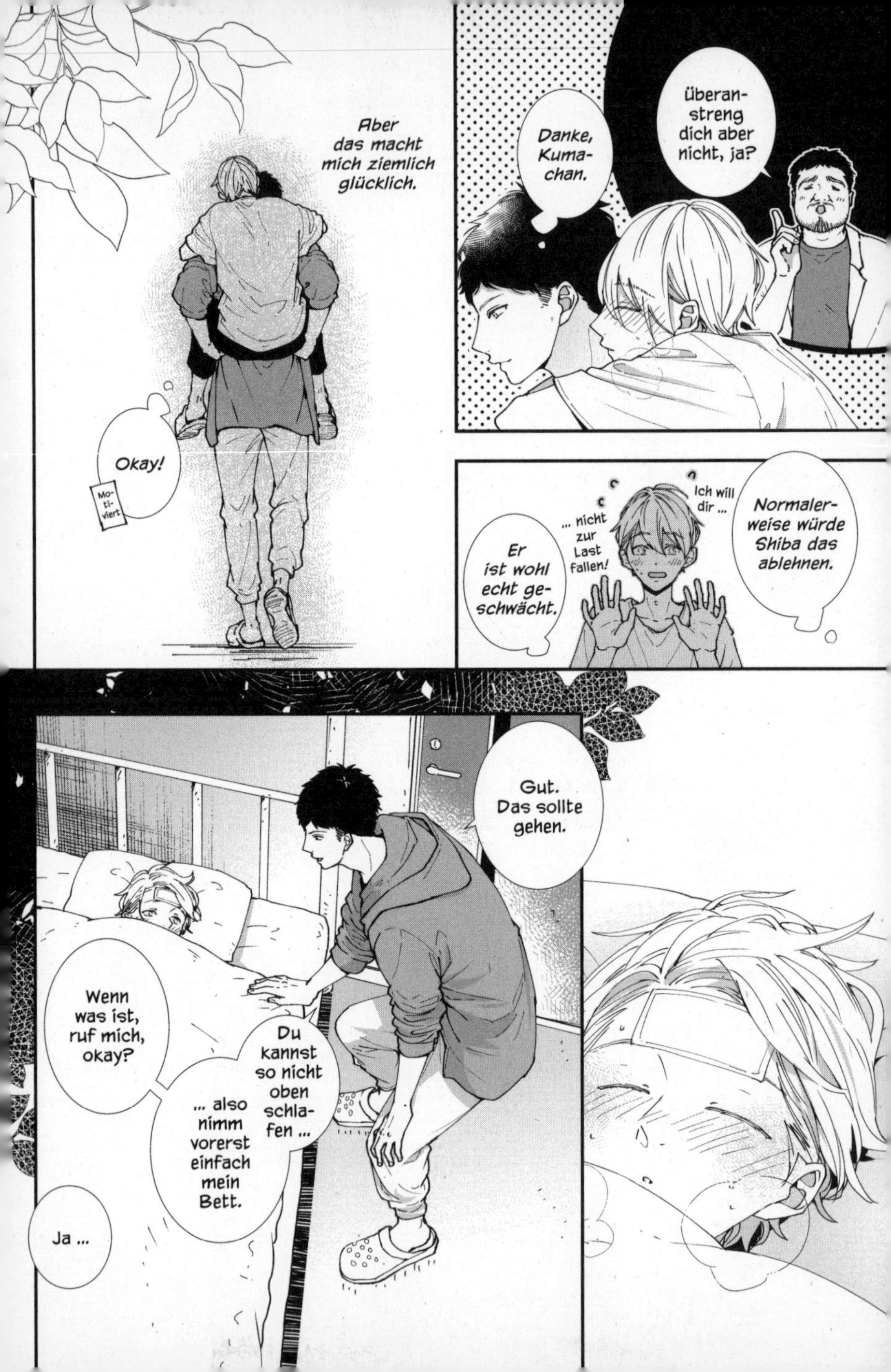
Überanstreng dich aber nicht, ja?
Danke, Kumachan.
Normalerweise würde Shiba das ablehnen.
Ich will dir ...
... nicht zur Last fallen!
Er ist wohl echt geschwächt.
Aber das macht mich ziemlich glücklich.
Okay!
Motiviert
Gut. Das sollte gehen.
Du kannst so nicht oben schlafen ...
... also nimm vorerst einfach mein Bett.
Wenn was ist, ruf mich, okay?
Ja ...

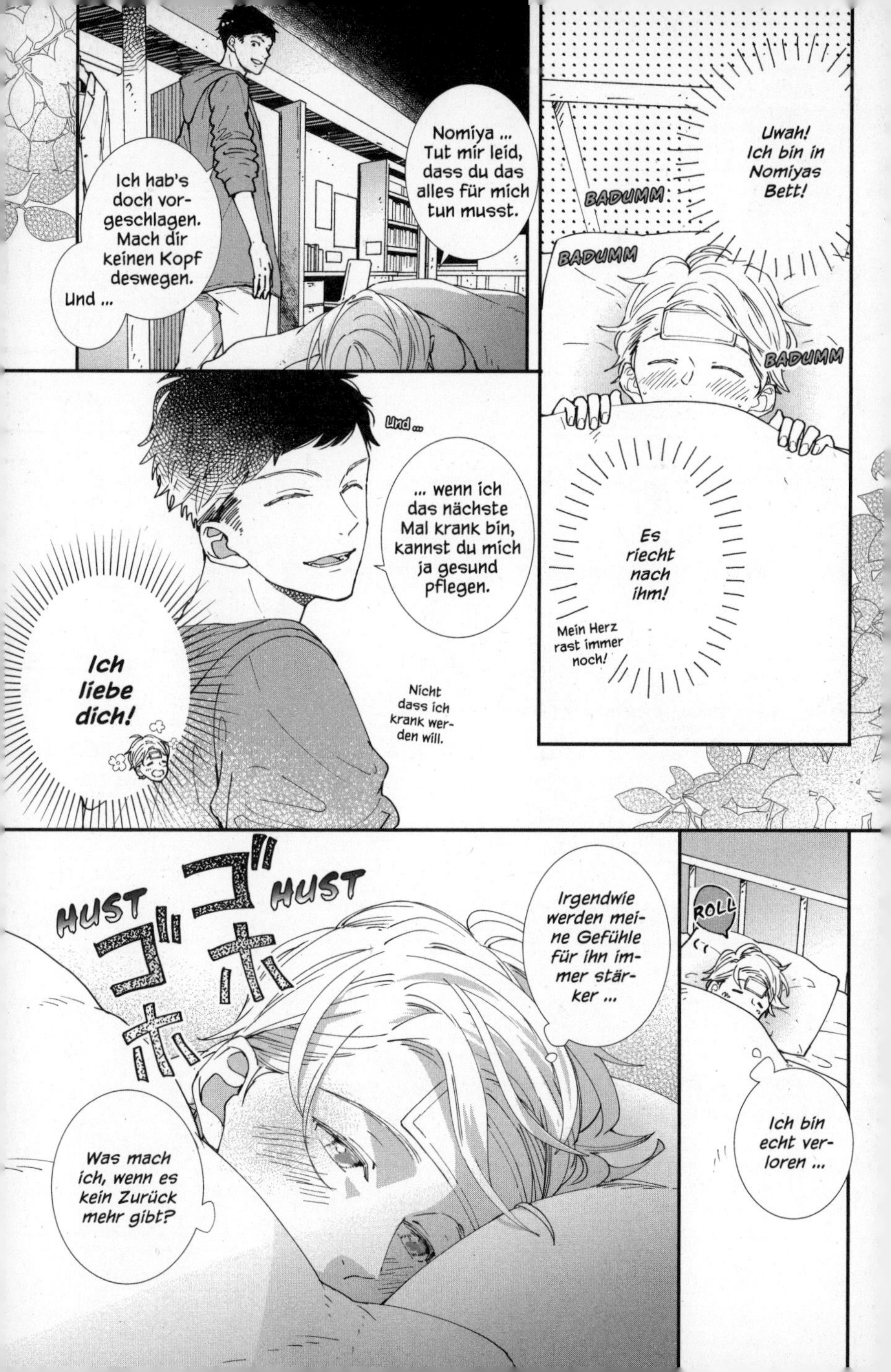
BADUMM
BADUMM
Uwah! Ich bin in Nomiyas Bett!
BADUMM
Nomiya ... Tut mir leid, dass du das alles für mich tun musst.
Ich hab's doch vorgeschlagen. Mach dir keinen Kopf deswegen. Und ...
Es riecht nach ihm!
Mein Herz rast immer noch!
Und ...
... wenn ich das nächste Mal krank bin, kannst du mich ja gesund pflegen.
Nicht dass ich krank werden will.
Ich liebe dich!
ROLL
Ich bin echt verloren ...
Irgendwie werden meine Gefühle für ihn immer stärker ...
HUST
ゴホ
HUST
ゴホ
Was mach ich, wenn es kein Zurück mehr gibt?

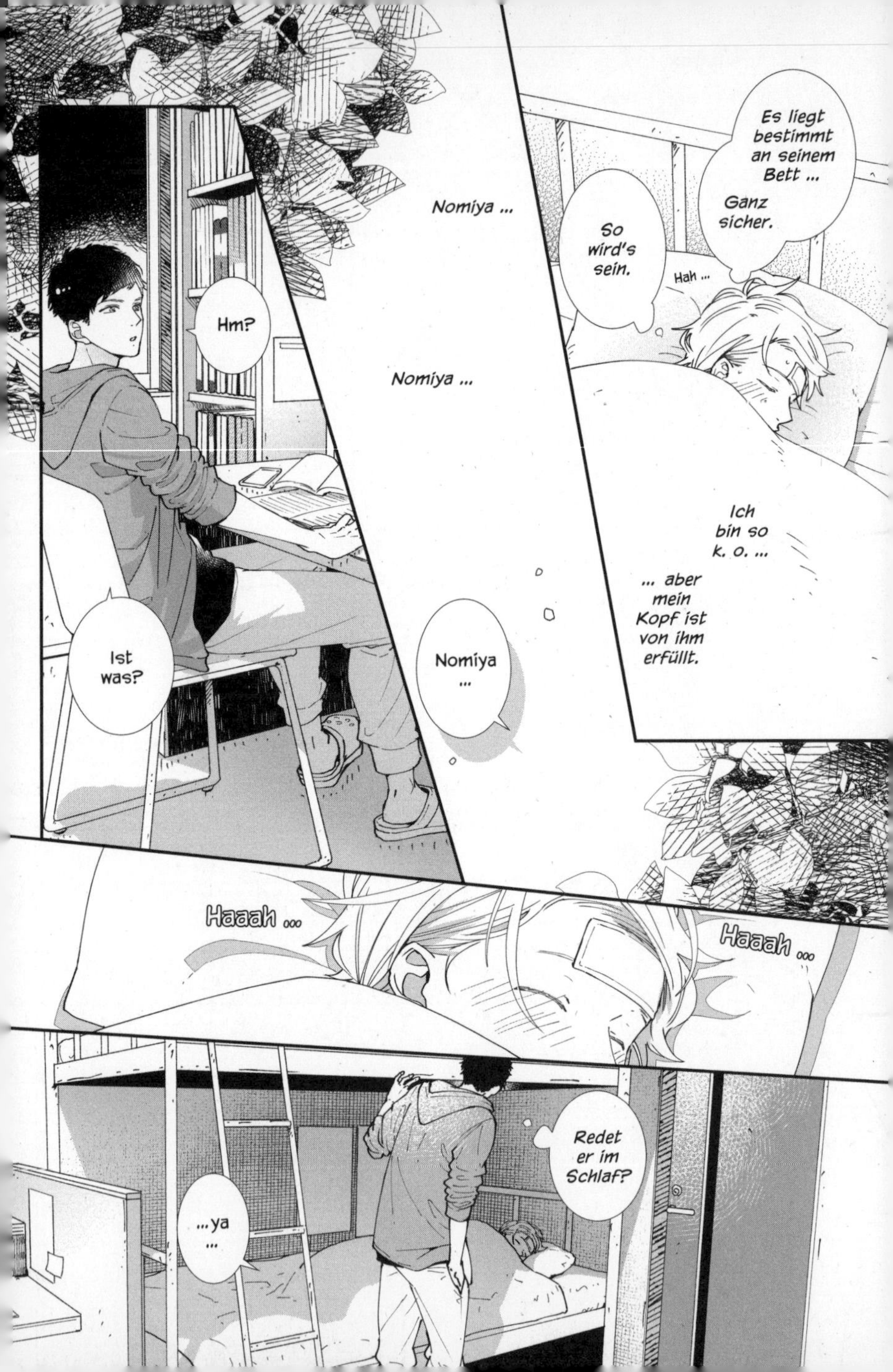

Es liegt bestimmt an seinem Bett ...
Ganz sicher.
So wird's sein.
Hah ...
Ich bin so k. o. ...
... aber mein Kopf ist von ihm erfüllt.
Nomiya ...
Nomiya ...
Nomiya ...
Hm?
Ist was?
Haaah ...
Haaah ...
Redet er im Schlaf?
...ya ...

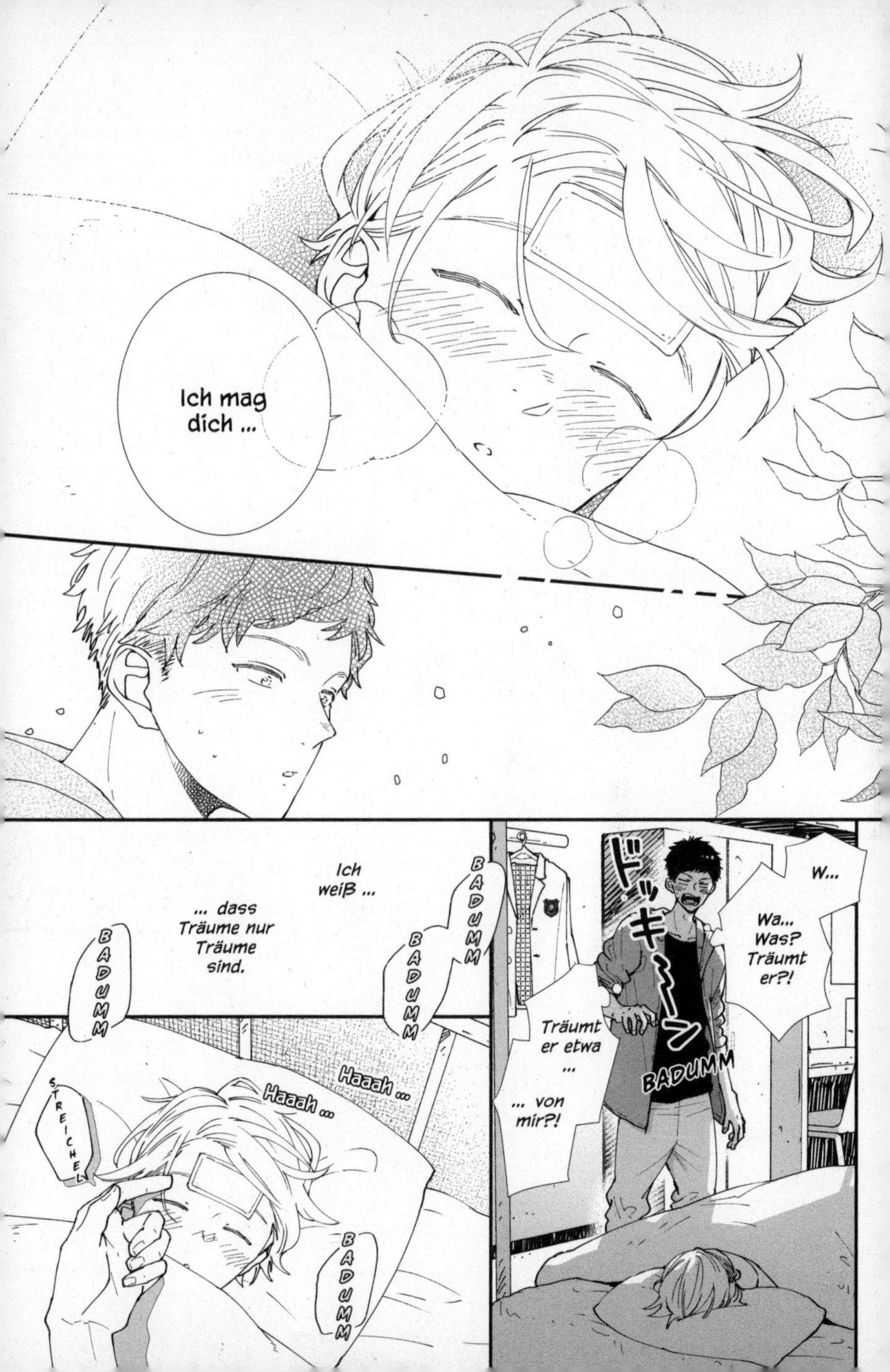
Ich mag dich ...
ドッキ～ン
W...
Wa... Was? Träumt er?!
Träumt er etwa ...
... von mir?!
BADUMM
BADUMM
Ich weiß ...
... dass Träume nur Träume sind.
BADUMM
BADUMM
Haaah ...
Haaah ...
STREICHEL
BADUMM

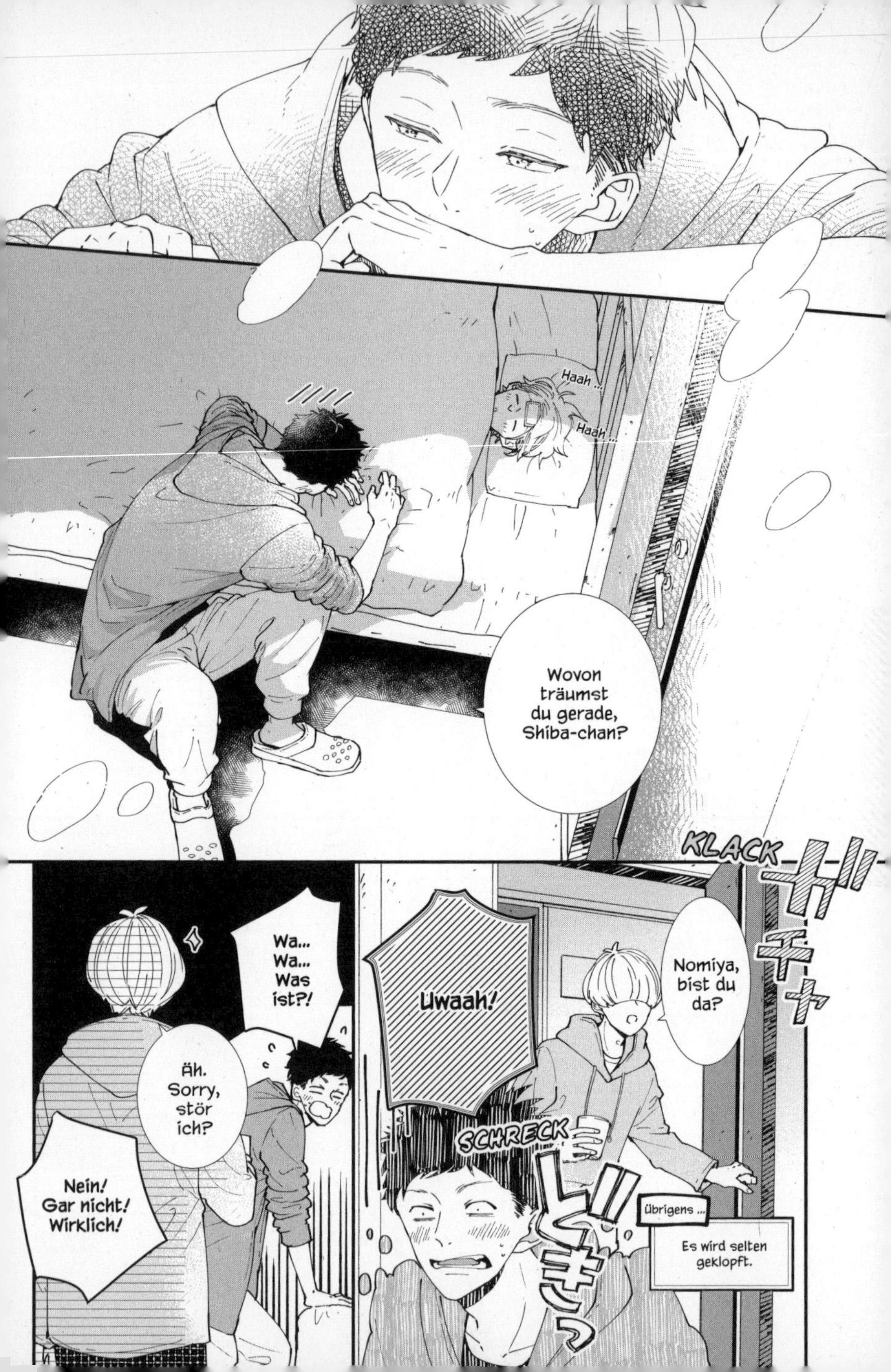
Haah ...
Haah ...
Wovon träumst du gerade, Shiba-chan?
KLACK
Nomiya, bist du da?
Uwaah!
SCHRECK
Übrigens ...
Es wird selten geklopft.
Wa... Wa... Was ist?!
Äh. Sorry, stör ich?
Nein! Gar nicht! Wirklich!

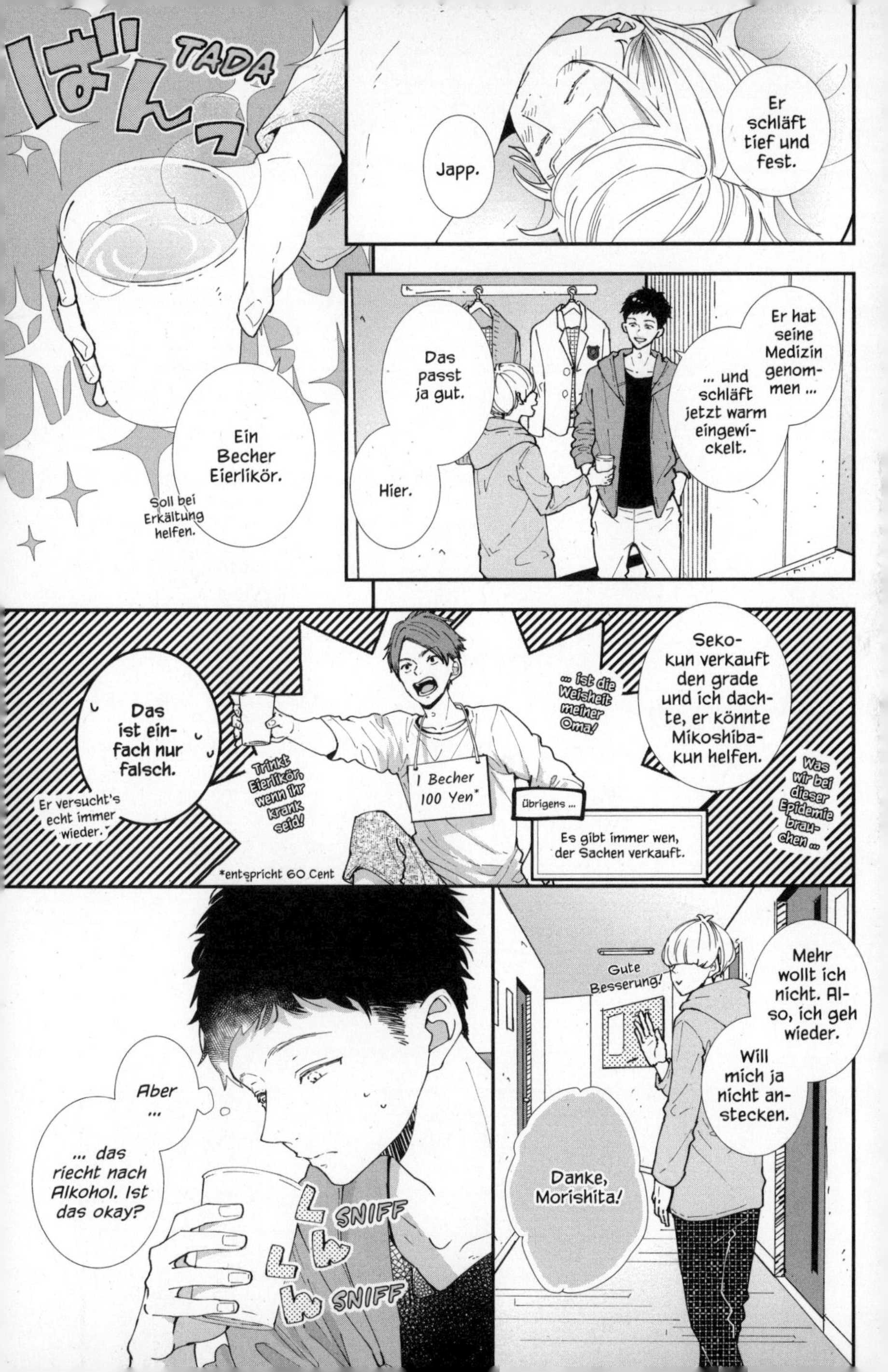
Er schläft tief und fest.
Japp.
Er hat seine Medizin genommen ...
... und schläft jetzt warm eingewickelt.
Das passt ja gut.
Hier.
TADA
Ein Becher Eierlikör.
Soll bei Erkältung helfen.
Seko-kun verkauft den grade und ich dachte, er könnte Mikoshiba-kun helfen.
Was wir bei dieser Epidemie brauchen ...
... ist die Weisheit meiner Oma!
Trinkt Eierlikör, wenn ihr krank seid!
1 Becher 100 Yen*
übrigens ...
Es gibt immer wen, der Sachen verkauft.
Das ist einfach nur falsch.
Er versucht's echt immer wieder.
*entspricht 60 Cent
Mehr wollt ich nicht. Also, ich geh wieder.
Will mich ja nicht anstecken.
Gute Besserung!
Danke, Morishita!
Aber ...
... das riecht nach Alkohol. Ist das okay?
SNIFF
SNIFF

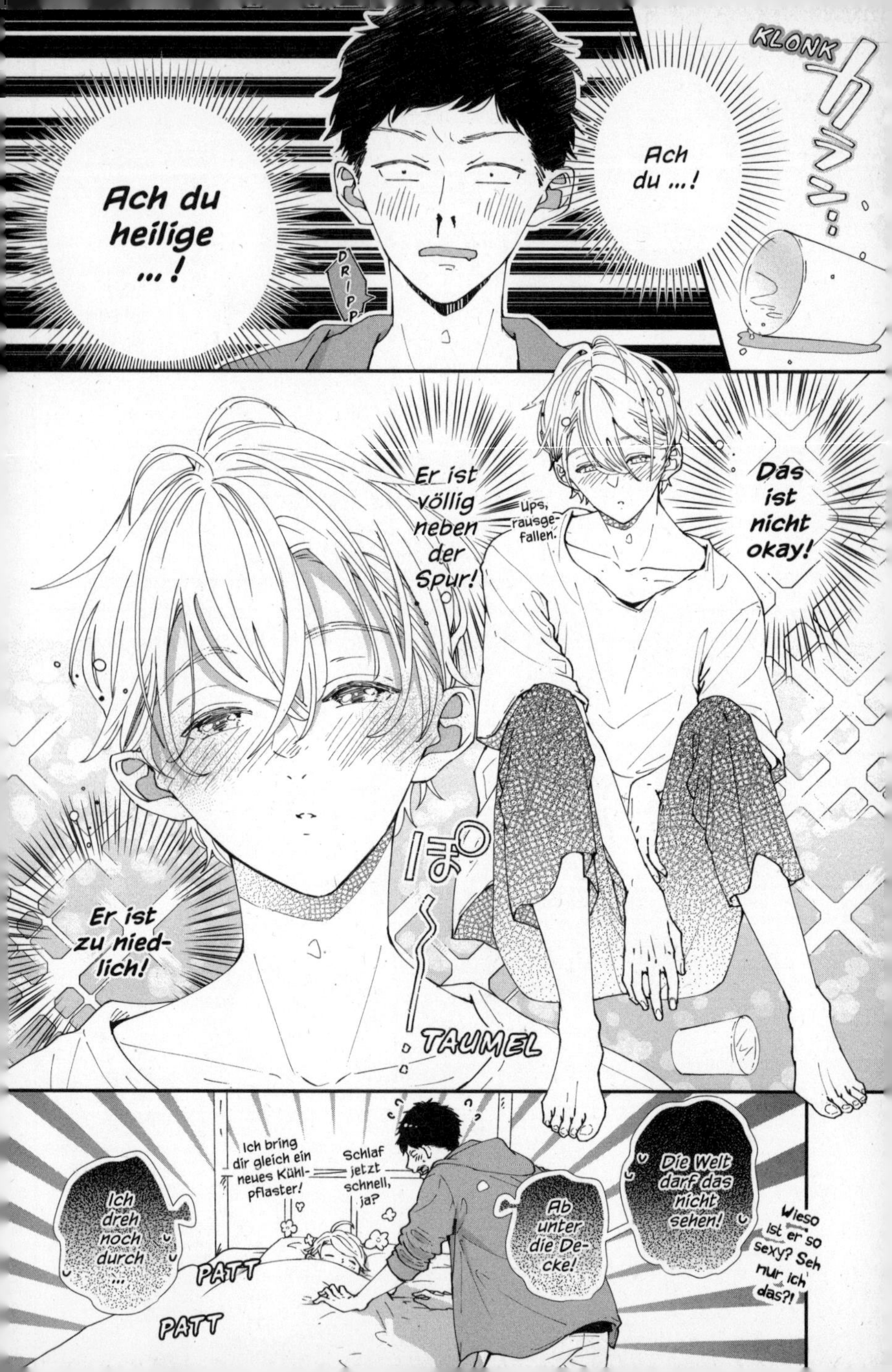
KLONK
Ach du ...!
Ach du heilige ...!
DRIPP
Das ist nicht okay!
Ups, rausgefallen.
Er ist völlig neben der Spur!
Er ist zu niedlich!
TAUMEL
Wieso ist er so sexy? Seh nur ich das?!
Die Welt darf das nicht sehen!
Ab unter die Decke!
Schlaf jetzt schnell, ja?
Ich bring dir gleich ein neues Kühlpflaster!
Ich dreh noch durch ...
PATT
PATT

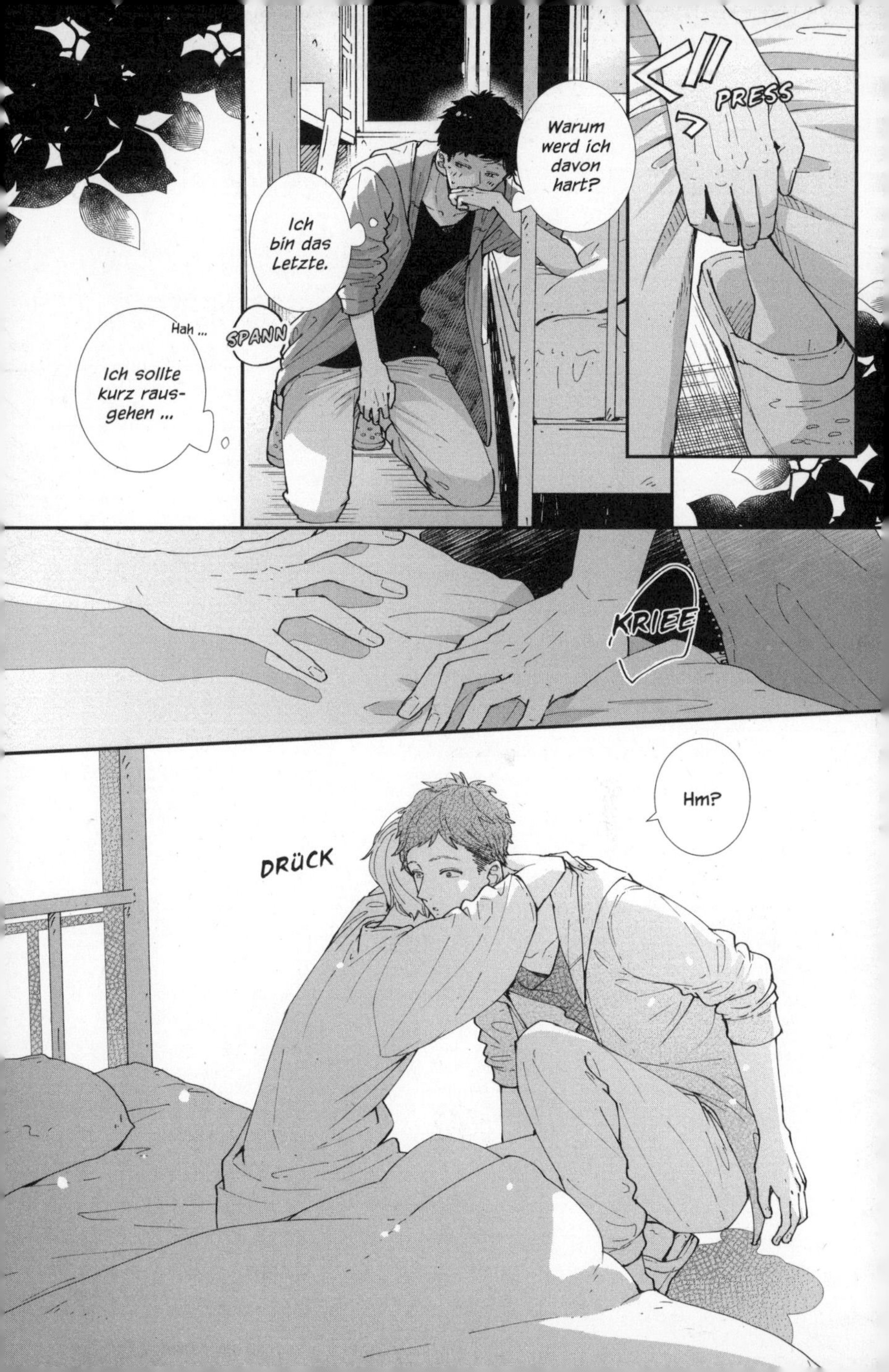
PRESS
Warum werd ich davon hart?
Ich bin das Letzte.
SPANN
Hah ...
Ich sollte kurz raus-gehen ...
KRIEE
Hm?
DRÜCK

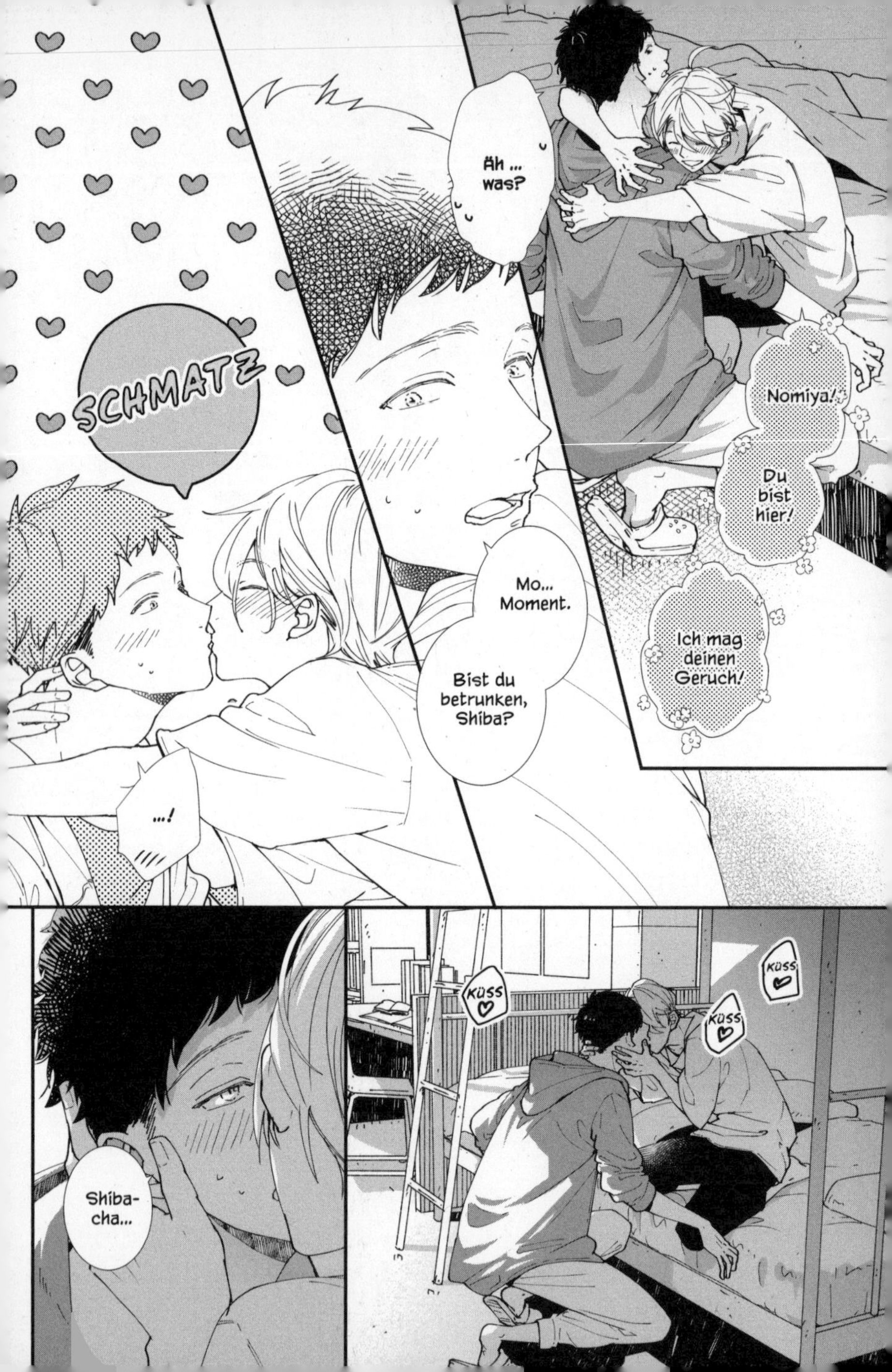
Nomiya!
Du bist hier!
Ich mag deinen Geruch!
Äh ... was?
Mo... Moment.
Bist du betrunken, Shiba?
SCHMATZ
...!
Küss
Küss
Küss
Shiba-cha...

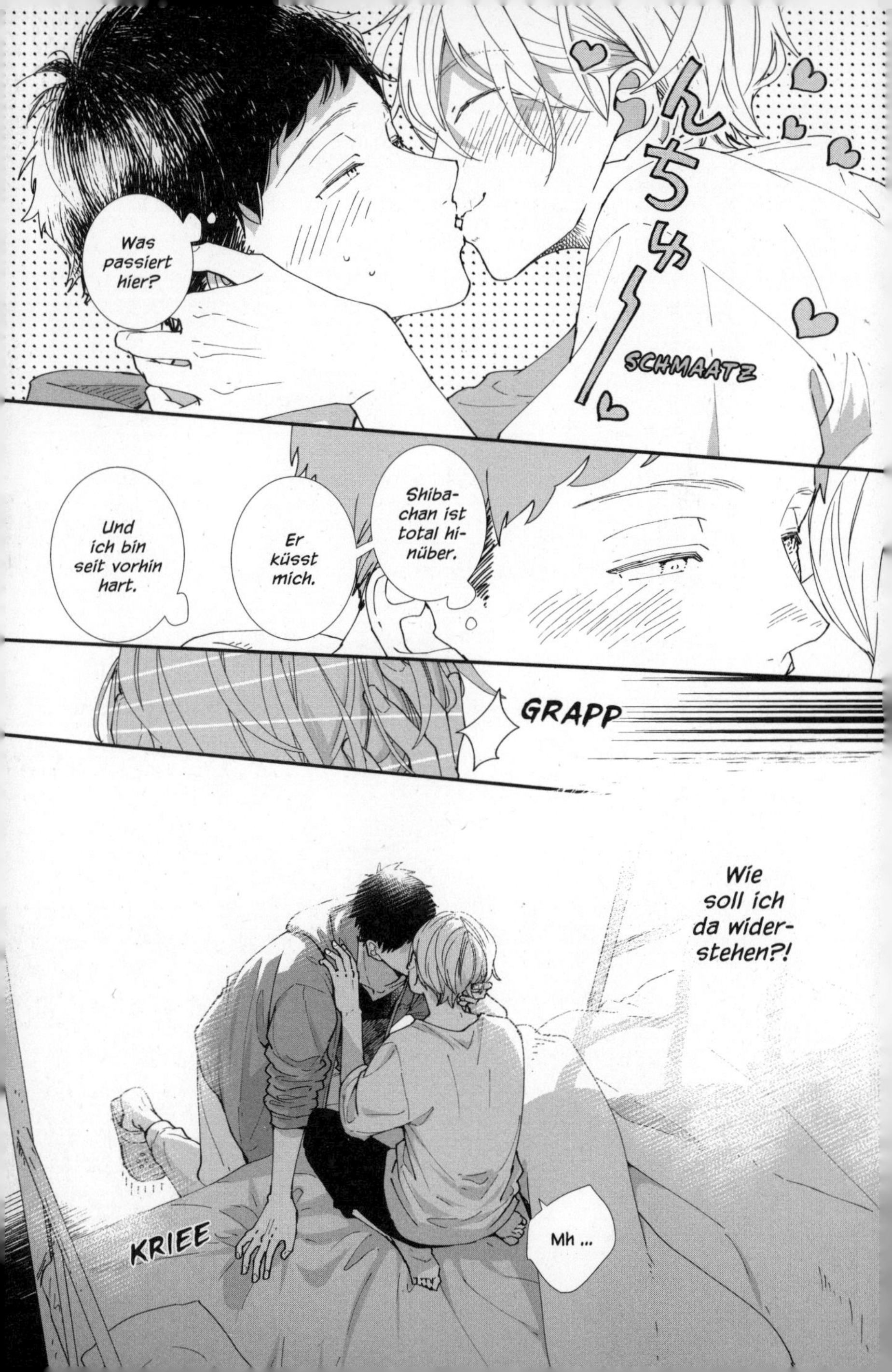

んちゅ～
SCHMAATZ
Was passiert hier?
Shiba-chan ist total hi-nüber.
Er küsst mich.
Und ich bin seit vorhin hart.
GRAPP
Wie soll ich da wider-stehen?!
Mh ...
KRIEE

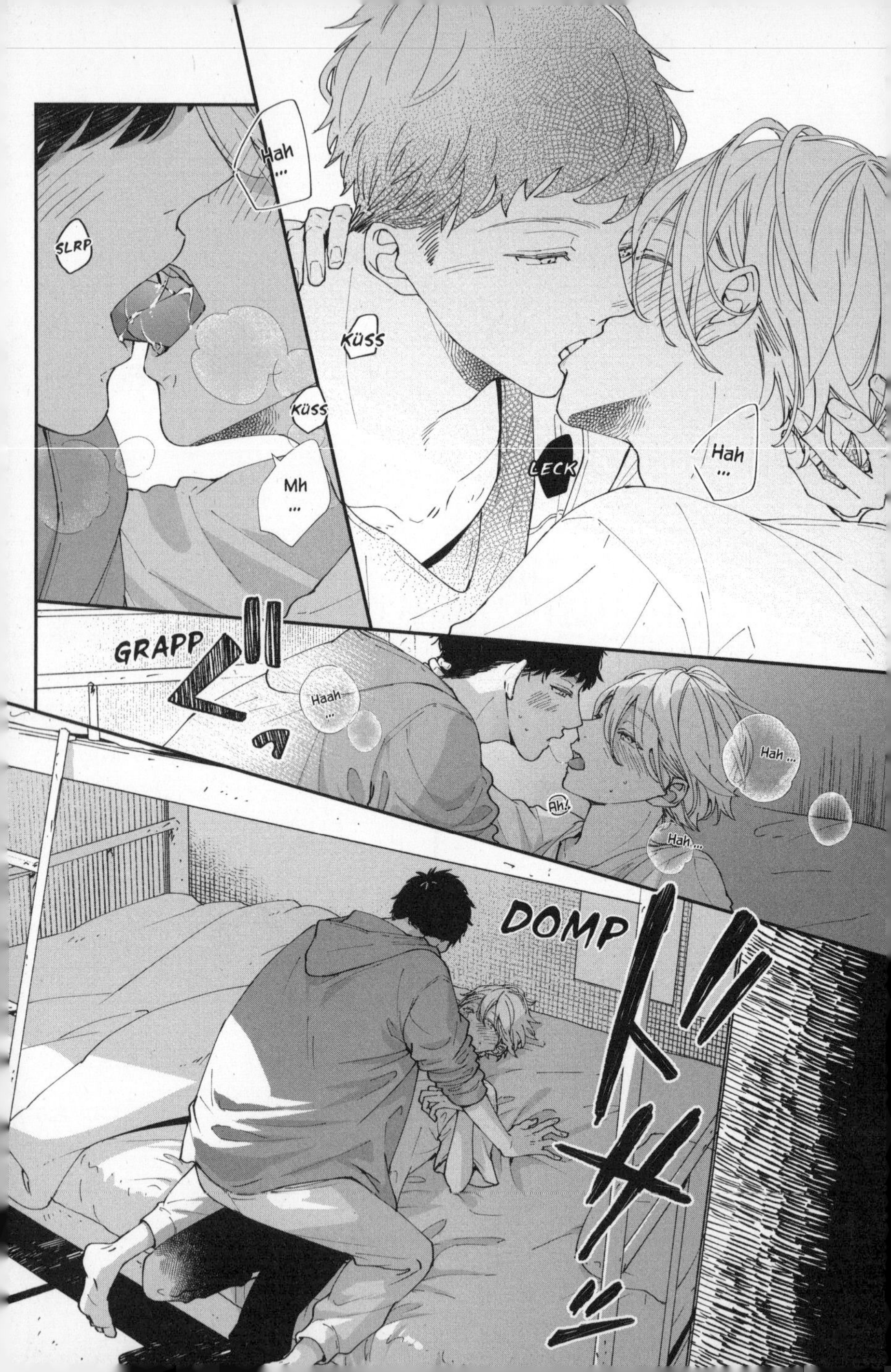
Hah ...
Hah ...
LECK
Küss
Küss
Mh ...
SLRP
GRAPP
Hah ...
Ah!
Hah ...
Haah ...
DOMP

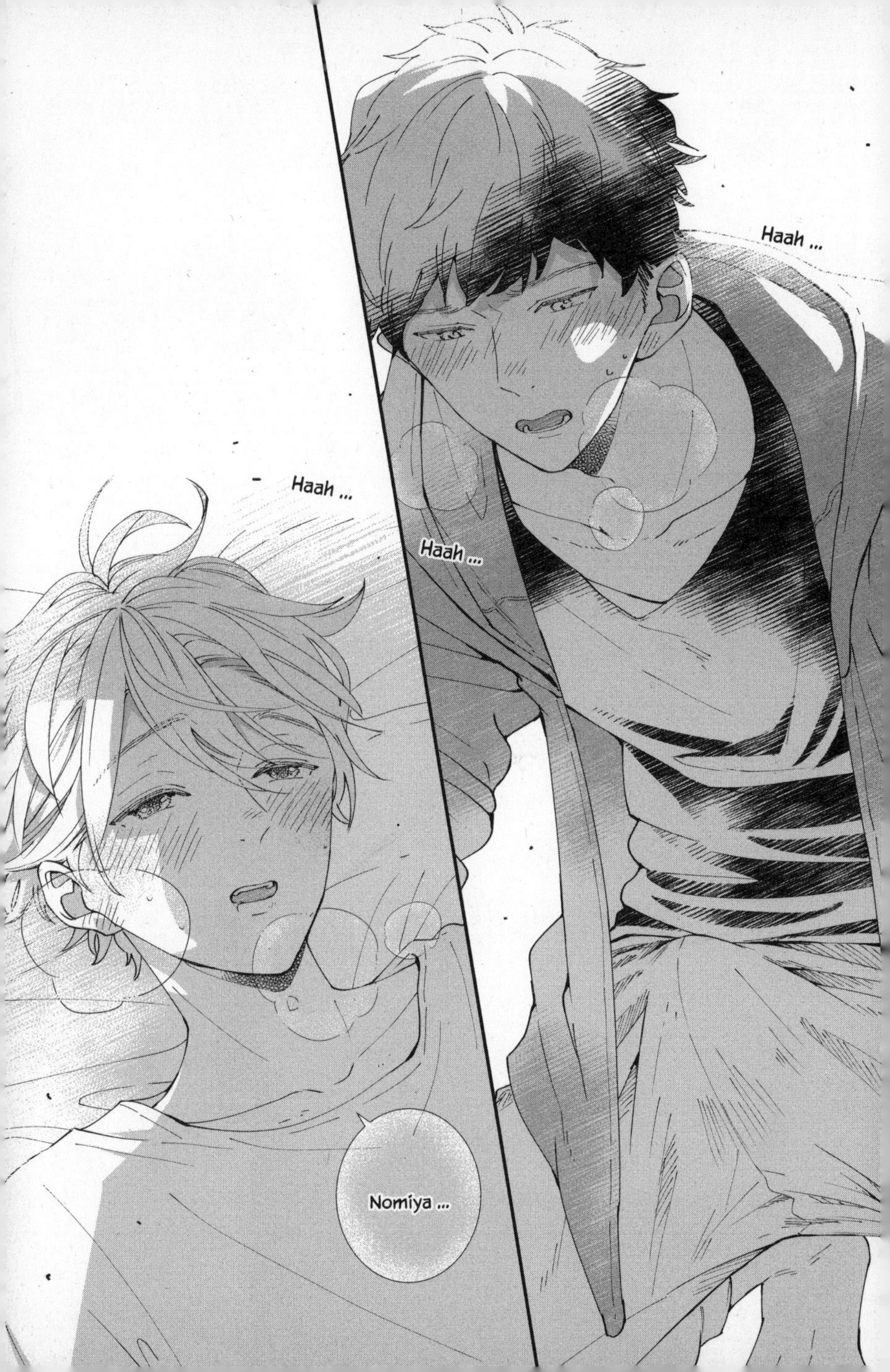
Haah ...
Haah ...
Haah ...
Nomiya ...

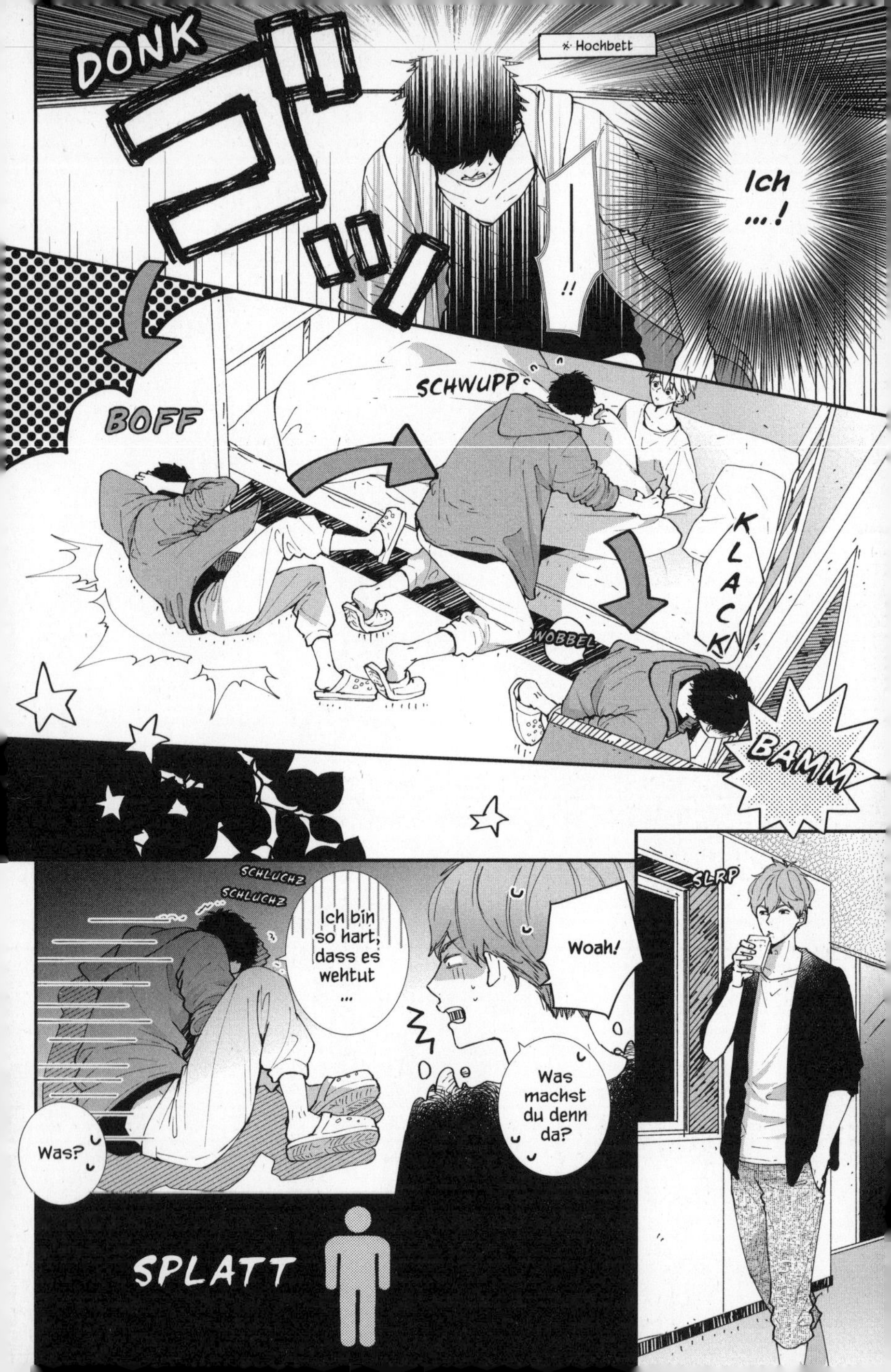

※ Hochbett
DONK
Ich ...!
!!
SCHWUPP
BOFF
KLACK
WOBBEL
BAMM
SLRP
Woah!
Was machst du denn da?
SCHLUCHZ
SCHLUCHZ
Ich bin so hart, dass es wehtut ...
Was?
SPLATT

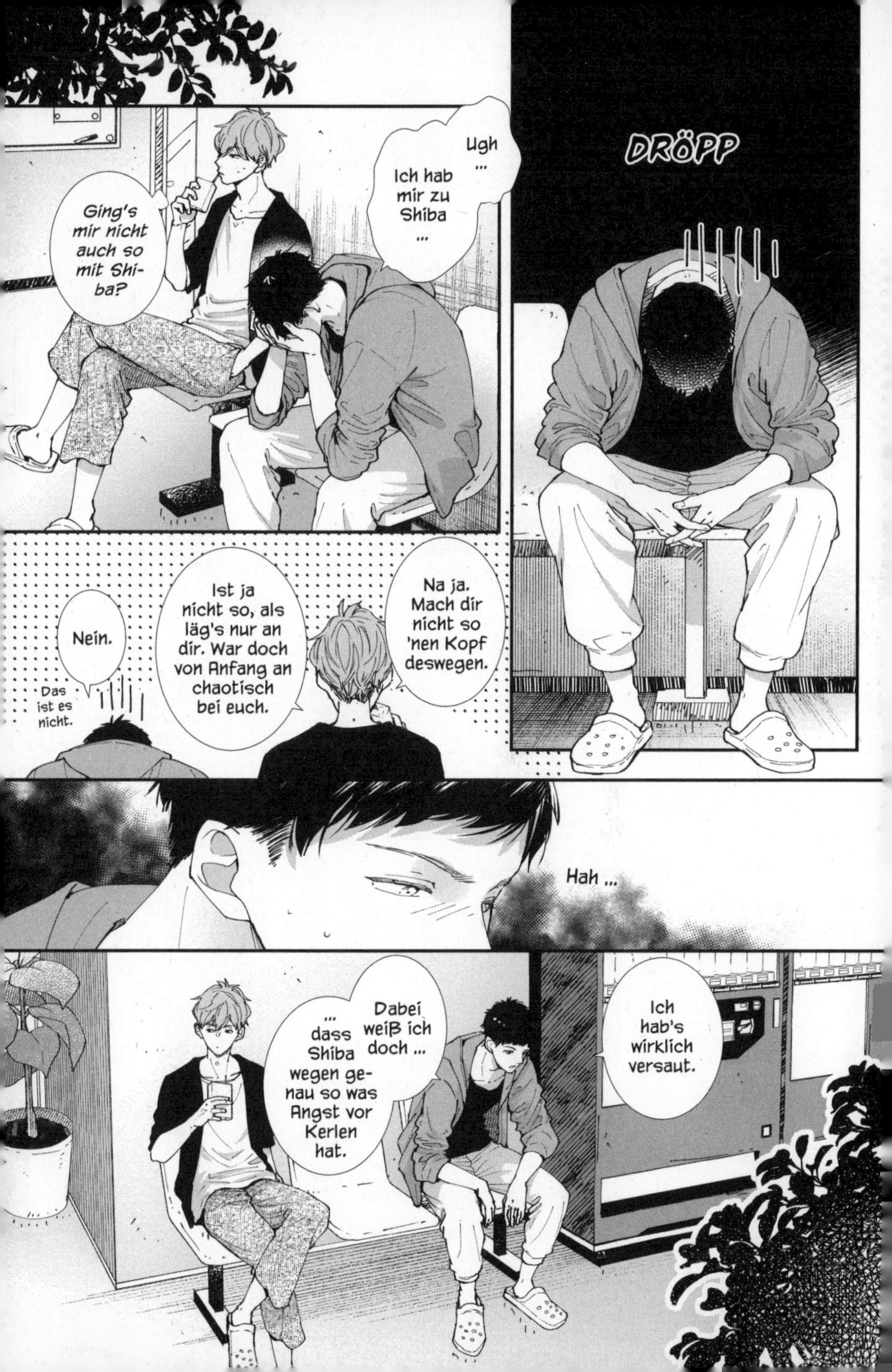
DRÖPP
Ugh ...
Ich hab mir zu Shiba ...
Ging's mir nicht auch so mit Shiba?
Na ja. Mach dir nicht so 'nen Kopf deswegen.
Ist ja nicht so, als läg's nur an dir. War doch von Anfang an chaotisch bei euch.
Nein.
Das ist es nicht.
Hah ...
Ich hab's wirklich versaut.
Dabei weiß ich doch ...
... dass Shiba wegen genau so was Angst vor Kerlen hat.

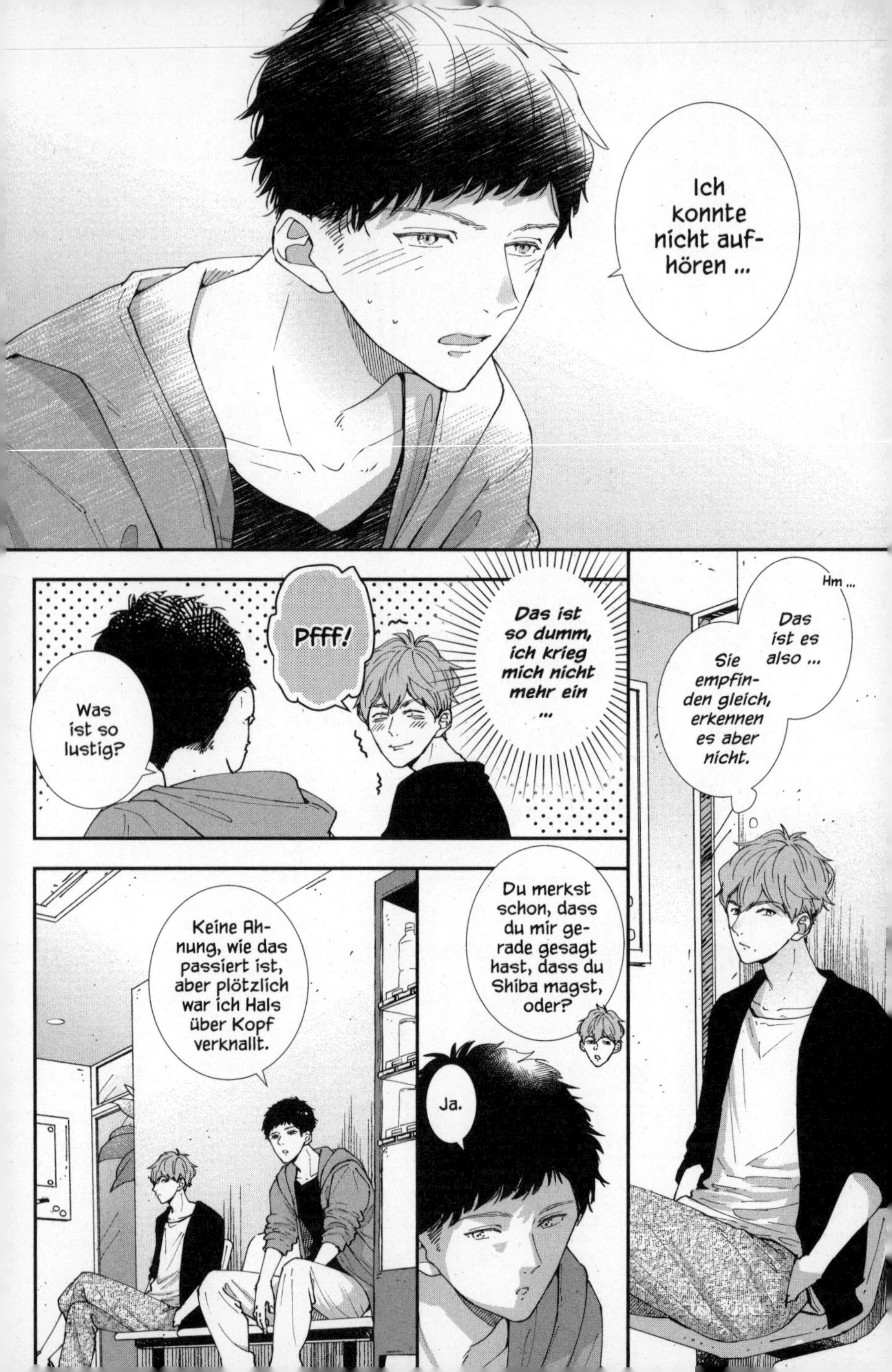

Ich konnte nicht aufhören ...
Hm ...
Das ist es also ...
Sie empfinden gleich, erkennen es aber nicht.
Pfff!
Das ist so dumm, ich krieg mich nicht mehr ein ...
Was ist so lustig?
Du merkst schon, dass du mir gerade gesagt hast, dass du Shiba magst, oder?
Ja.
Keine Ahnung, wie das passiert ist, aber plötzlich war ich Hals über Kopf verknallt.

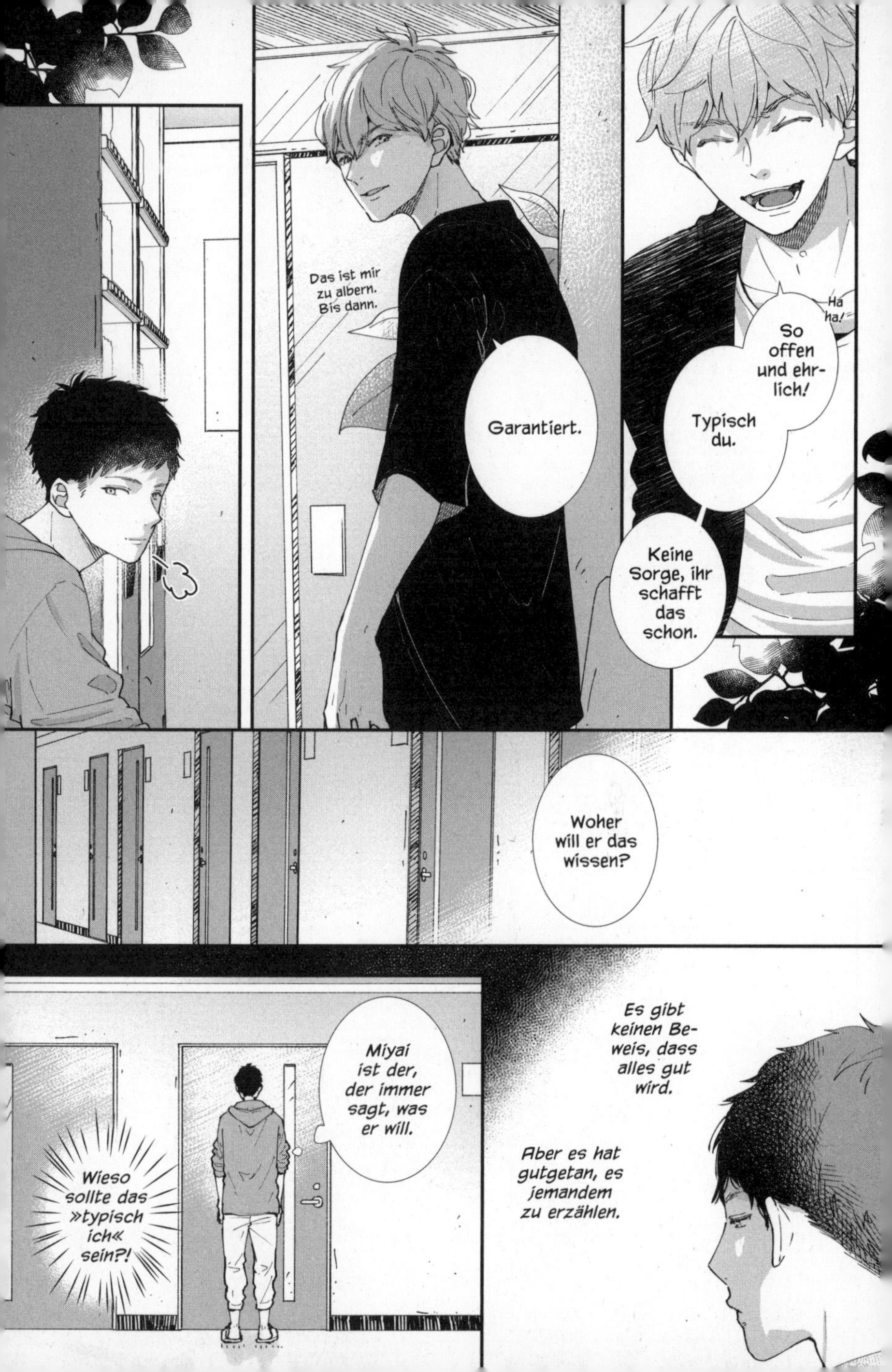
Ha ha!
So offen und ehrlich!
Typisch du.
Keine Sorge, ihr schafft das schon.
Garantiert.
Das ist mir zu albern. Bis dann.
Woher will er das wissen?
Es gibt keinen Beweis, dass alles gut wird.
Aber es hat gutgetan, es jemandem zu erzählen.
Miyai ist der, der immer sagt, was er will.
Wieso sollte das »typisch ich« sein?!

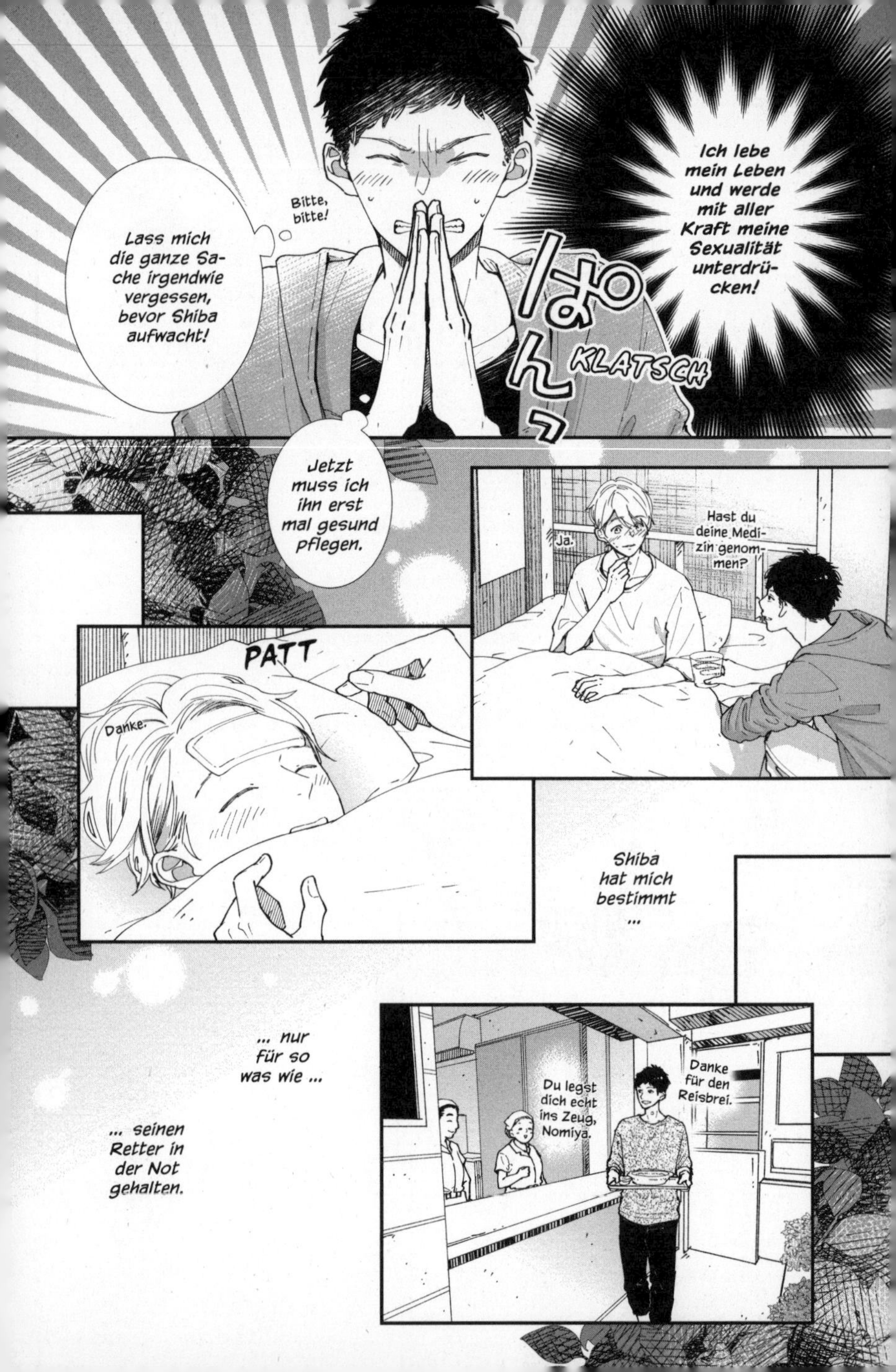
Ich lebe mein Leben und werde mit aller Kraft meine Sexualität unterdrücken!
Bitte, bitte!
Lass mich die ganze Sache irgendwie vergessen, bevor Shiba aufwacht!
ぱんっ
KLATSCH
Jetzt muss ich ihn erst mal gesund pflegen.
Hast du deine Medizin genommen?
Ja.
PATT
Danke.
Shiba hat mich bestimmt ...
... nur für so was wie ...
... seinen Retter in der Not gehalten.
Danke für den Reisbrei.
Du legst dich echt ins Zeug, Nomiya.

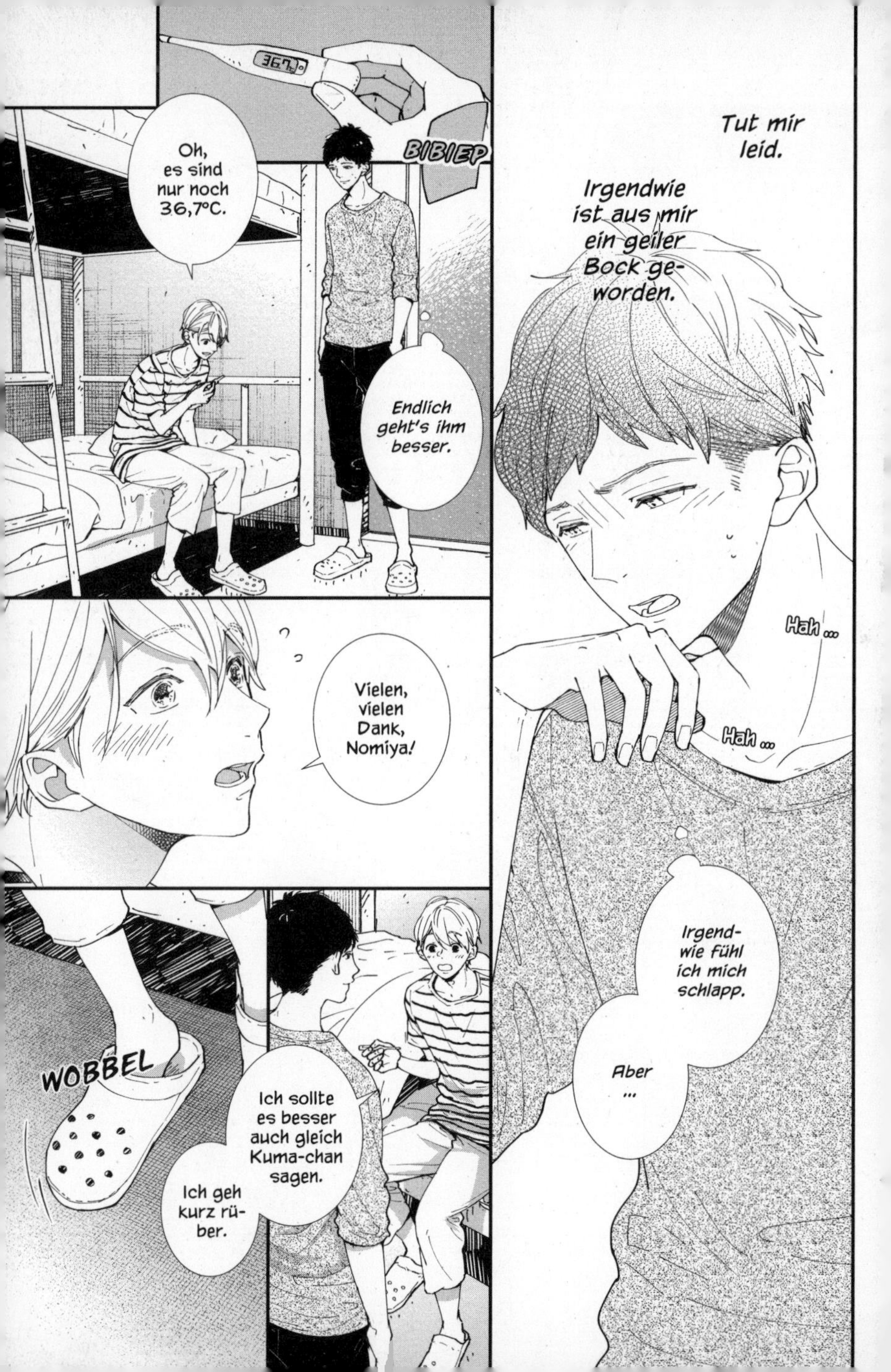

36,7
BIBIEP
Tut mir leid.
Irgendwie ist aus mir ein geiler Bock geworden.
Oh, es sind nur noch 36,7°C.
Endlich geht's ihm besser.
Hah ...
Hah ...
Vielen, vielen Dank, Nomiya!
Irgendwie fühl ich mich schlapp.
Aber ...
Ich sollte es besser auch gleich Kuma-chan sagen.
Ich geh kurz rüber.
WOBBEL

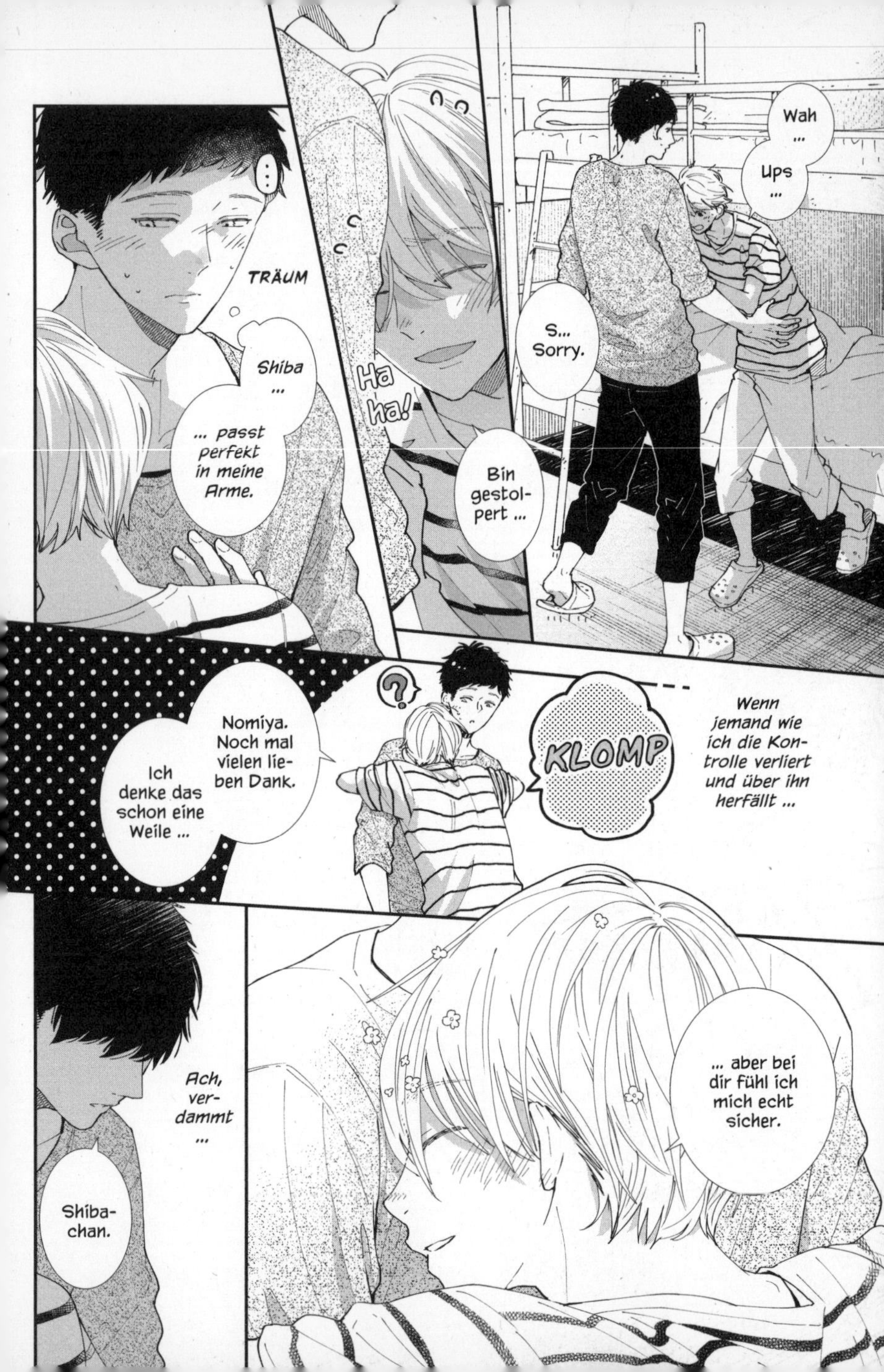
Wah ...
Ups ...
S... Sorry.
Ha ha!
Bin gestolpert ...
TRÄUM
Shiba ...
... passt perfekt in meine Arme.
Wenn jemand wie ich die Kontrolle verliert und über ihn herfällt ...
KLOMP
Nomiya. Noch mal vielen lieben Dank.
Ich denke das schon eine Weile ...
... aber bei dir fühl ich mich echt sicher.
Ach, verdammt ...
Shiba-chan.

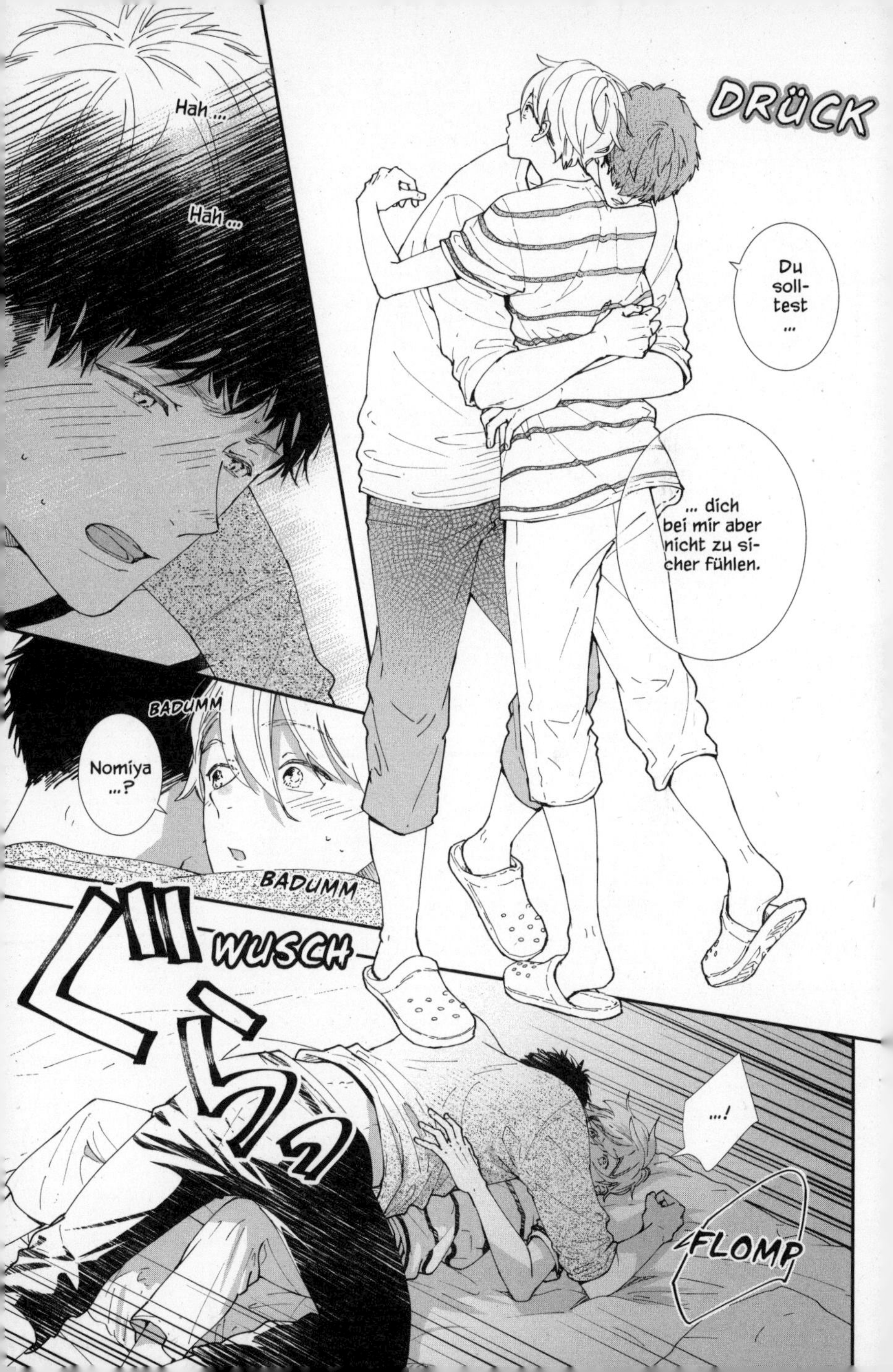

DRÜCK
Du soll-test ...
... dich bei mir aber nicht zu si-cher fühlen.
Hah ...
Hah ...
BADUMM
Nomiya ...?
BADUMM
WUSCH
...!
FLOMP

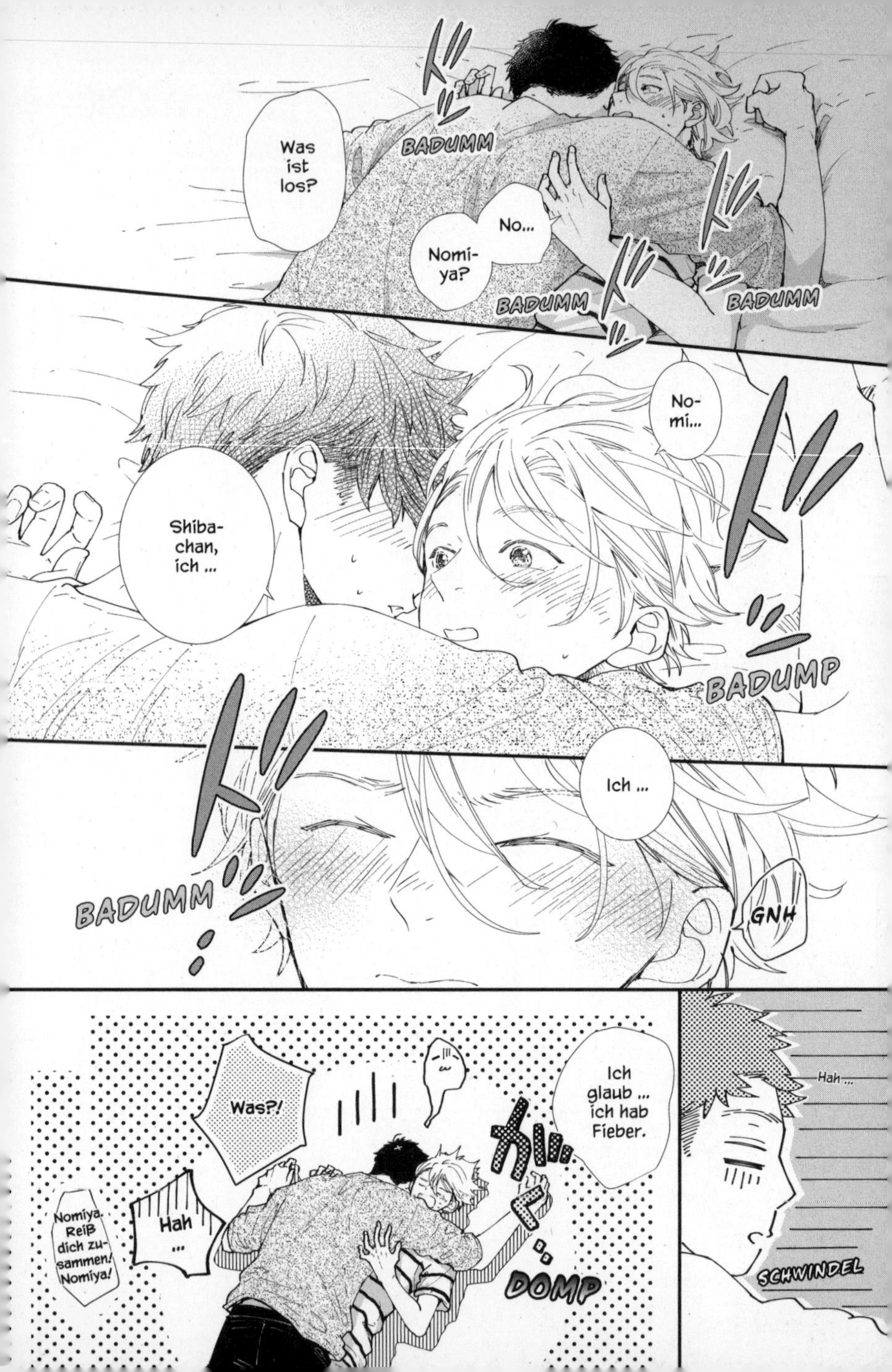

Was ist los?
BADUMM
No...
Nomi-ya?
BADUMM
BADUMM
No-mi...
Shiba-chan, ich ...
BADUMP
Ich ...
BADUMM
GNH
Hah ...
SCHWINDEL
Ich glaub ... ich hab Fieber.
Was?!
DOMP
Hah ...
Nomiya. Reiß dich zu-sammen! Nomiya!

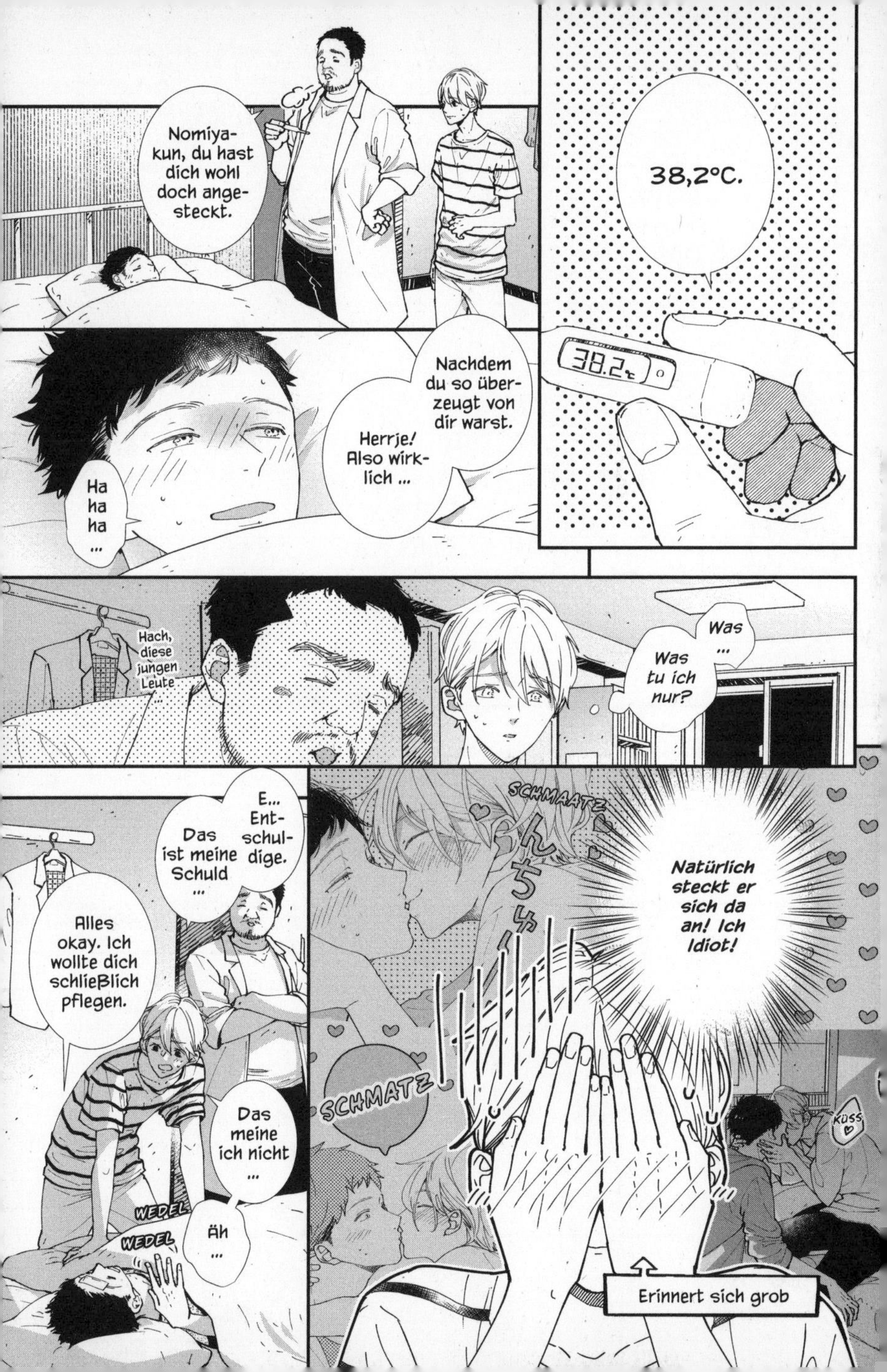
38,2°C.
38.2
Nomiya-kun, du hast dich wohl doch angesteckt.
Nachdem du so überzeugt von dir warst.
Herrje! Also wirklich ...
Ha ha ha ...
Was ...
Was tu ich nur?
Hach, diese jungen Leute ...
Natürlich steckt er sich da an! Ich Idiot!
SCHMAATZ
SCHMATZ
KÜSS
Erinnert sich grob
E... Ent-schul-dige.
Das ist meine Schuld ...
Alles okay. Ich wollte dich schließlich pflegen.
Das meine ich nicht ...
Äh ...
WEDEL
WEDEL

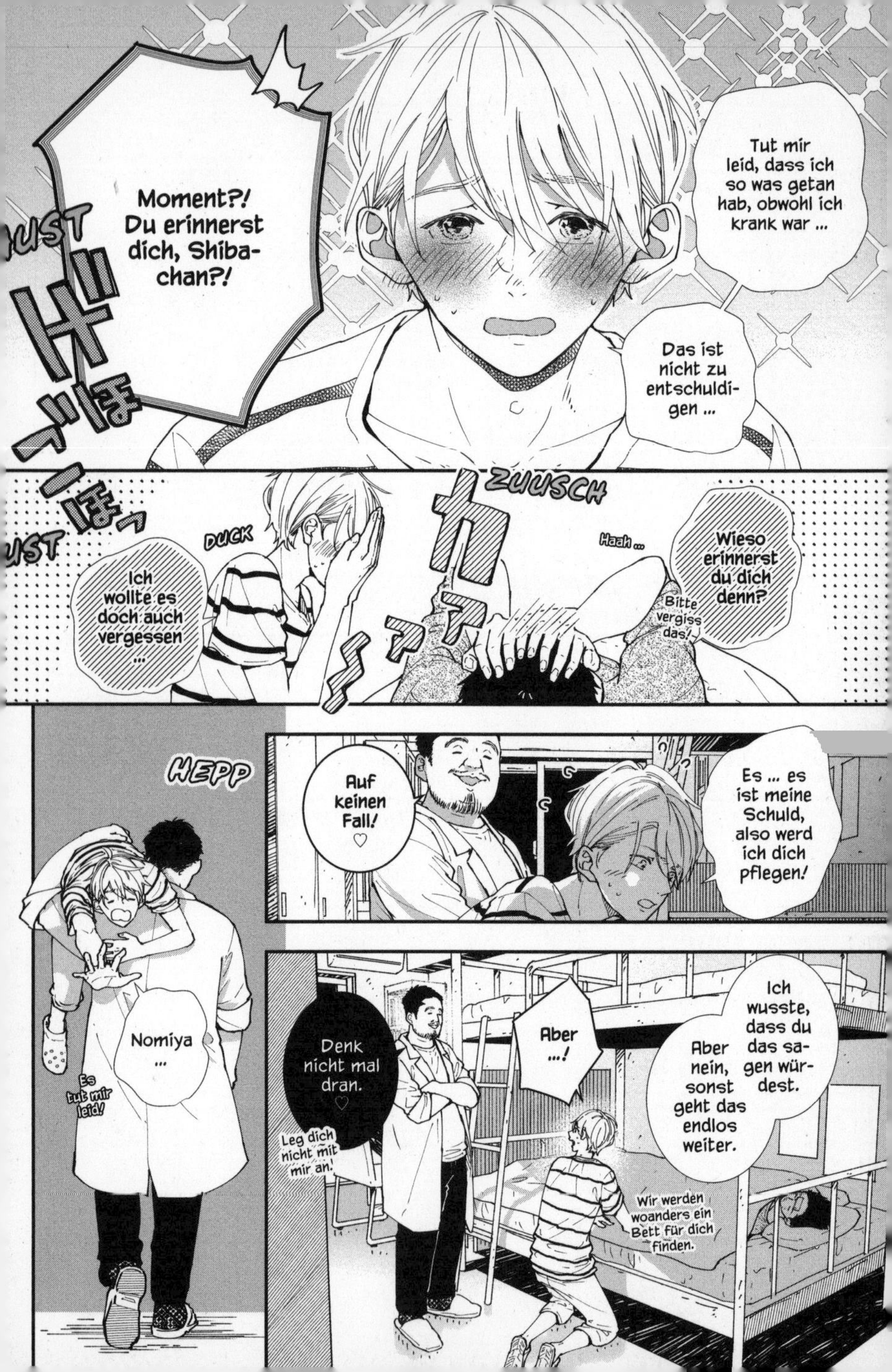

Tut mir leid, dass ich so was getan hab, obwohl ich krank war ...
Das ist nicht zu entschuldigen ...
Moment?! Du erinnerst dich, Shiba-chan?!
UST
ZUUSCH
Wieso erinnerst du dich denn?
Bitte vergiss das!
Haah ...
DUCK
Ich wollte es doch auch vergessen ...
UST
Es ... es ist meine Schuld, also werd ich dich pflegen!
Auf keinen Fall! ♡
HEPP
Ich wusste, dass du das sagen würdest.
Aber nein, sonst geht das endlos weiter.
Wir werden woanders ein Bett für dich finden.
Aber ...!
Denk nicht mal dran. ♡
Leg dich nicht mit mir an!
Nomiya ...
Es tut mir leid!

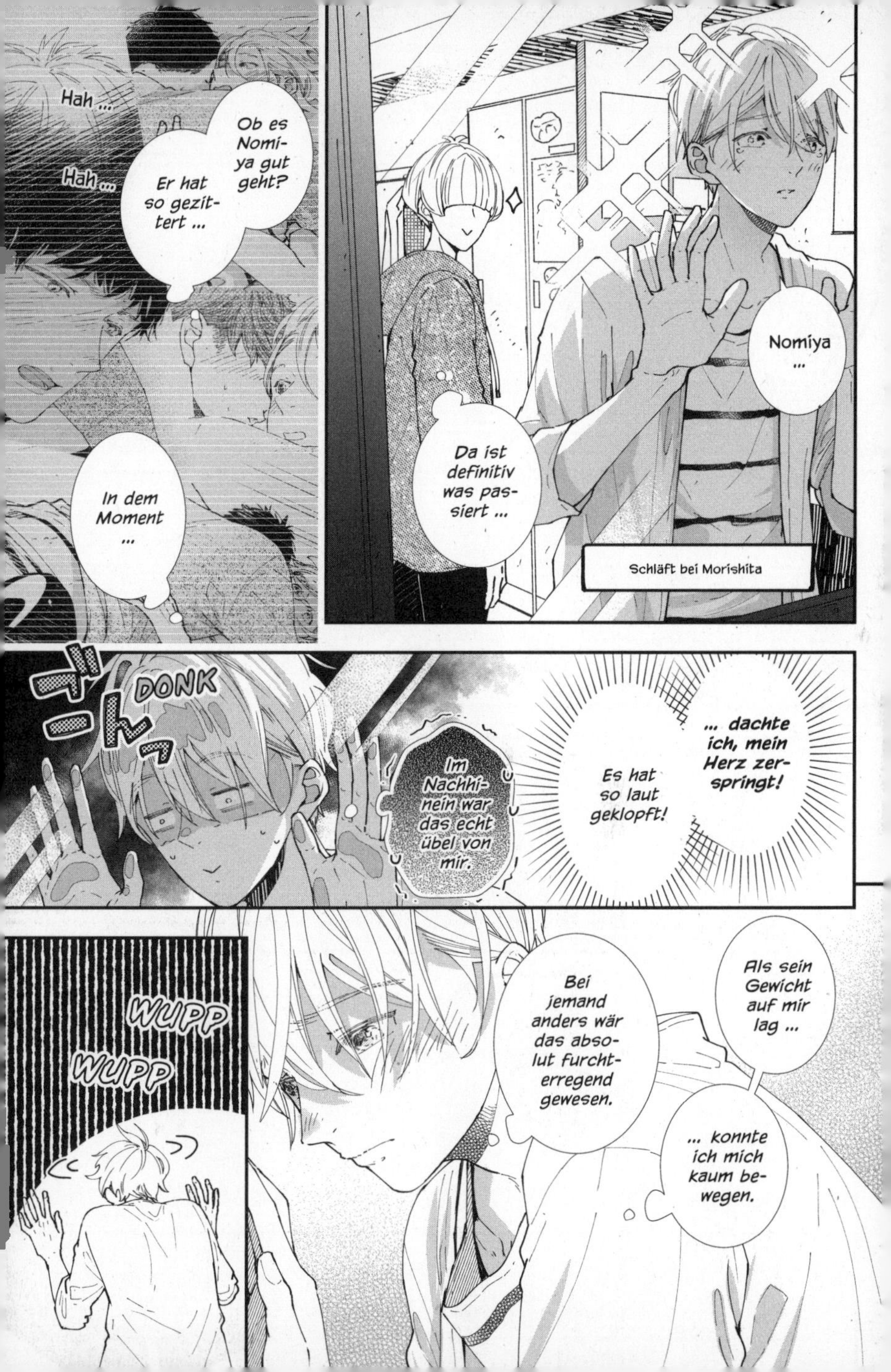
Nomiya ...
Da ist definitiv was passiert ...
Schläft bei Morishita
Hah ...
Ob es Nomiya gut geht?
Hah ...
Er hat so gezittert ...
In dem Moment ...
... dachte ich, mein Herz zerspringt!
Es hat so laut geklopft!
Im Nachhinein war das echt übel von mir.
DONK
Als sein Gewicht auf mir lag ...
... konnte ich mich kaum bewegen.
Bei jemand anders wär das absolut furchterregend gewesen.
WUPP
WUPP

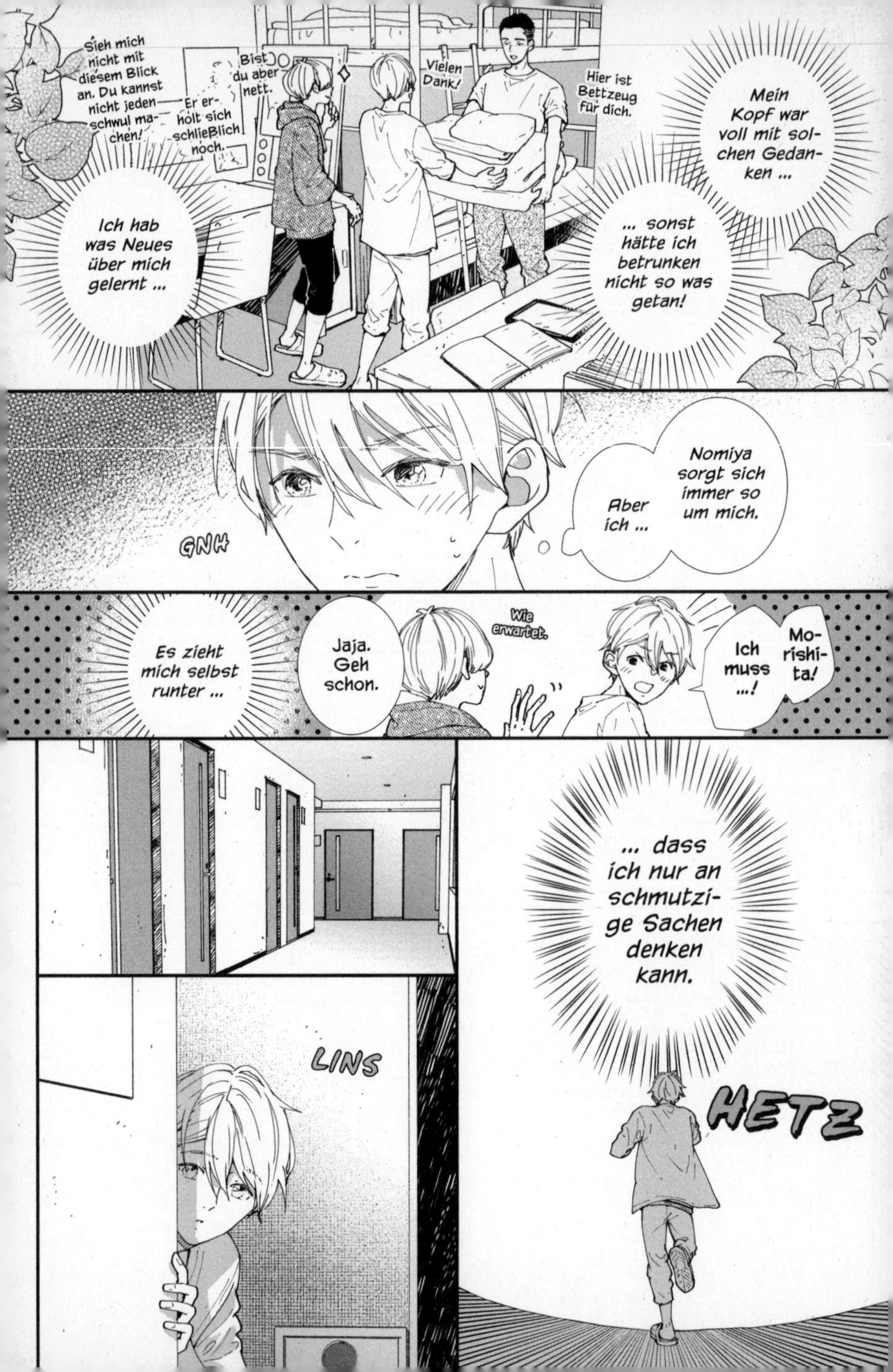
Mein Kopf war voll mit solchen Gedanken ...
Hier ist Bettzeug für dich.
Vielen Dank!
Bist du aber nett.
Er erholt sich schließlich noch.
Sieh mich nicht mit diesem Blick an. Du kannst nicht jeden schwul machen!
... sonst hätte ich betrunken nicht so was getan!
Ich hab was Neues über mich gelernt ...
Nomiya sorgt sich immer so um mich.
Aber ich ...
GNH
Morishita!
Ich muss ...!
Wie erwartet.
Jaja. Geh schon.
Es zieht mich selbst runter ...
... dass ich nur an schmutzige Sachen denken kann.
HETZ
LINS

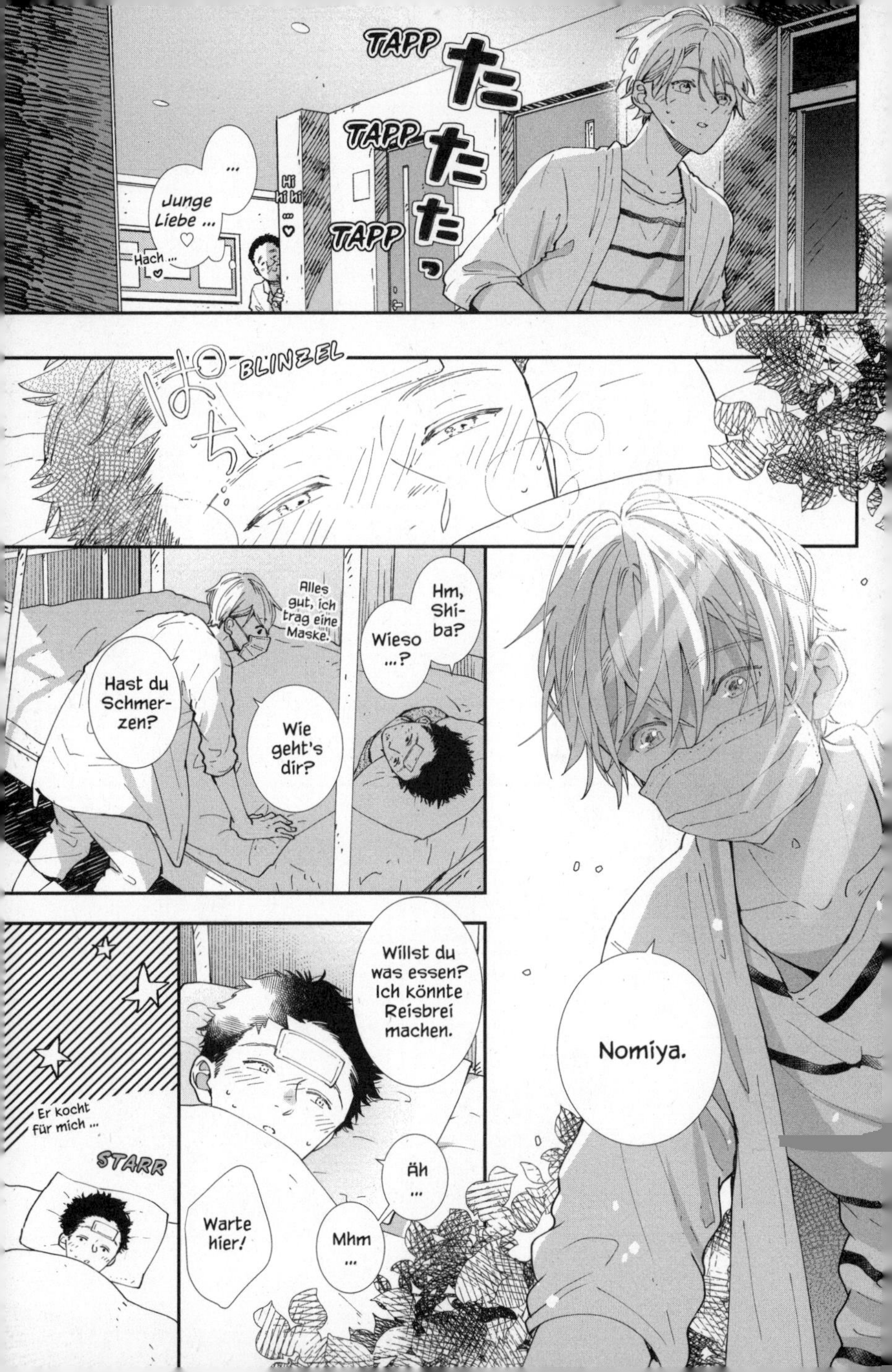
TAPP
TAPP
TAPP
… Junge Liebe … ♡
Hi hi hi … ♡
Hach … ♡
BLINZEL
Nomiya.
Hm, Shiba?
Wieso …?
Alles gut, ich trag eine Maske.
Wie geht's dir?
Hast du Schmerzen?
Willst du was essen? Ich könnte Reisbrei machen.
Äh …
Mhm …
Warte hier!
Er kocht für mich …
STARR

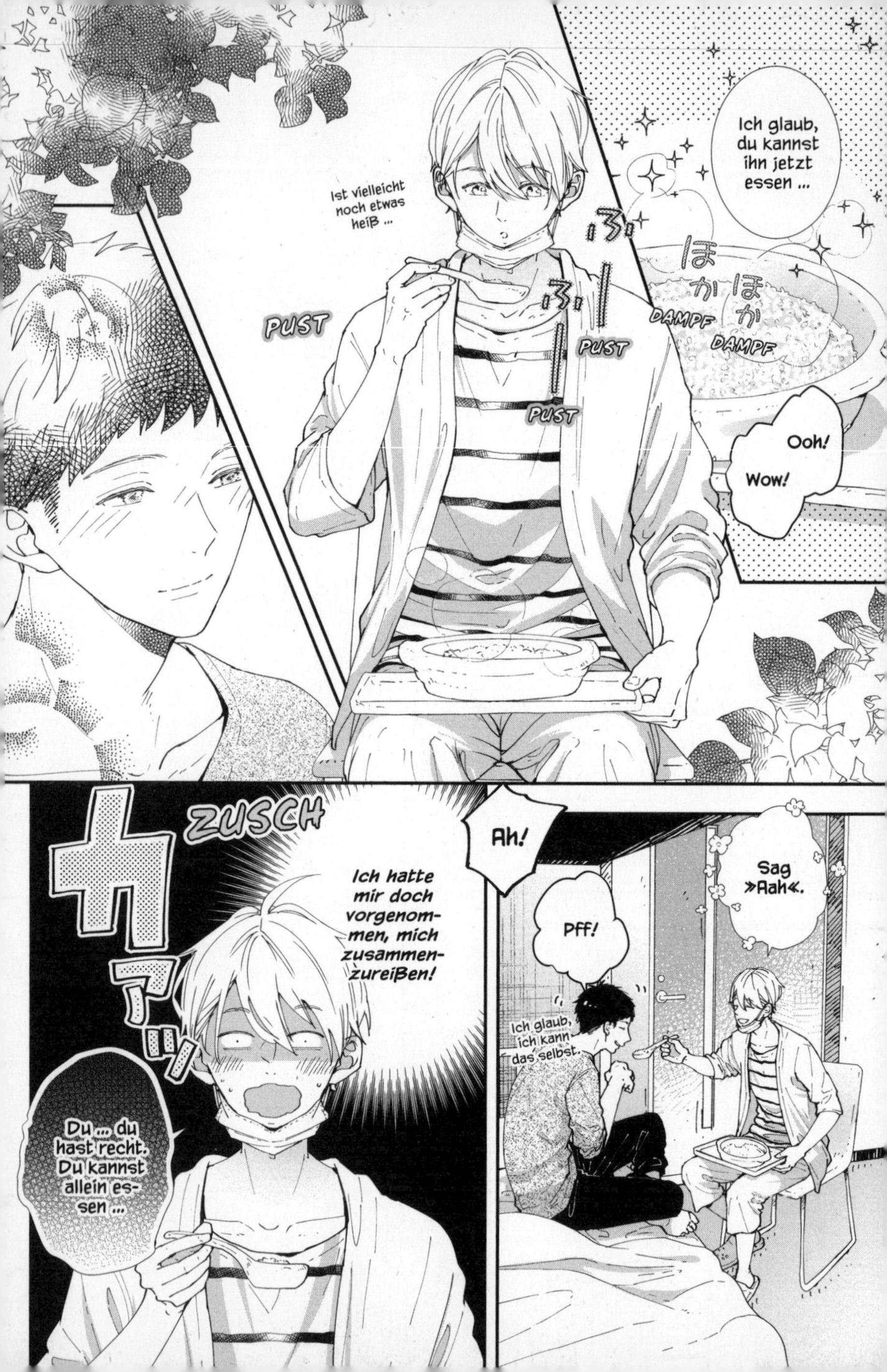

Ich glaub, du kannst ihn jetzt essen ...
ほかほか
DAMPF
DAMPF
Ooh!
Wow!
Ist vielleicht noch etwas heiß ...
ふ
ふ
PUST
PUST
PUST
Sag »Aah«.
Pff!
Ich glaub, ich kann das selbst.
Ah!
ZUSCH
Ich hatte mir doch vorgenommen, mich zusammenzureißen!
Du ... du hast recht. Du kannst allein essen ...

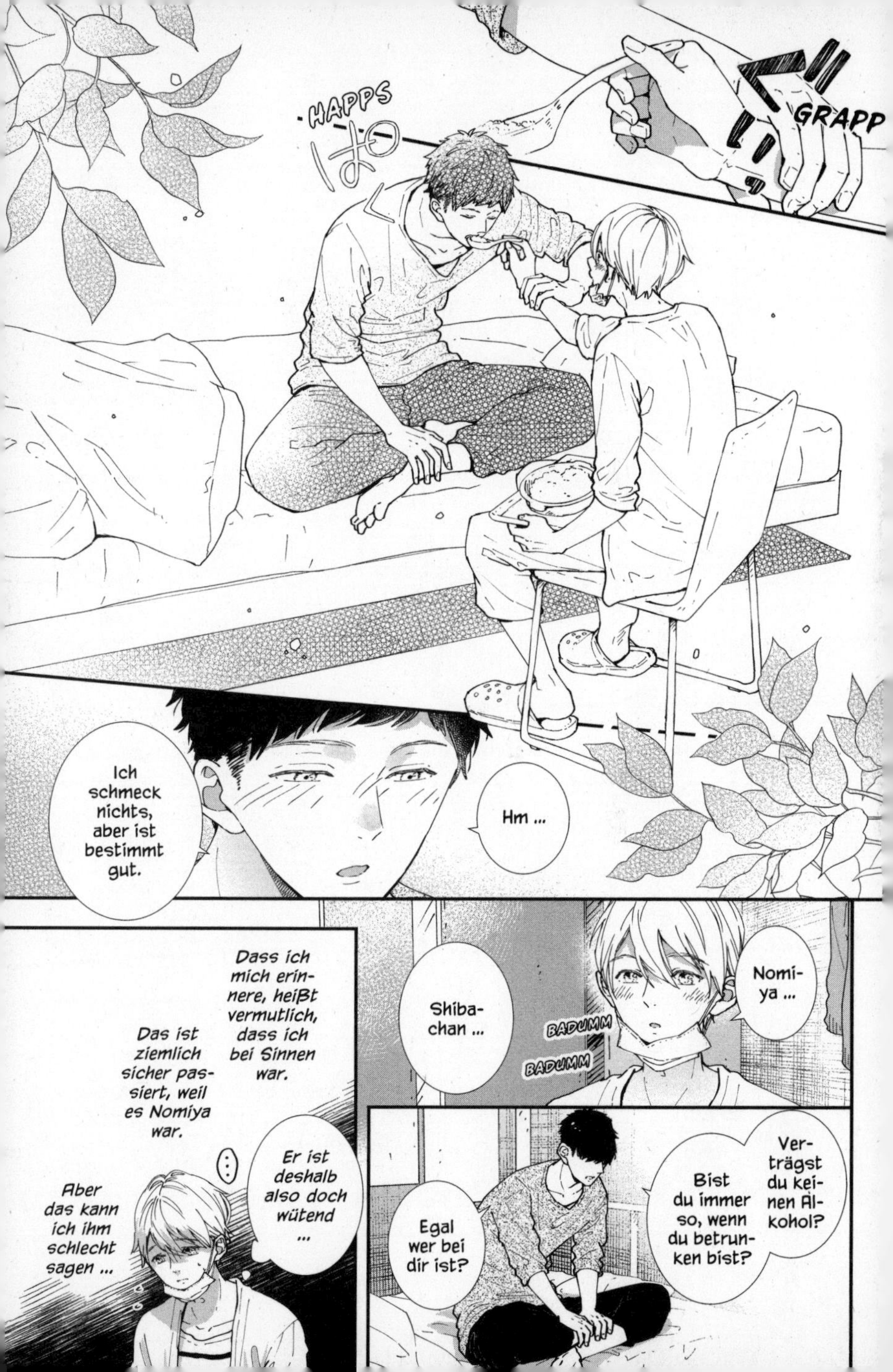
GRAPP
HAPPS
ぱく
Hm ...
Ich schmeck nichts, aber ist bestimmt gut.
Nomiya ...
BADUMM
BADUMM
Shiba-chan ...
Dass ich mich erinnere, heißt vermutlich, dass ich bei Sinnen war.
Das ist ziemlich sicher passiert, weil es Nomiya war.
Verträgst du keinen Alkohol?
Bist du immer so, wenn du betrunken bist?
Egal wer bei dir ist?
Er ist deshalb also doch wütend ...
...
Aber das kann ich ihm schlecht sagen ...

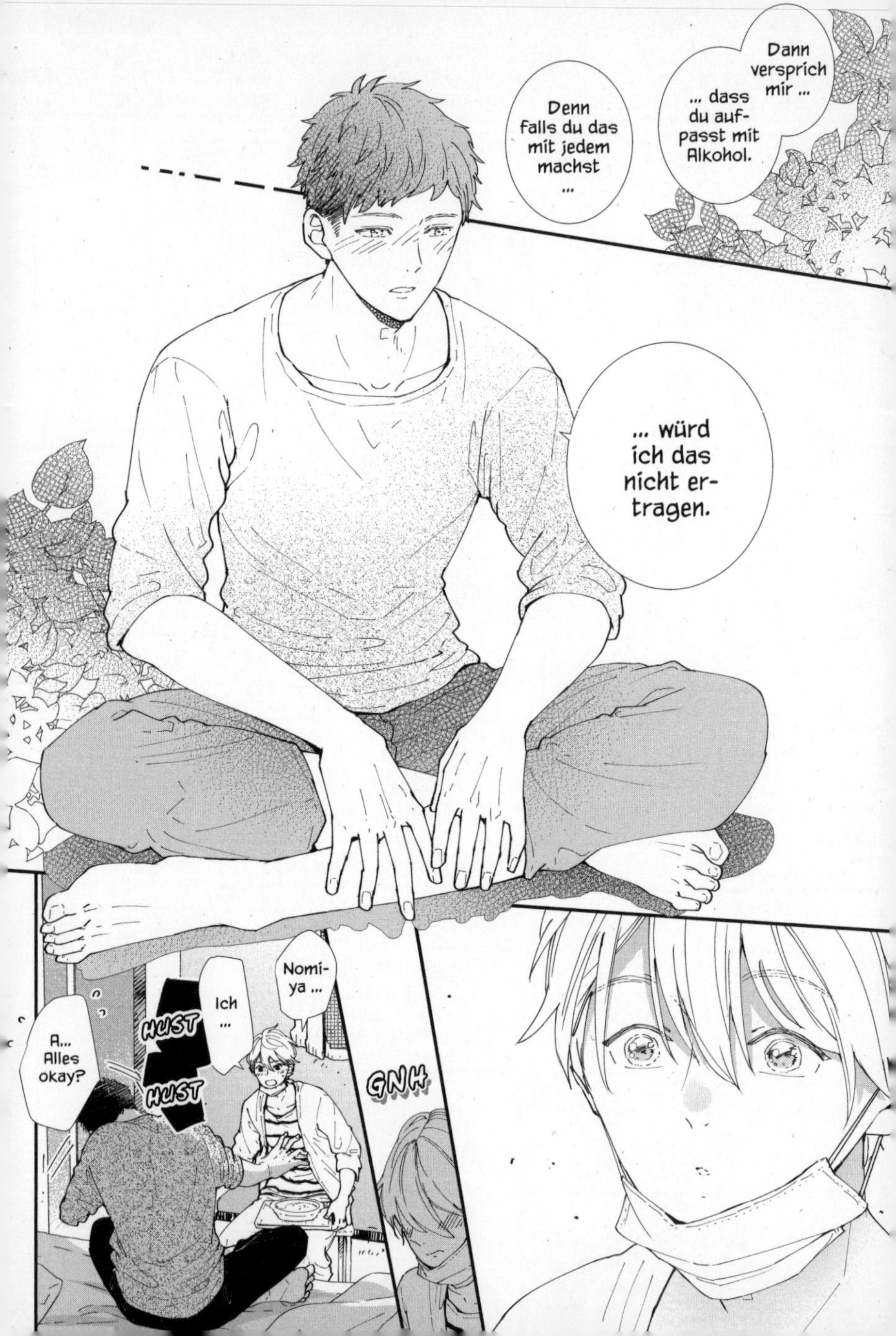
Dann versprich mir ...
... dass du aufpasst mit Alkohol.
Denn falls du das mit jedem machst ...
... würd ich das nicht ertragen.
GNH
Nomiya ...
Ich ...
HUST
HUST
A... Alles okay?

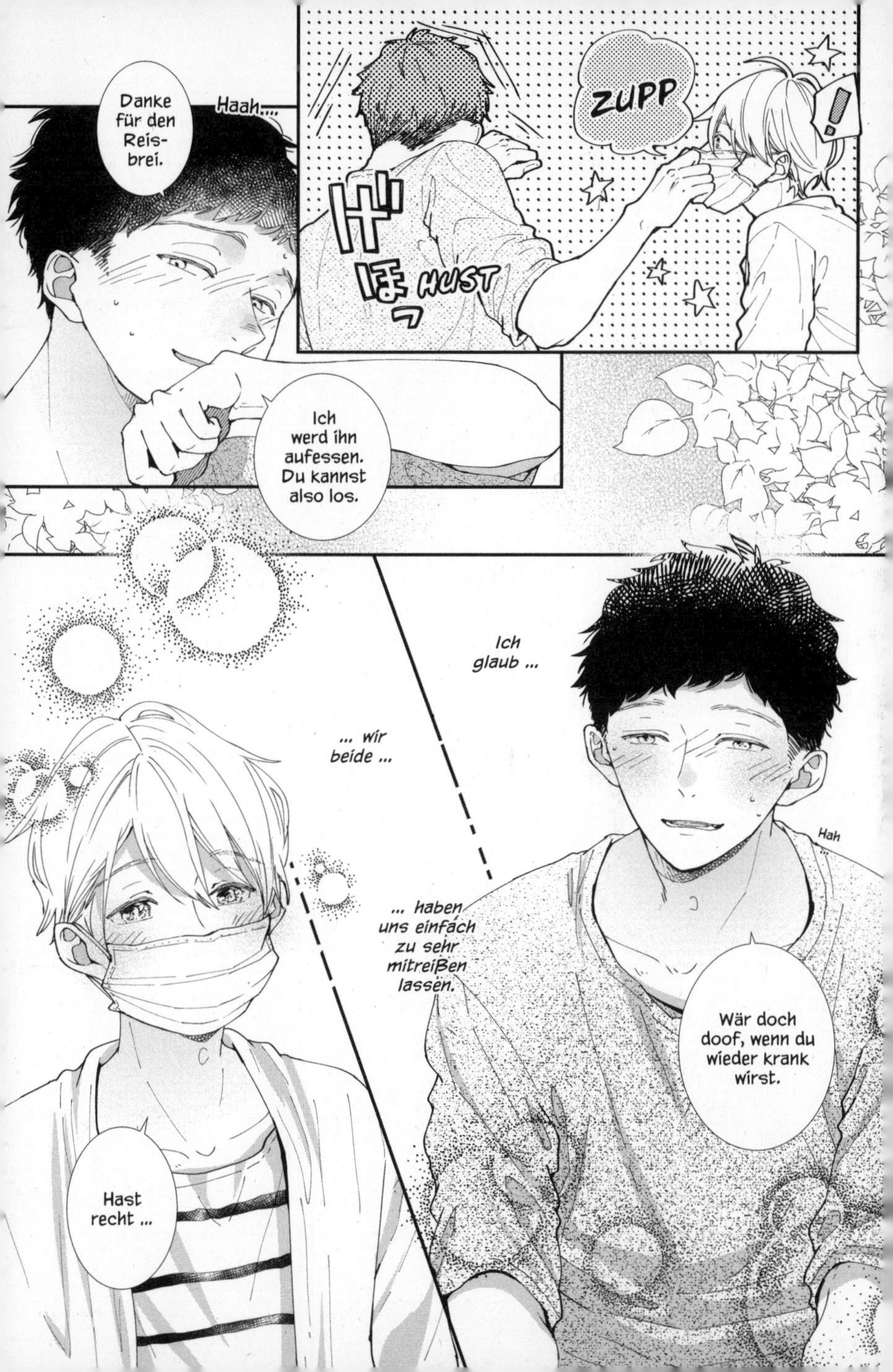
ZUPP
!
ゲほっ
HUST
Danke für den Reisbrei.
Haah ...
Ich werd ihn aufessen. Du kannst also los.
Ich glaub ...
... wir beide ...
... haben uns einfach zu sehr mitreißen lassen.
Hah ...
Wär doch doof, wenn du wieder krank wirst.
Hast recht ...

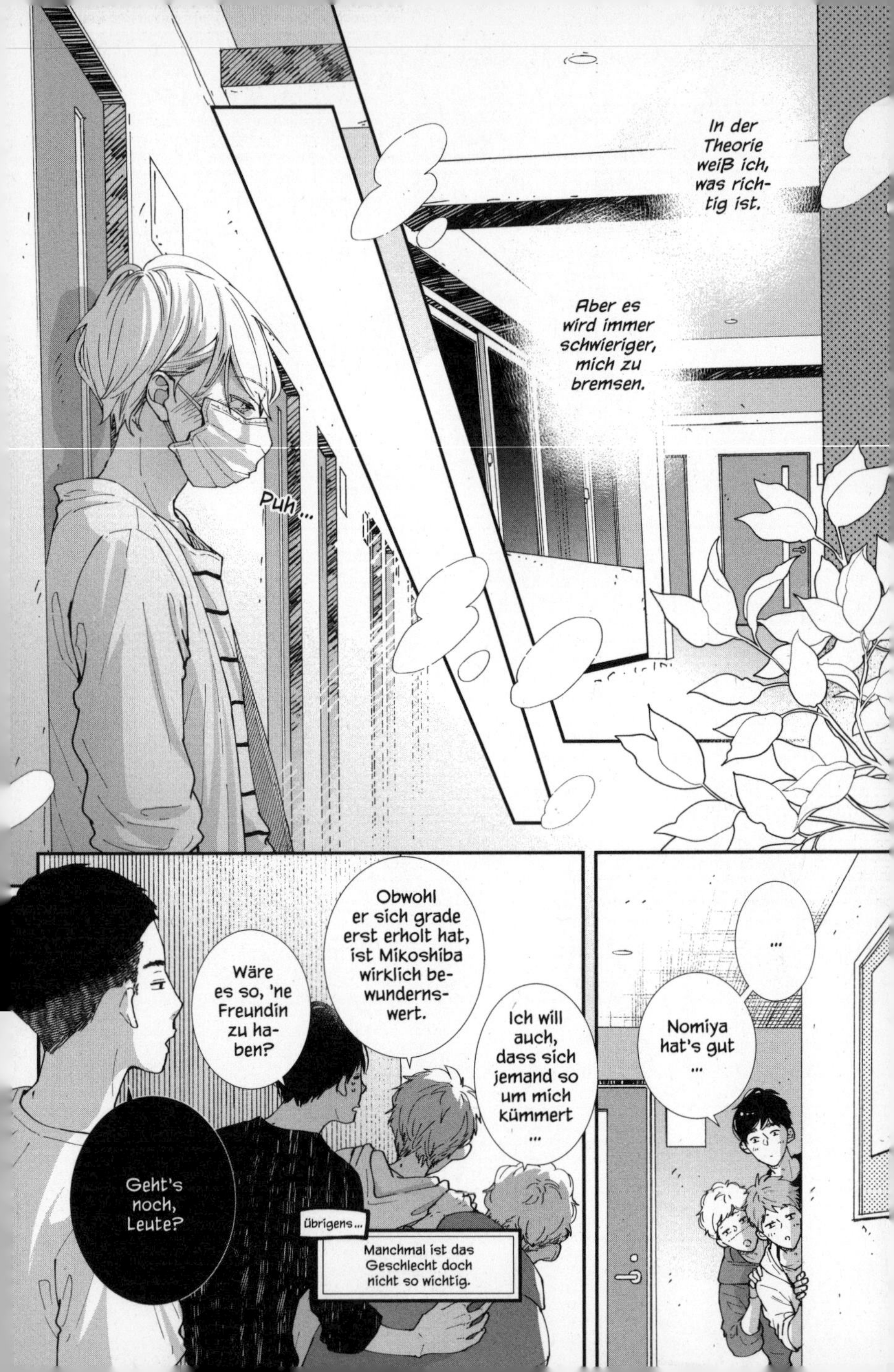

In der Theorie weiß ich, was richtig ist.
Aber es wird immer schwieriger, mich zu bremsen.
Puh ...
...
Nomiya hat's gut ...
Ich will auch, dass sich jemand so um mich kümmert ...
Obwohl er sich grade erst erholt hat, ist Mikoshiba wirklich bewundernswert.
Wäre es so, 'ne Freundin zu haben?
Geht's noch, Leute?
übrigens ...
Manchmal ist das Geschlecht doch nicht so wichtig.

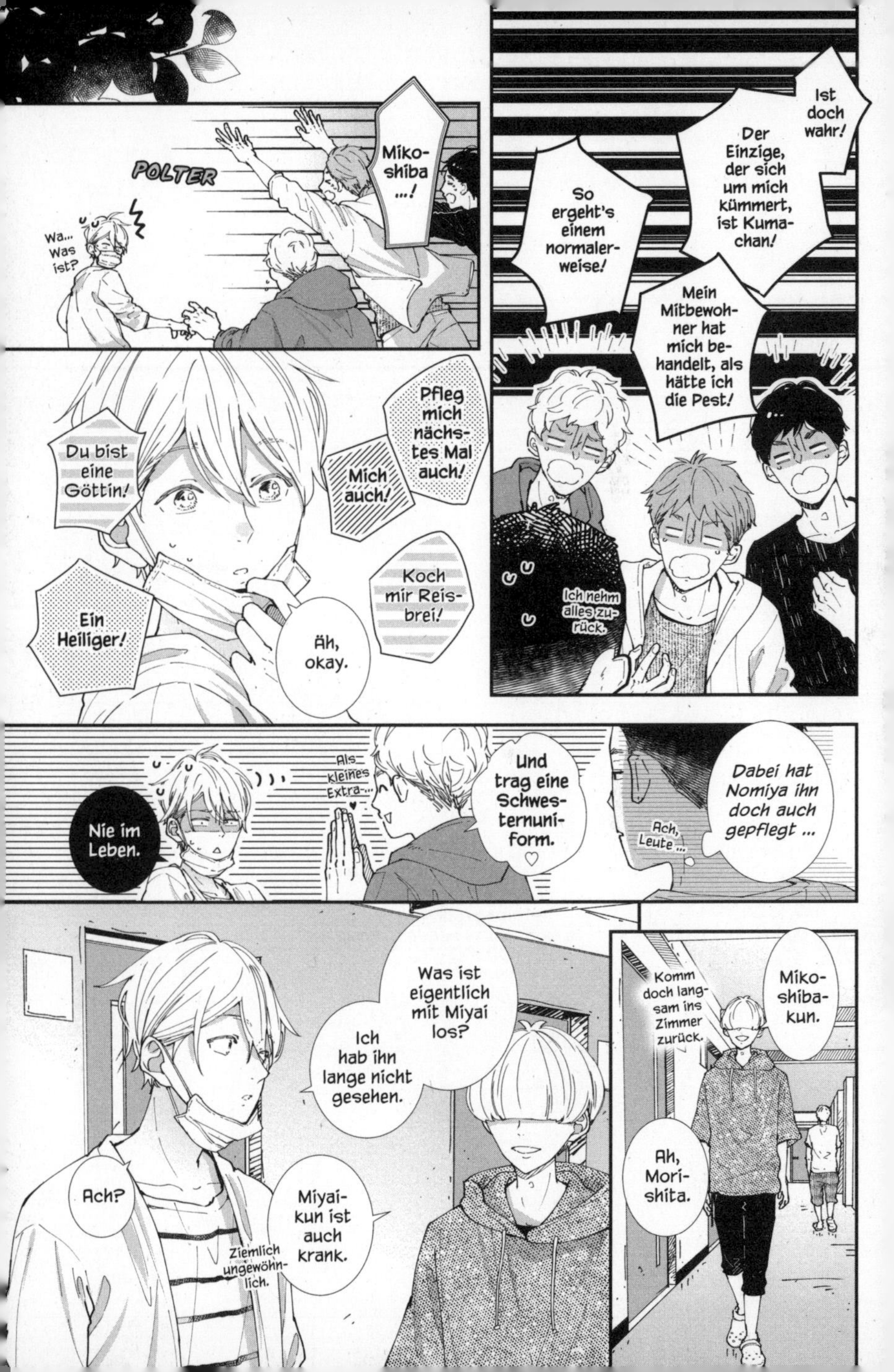
Ist doch wahr!
Der Einzige, der sich um mich kümmert, ist Kumachan!
So ergeht's einem normalerweise!
Mein Mitbewohner hat mich behandelt, als hätte ich die Pest!
Ich nehm alles zurück.
Mikoshiba …!
POLTER
Wa… Was ist?
Pfleg mich nächstes Mal auch!
Mich auch!
Du bist eine Göttin!
Koch mir Reisbrei!
Ein Heiliger!
Äh, okay.
Dabei hat Nomiya ihn doch auch gepflegt …
Ach, Leute …
Und trag eine Schwesternuniform. ♡
Als kleines Extra … ♥
Nie im Leben.
Mikoshiba-kun.
Komm doch langsam ins Zimmer zurück.
Ah, Morishita.
Was ist eigentlich mit Miyai los?
Ich hab ihn lange nicht gesehen.
Miyai-kun ist auch krank.
Ach?
Ziemlich ungewöhnlich.

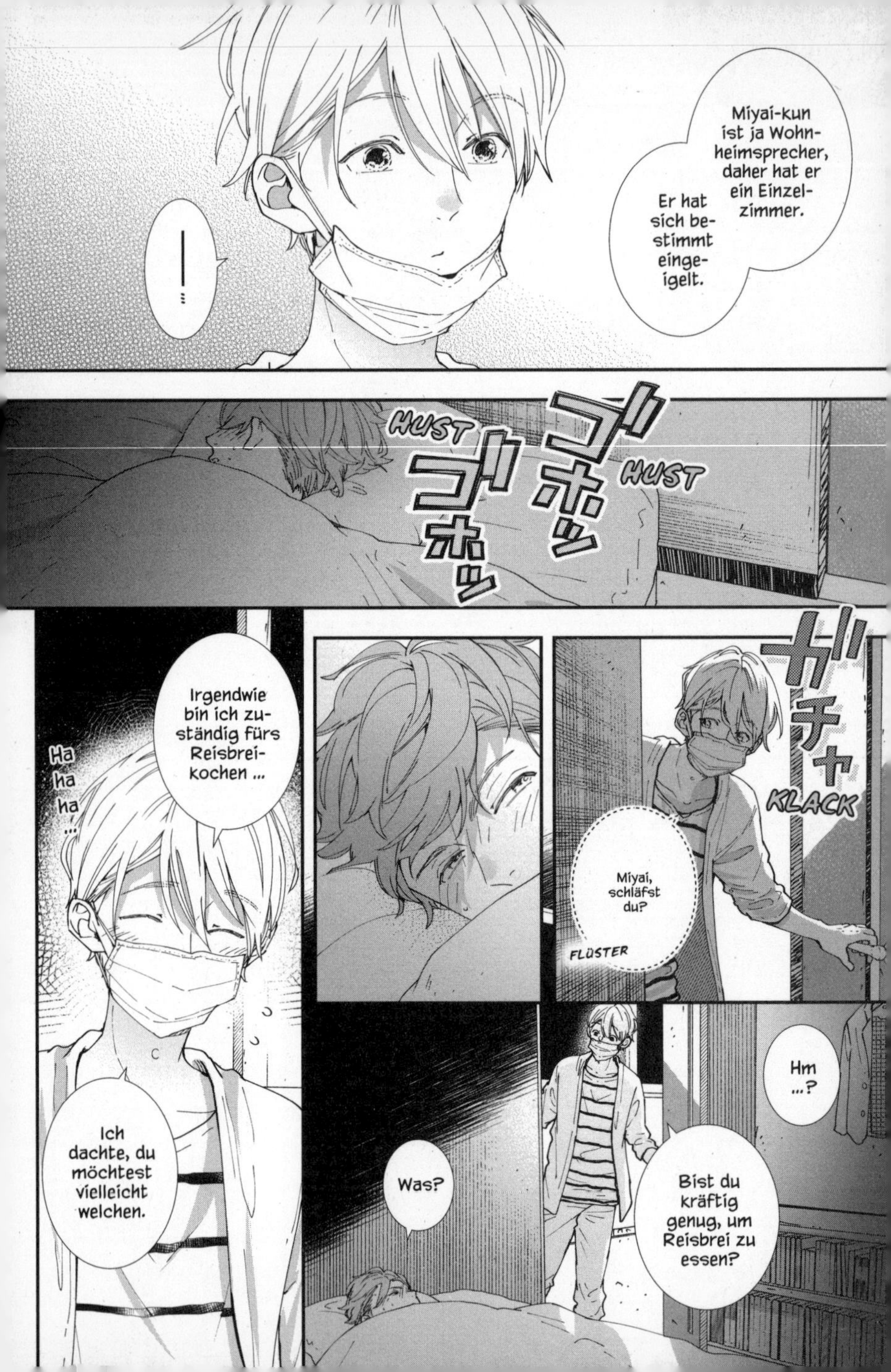

Miyai-kun ist ja Wohnheimsprecher, daher hat er ein Einzelzimmer.
Er hat sich bestimmt eingeigelt.
—!
ゴホッ
HUST
ゴホッ
HUST
ガチャ
KLACK
Miyai, schläfst du?
FLÜSTER
Hm ...?
Bist du kräftig genug, um Reisbrei zu essen?
Was?
Irgendwie bin ich zuständig fürs Reisbreikochen ...
Ha ha ha ...
Ich dachte, du möchtest vielleicht welchen.

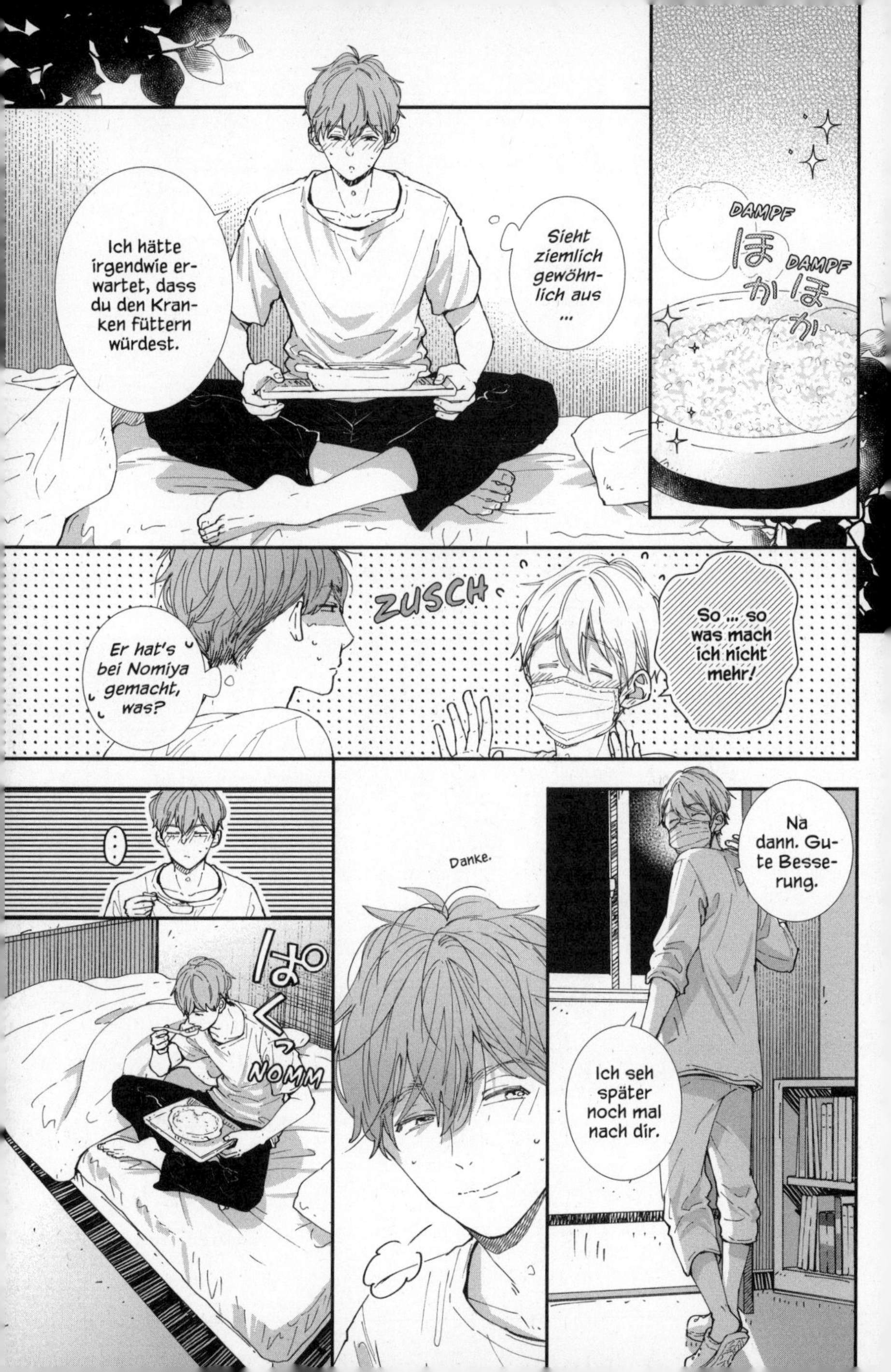
DAMPF
ほか
DAMPF
ほか
Sieht ziemlich gewöhnlich aus ...
Ich hätte irgendwie erwartet, dass du den Kranken füttern würdest.
Er hat's bei Nomiya gemacht, was?
ZUSCH
So ... so was mach ich nicht mehr!
Na dann. Gute Besserung.
Ich seh später noch mal nach dir.
Danke.
...
ぱくっ
NOMM

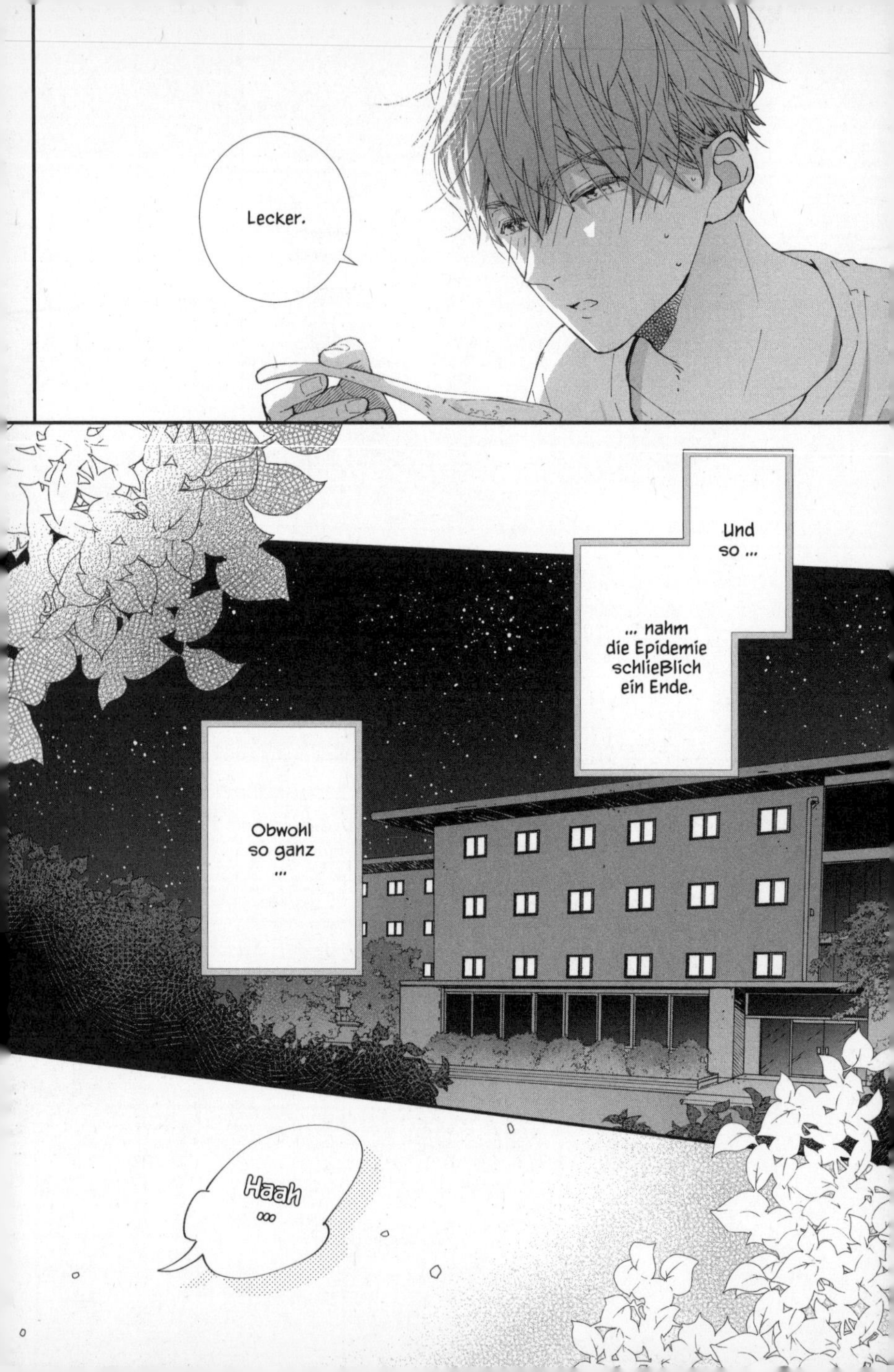
Lecker.
Und so ...
... nahm die Epidemie schließlich ein Ende.
Obwohl so ganz ...
Haah ...

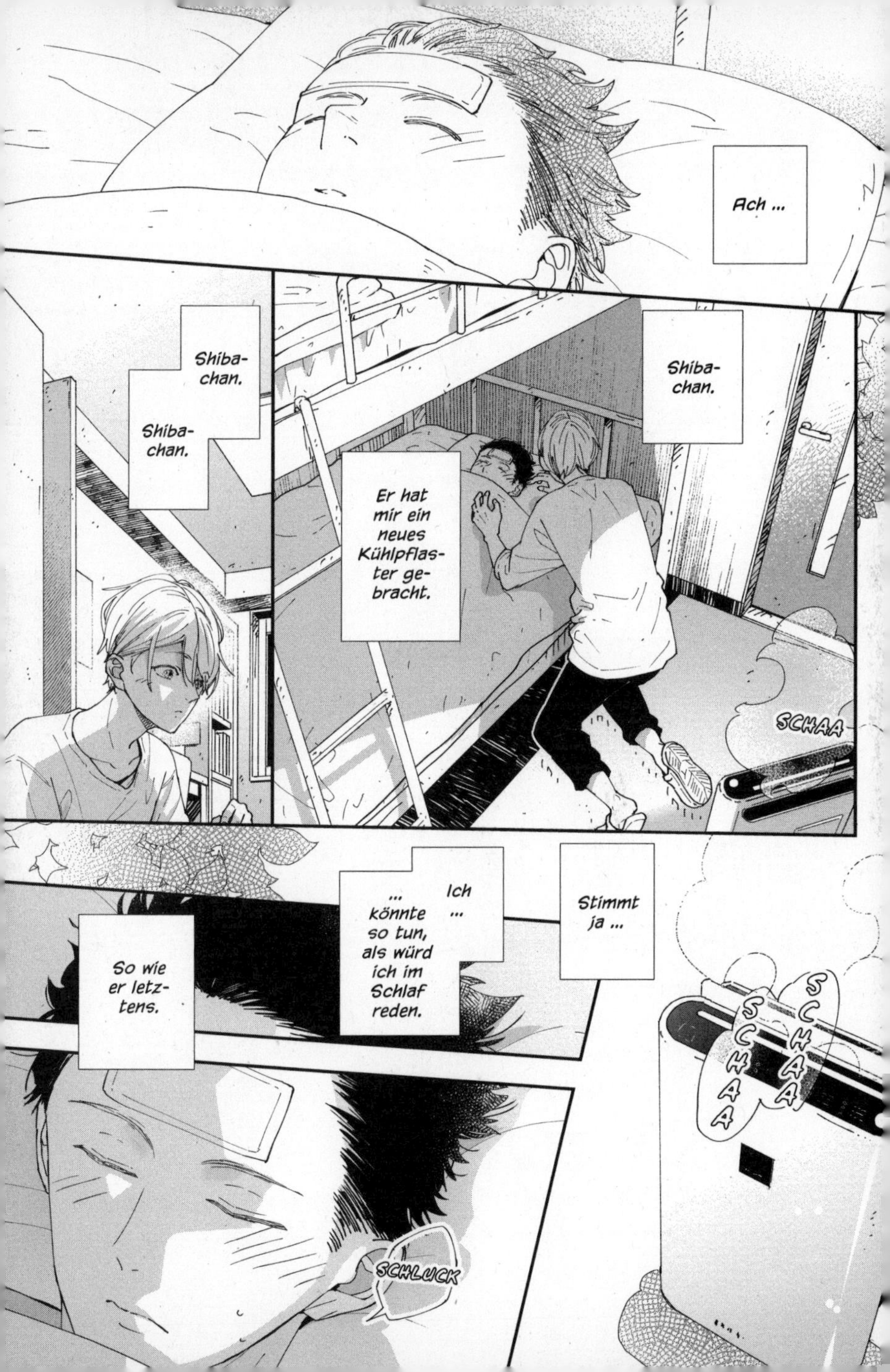

Ach ...
Shiba-chan.
Er hat mir ein neues Kühlpflaster gebracht.
SCHAA
Shiba-chan.
Shiba-chan.
Stimmt ja ...
Ich ...
... könnte so tun, als würd ich im Schlaf reden.
So wie er letztens.
SCHAA
SCHAA
SCHLUCK

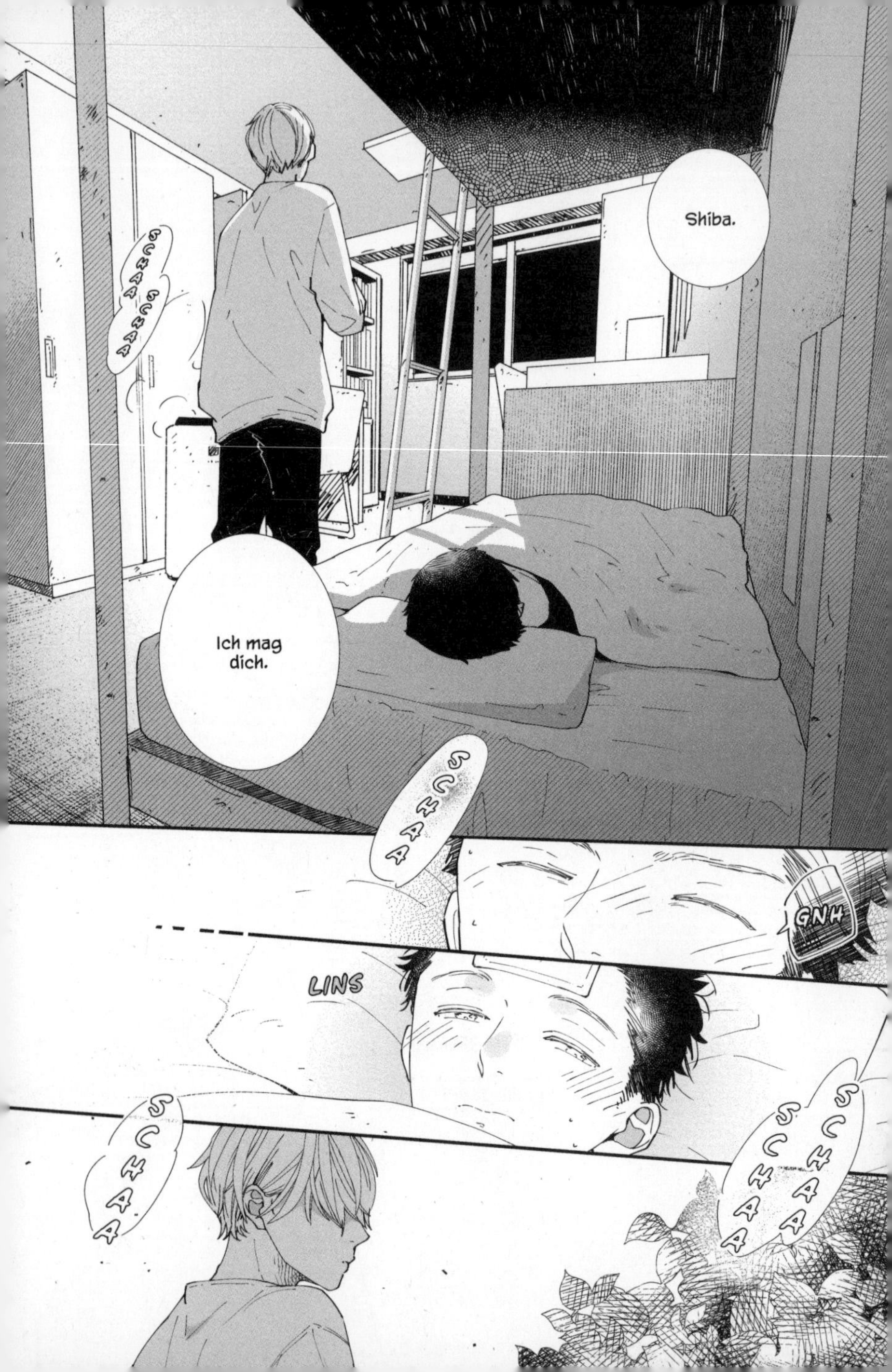
Shiba.
SCHAA SCHAA
Ich mag dich.
SCHAA
GNH
LINS
SCHAA
SCHAA

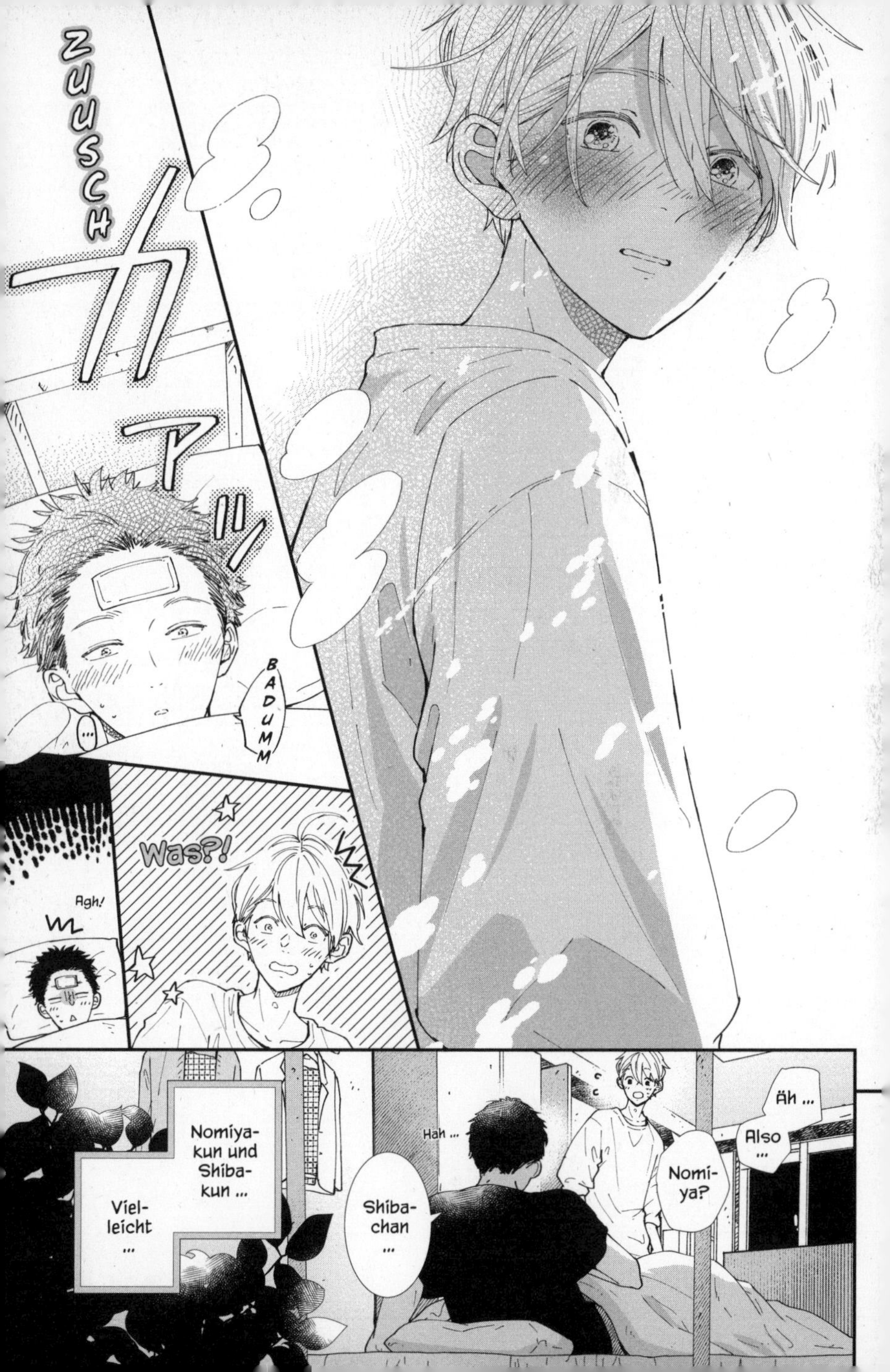

ZUUSCH
BADUMM
…
Was?!
Agh!
Äh …
Also …
Nomiya?
Hah …
Shiba-chan …
Nomiya-kun und Shiba-kun …
Vielleicht …

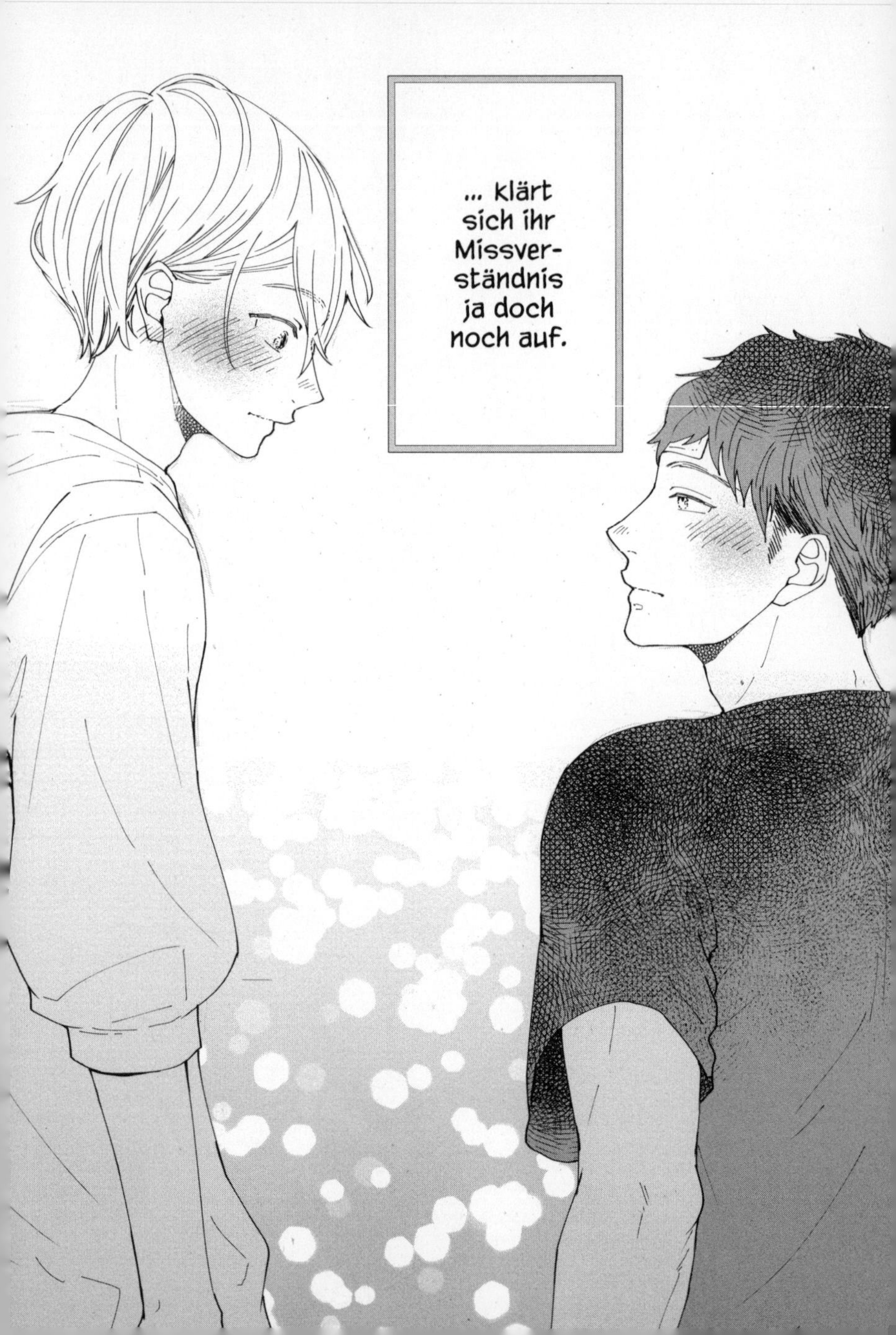
... klärt sich ihr Missverständnis ja doch noch auf.

Nomi x Shiba

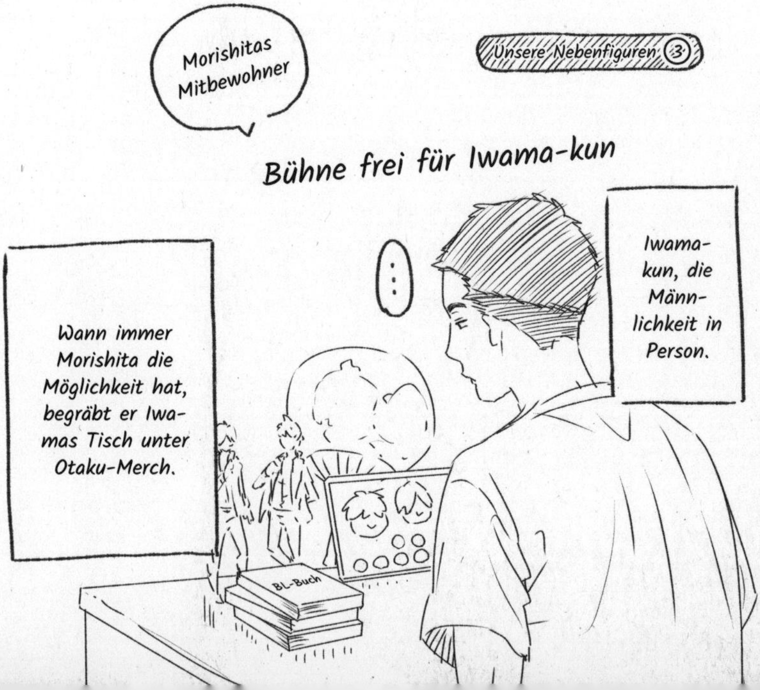
Morishitas Mitbewohner
Unsere Nebenfiguren 3
Bühne frei für Iwama-kun
Iwama-kun, die Männlichkeit in Person.
…
Wann immer Morishita die Möglichkeit hat, begräbt er Iwamas Tisch unter Otaku-Merch.
BL-Buch

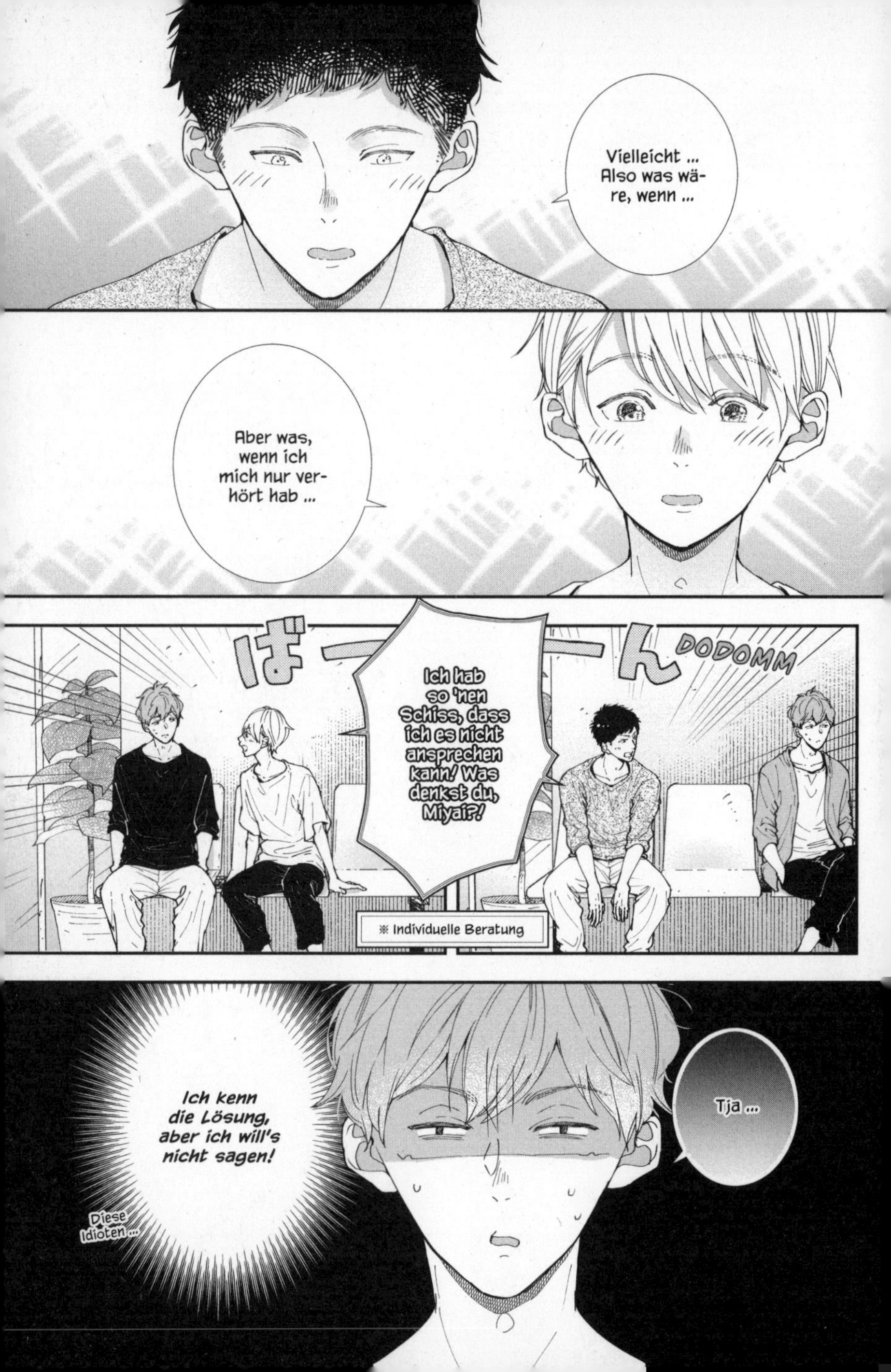

Vielleicht ... Also was wäre, wenn ...
Aber was, wenn ich mich nur verhört hab ...
ばーーーん
DODOMM
Ich hab so 'nen Schiss, dass ich es nicht ansprechen kann! Was denkst du, Miyai?!
※ Individuelle Beratung
Tja ...
Ich kenn die Lösung, aber ich will's nicht sagen!
Diese Idioten ...

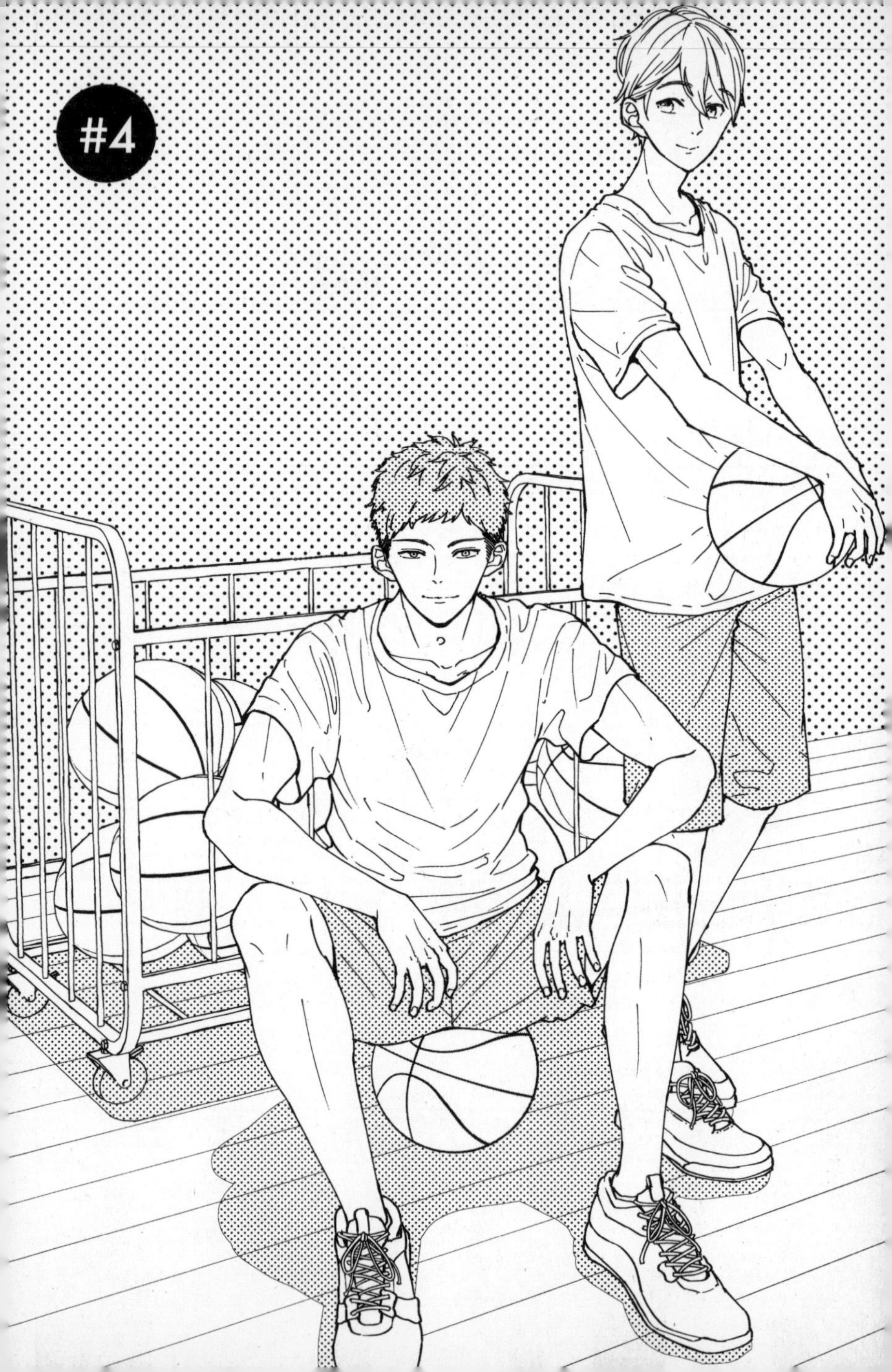
#4

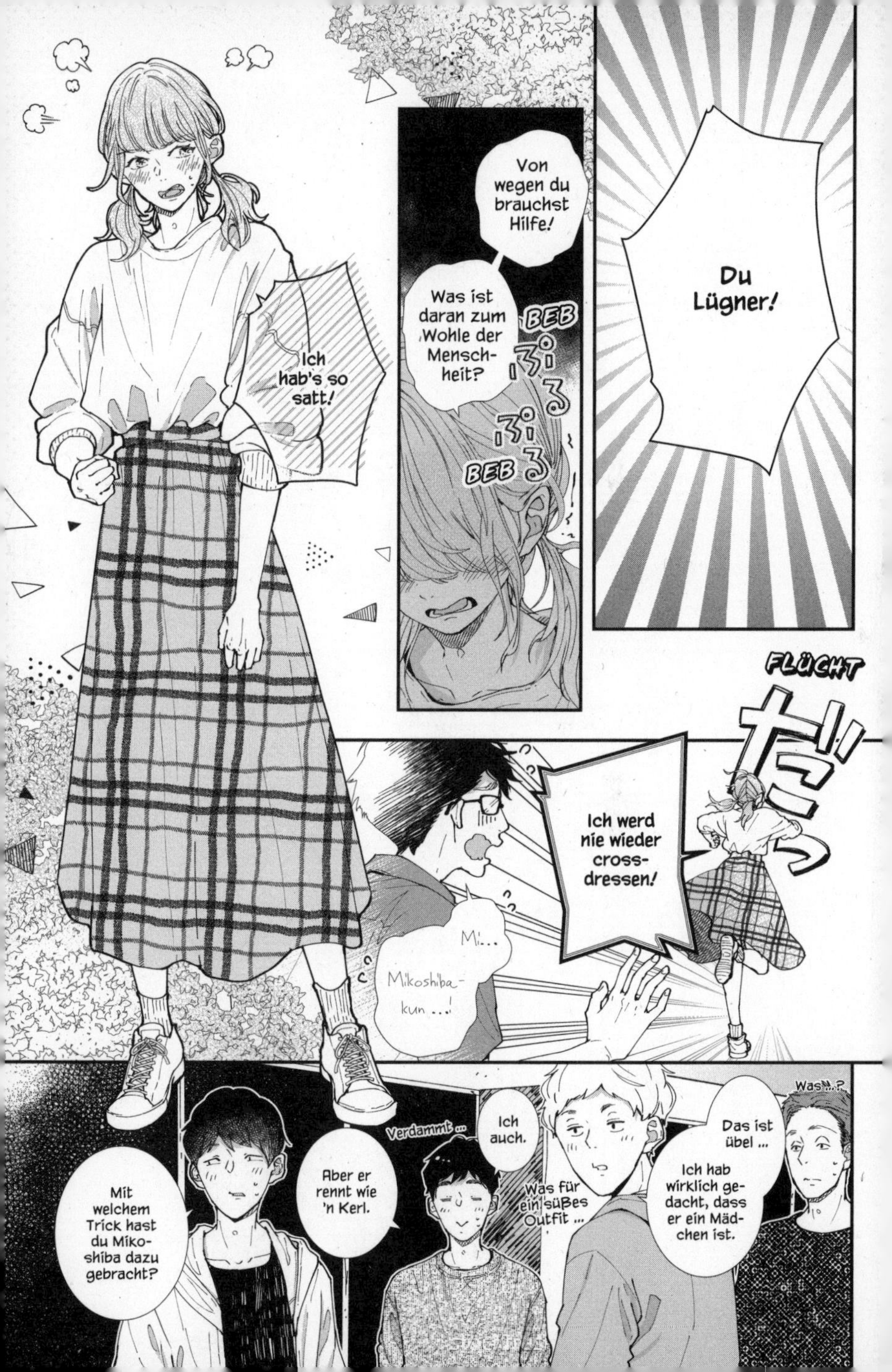
Du Lügner!
Von wegen du brauchst Hilfe!
Was ist daran zum Wohle der Menschheit?
BEB
ぷる
ぷる
BEB
Ich hab's so satt!
FLÜCHT
だっ
Ich werd nie wieder cross-dressen!
Mi...
Mikoshiba-kun ...!
Was...?
Das ist übel ...
Ich hab wirklich gedacht, dass er ein Mädchen ist.
Was für ein süßes Outfit ...
Ich auch.
Verdammt ...
Aber er rennt wie 'n Kerl.
Mit welchem Trick hast du Mikoshiba dazu gebracht?

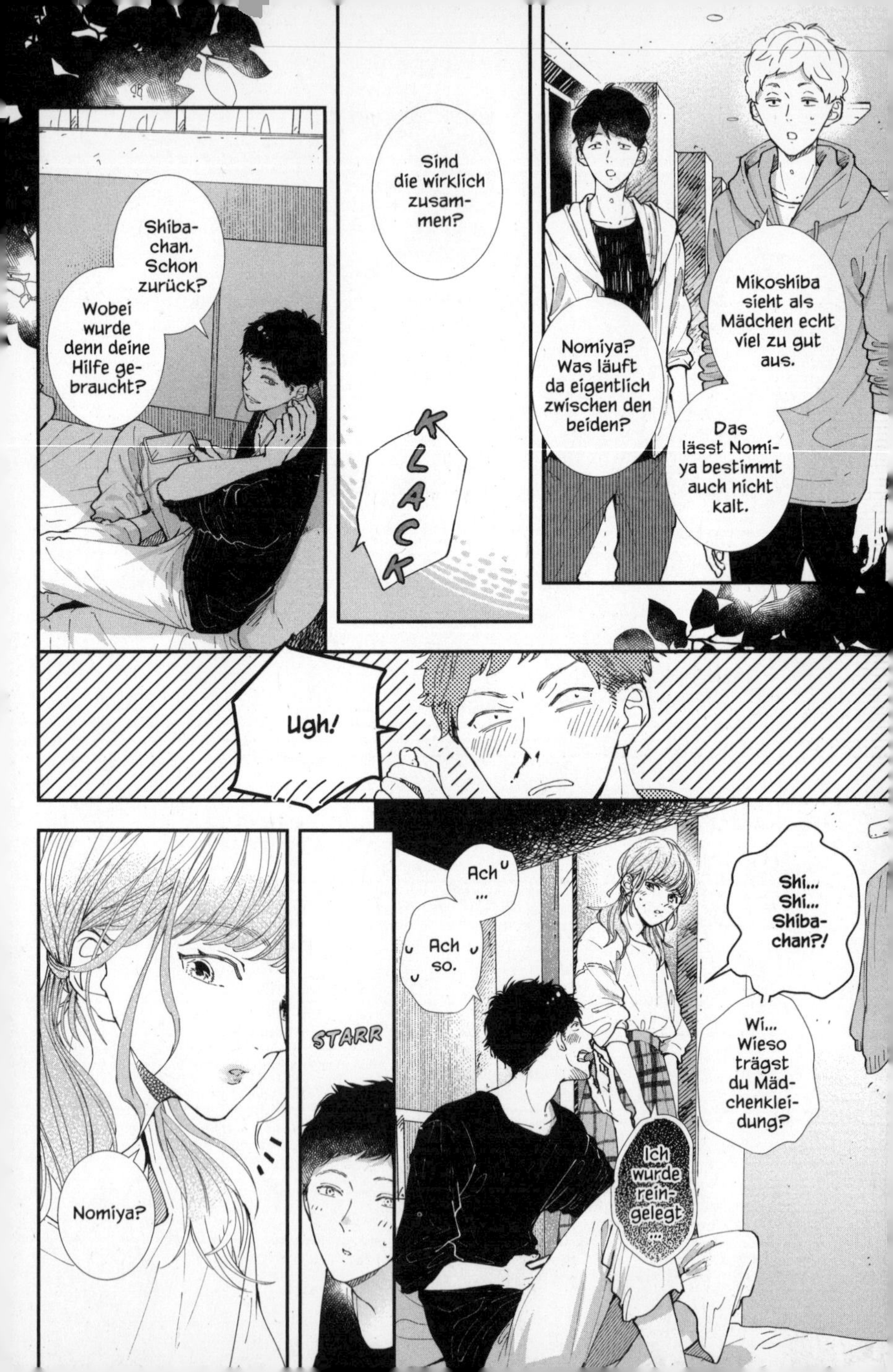
Mikoshiba sieht als Mädchen echt viel zu gut aus.
Das lässt Nomiya bestimmt auch nicht kalt.
Nomiya? Was läuft da eigentlich zwischen den beiden?
Sind die wirklich zusammen?
KLACK
Shiba-chan. Schon zurück?
Wobei wurde denn deine Hilfe gebraucht?
Ugh!
Shi... Shi... Shiba-chan?!
Wi... Wieso trägst du Mädchenkleidung?
Ich wurde reingelegt ...
Ach ...
Ach so.
STARR
Nomiya?

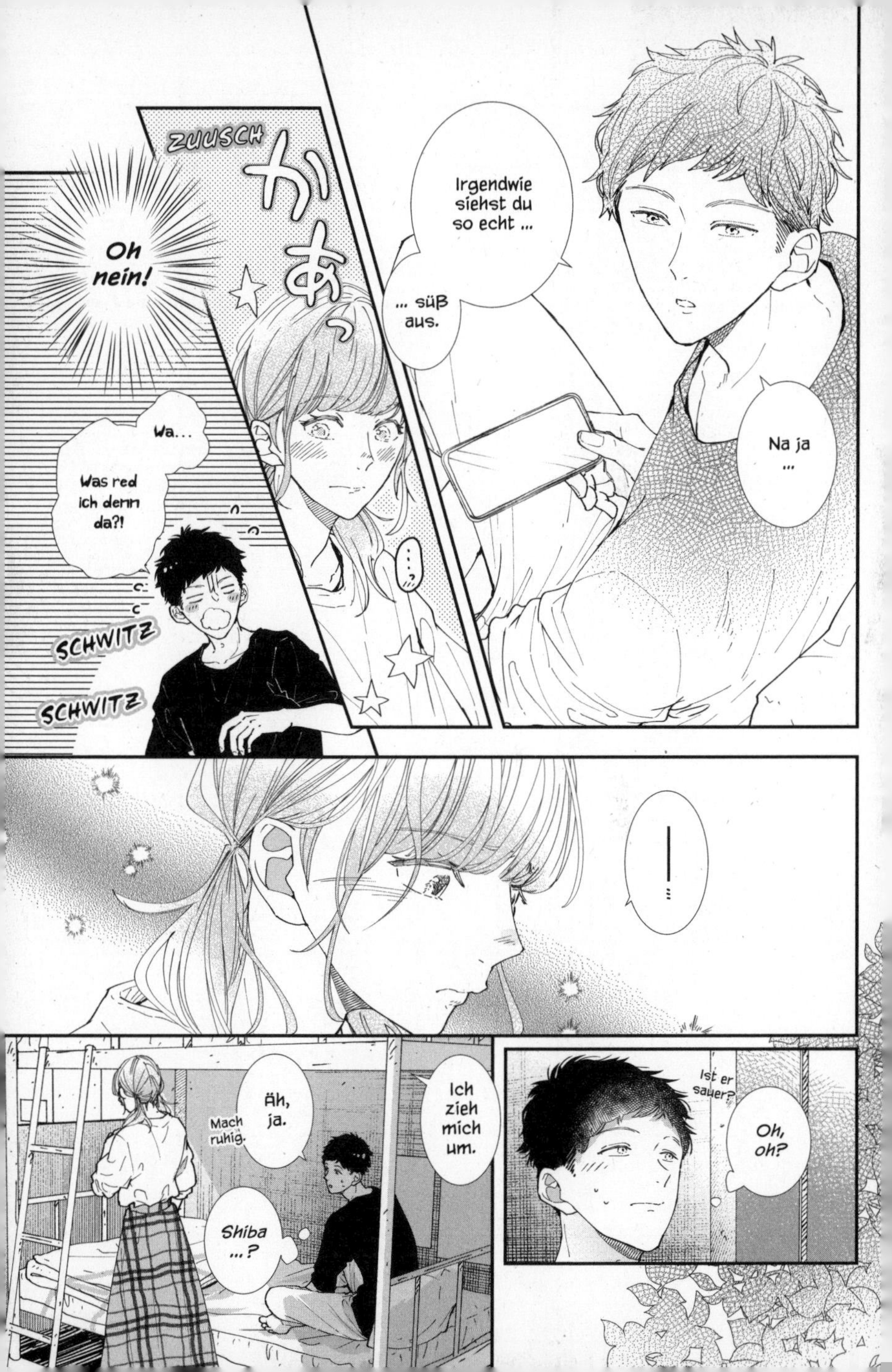

Irgendwie siehst du so echt ...
... süß aus.
Na ja ...
ZUUSCH
かあっ
Oh nein!
Wa...
Was red ich denn da?!
...?!
SCHWITZ
SCHWITZ
—!
Ist er sauer?
Oh, oh?
Ich zieh mich um.
Äh, ja.
Mach ruhig.
Shiba ...?

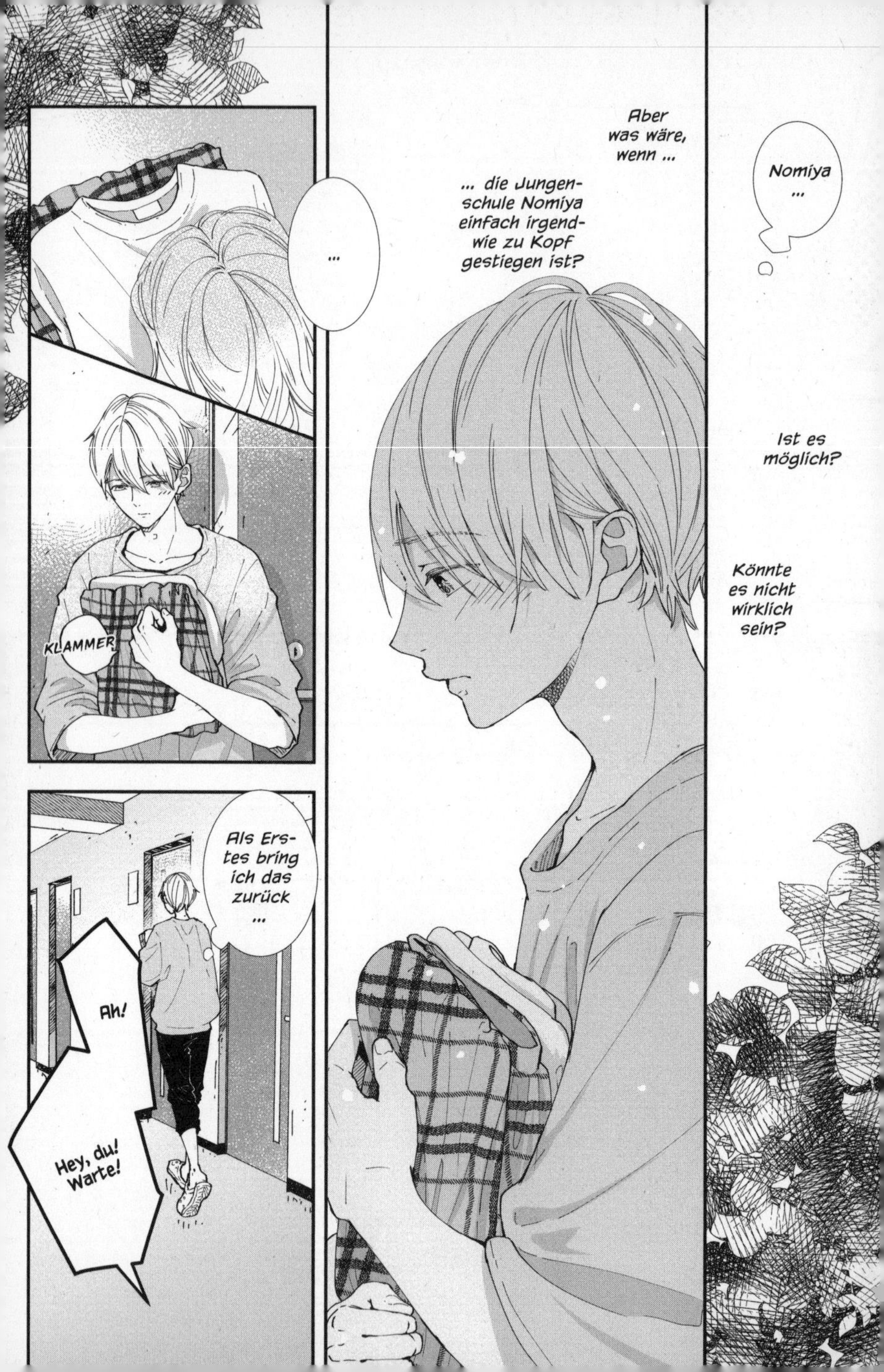
Nomiya ...
Aber was wäre, wenn ...
... die Jungenschule Nomiya einfach irgendwie zu Kopf gestiegen ist?
Ist es möglich?
Könnte es nicht wirklich sein?
...
KLAMMER
Als Erstes bring ich das zurück ...
Ah!
Hey, du! Warte!

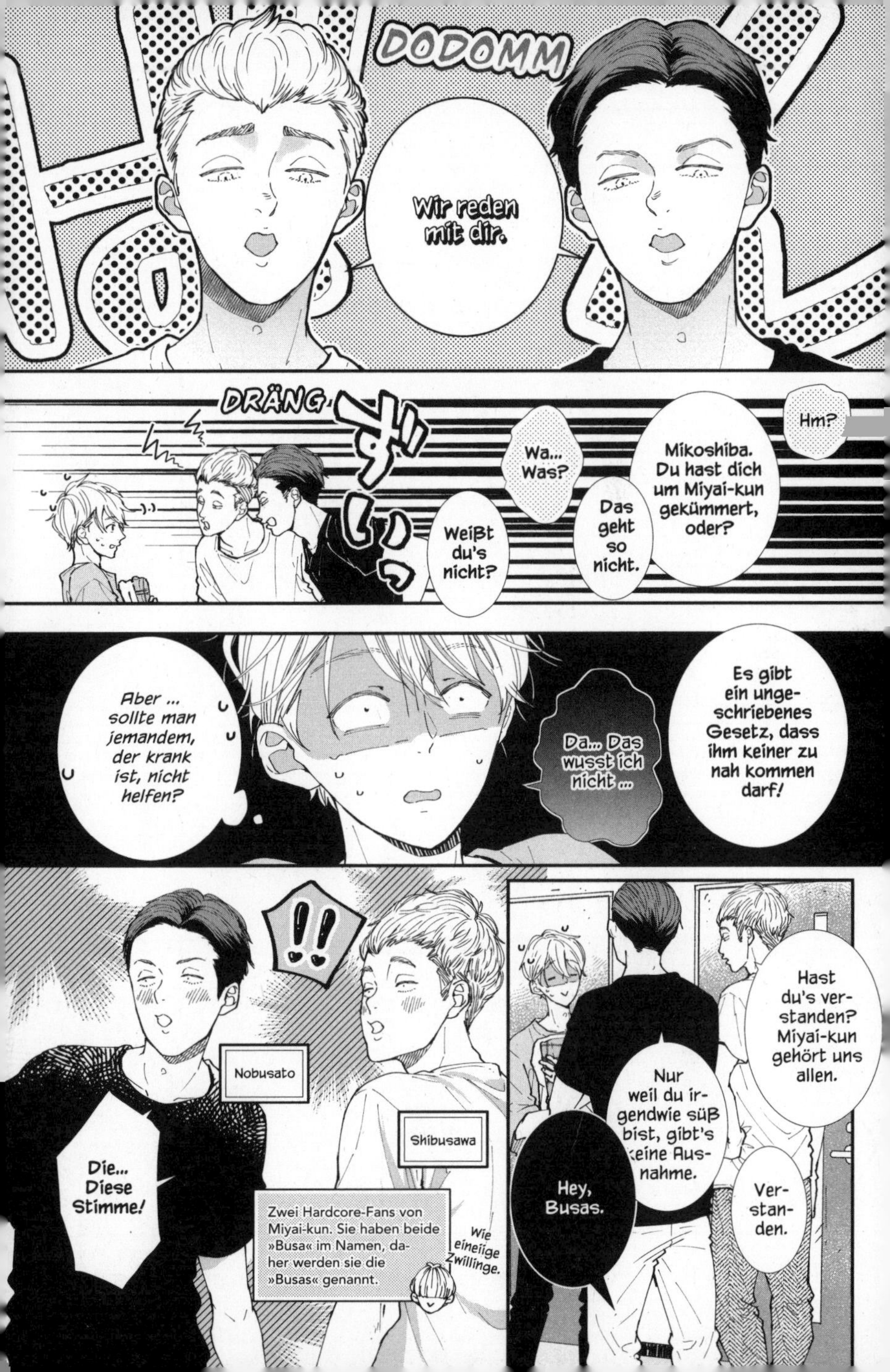
DODOMM
Wir reden mit dir.
Hm?
Mikoshiba. Du hast dich um Miyai-kun gekümmert, oder?
Das geht so nicht.
Wa... Was?
Weißt du's nicht?
DRÄNG
Es gibt ein ungeschriebenes Gesetz, dass ihm keiner zu nah kommen darf!
Da... Das wusst ich nicht ...
Aber ... sollte man jemandem, der krank ist, nicht helfen?
Hast du's verstanden? Miyai-kun gehört uns allen.
Verstanden.
Nur weil du irgendwie süß bist, gibt's keine Ausnahme.
Hey, Busas.
!!
Die... Diese Stimme!
Nobusato
Shibusawa
Zwei Hardcore-Fans von Miyai-kun. Sie haben beide »Busa« im Namen, daher werden sie die »Busas« genannt.
Wie eineiige Zwillinge.

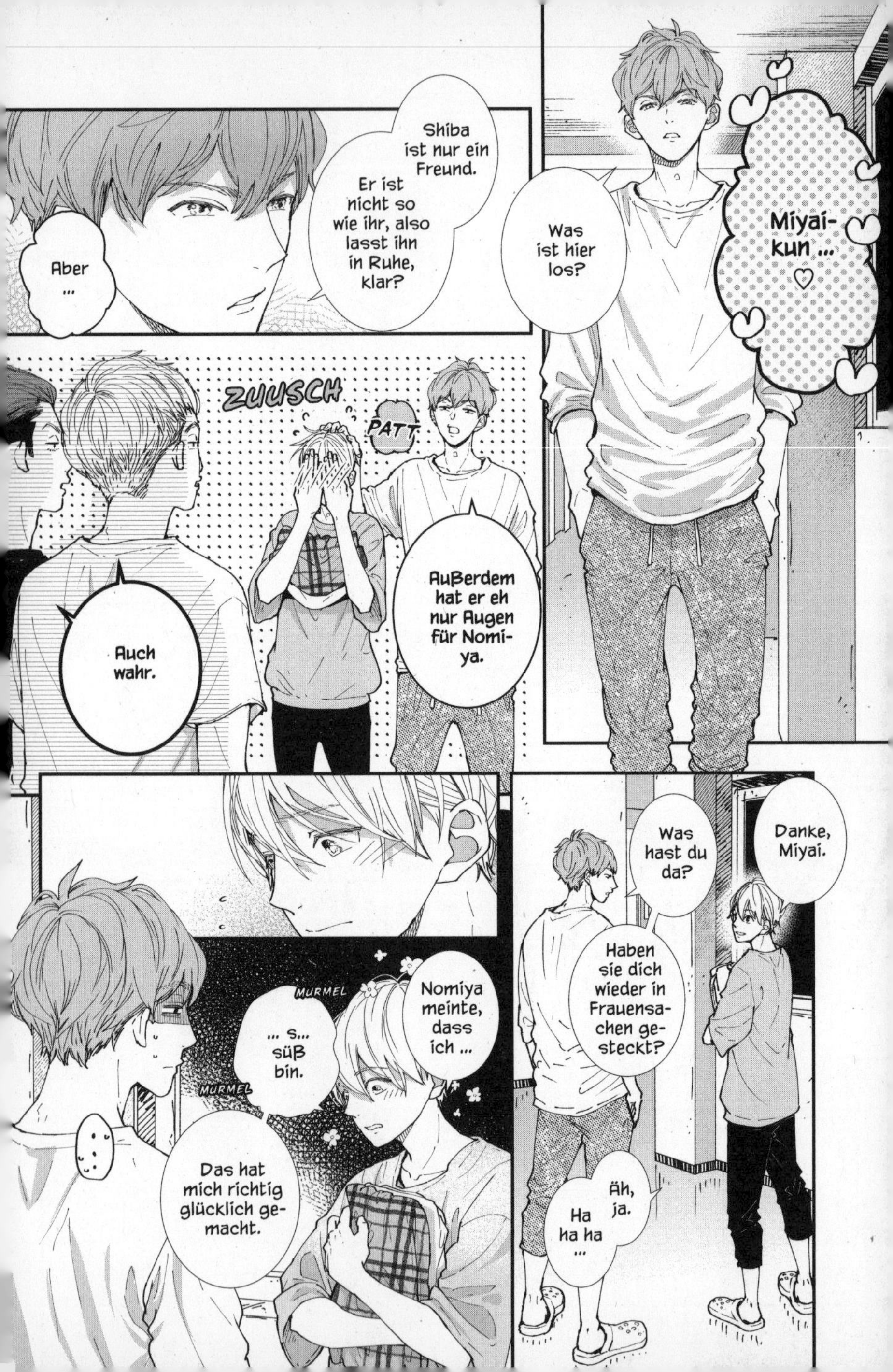
Miyai-kun ... ♡
Was ist hier los?
Shiba ist nur ein Freund.
Er ist nicht so wie ihr, also lasst ihn in Ruhe, klar?
Aber ...
ZUUSCH
PATT
Außerdem hat er eh nur Augen für Nomiya.
Auch wahr.
Danke, Miyai.
Was hast du da?
Haben sie dich wieder in Frauensachen gesteckt?
Äh, ja.
Ha ha ha ...
Nomiya meinte, dass ich ...
MURMEL
... s... süß bin.
MURMEL
Das hat mich richtig glücklich gemacht.

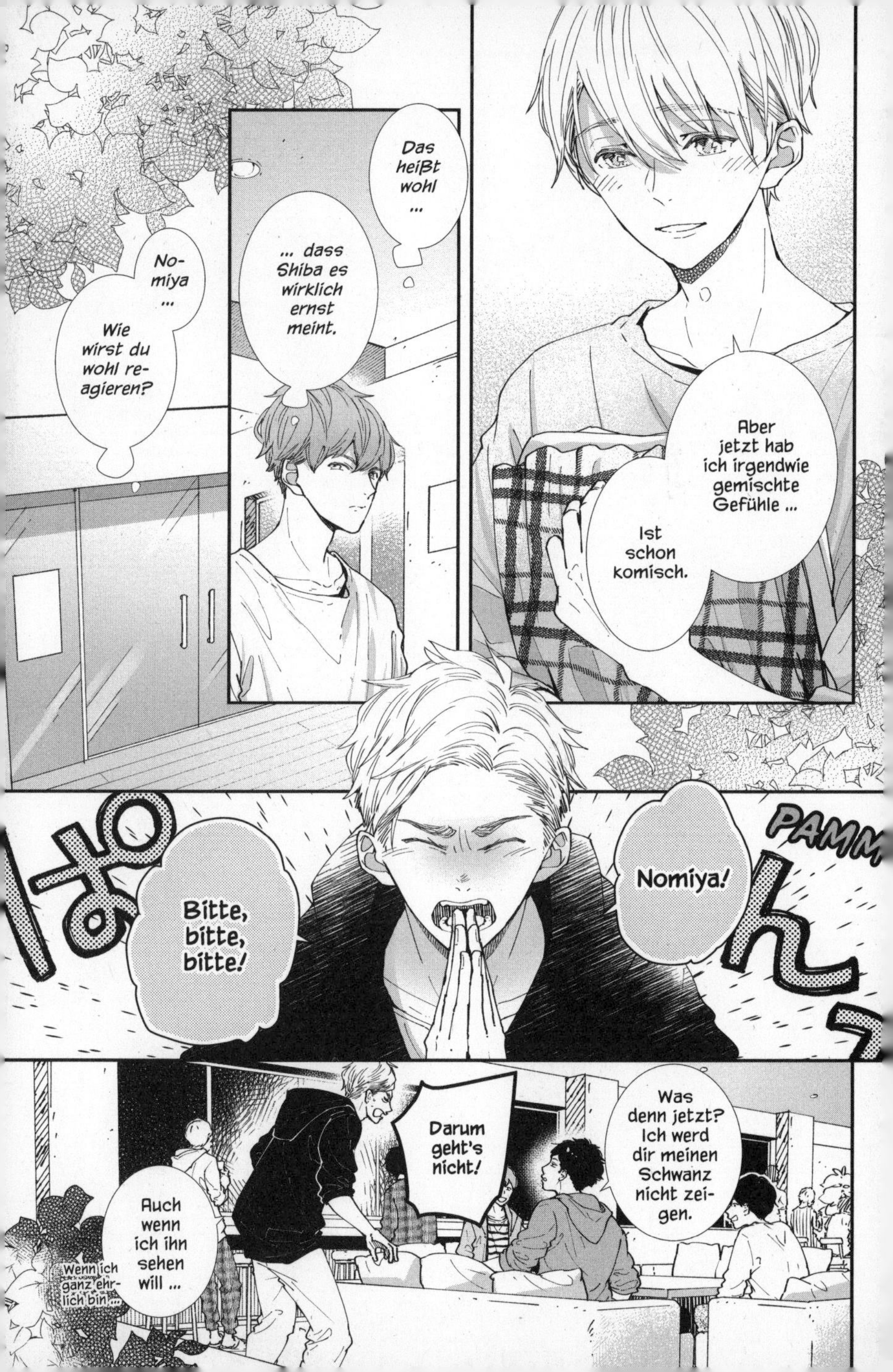
Aber jetzt hab ich irgendwie gemischte Gefühle ...
Ist schon komisch.
Das heißt wohl ...
... dass Shiba es wirklich ernst meint.
No-miya ...
Wie wirst du wohl re-agieren?
PAMM
Nomiya!
Bitte, bitte, bitte!
Was denn jetzt? Ich werd dir meinen Schwanz nicht zei-gen.
Darum geht's nicht!
Auch wenn ich ihn sehen will ...
Wenn ich ganz ehr-lich bin ...

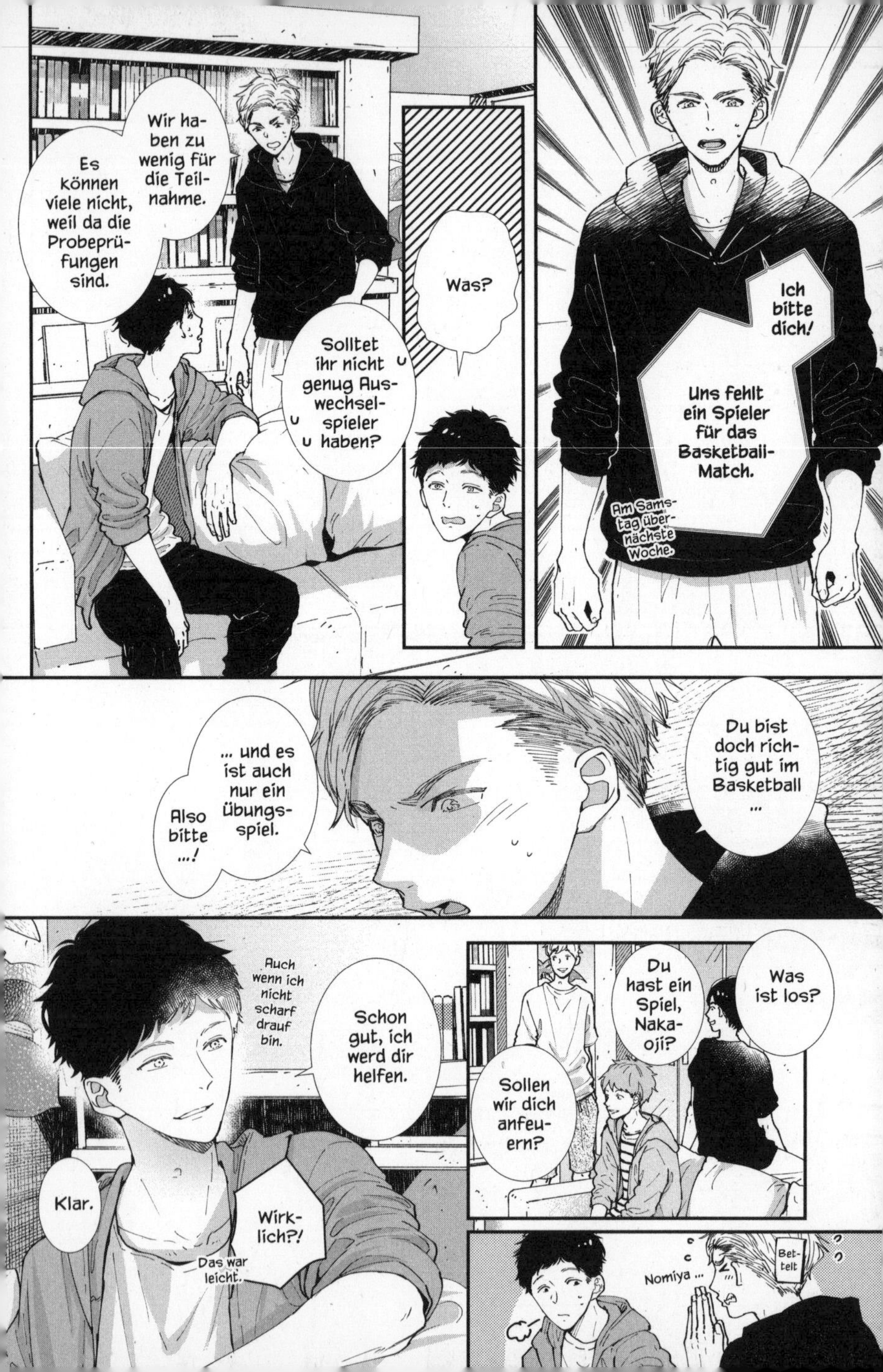

Ich bitte dich!
Uns fehlt ein Spieler für das Basketball-Match.
Am Samstag übernächste Woche.
Was?
Solltet ihr nicht genug Auswechselspieler haben?
Wir haben zu wenig für die Teilnahme.
Es können viele nicht, weil da die Probeprüfungen sind.
Du bist doch richtig gut im Basketball ...
... und es ist auch nur ein übungsspiel.
Also bitte ...!
Was ist los?
Du hast ein Spiel, Nakaoji?
Sollen wir dich anfeuern?
Schon gut, ich werd dir helfen.
Auch wenn ich nicht scharf drauf bin.
Klar.
Wirklich?!
Das war leicht.
Bettelt
Nomiya ...

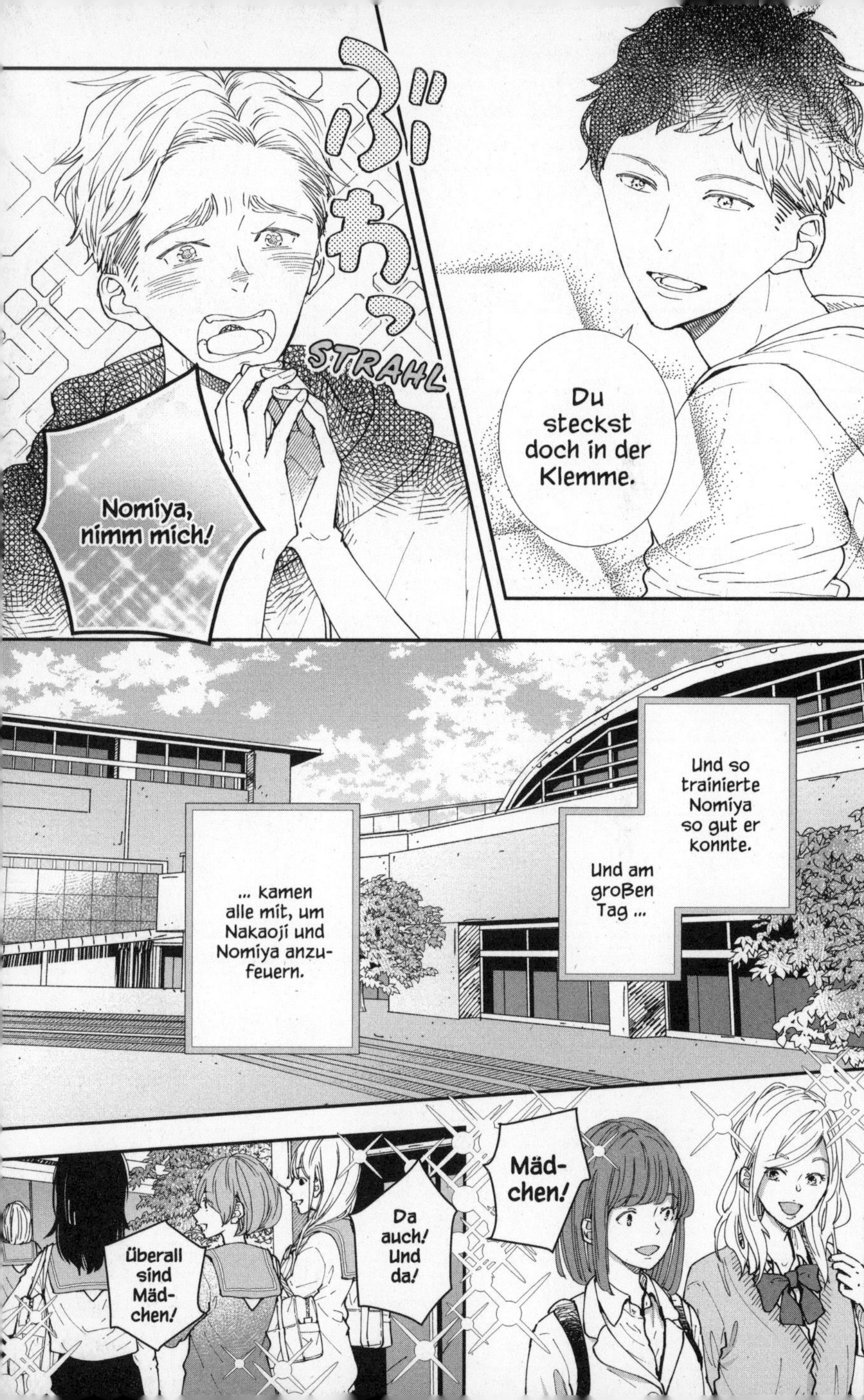
Du steckst doch in der Klemme.
ぶわっ
STRAHL
Nomiya, nimm mich!
Und so trainierte Nomiya so gut er konnte.
Und am großen Tag ...
... kamen alle mit, um Nakaoji und Nomiya anzufeuern.
Mädchen!
Da auch! Und da!
Überall sind Mädchen!

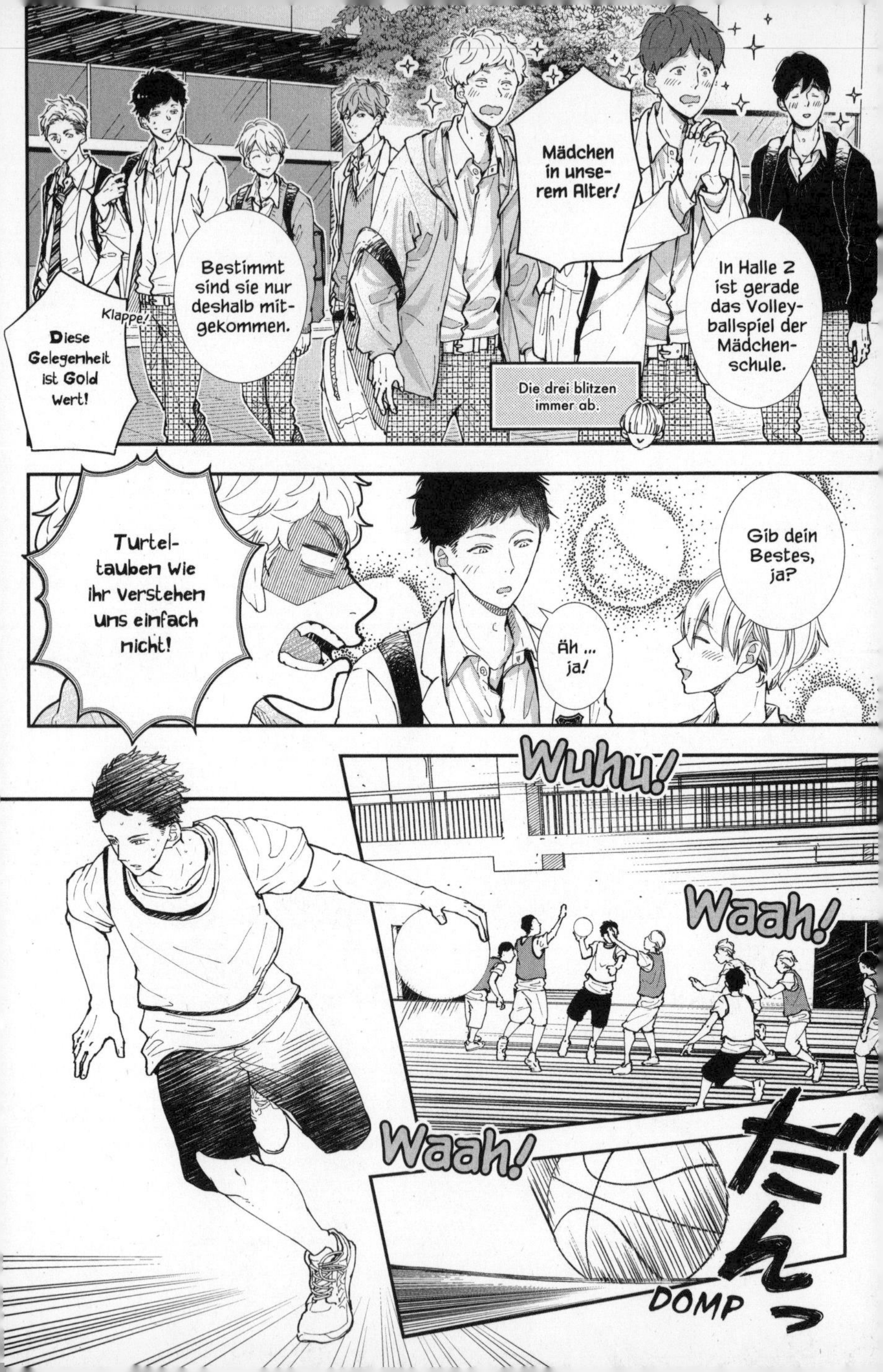
In Halle 2 ist gerade das Volleyballspiel der Mädchenschule.
Mädchen in unserem Alter!
Die drei blitzen immer ab.
Bestimmt sind sie nur deshalb mitgekommen.
Klappe!
Diese Gelegenheit ist Gold Wert!
Gib dein Bestes, ja?
Äh ... ja!
Turteltauben wie ihr verstehen uns einfach nicht!
Wuhu!
Waah!
だんっ
DOMP
Waah!

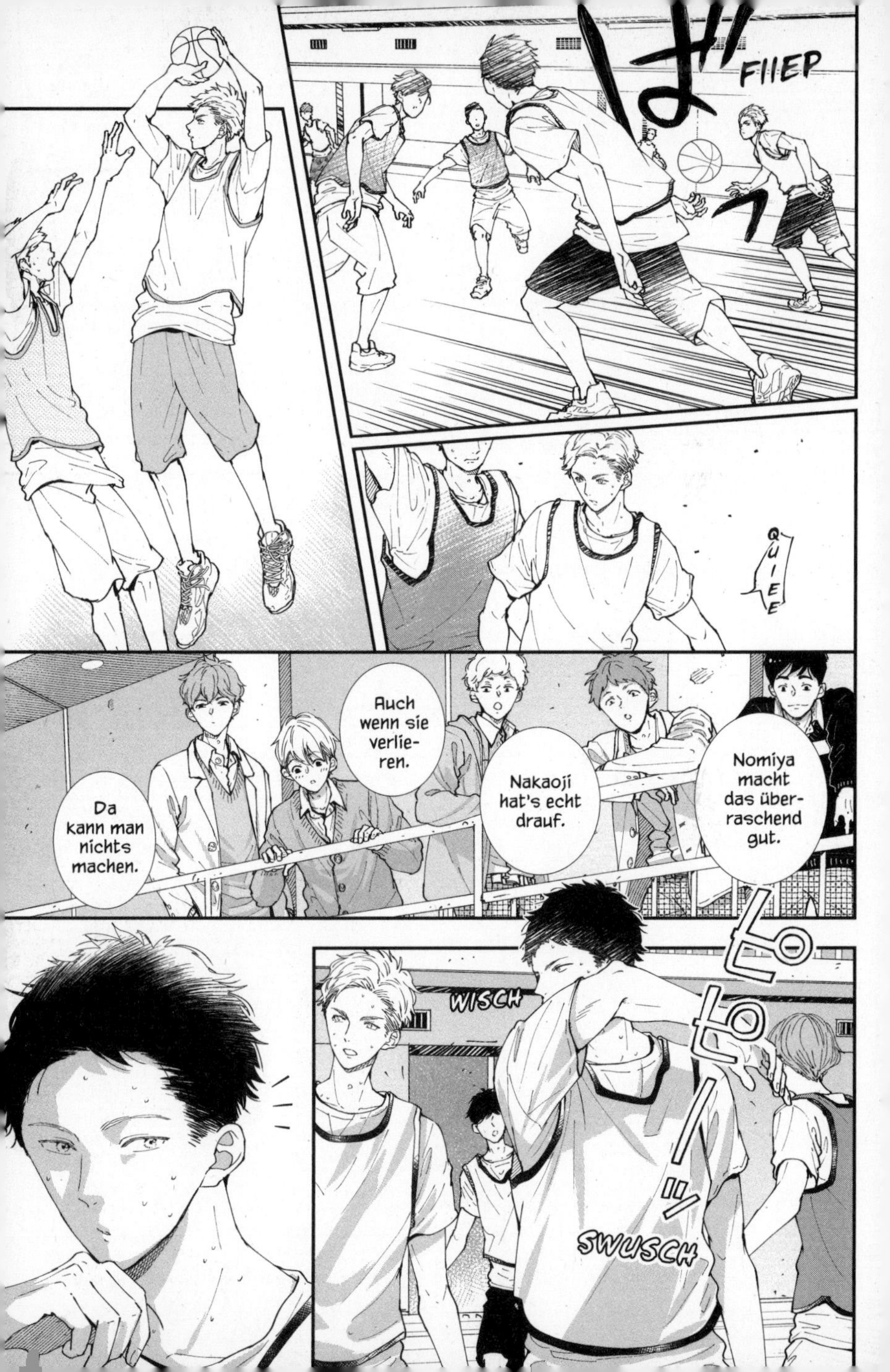
FIIEP
QUIEE
Nomiya macht das überraschend gut.
Nakaoji hat's echt drauf.
Auch wenn sie verlie-ren.
Da kann man nichts machen.
WISCH
SWUSCH

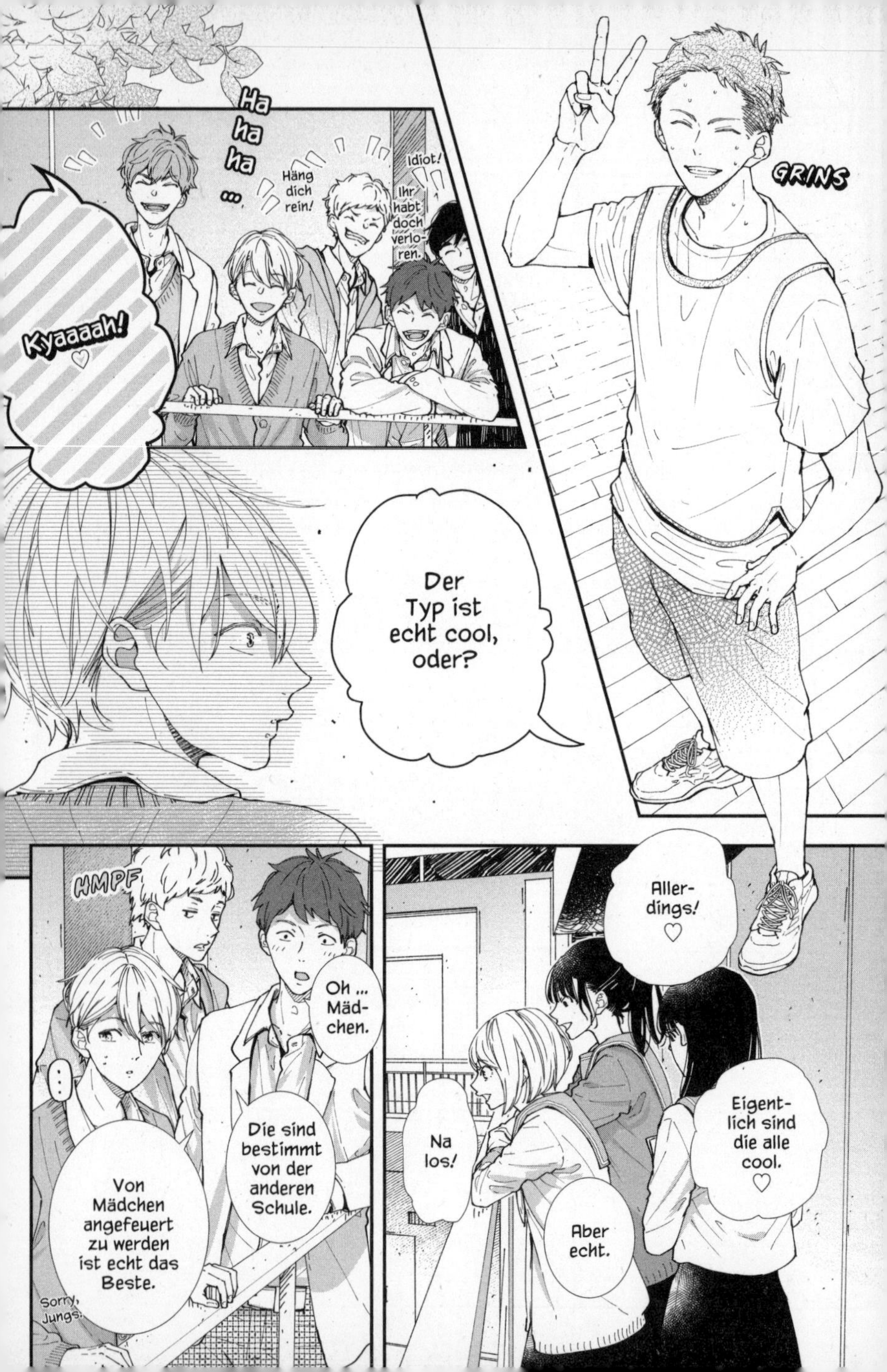
GRINS
Ha ha ha ...
Idiot!
Ihr habt doch verloren.
Häng dich rein!
Kyaaaah! ♡
Der Typ ist echt cool, oder?
Allerdings! ♡
Eigentlich sind die alle cool. ♡
Na los!
Aber echt.
Oh ... Mädchen.
HMPF
Die sind bestimmt von der anderen Schule.
...
Von Mädchen angefeuert zu werden ist echt das Beste.
Sorry, Jungs.

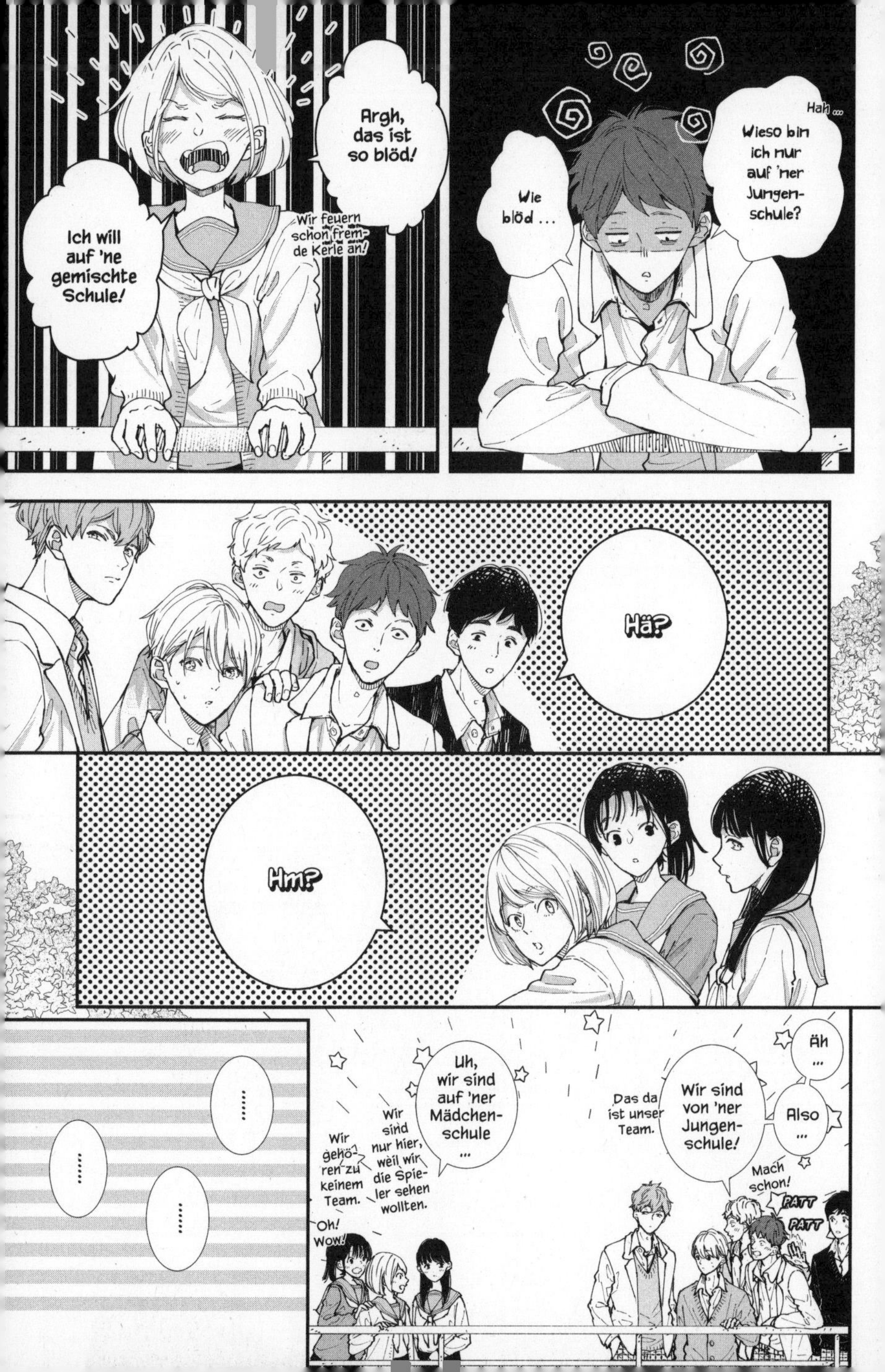
Hah ...
Wieso bin ich nur auf 'ner Jungen-schule?
Wie blöd ...
Argh, das ist so blöd!
Wir feuern schon frem-de Kerle an!
Ich will auf 'ne gemischte Schule!
Hä?
Hm?
Äh ...
Also ...
Wir sind von 'ner Jungen-schule!
Das da ist unser Team.
Mach schon!
PATT
PATT
Uh, wir sind auf 'ner Mädchen-schule ...
Wir sind nur hier, weil wir die Spie-ler sehen wollten.
Wir gehö-ren zu keinem Team.
Oh! Wow!
......
......
......

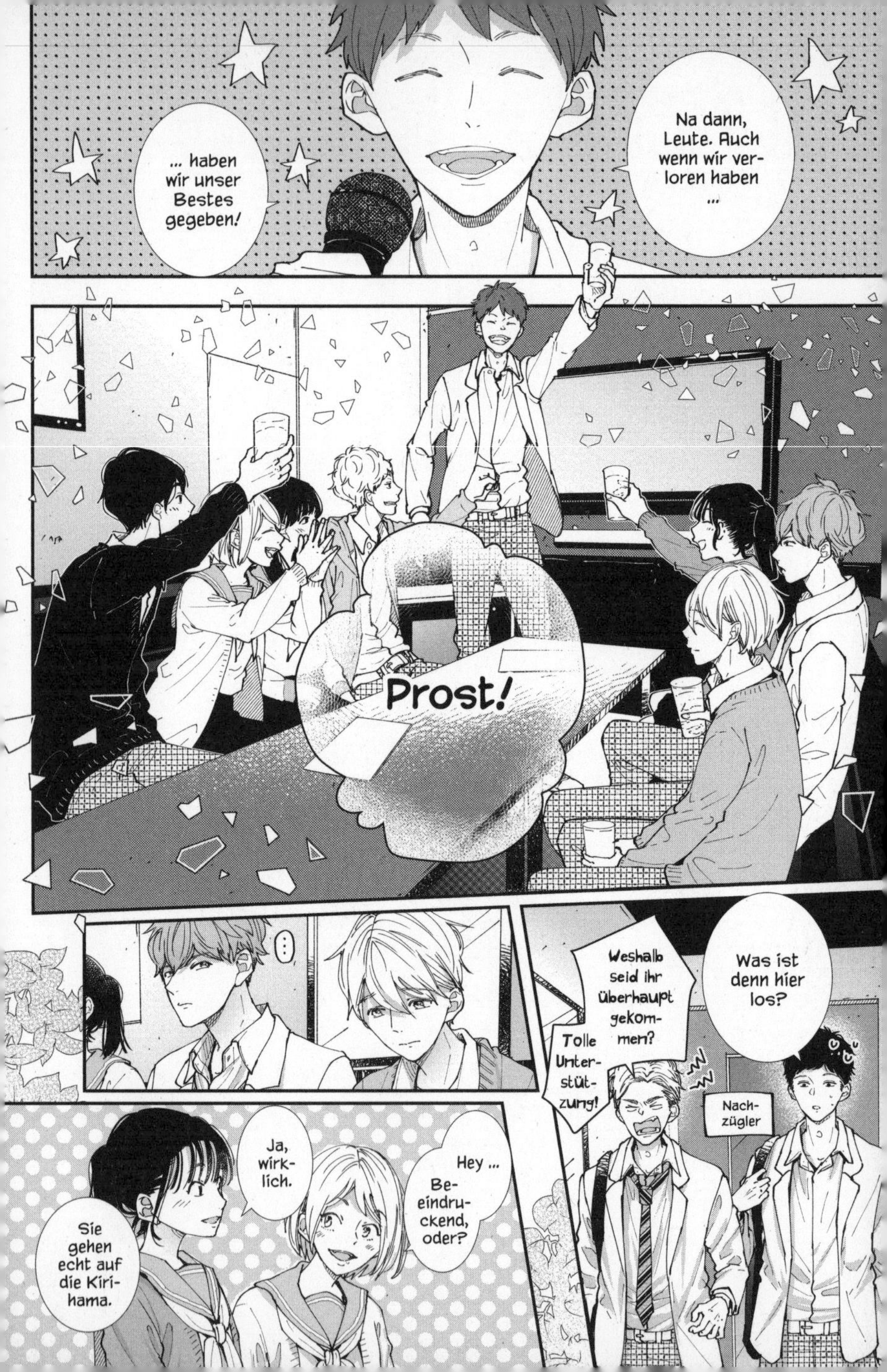
Na dann, Leute. Auch wenn wir verloren haben ...
... haben wir unser Bestes gegeben!
Prost!
...
Was ist denn hier los?
Weshalb seid ihr überhaupt gekommen?
Tolle Unterstützung!
Nachzügler
Hey ... Beeindruckend, oder?
Ja, wirklich.
Sie gehen echt auf die Kirihama.

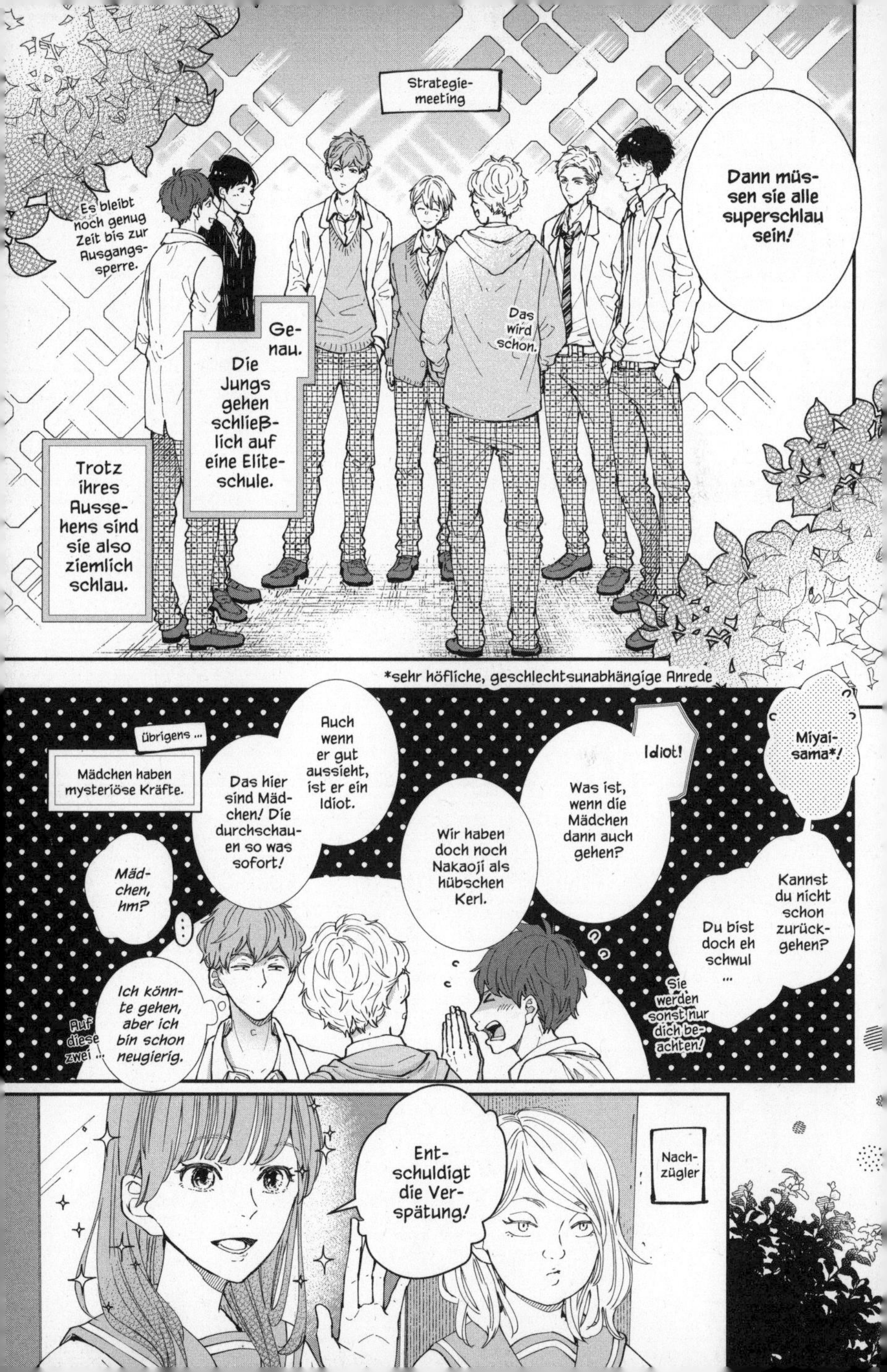
Strategie-meeting
Dann müs-sen sie alle superschlau sein!
Das wird schon.
Ge-nau. Die Jungs gehen schließ-lich auf eine Elite-schule.
Es bleibt noch genug Zeit bis zur Ausgangs-sperre.
Trotz ihres Ausse-hens sind sie also ziemlich schlau.
*sehr höfliche, geschlechtsunabhängige Anrede
Miyai-sama*!
Kannst du nicht schon zurück-gehen?
Du bist doch eh schwul ...
Sie werden sonst nur dich be-achten!
Idiot!
Was ist, wenn die Mädchen dann auch gehen?
Wir haben doch noch Nakaoji als hübschen Kerl.
Auch wenn er gut aussieht, ist er ein Idiot.
Das hier sind Mäd-chen! Die durchschau-en so was sofort!
übrigens ...
Mädchen haben mysteriöse Kräfte.
Mäd-chen, hm?
...
Ich könn-te gehen, aber ich bin schon neugierig.
Auf diese zwei ...
Nach-zügler
Ent-schuldigt die Ver-spätung!

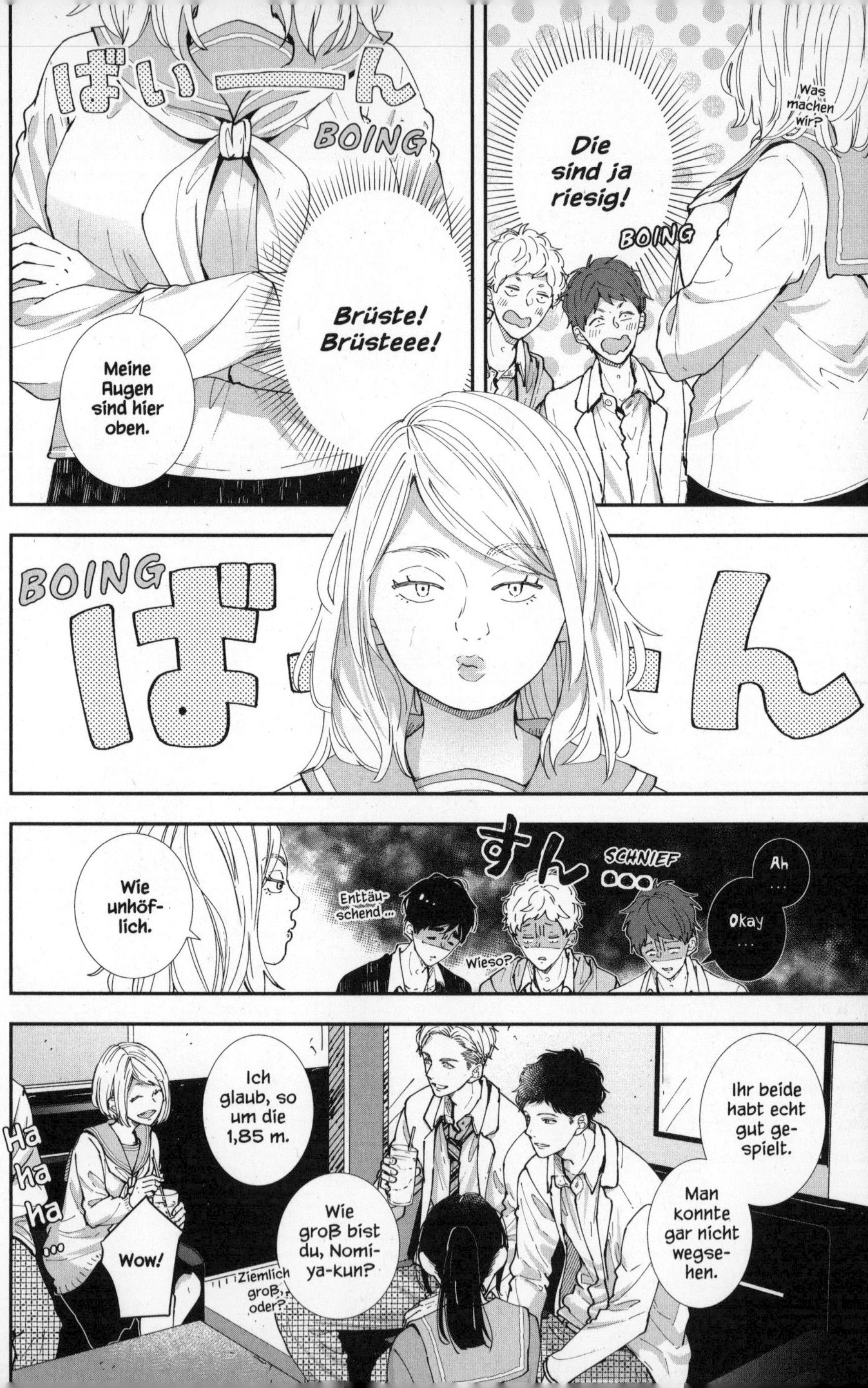
Was machen wir?
Die sind ja riesig!
BOING
ばぃーん
BOING
Brüste! Brüsteee!
Meine Augen sind hier oben.
BOING
ばーん
すん
SCHNIEF
Ah ... Okay ...
Wieso?
Enttäuschend ...
Wie unhöflich.
Ihr beide habt echt gut gespielt.
Man konnte gar nicht wegsehen.
Wie groß bist du, Nomiya-kun?
Ich glaub, so um die 1,85 m.
Ziemlich groß, oder?
Wow!
Ha ha ha ...

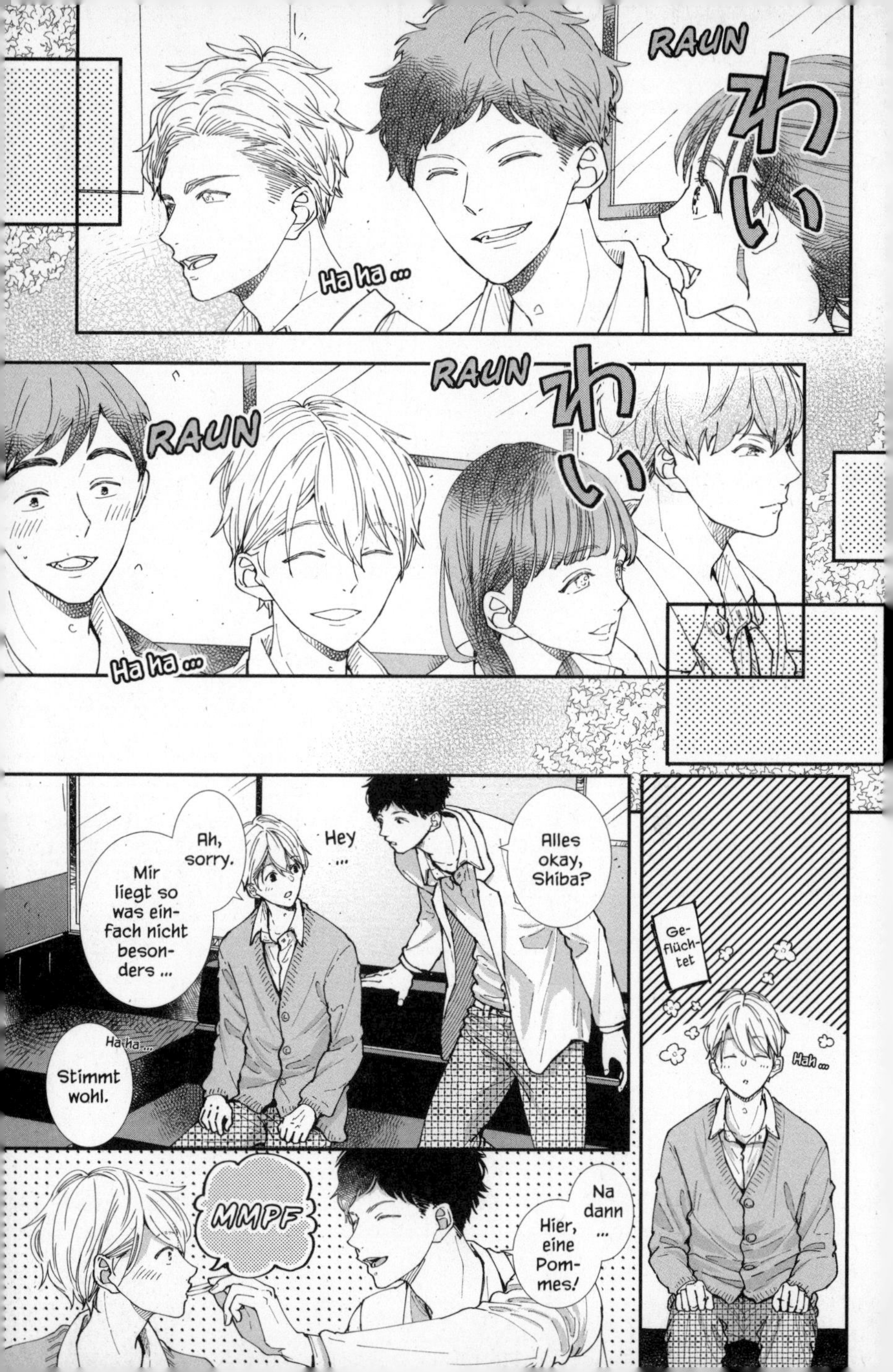

RAUN
わい
Ha ha ...
RAUN
わい
RAUN
Ha ha ...
Geflüchtet
Hah ...
Hey ...
Alles okay, Shiba?
Ah, sorry.
Mir liegt so was einfach nicht besonders ...
Ha ha ...
Stimmt wohl.
Na dann ...
Hier, eine Pommes!
MMPF

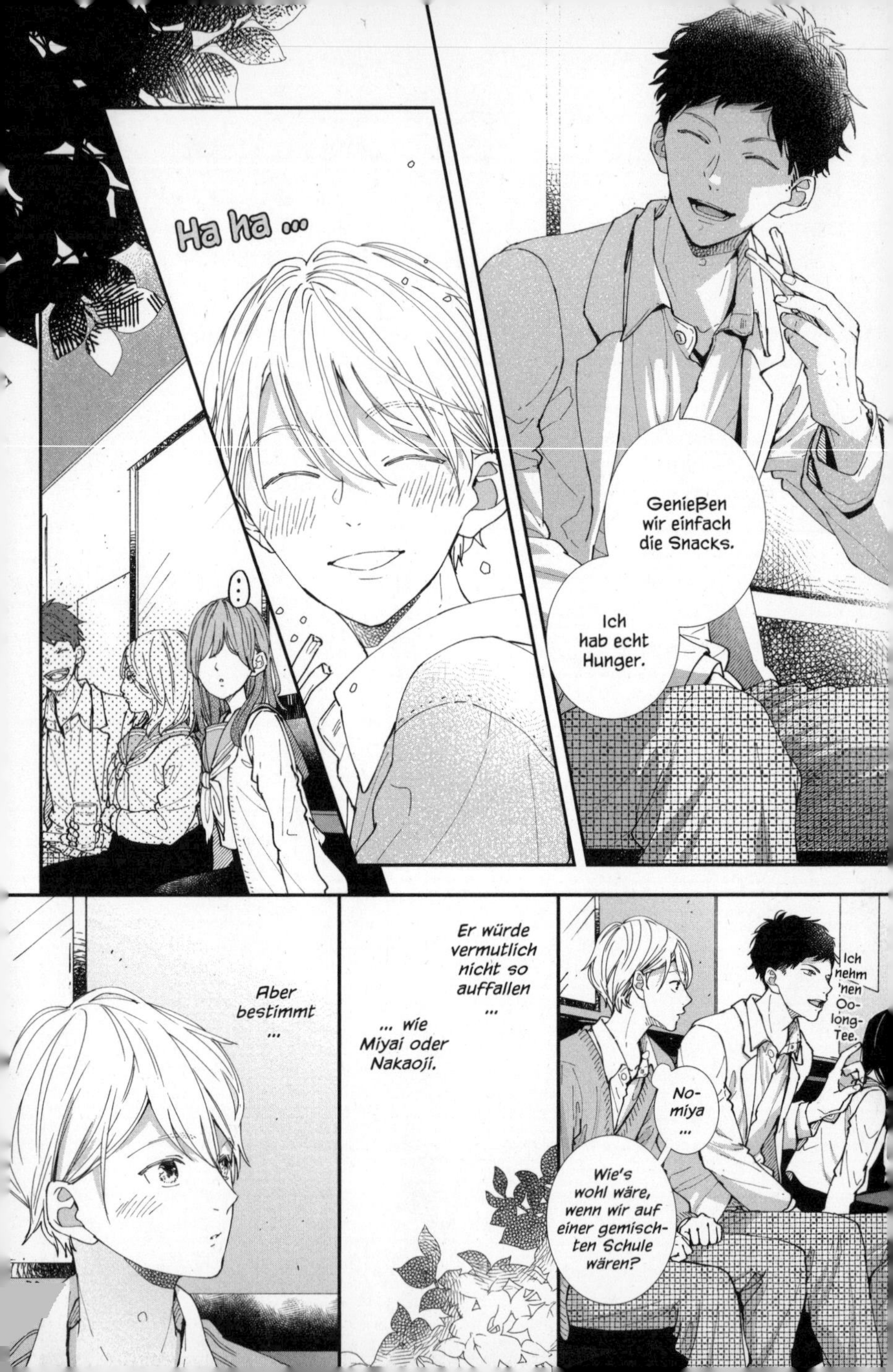

Genießen wir einfach die Snacks.
Ich hab echt Hunger.
Ha ha ...
Ich nehm 'nen Oo-long-Tee.
No-miya ...
Wie's wohl wäre, wenn wir auf einer gemischten Schule wären?
Er würde vermutlich nicht so auffallen ...
... wie Miyai oder Nakaoji.
Aber bestimmt ...

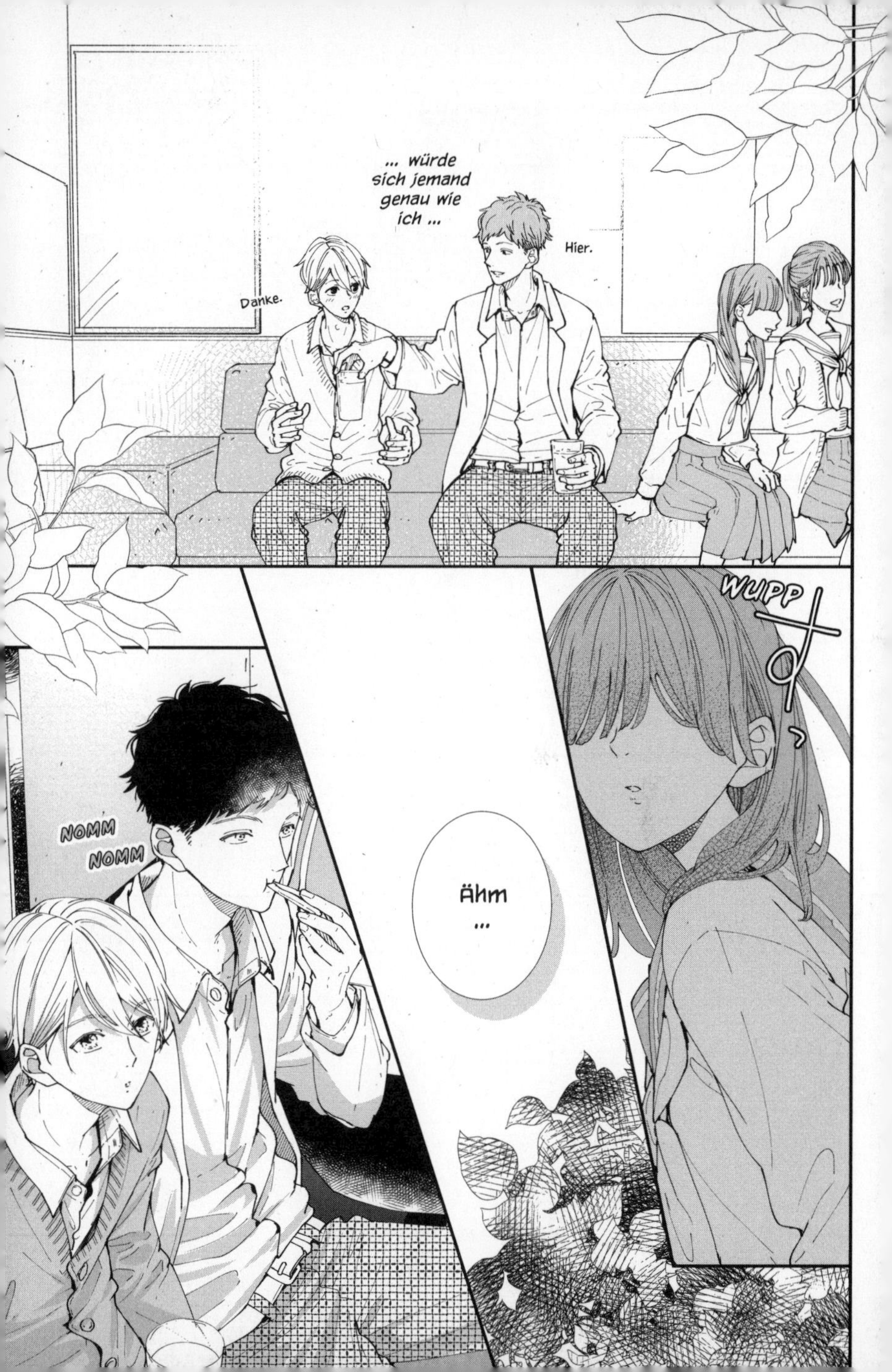
... würde sich jemand genau wie ich ...
Hier.
Danke.
WUPP
Ähm ...
NOMM NOMM

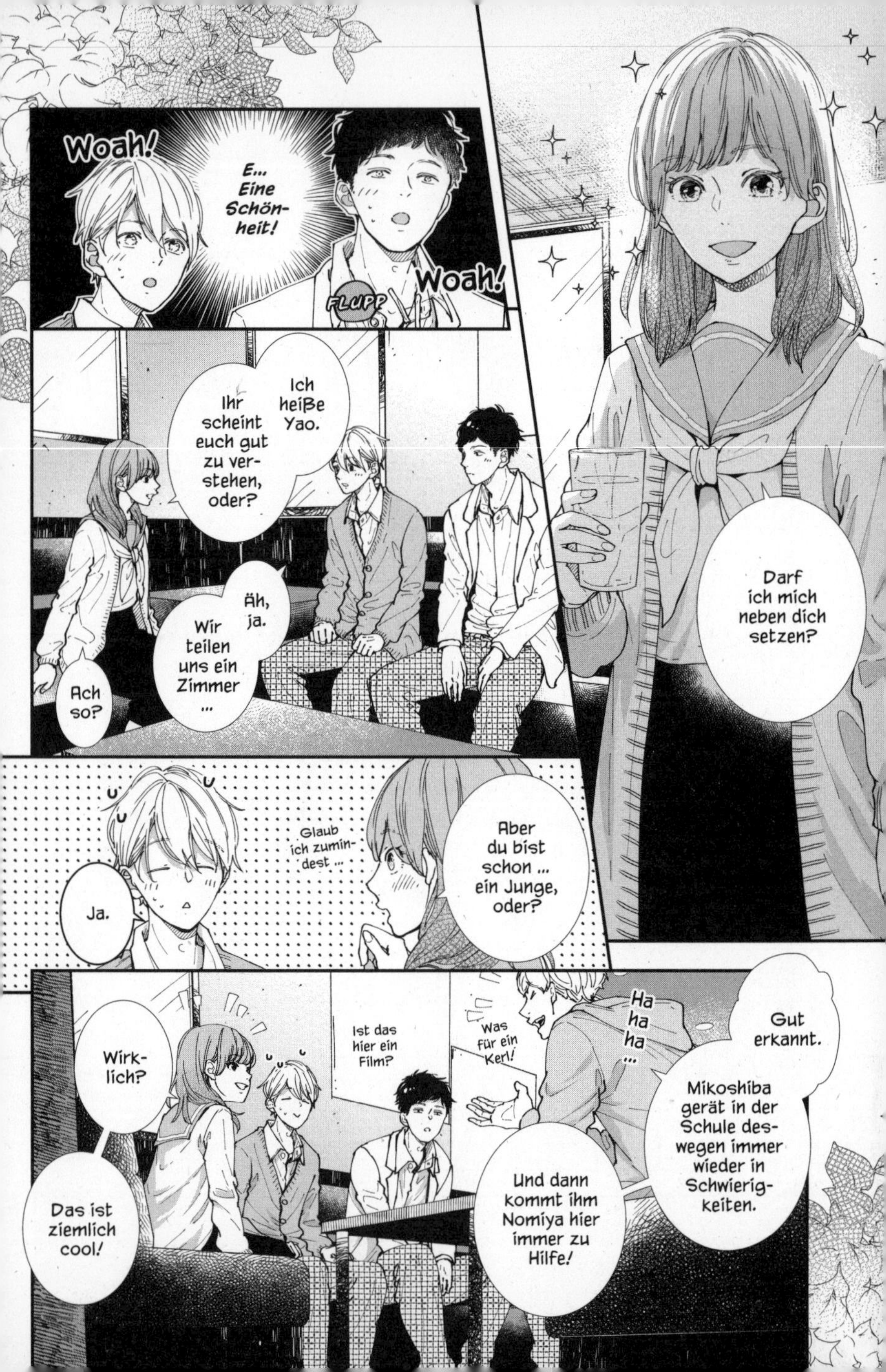
Darf ich mich neben dich setzen?
Woah!
E... Eine Schönheit!
Woah!
FLUPP
Ich heiße Yao.
Ihr scheint euch gut zu verstehen, oder?
Äh, ja.
Wir teilen uns ein Zimmer ...
Ach so?
Aber du bist schon ... ein Junge, oder?
Glaub ich zumindest ...
Ja.
Gut erkannt.
Mikoshiba gerät in der Schule deswegen immer wieder in Schwierigkeiten.
Ha ha ha ...
Was für ein Kerl!
Und dann kommt ihm Nomiya hier immer zu Hilfe!
Ist das hier ein Film?
Wirklich?
Das ist ziemlich cool!

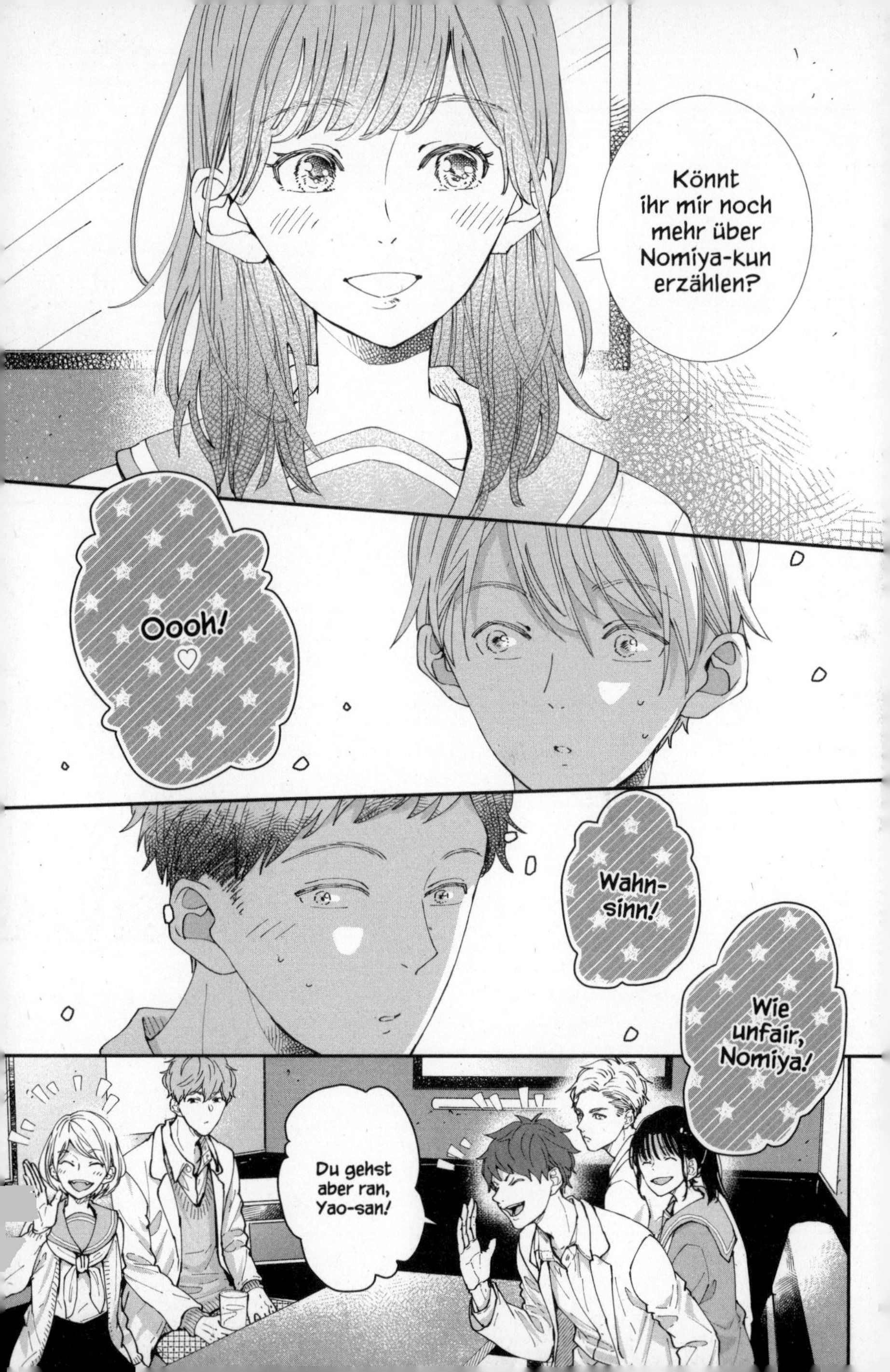
Könnt ihr mir noch mehr über Nomiya-kun erzählen?
Oooh! ♡
Wahn-sinn!
Wie unfair, Nomiya!
Du gehst aber ran, Yao-san!

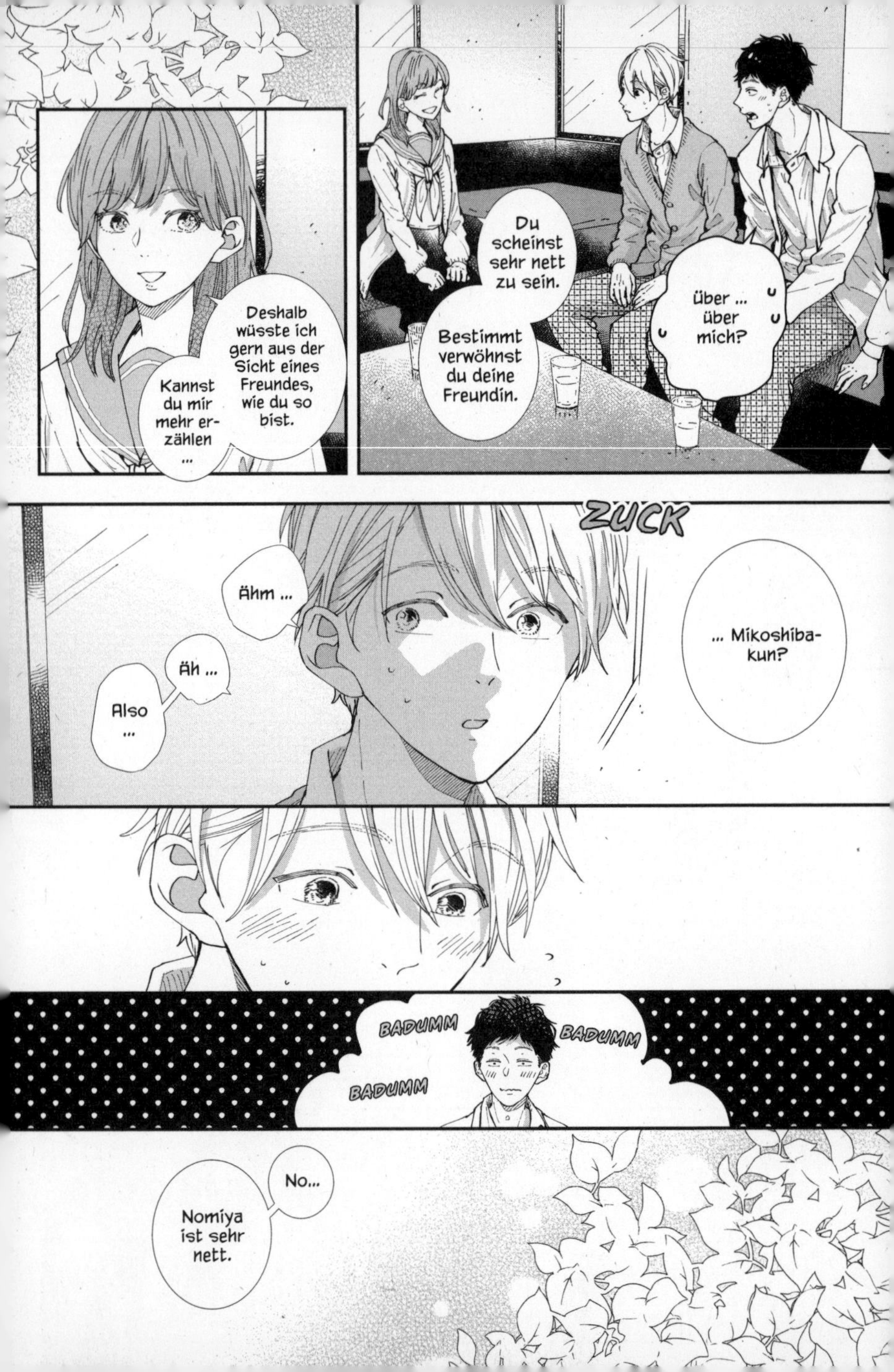

Du scheinst sehr nett zu sein.
Bestimmt verwöhnst du deine Freundin.
über ... über mich?
Deshalb wüsste ich gern aus der Sicht eines Freundes, wie du so bist.
Kannst du mir mehr erzählen ...
ZUCK
... Mikoshiba-kun?
Ähm ...
Äh ...
Also ...
BADUMM
BADUMM
BADUMM
No...
Nomiya ist sehr nett.

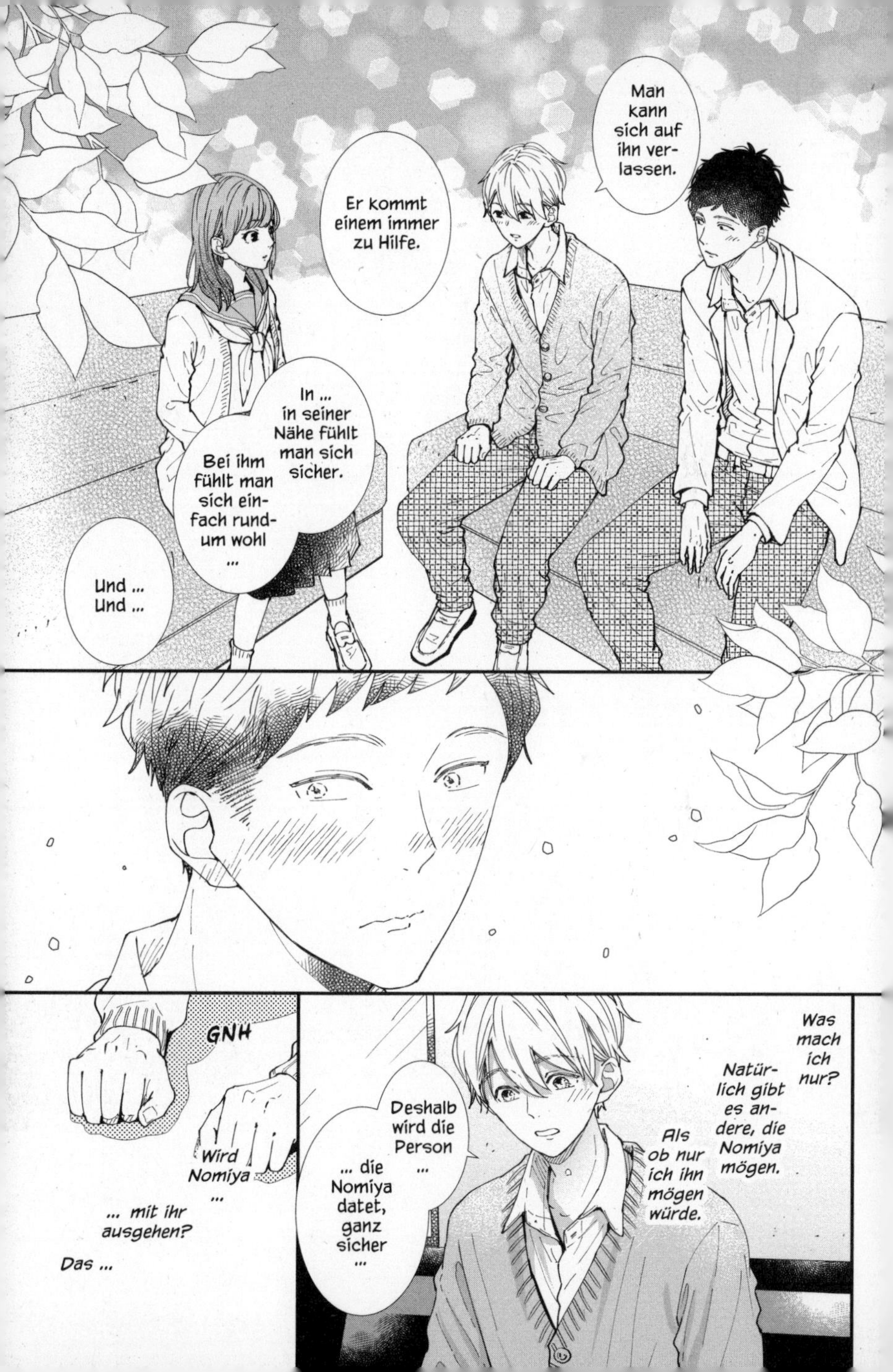
Man kann sich auf ihn verlassen.
Er kommt einem immer zu Hilfe.
In ... in seiner Nähe fühlt man sich sicher.
Bei ihm fühlt man sich einfach rundum wohl ...
Und ... Und ...
Was mach ich nur?
Natürlich gibt es andere, die Nomiya mögen.
Als ob nur ich ihn mögen würde.
Deshalb wird die Person ...
... die Nomiya datet, ganz sicher ...
GNH
Wird Nomiya ...
... mit ihr ausgehen?
Das ...

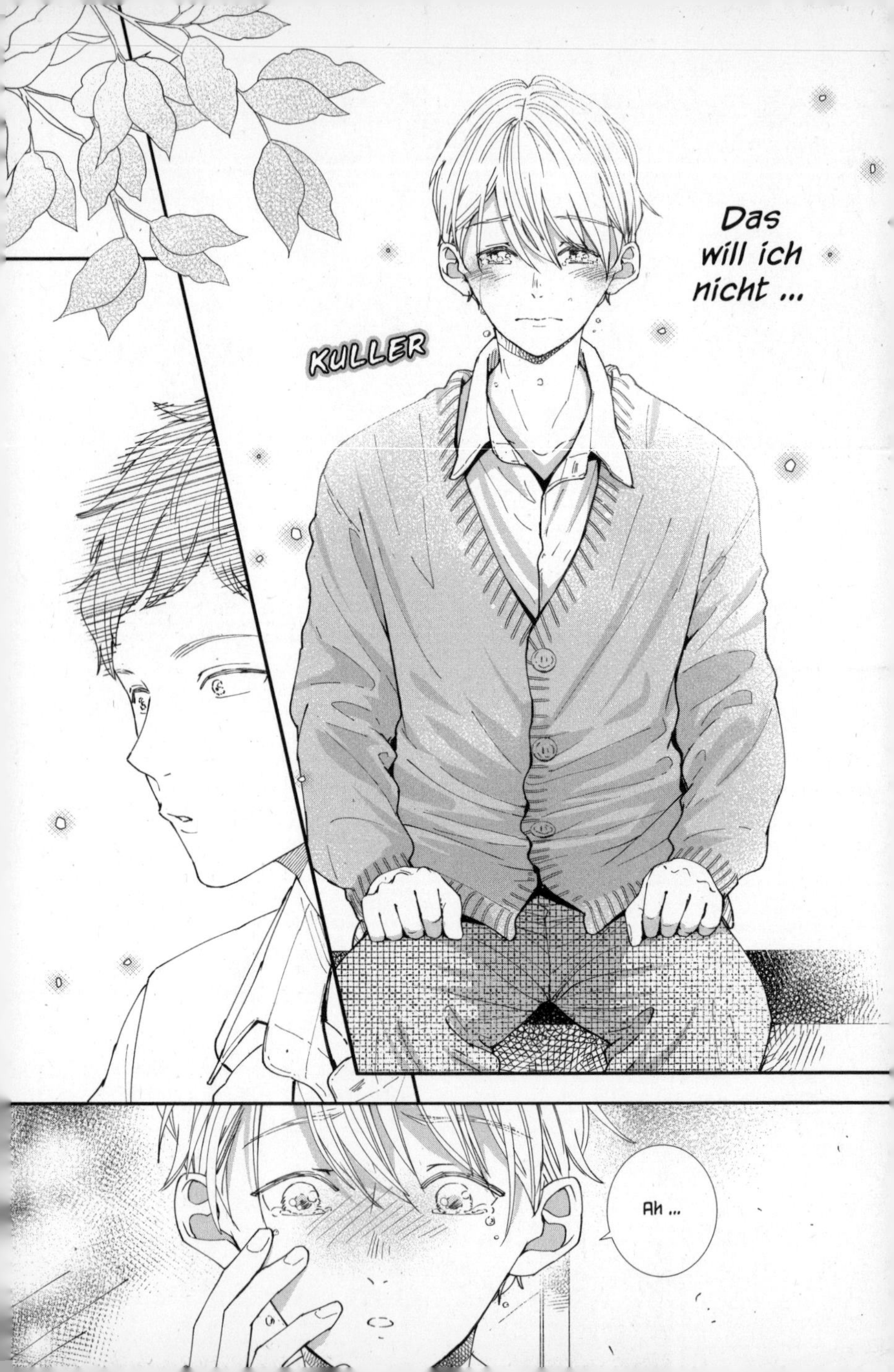
Das will ich nicht ...
KULLER
Ah ...

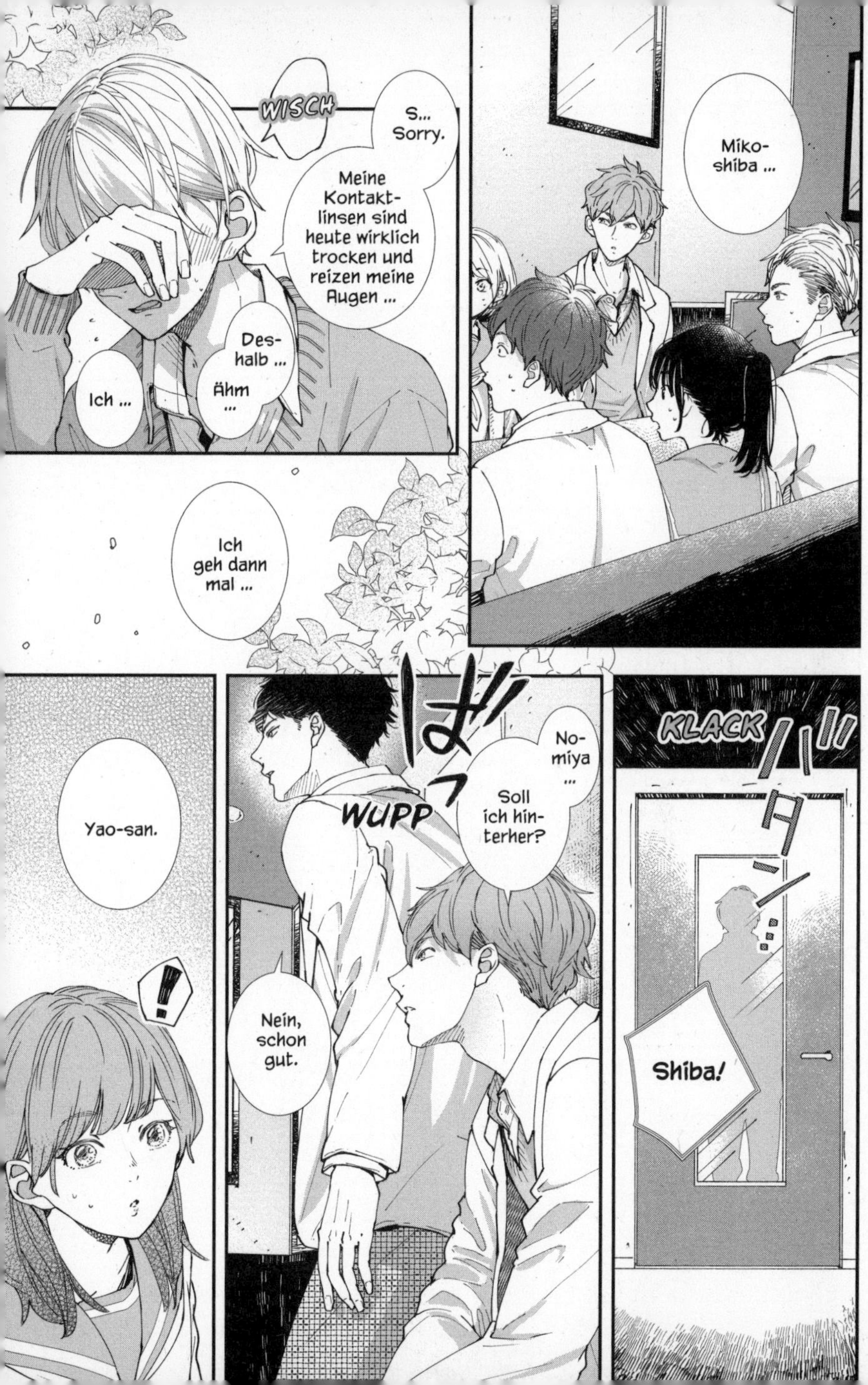
Miko-shiba ...
WISCH
S... Sorry.
Meine Kontakt-linsen sind heute wirklich trocken und reizen meine Augen ...
Des-halb ...
Ähm ...
Ich ...
Ich geh dann mal ...
KLACK
Shiba!
No-miya ...
Soll ich hin-terher?
WUPP
Nein, schon gut.
Yao-san.

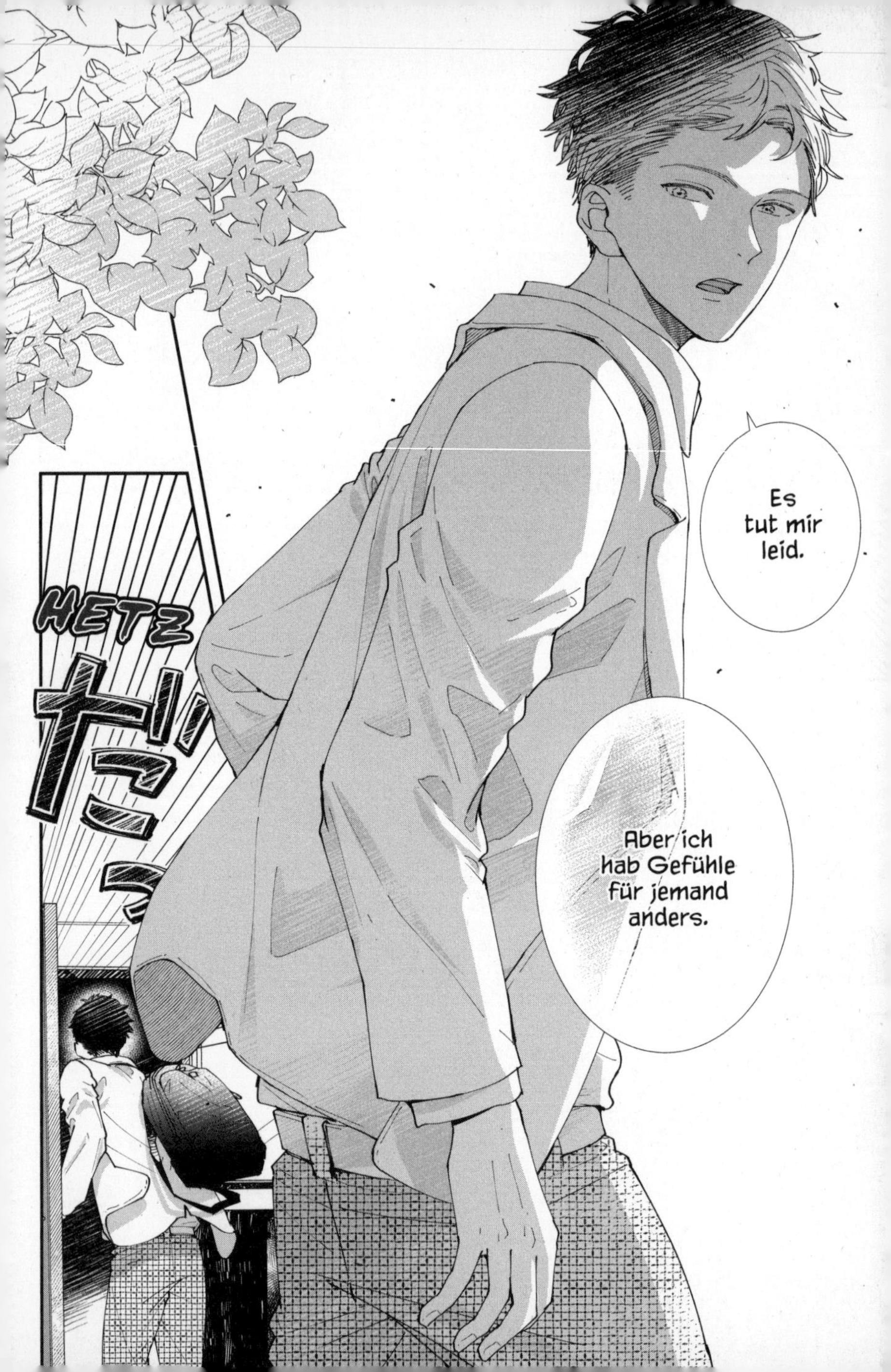
Es tut mir leid.
Aber ich hab Gefühle für jemand anders.
HETZ
だっ

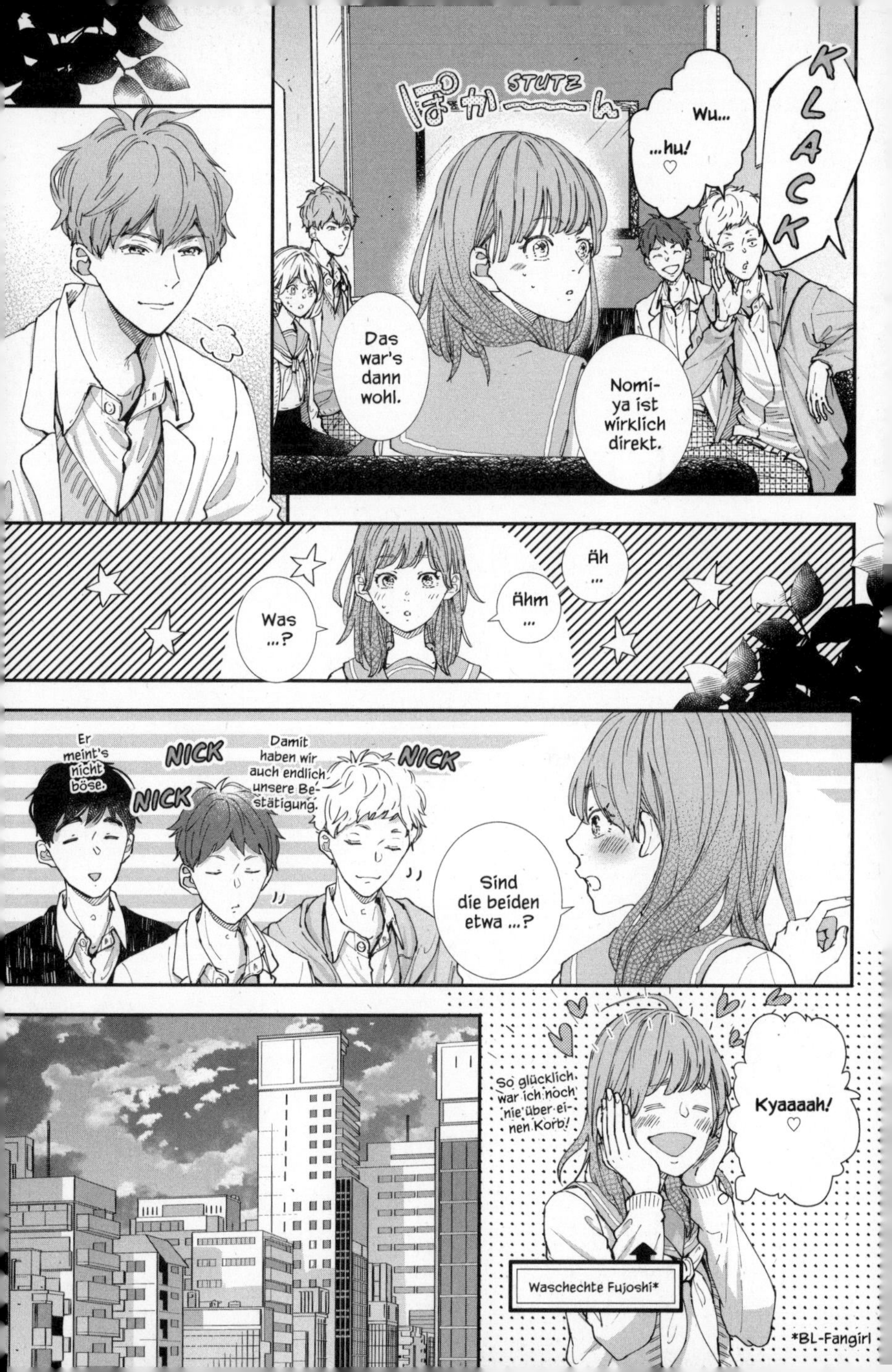
KLACK
Wu...
...hu! ♡
ぽか――ん STUTZ
Nomi-ya ist wirklich direkt.
Das war's dann wohl.
Äh ...
Ähm ...
Was ...?
Sind die beiden etwa ...?
NICK
Damit haben wir auch endlich unsere Bestätigung.
NICK
Er meint's nicht böse.
NICK
Kyaaaah! ♡
So glücklich war ich noch nie über einen Korb!
Waschechte Fujoshi*
*BL-Fangirl

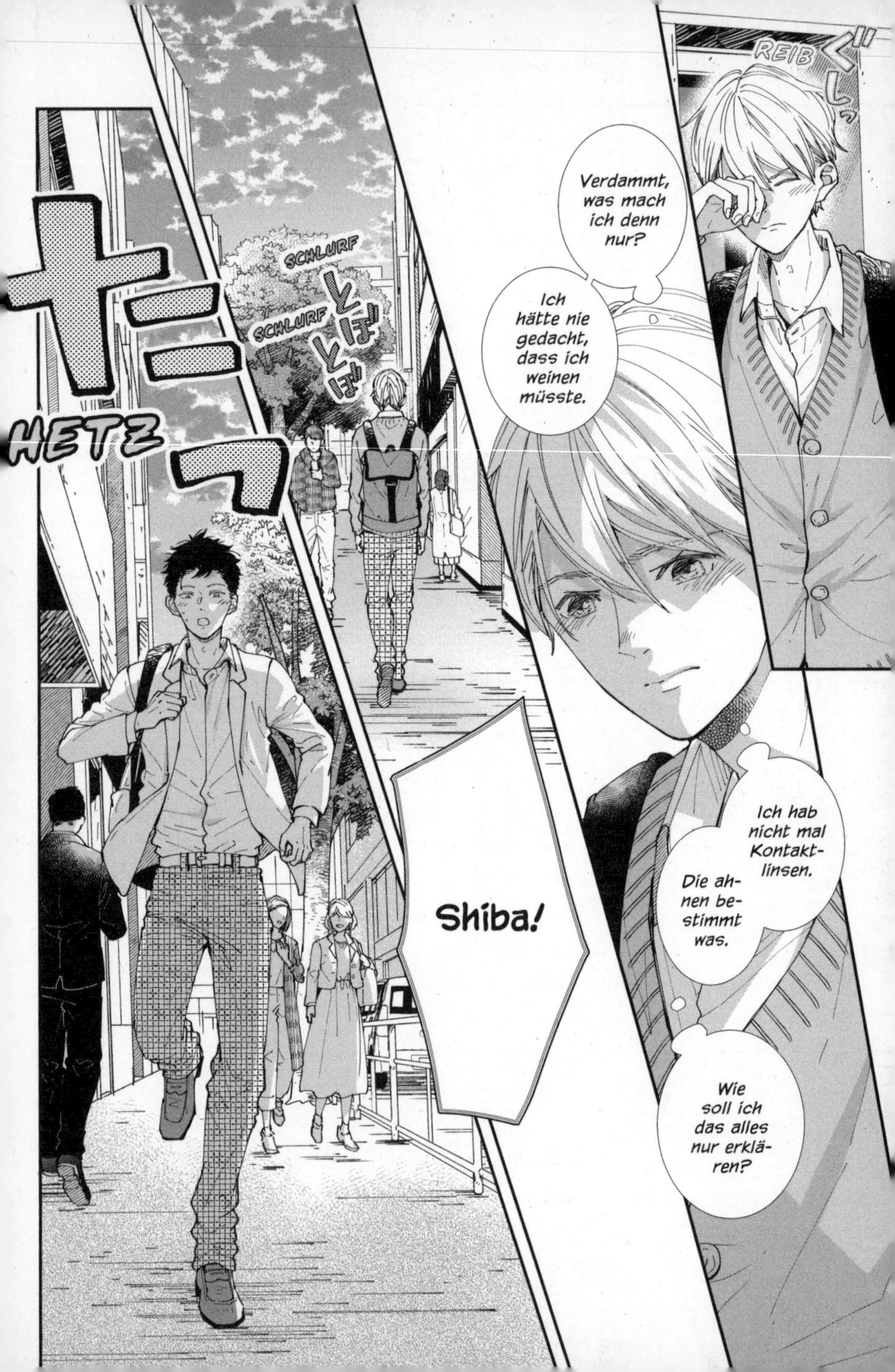

REIB
ぐしっ
Verdammt, was mach ich denn nur?
Ich hätte nie gedacht, dass ich weinen müsste.
Ich hab nicht mal Kontakt-linsen.
Die ah-nen be-stimmt was.
Wie soll ich das alles nur erklä-ren?
Shiba!
SCHLURF
SCHLURF
とぼとぼ
HETZ

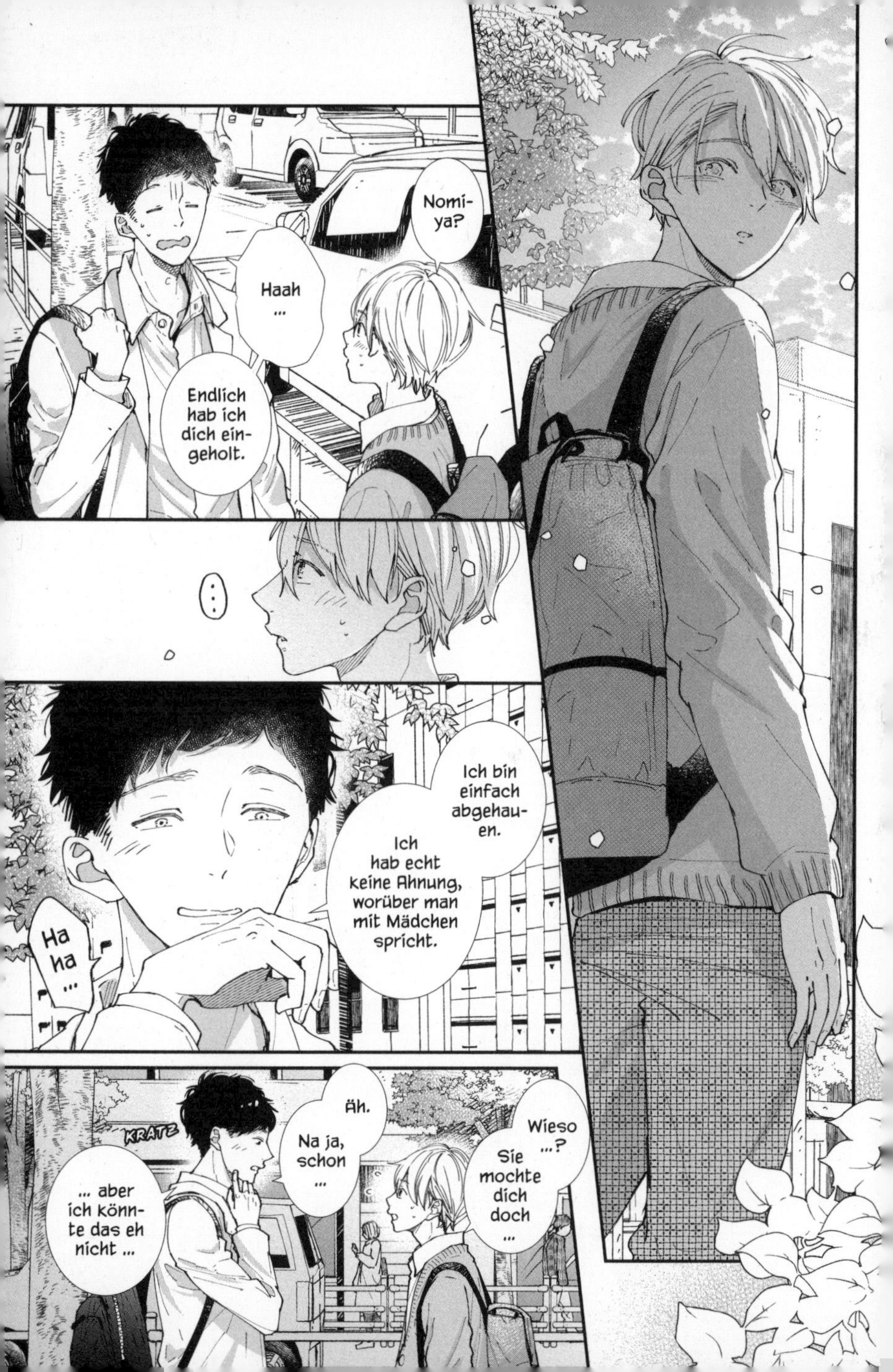
Nomi-ya?
Haah …
Endlich hab ich dich eingeholt.
…
Ich bin einfach abgehauen.
Ich hab echt keine Ahnung, worüber man mit Mädchen spricht.
Haha …
Wieso …?
Sie mochte dich doch …
Äh.
Na ja, schon …
KRATZ
… aber ich könnte das eh nicht …

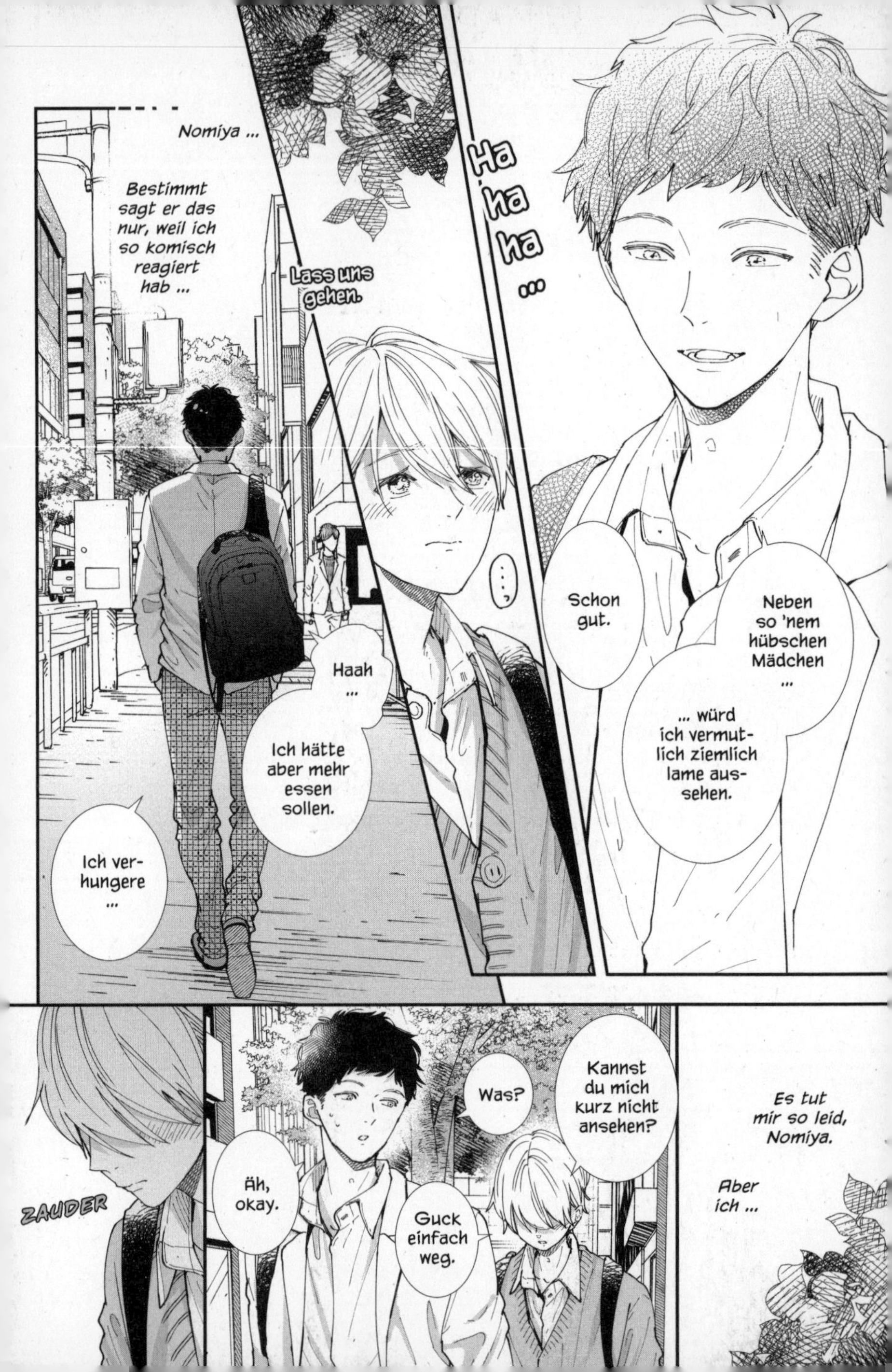
Ha ha ha ...
Neben so 'nem hübschen Mädchen ...
... würd ich vermutlich ziemlich lame aus-sehen.
Schon gut.
...,
Lass uns gehen.
Nomiya ...
Bestimmt sagt er das nur, weil ich so komisch reagiert hab ...
Haah ...
Ich hätte aber mehr essen sollen.
Ich ver-hungere ...
Es tut mir so leid, Nomiya.
Aber ich ...
Kannst du mich kurz nicht ansehen?
Was?
Guck einfach weg.
Äh, okay.
ZAUDER

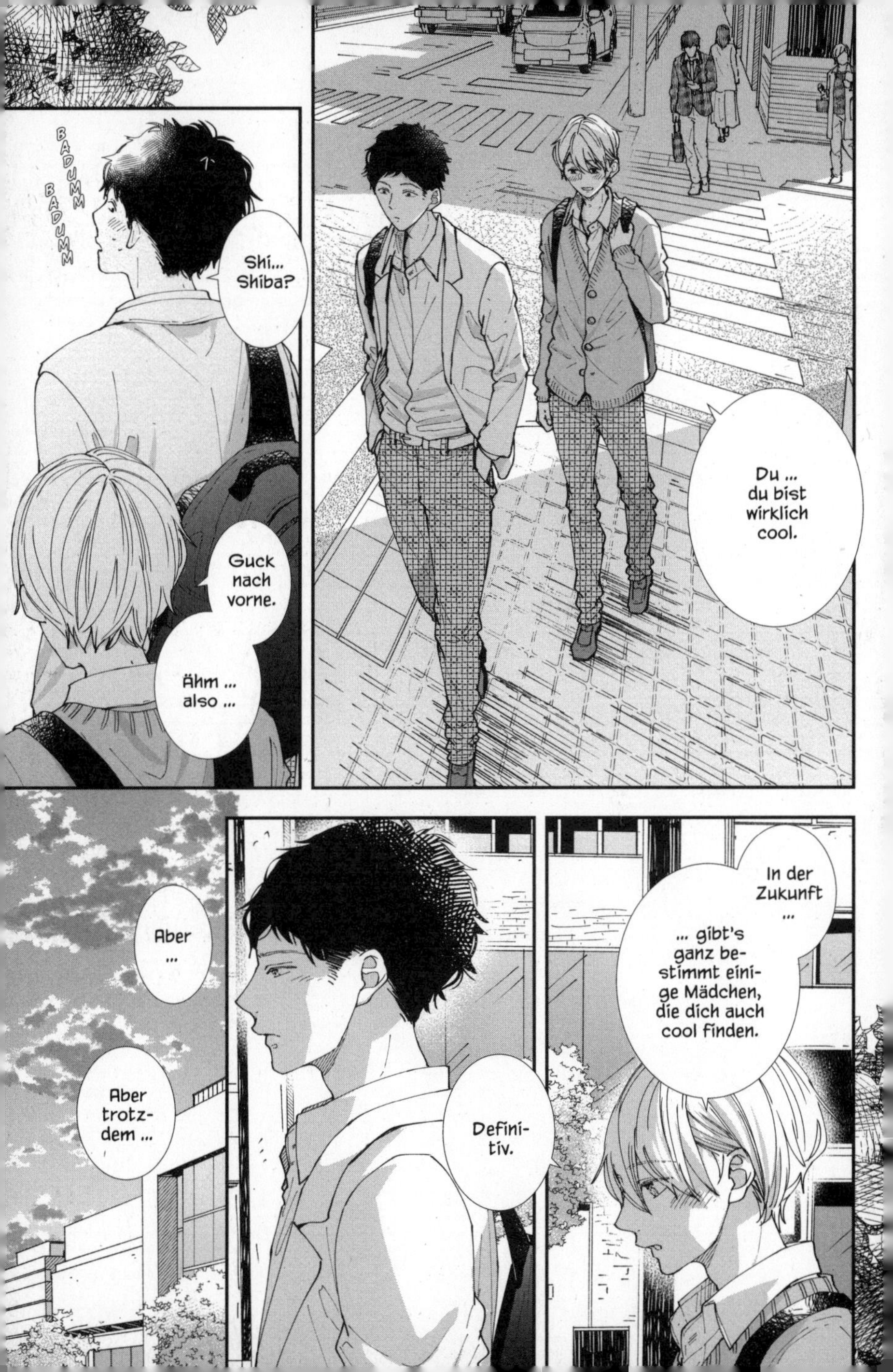
Du ... du bist wirklich cool.
BADUMM BADUMM
Shi... Shiba?
Guck nach vorne.
Ähm ... also ...
In der Zukunft ...
... gibt's ganz bestimmt einige Mädchen, die dich auch cool finden.
Definitiv.
Aber ...
Aber trotzdem ...

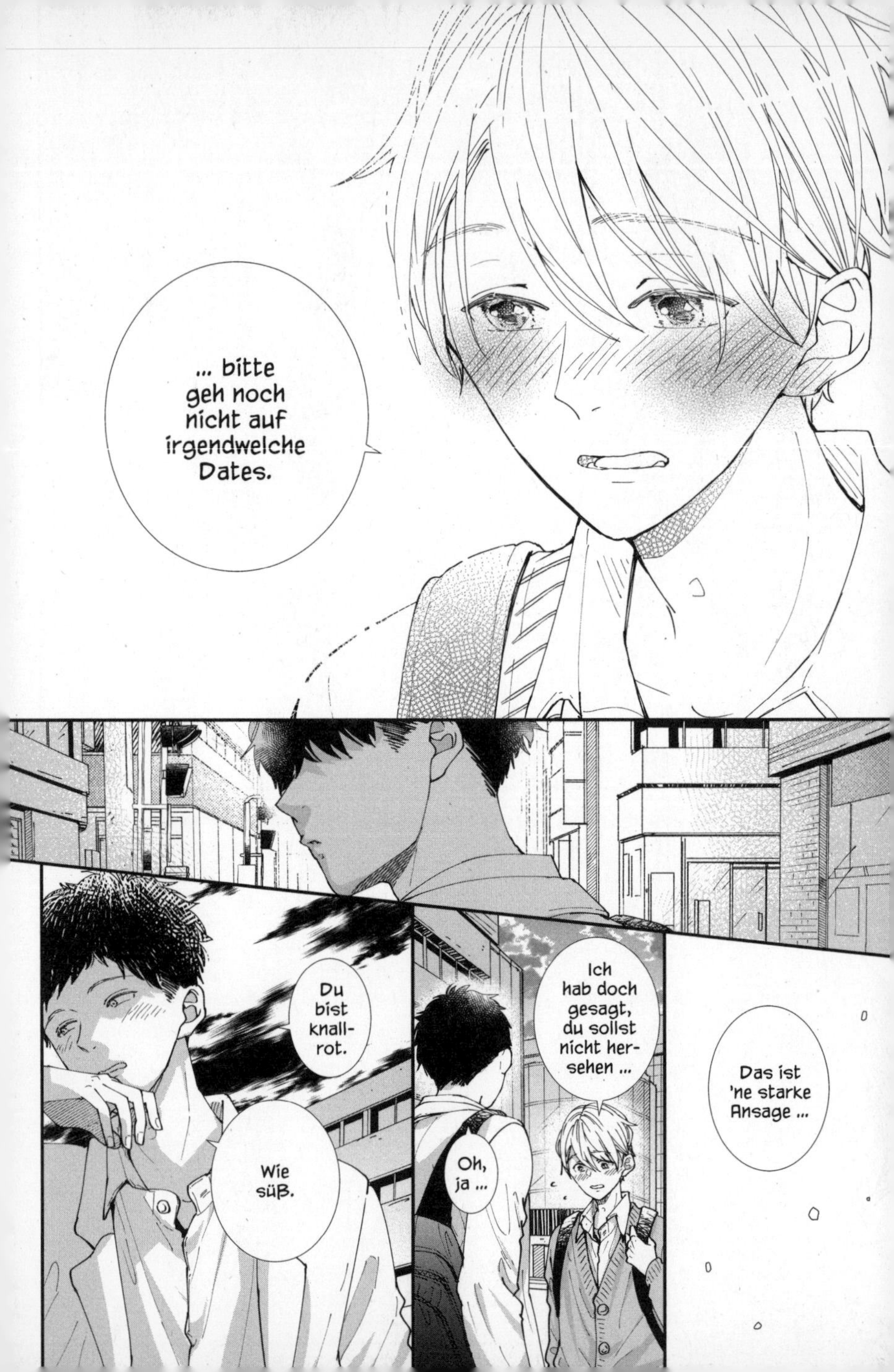
... bitte geh noch nicht auf irgendwelche Dates.
Das ist 'ne starke Ansage ...
Ich hab doch gesagt, du sollst nicht hersehen ...
Oh, ja ...
Du bist knallrot.
Wie süß.

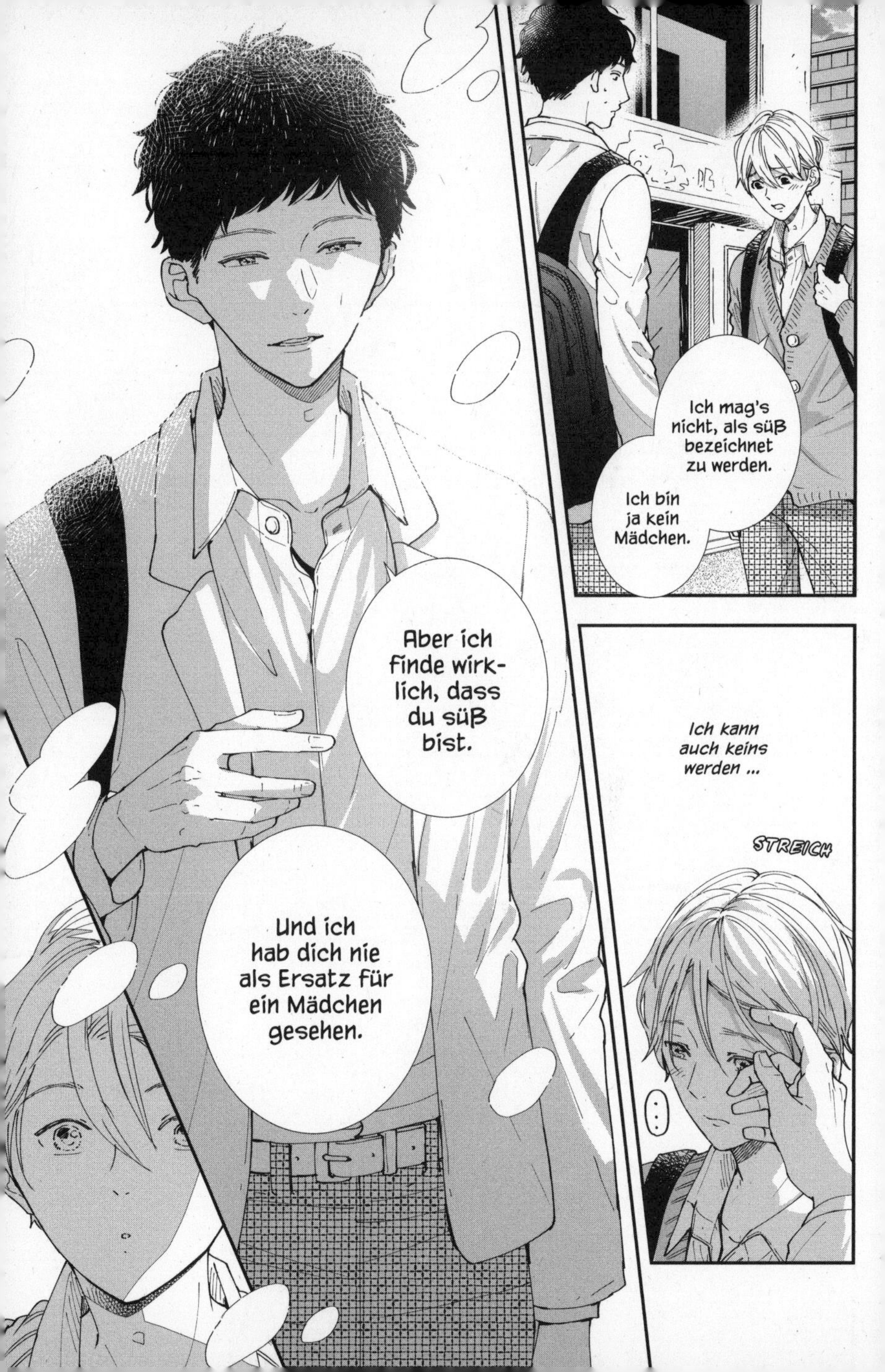
Ich mag's nicht, als süß bezeichnet zu werden.
Ich bin ja kein Mädchen.
Aber ich finde wirklich, dass du süß bist.
Und ich hab dich nie als Ersatz für ein Mädchen gesehen.
Ich kann auch keins werden ...
STREICH
...

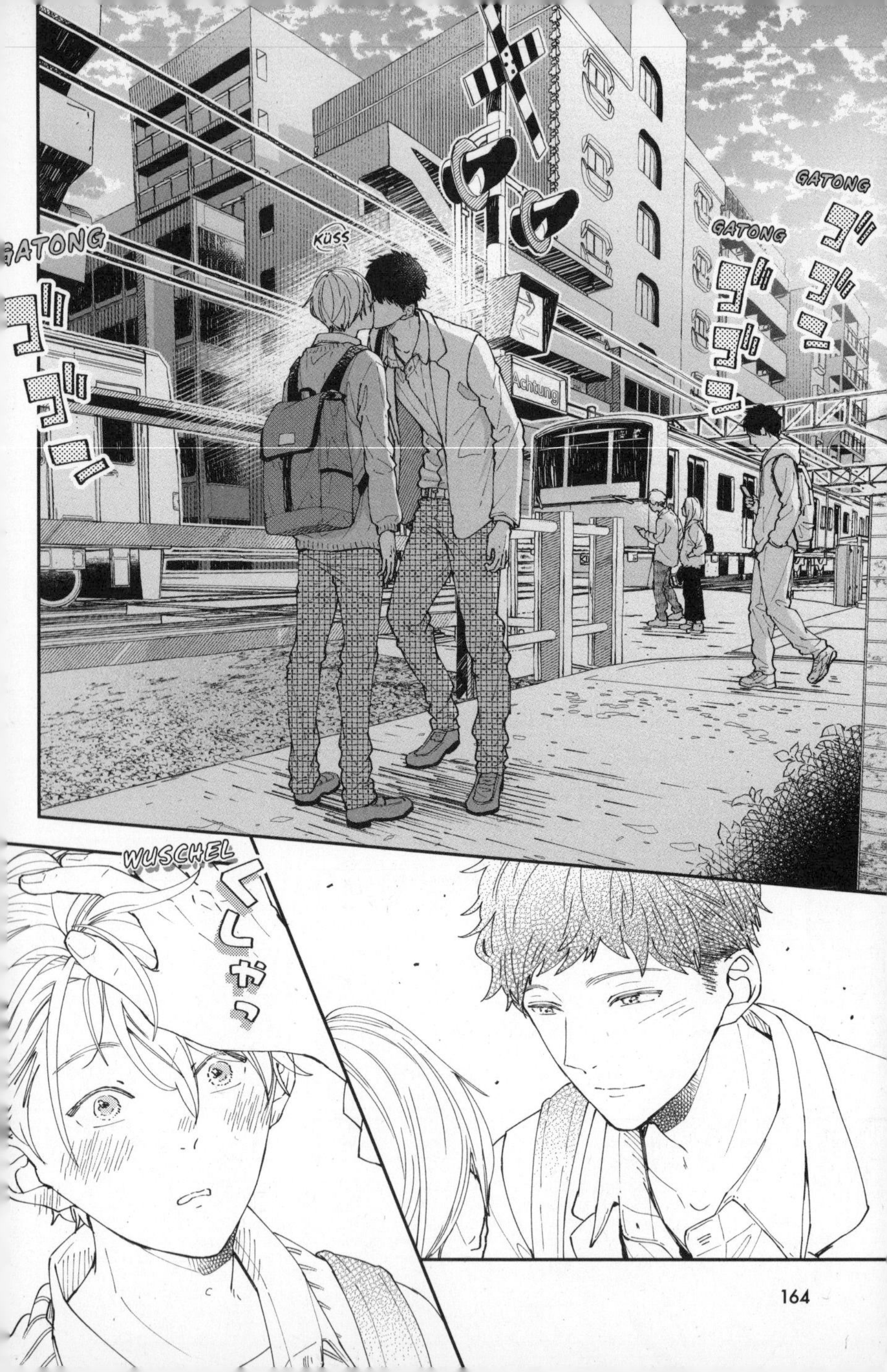
GATONG
GATONG
KÜSS
GATONG
Achtung
WUSCHEL
くしゃっ

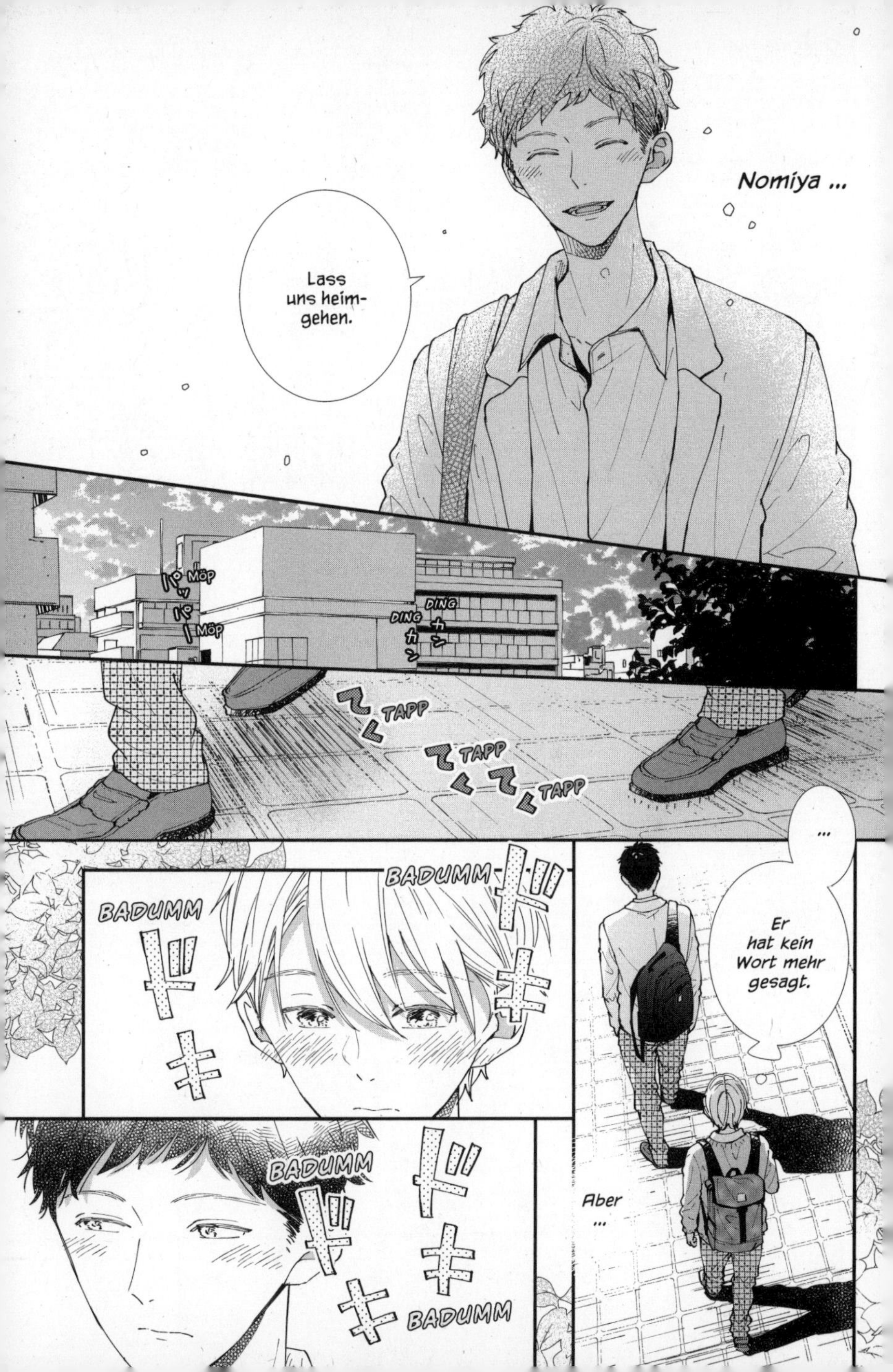
Nomiya ...
Lass uns heimgehen.
Möp
Möp
DING
DING
TAPP
TAPP
TAPP
...
Er hat kein Wort mehr gesagt.
BADUMM
BADUMM
Aber ...
BADUMM
BADUMM

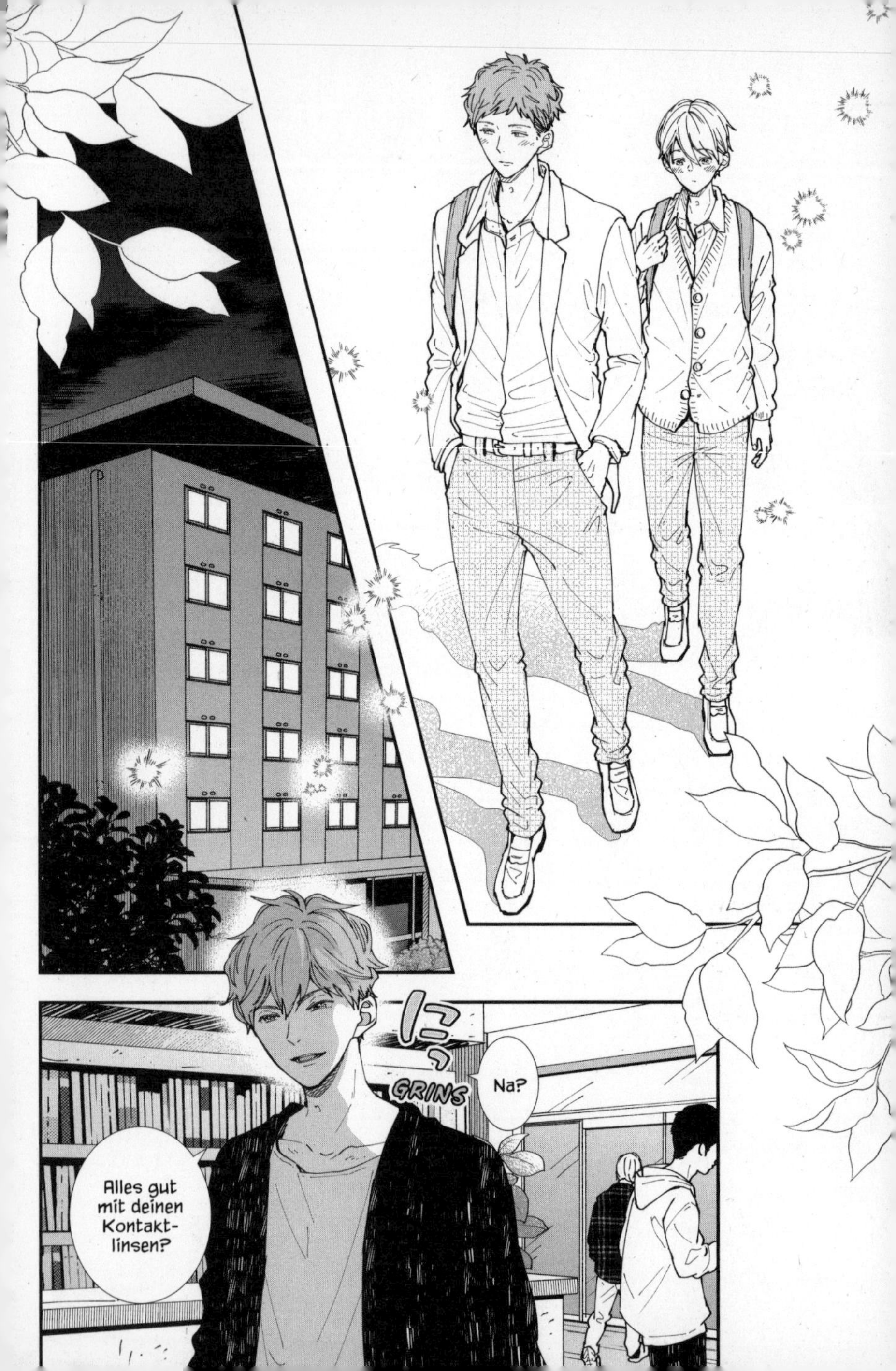
Na?
にこっ
GRINS
Alles gut mit deinen Kontakt-linsen?

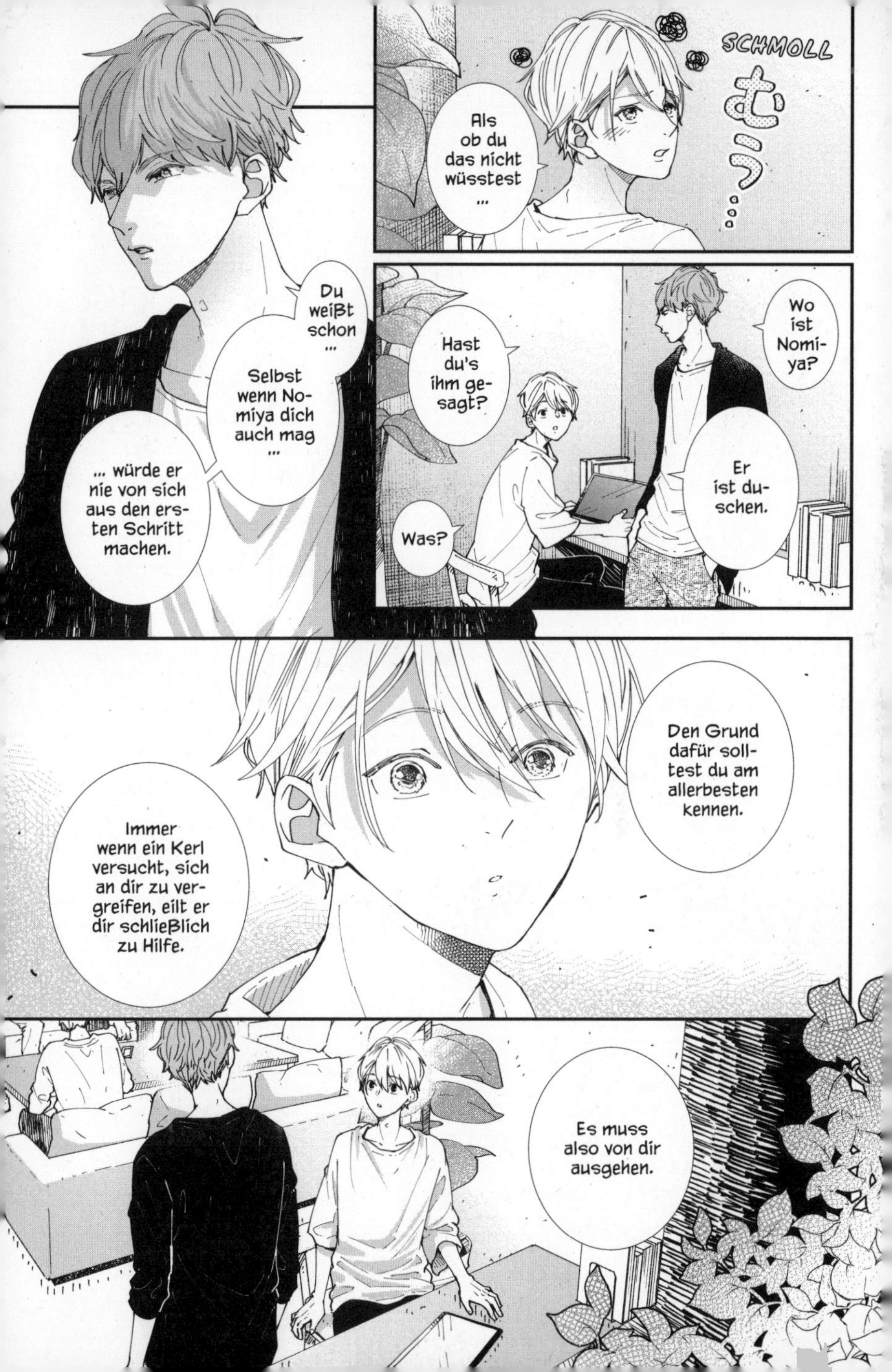
SCHMOLL
むぅ…
Als ob du das nicht wüsstest ...
Wo ist Nomiya?
Er ist duschen.
Hast du's ihm gesagt?
Was?
Du weißt schon ...
Selbst wenn Nomiya dich auch mag ...
... würde er nie von sich aus den ersten Schritt machen.
Den Grund dafür solltest du am allerbesten kennen.
Immer wenn ein Kerl versucht, sich an dir zu vergreifen, eilt er dir schließlich zu Hilfe.
Es muss also von dir ausgehen.

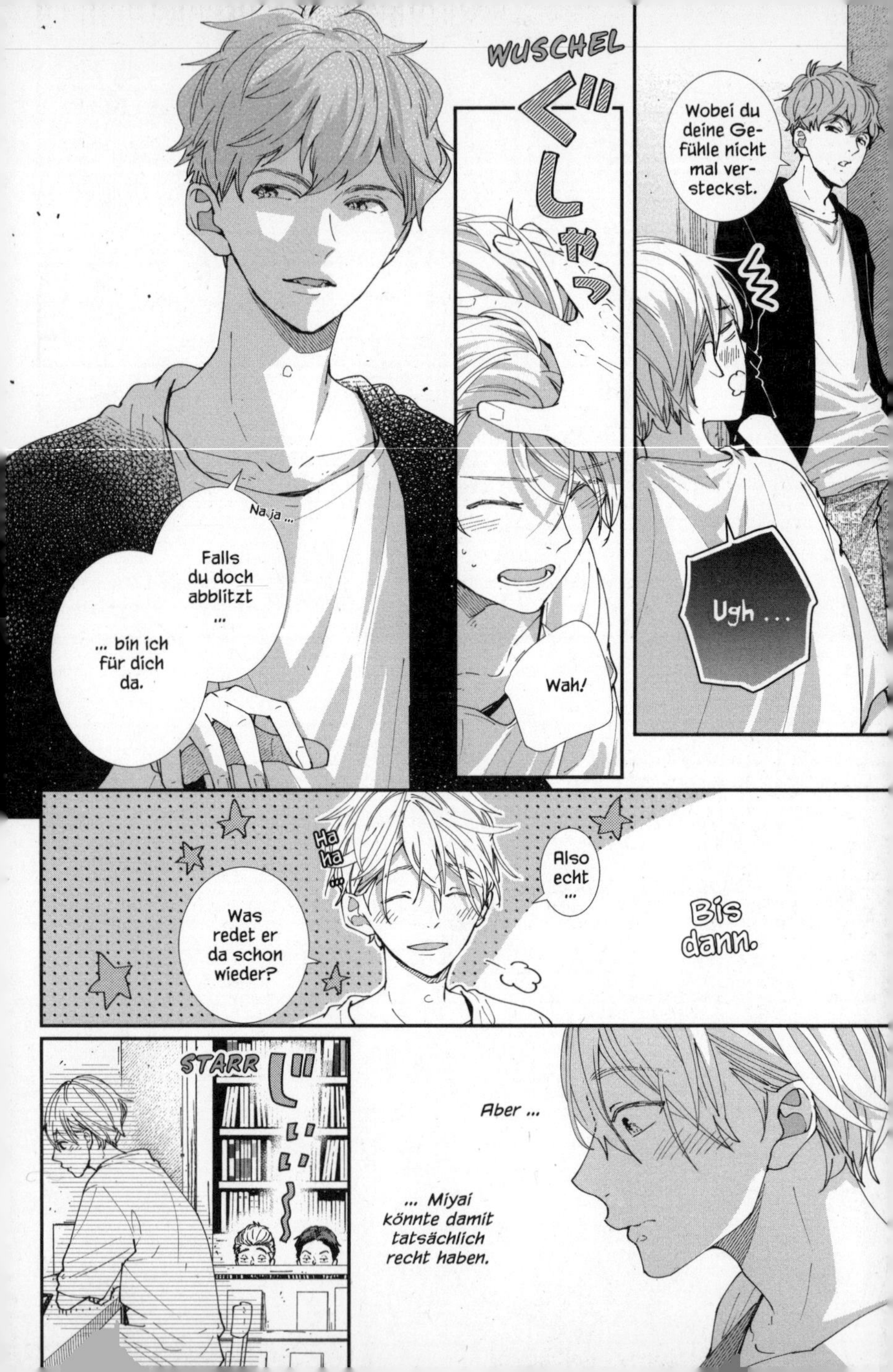
Wobei du deine Gefühle nicht mal versteckst.
Ugh ...
WUSCHEL
ぐしゃっ
Wah!
Na ja ...
Falls du doch abblitzt ...
... bin ich für dich da.
Bis dann.
Also echt ...
Haha ...
Was redet er da schon wieder?
Aber ...
... Miyai könnte damit tatsächlich recht haben.
STARR
じー

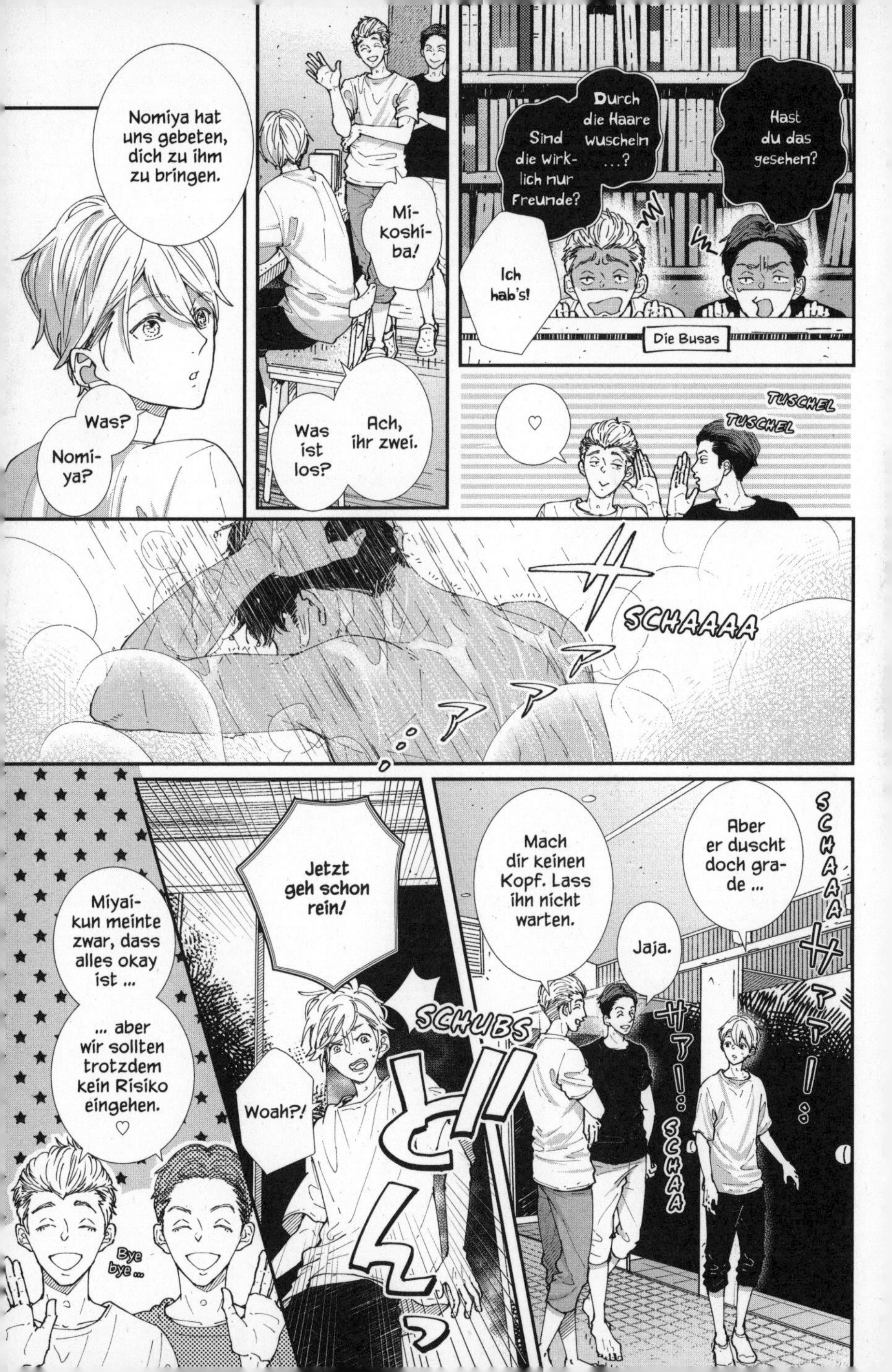
Hast du das gesehen?
Durch die Haare wuscheln ...?
Sind die wirklich nur Freunde?
Ich hab's!
Die Busas
TUSCHEL
TUSCHEL
♡
Mi-koshi-ba!
Ach, ihr zwei.
Was ist los?
Nomiya hat uns gebeten, dich zu ihm zu bringen.
Was?
Nomi-ya?
SCHAAAA
SCHAAAA
Aber er duscht doch gra-de ...
Mach dir keinen Kopf. Lass ihn nicht warten.
Jaja.
SCHAA
Jetzt geh schon rein!
SCHUBS
Woah?!
Miyai-kun meinte zwar, dass alles okay ist ...
... aber wir sollten trotzdem kein Risiko eingehen. ♡
Bye bye ...

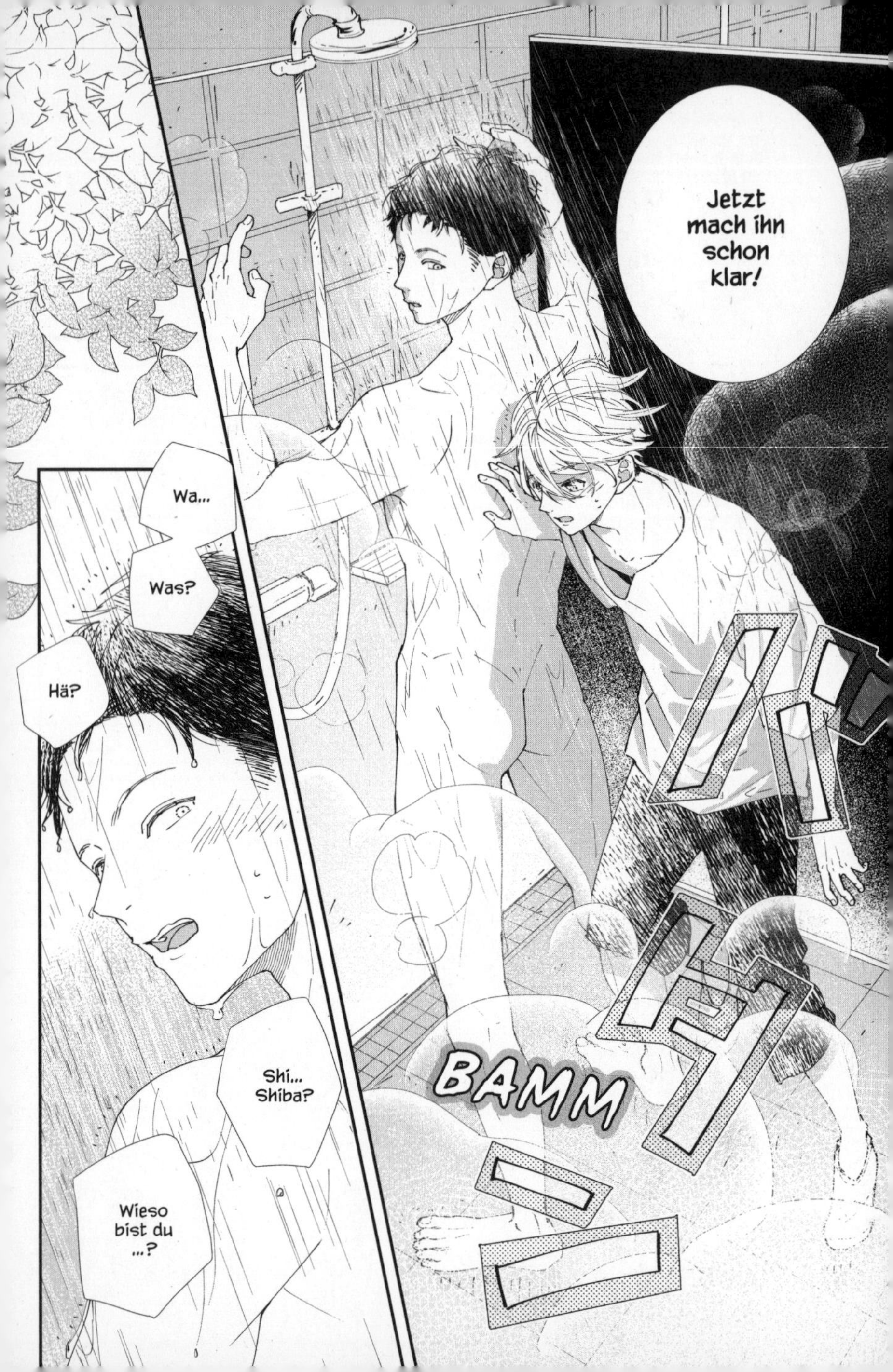

Jetzt mach ihn schon klar!
BAMM
Wa...
Was?
Hä?
Shi... Shiba?
Wieso bist du ...?

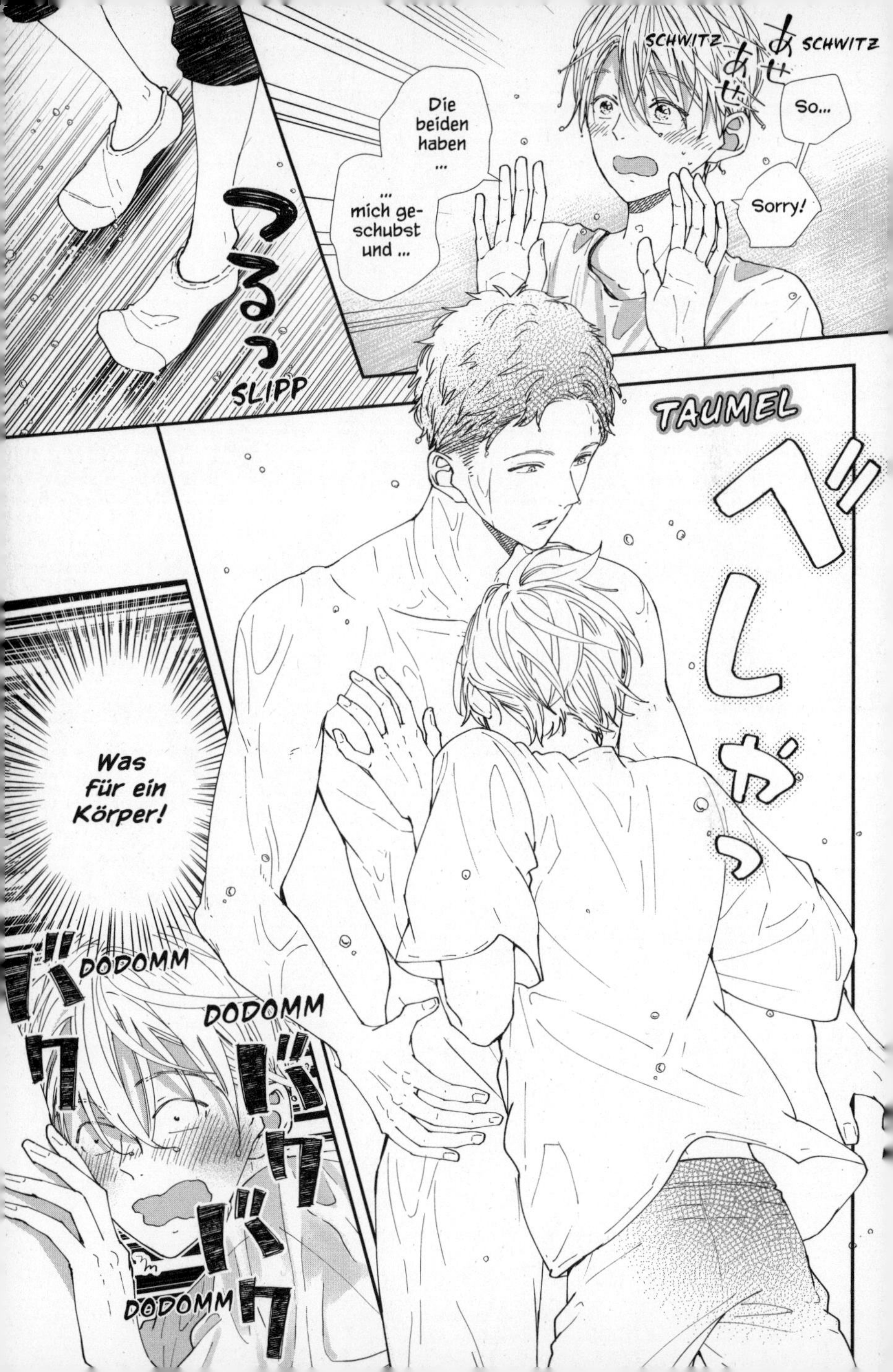

SCHWITZ
あせ
SCHWITZ
So...
Sorry!
Die beiden haben ...
... mich geschubst und ...
つるっ
SLIPP
TAUMEL
べしゃっ
Was für ein Körper!
ドバ
DODOMM
DODOMM
DODOMM

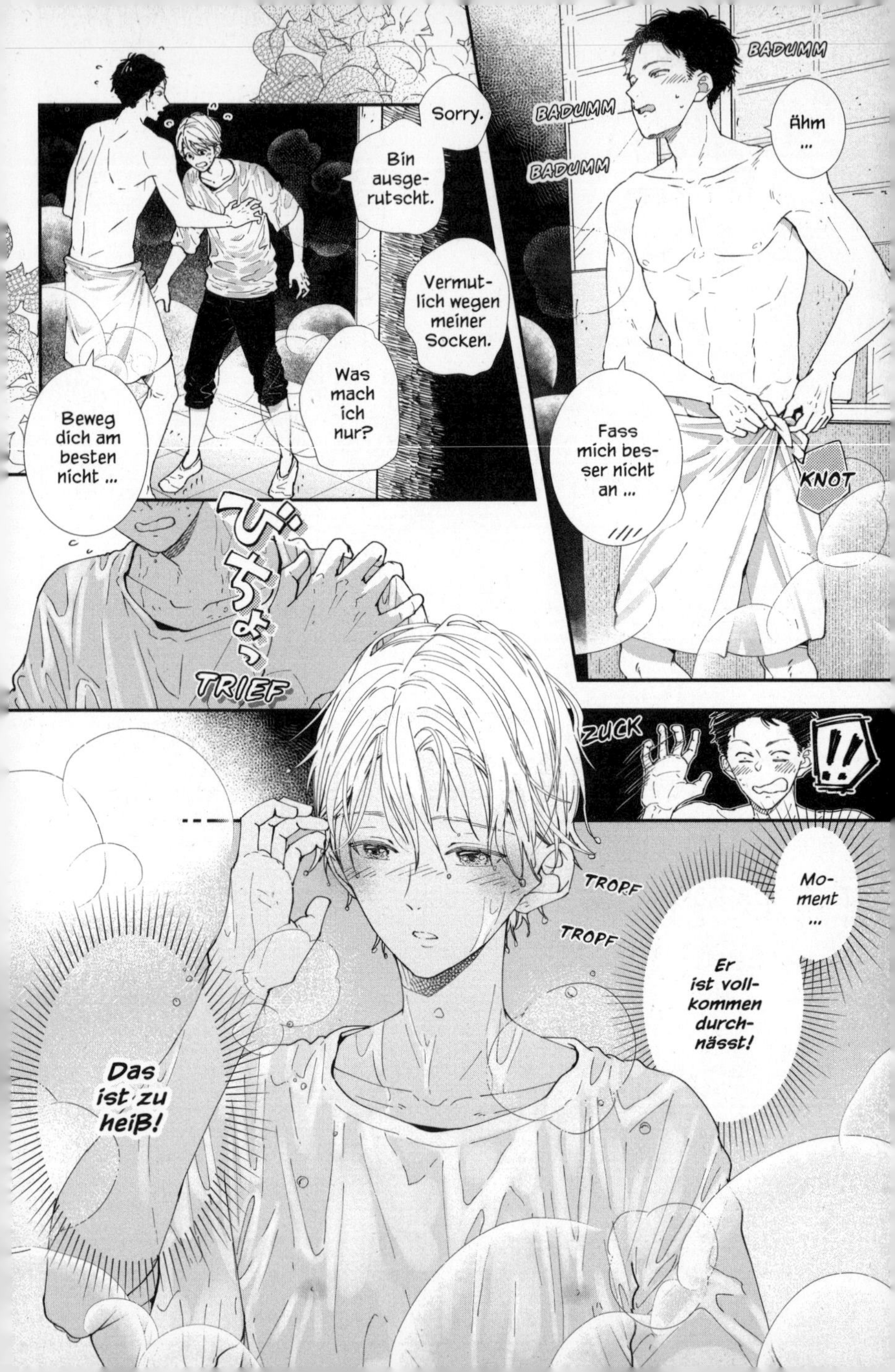
BADUMM
BADUMM
BADUMM
Ähm ...
Fass mich besser nicht an ...
KNOT
Sorry.
Bin ausgerutscht.
Vermutlich wegen meiner Socken.
Was mach ich nur?
Beweg dich am besten nicht ...
びちょっ
TRIEF
ZUCK
!!
TROPF
TROPF
Moment ...
Er ist vollkommen durchnässt!
Das ist zu heiß!

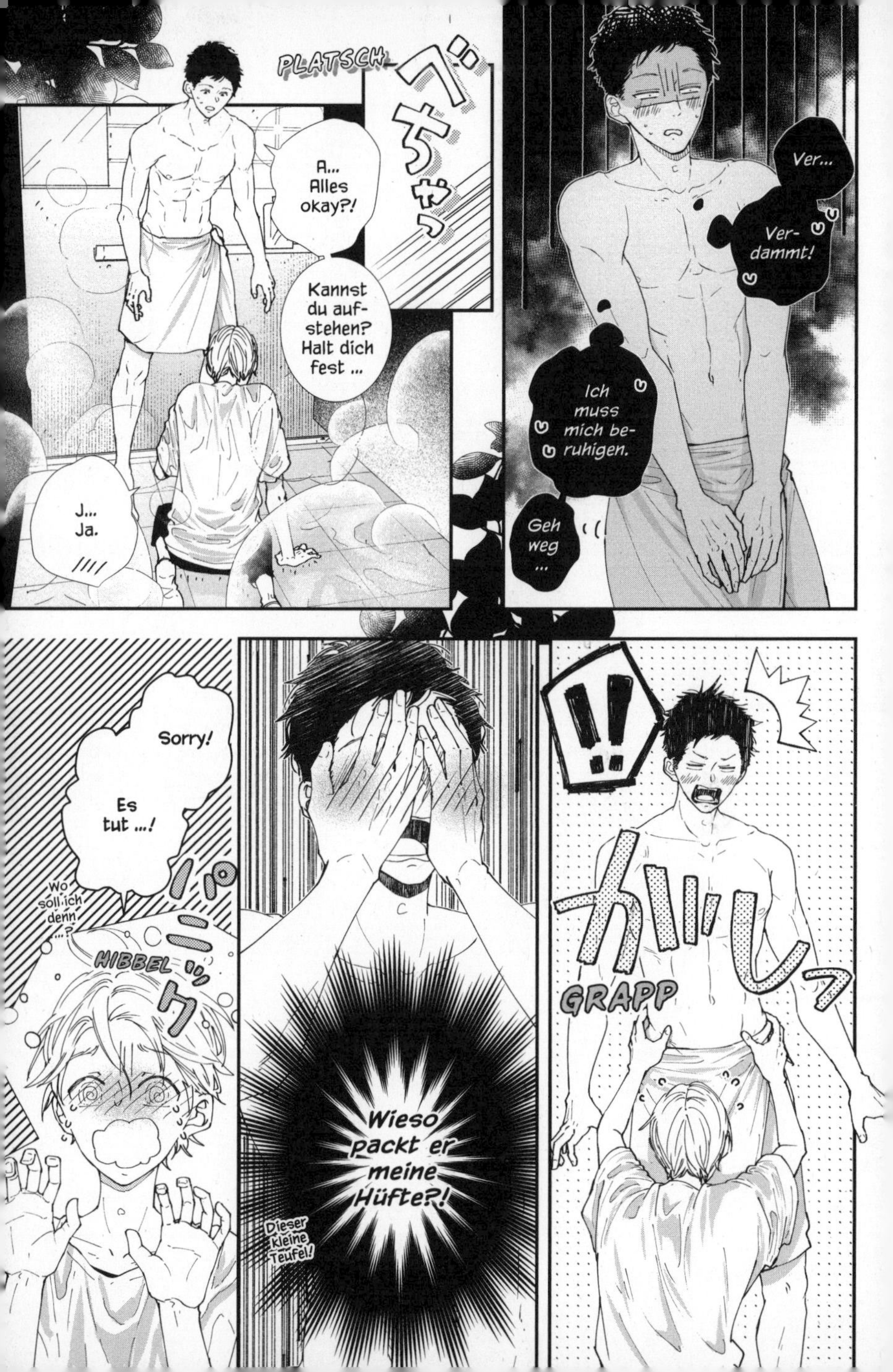

PLATSCH
Ver...
Verdammt!
Ich muss mich beruhigen.
Geh weg ...
A... Alles okay?!
Kannst du aufstehen? Halt dich fest ...
J... Ja.
GRAPP
Wieso packt er meine Hüfte?!
Dieser kleine Teufel!
Sorry!
Es tut ...!
Wo soll ich denn ...?
HIBBEL

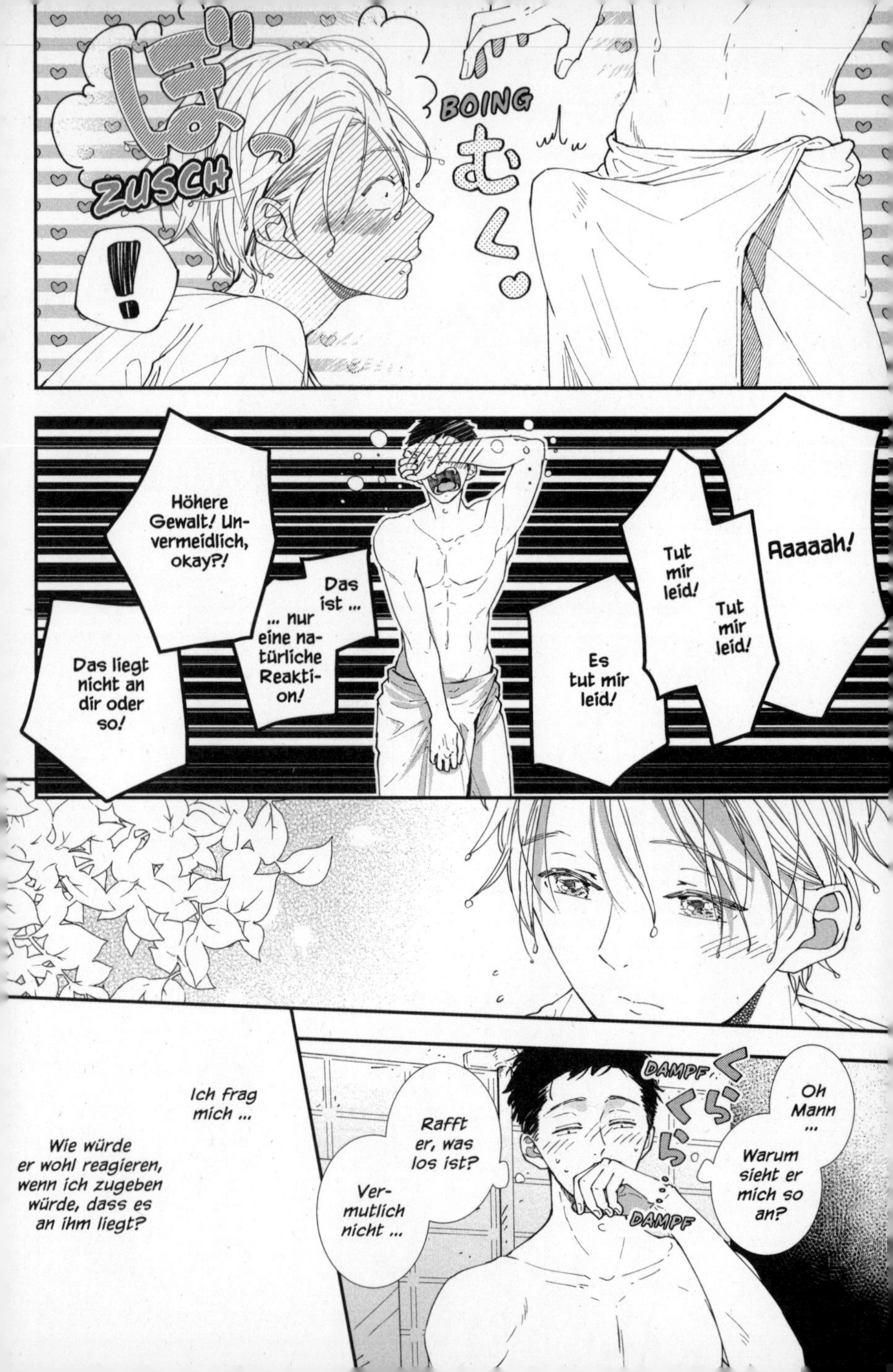

BOING
ZUSCH
!
Aaaaah!
Tut mir leid!
Tut mir leid!
Es tut mir leid!
Höhere Gewalt! Unvermeidlich, okay?!
Das ist …
… nur eine natürliche Reaktion!
Das liegt nicht an dir oder so!
DAMPF
Oh Mann …
Warum sieht er mich so an?
DAMPF
Rafft er, was los ist?
Vermutlich nicht …
Ich frag mich …
Wie würde er wohl reagieren, wenn ich zugeben würde, dass es an ihm liegt?

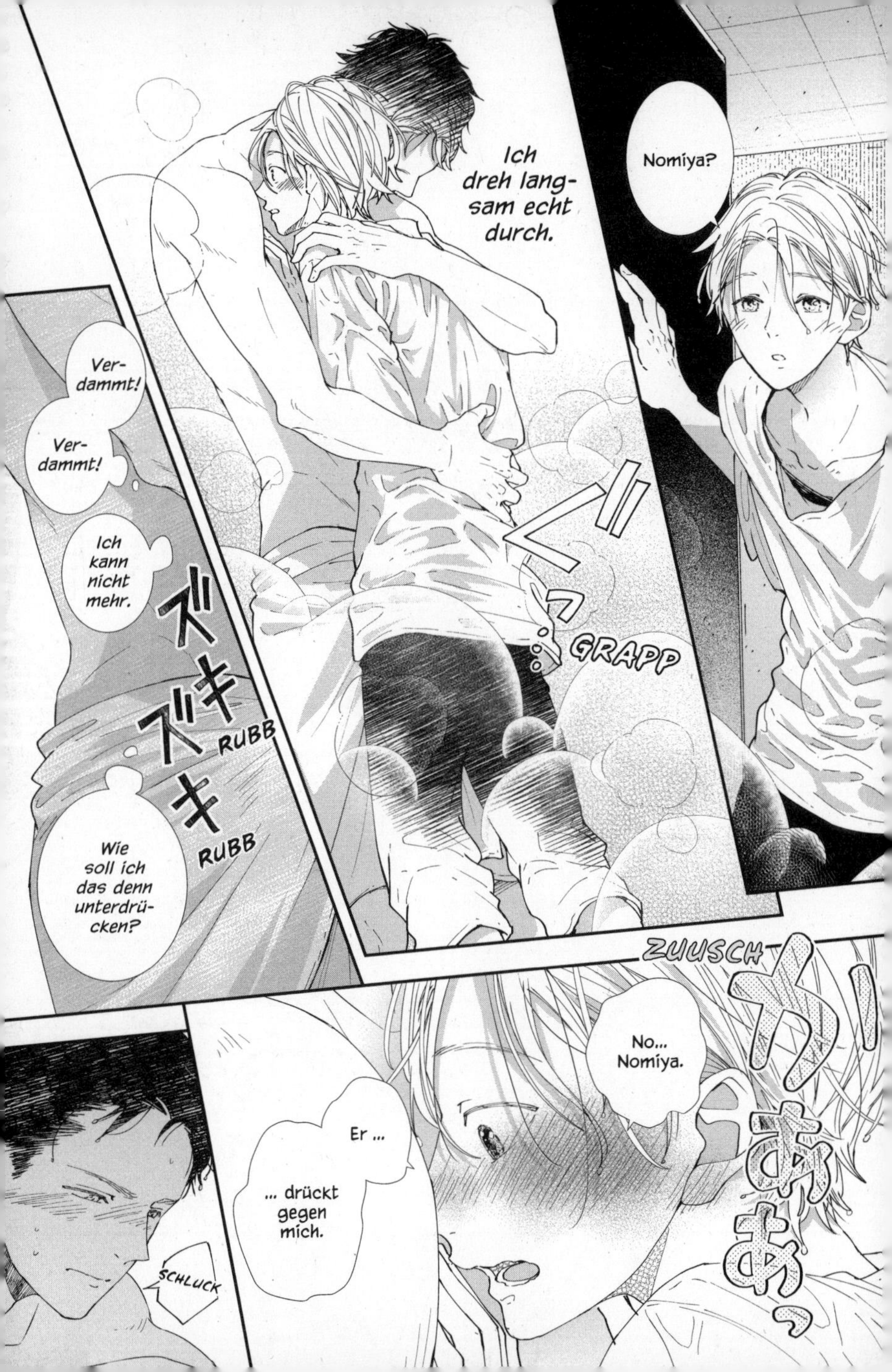
Nomiya?
Ich dreh lang-sam echt durch.
GRAPP
Ver-dammt!
Ver-dammt!
Ich kann nicht mehr.
ズキ
ズキ
RUBB
RUBB
Wie soll ich das denn unterdrü-cken?
ZUUSCH
No... Nomiya.
Er ...
... drückt gegen mich.
SCHLUCK

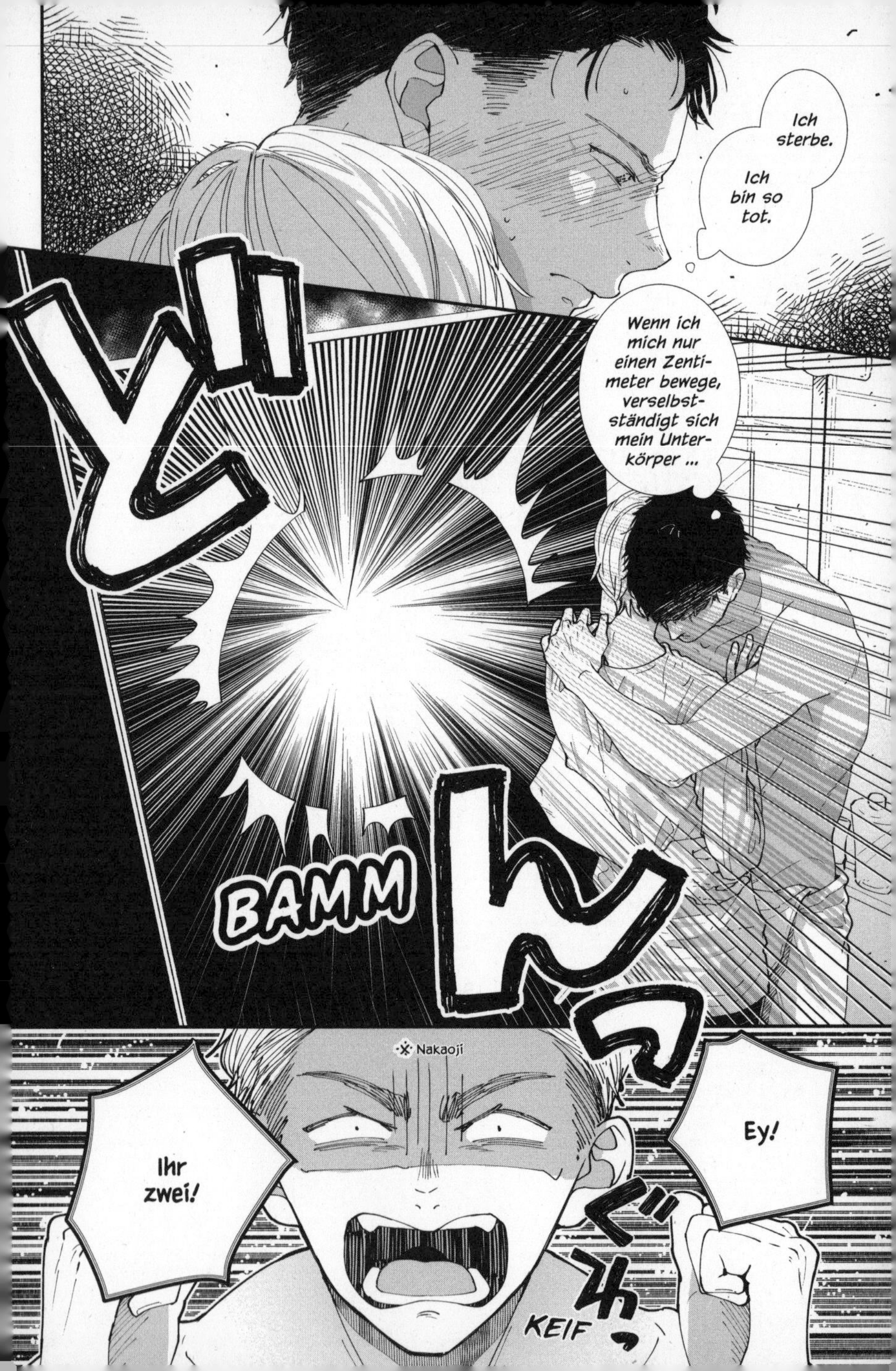
Ich sterbe.
Ich bin so tot.
Wenn ich mich nur einen Zentimeter bewege, verselbstständigt sich mein Unterkörper ...
BAMM
※ Nakaoji
Ey!
Ihr zwei!
KEIF

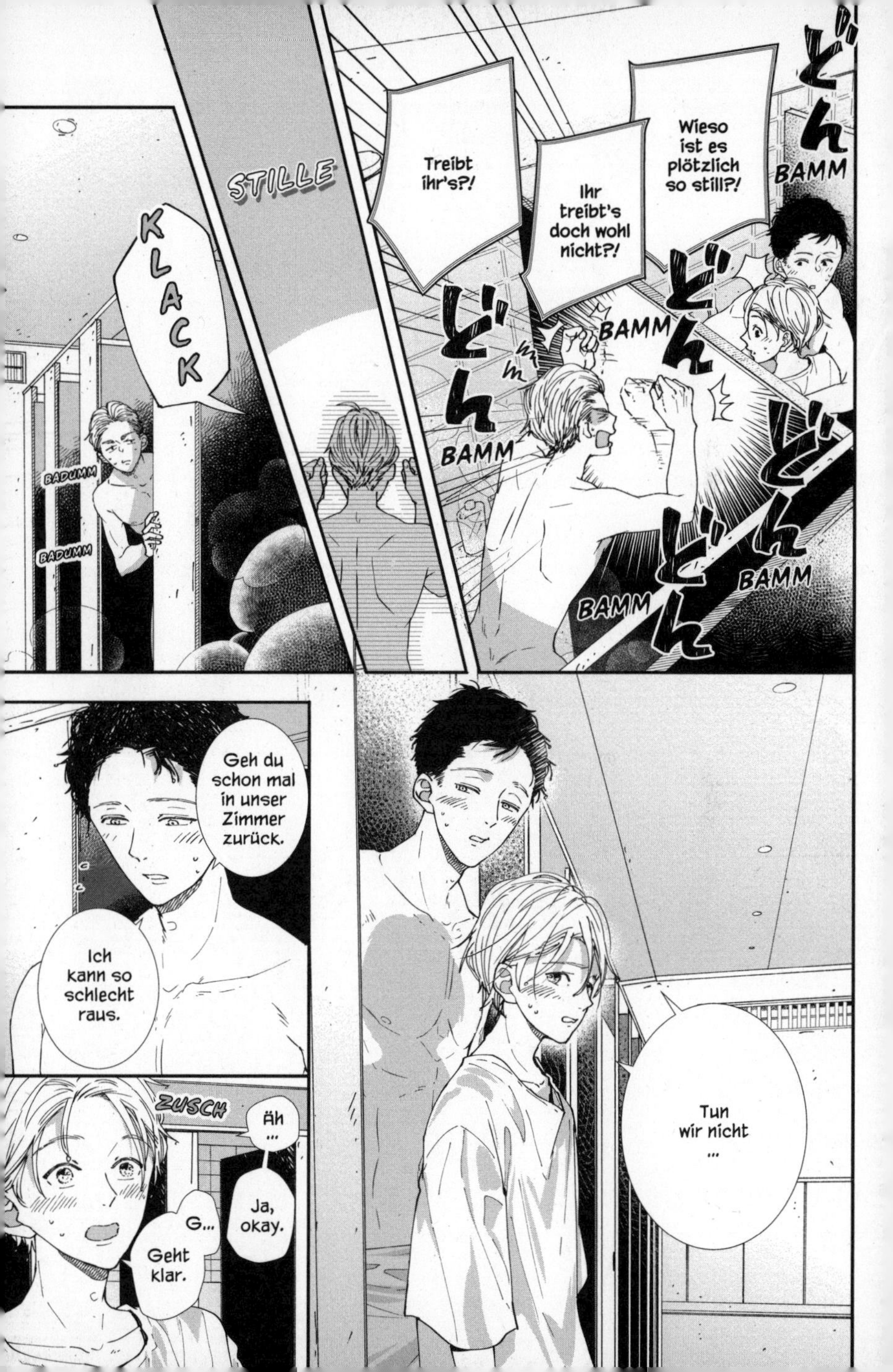
どん
BAMM
Wieso ist es plötzlich so still?!
Ihr treibt's doch wohl nicht?!
Treibt ihr's?!
どん
BAMM
どん
BAMM
どん
BAMM
どん
BAMM
STILLE
KLACK
BADUMM
BADUMM
Tun wir nicht ...
Geh du schon mal in unser Zimmer zurück.
Ich kann so schlecht raus.
ZUSCH
Äh ...
Ja, okay.
G...
Geht klar.

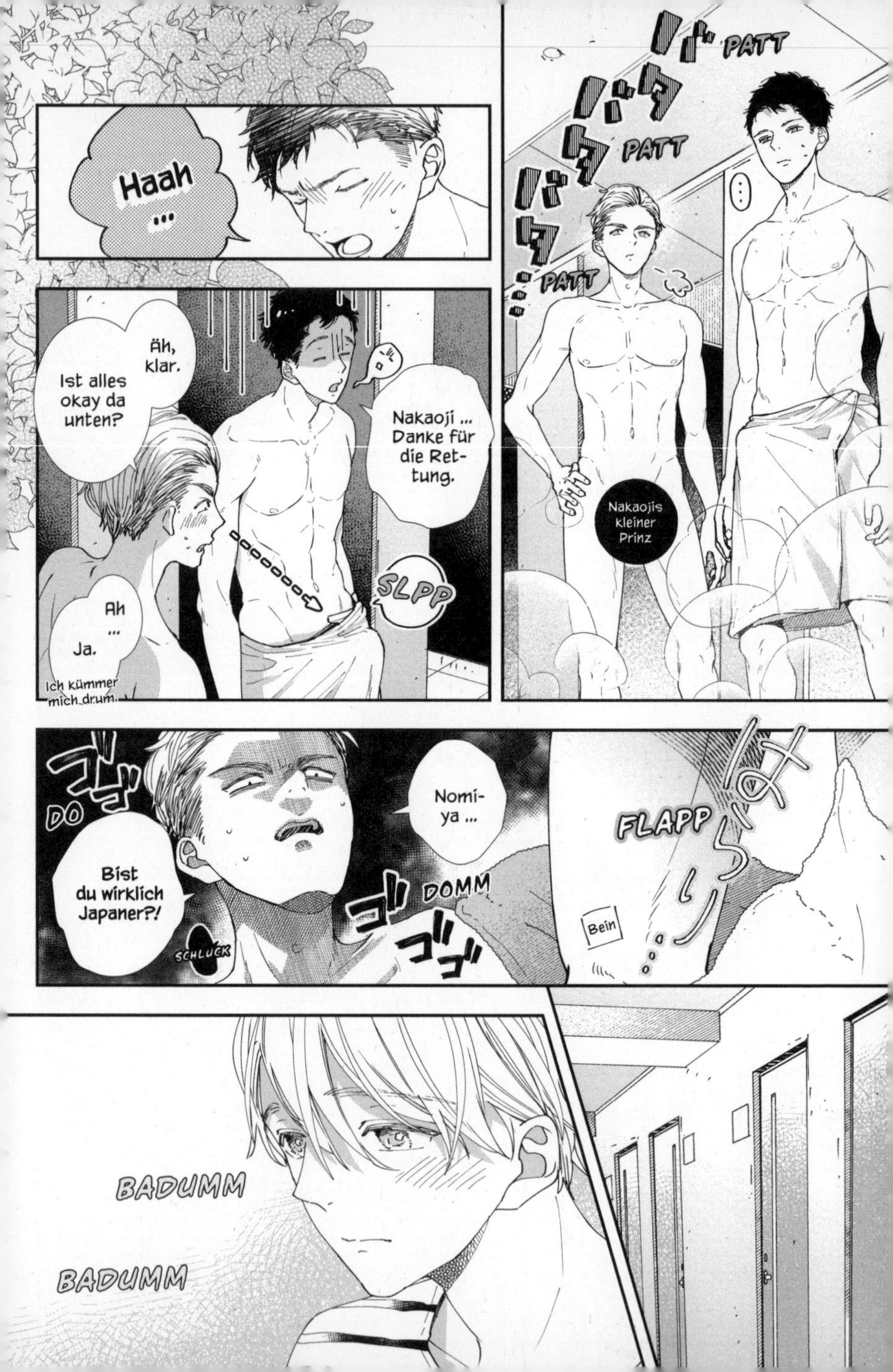
PATT
PATT
PATT
…
Nakaojis kleiner Prinz
Haah …
Nakaoji … Danke für die Ret-tung.
Äh, klar.
Ist alles okay da unten?
SLPP
Ah … Ja.
Ich kümmer mich drum.
FLAPP
Bein
Nomi-ya …
DO
Bist du wirklich Japaner?!
DOMM
SCHLUCK
BADUMM
BADUMM

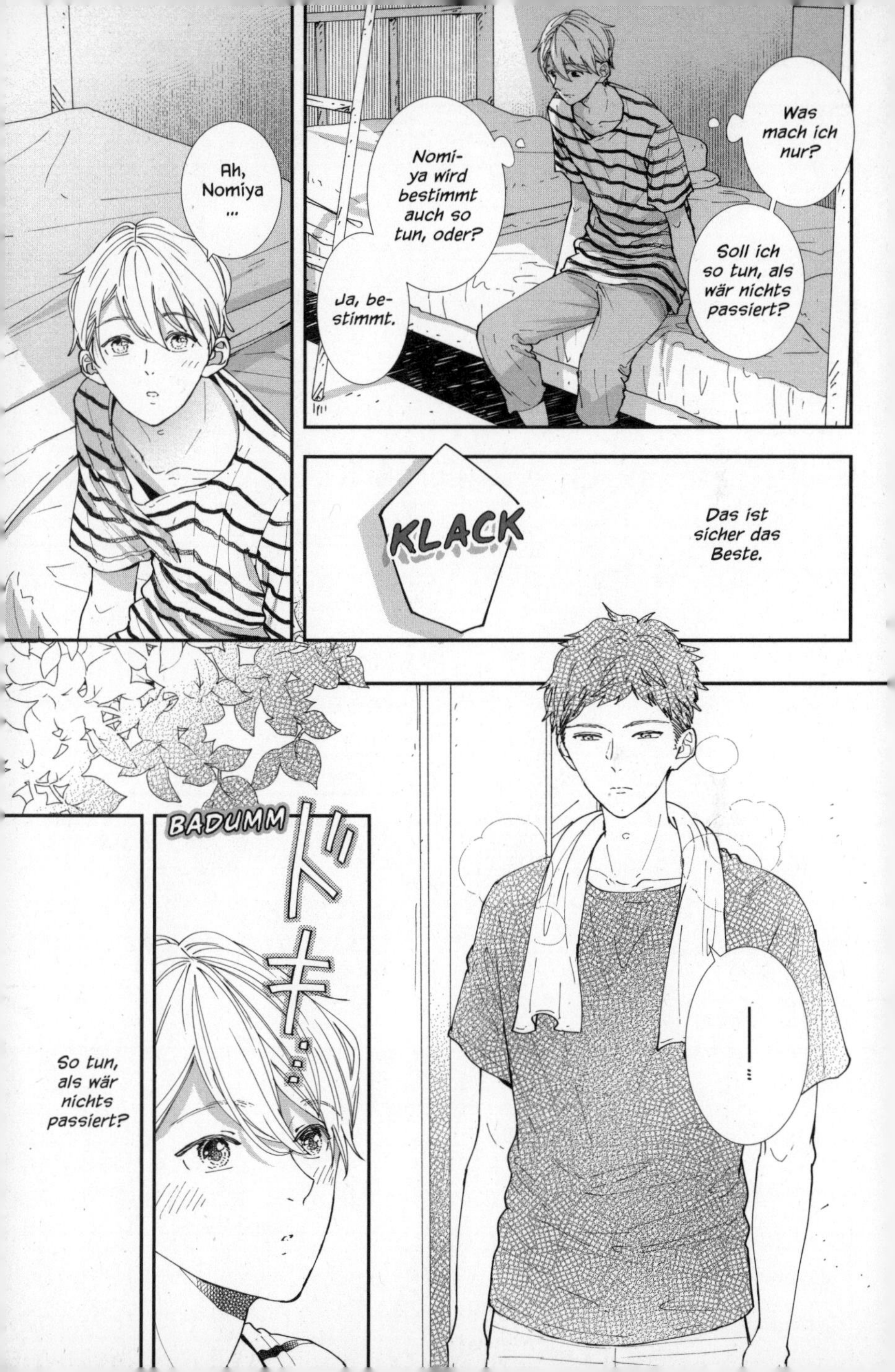
Was mach ich nur?
Soll ich so tun, als wär nichts passiert?
Nomiya wird bestimmt auch so tun, oder?
Ja, bestimmt.
Das ist sicher das Beste.
KLACK
Ah, Nomiya ...
—!!
BADUMM
So tun, als wär nichts passiert?

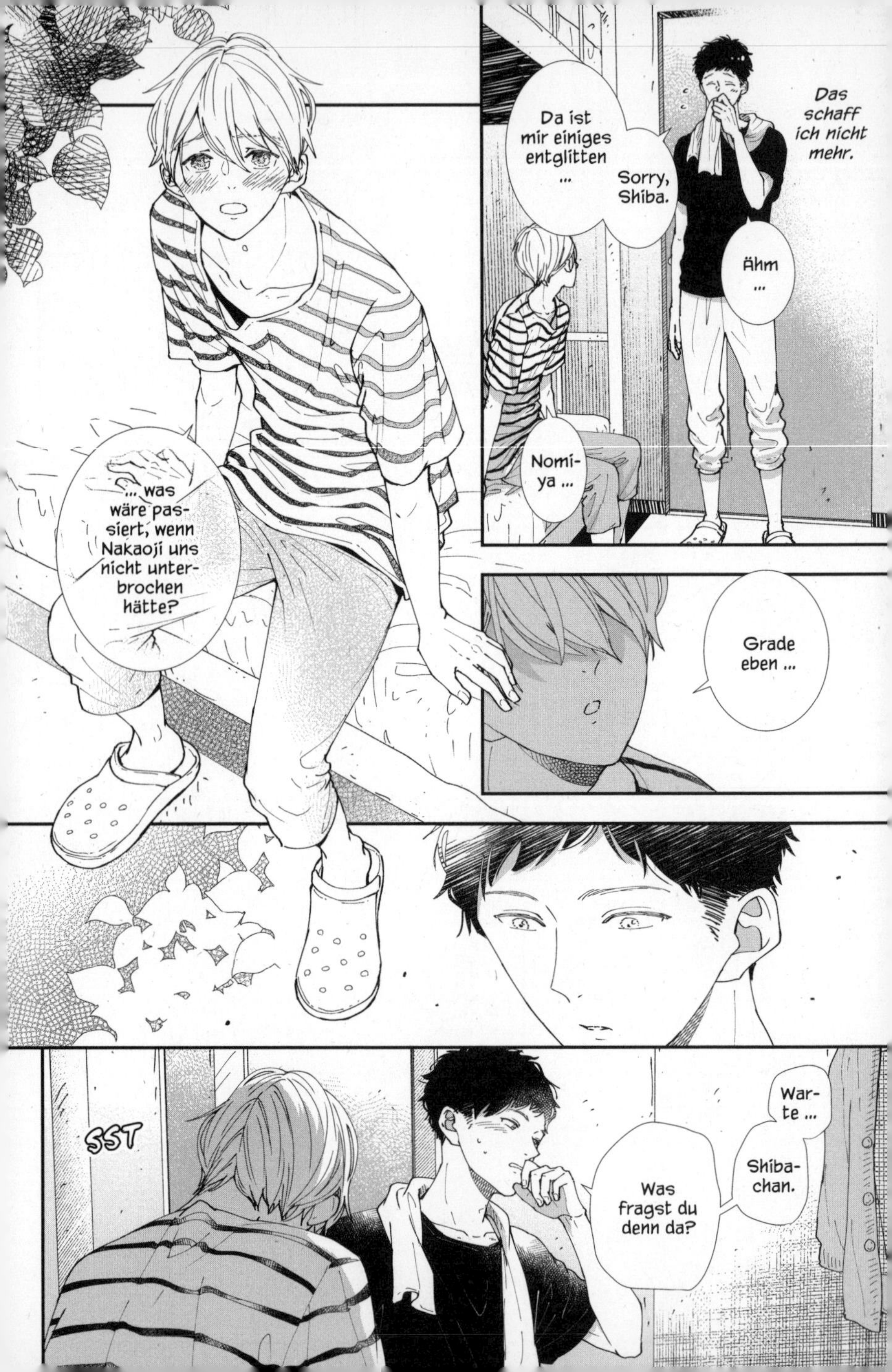
Das schaff ich nicht mehr.
Sorry, Shiba.
Da ist mir einiges entglitten ...
Ähm ...
Nomi-ya ...
Grade eben ...
... was wäre pas-siert, wenn Nakaoji uns nicht unter-brochen hätte?
SST
War-te ...
Shiba-chan.
Was fragst du denn da?

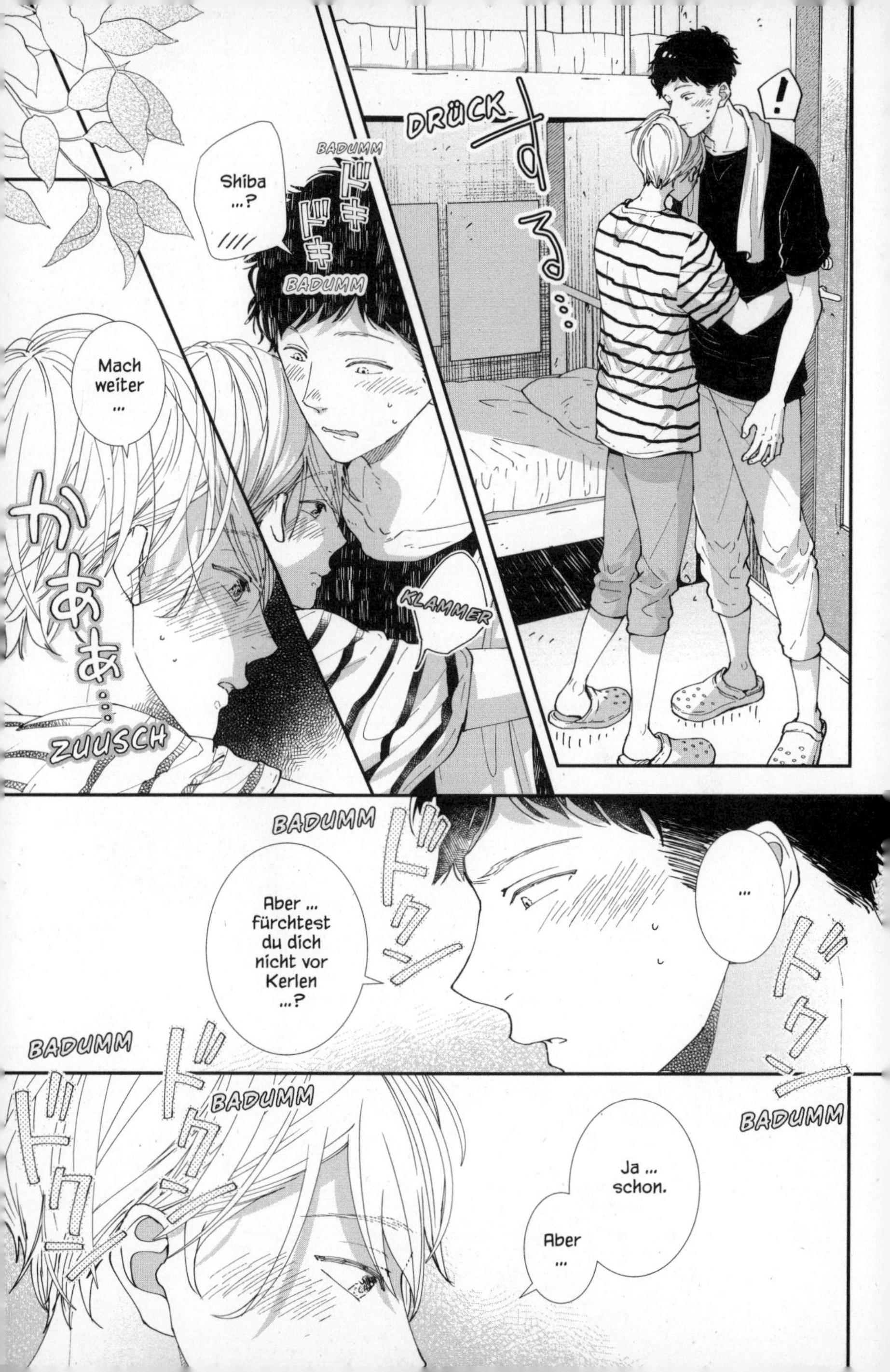
DRÜCK
BADUMM
BADUMM
Shiba ...?
Mach weiter ...
KLAMMER
ZUUSCH
BADUMM
Aber ... fürchtest du dich nicht vor Kerlen ...?
...
BADUMM
BADUMM
BADUMM
Ja ... schon.
Aber ...

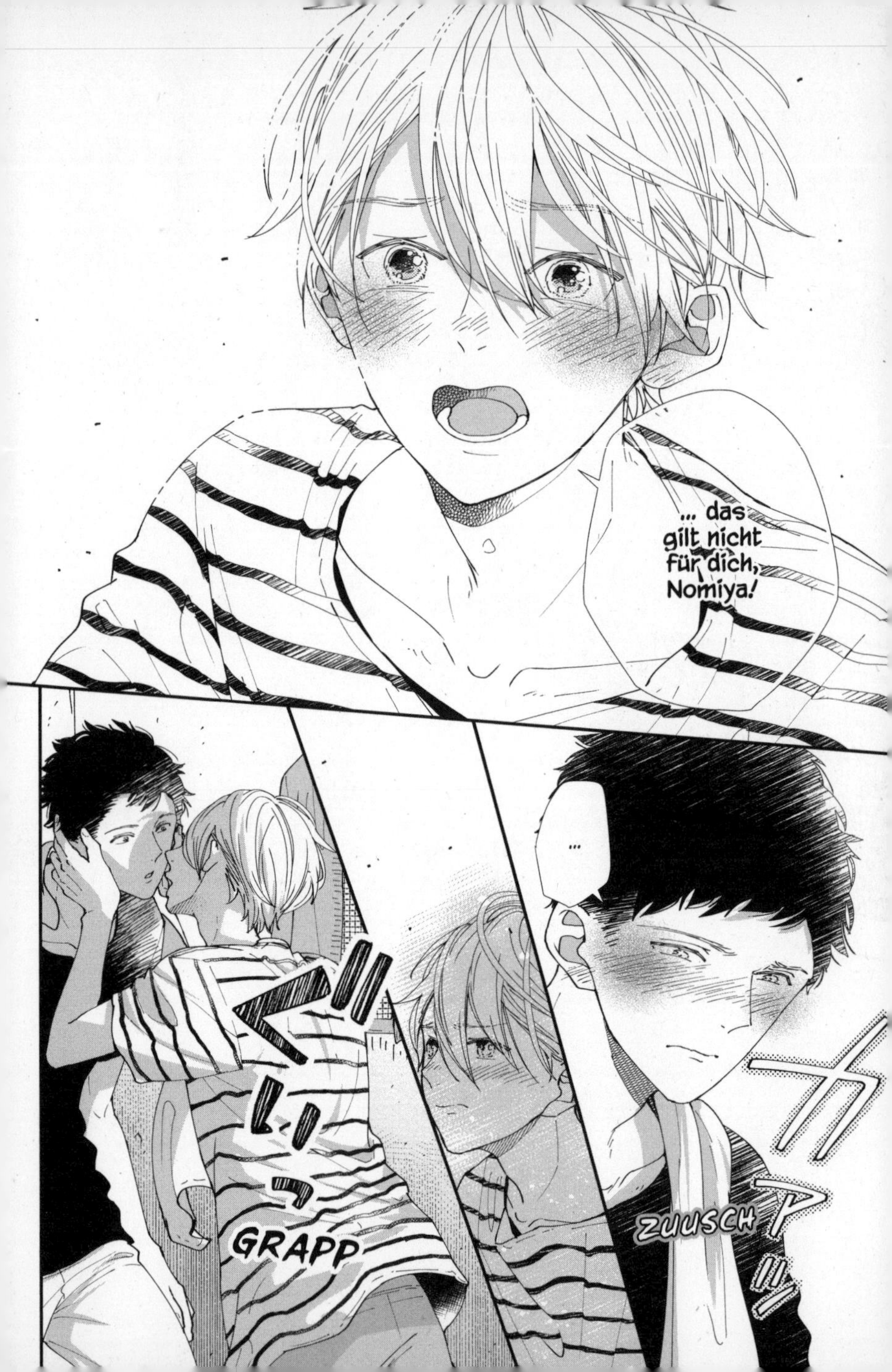
... das gilt nicht für dich, Nomiya!
...
ZUUSCH
GRAPP

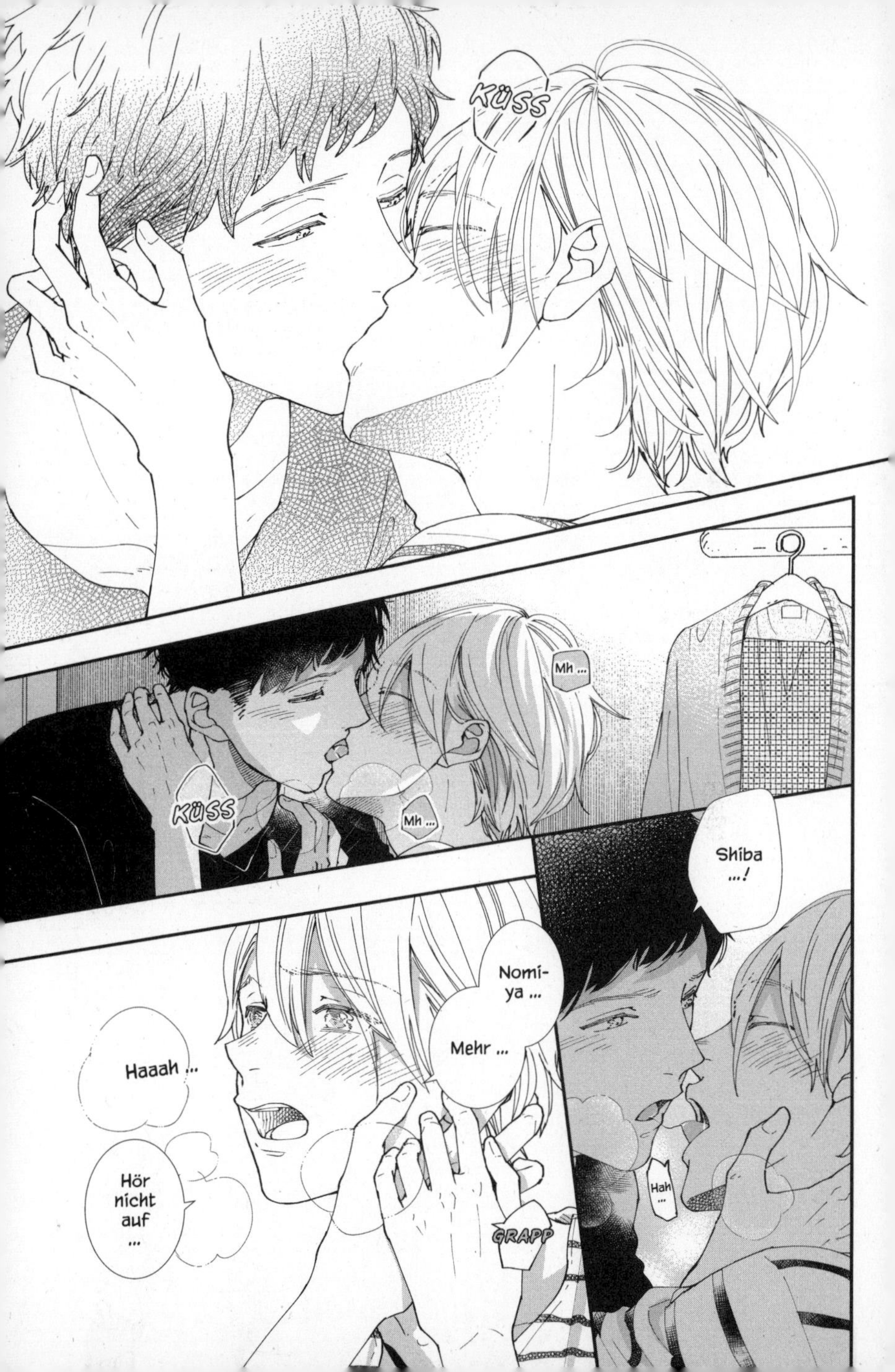

KÜSS
Mh ...
KÜSS
Mh ...
Shiba ...!
Nomi-ya ...
Mehr ...
Haaah ...
Hör nicht auf ...
Hah ...
GRAPP

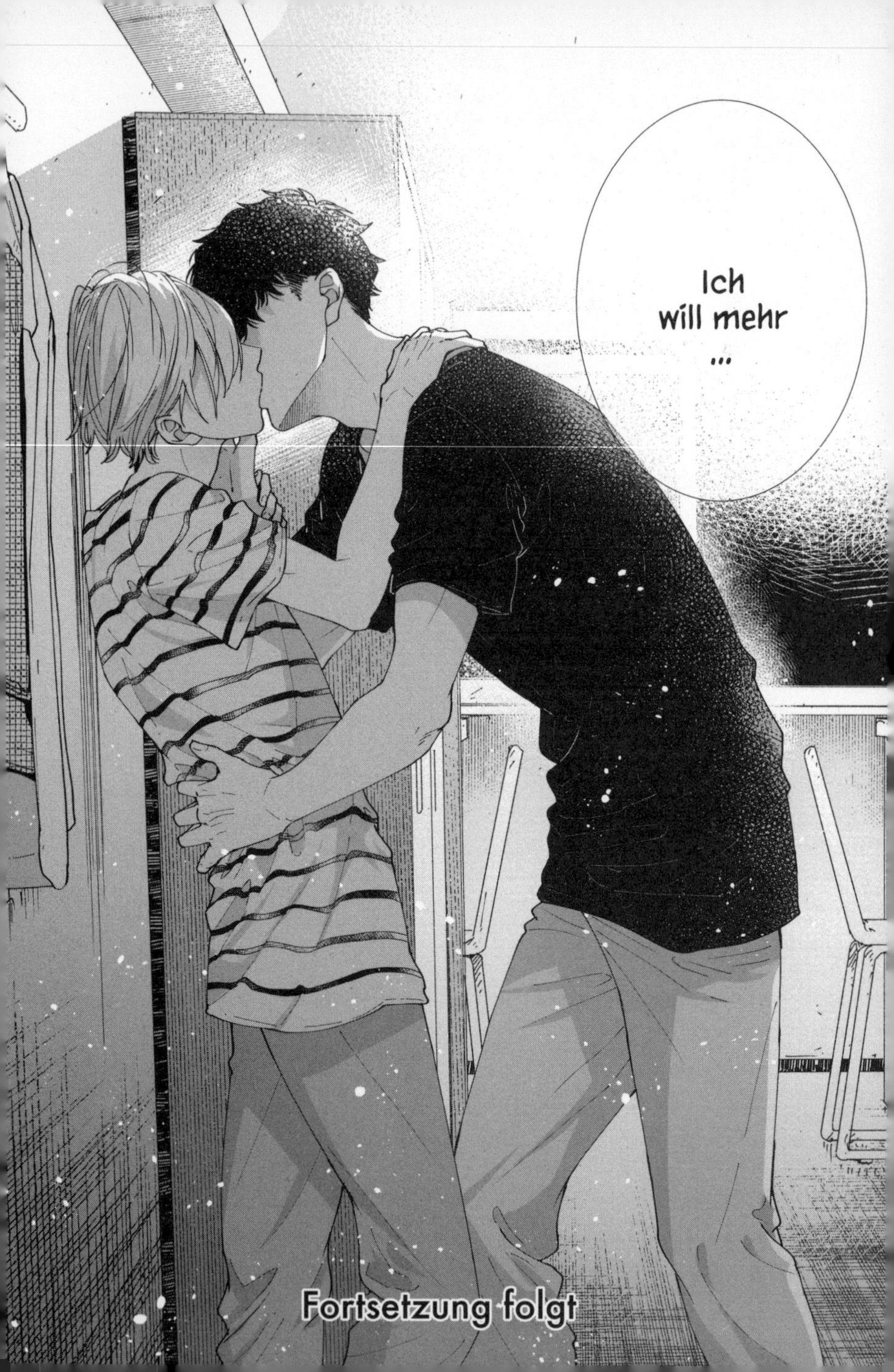
Ich will mehr ...
Fortsetzung folgt

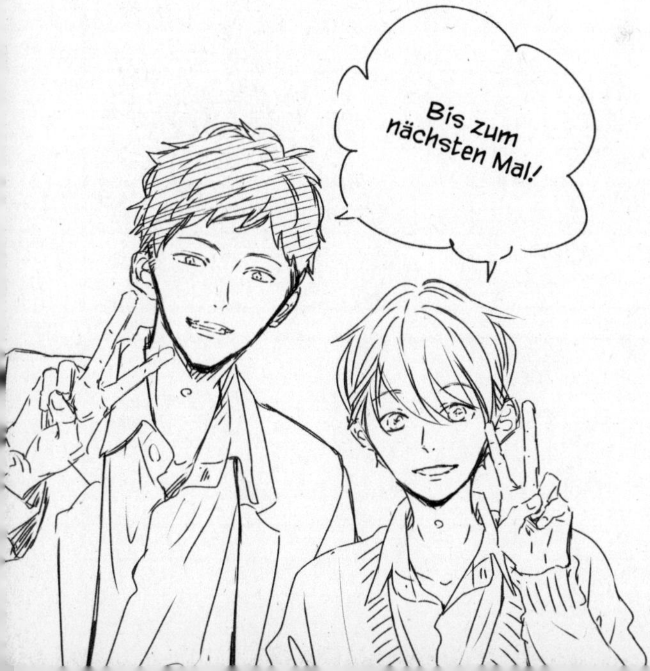
Bis zum nächsten Mal!

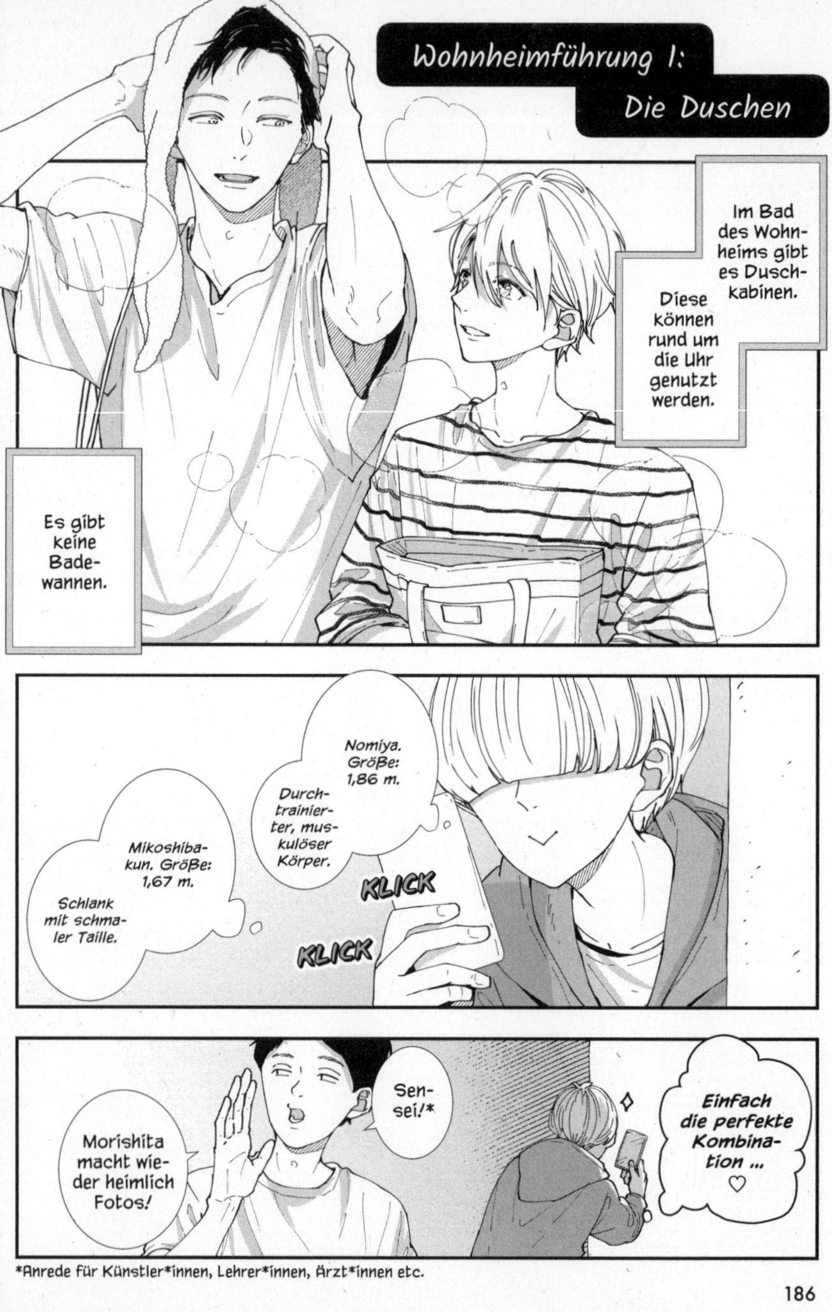

*Anrede für Künstler*innen, Lehrer*innen, Ärzt*innen etc.

Wohnheimführung 2: Der Wäscheraum

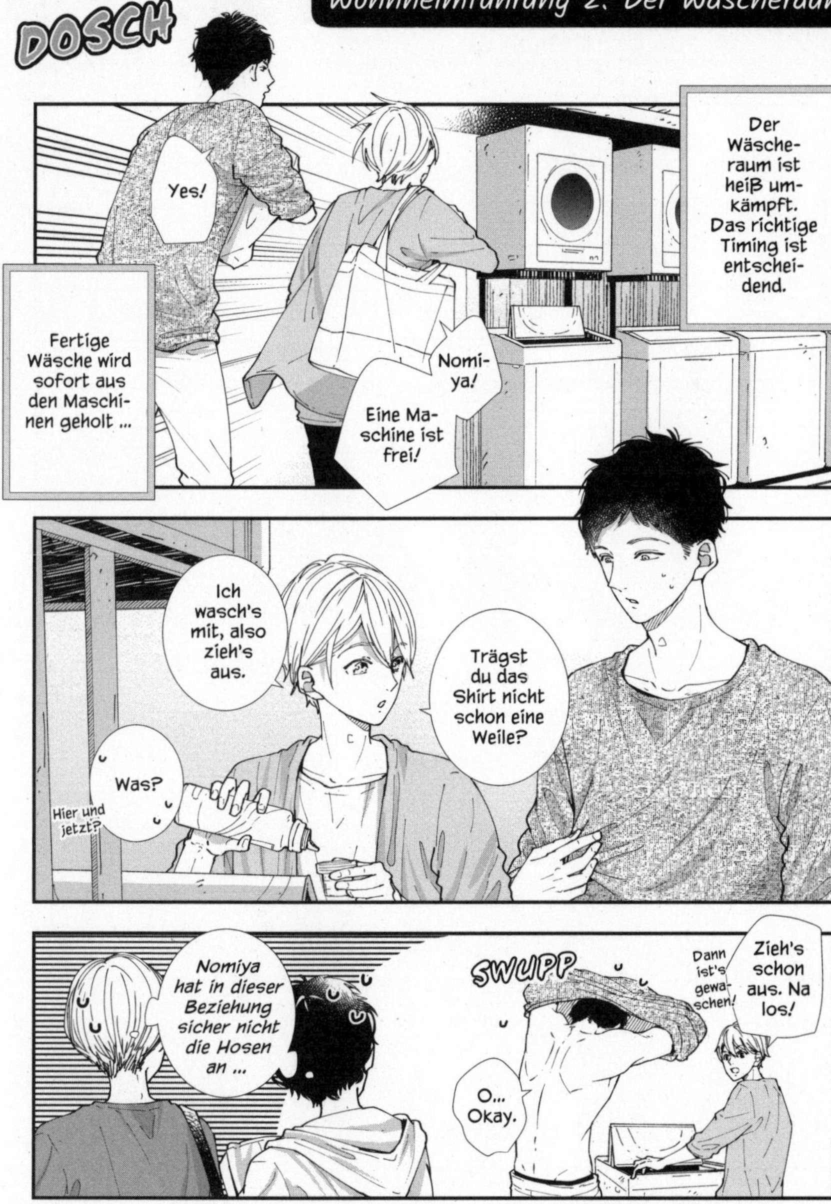

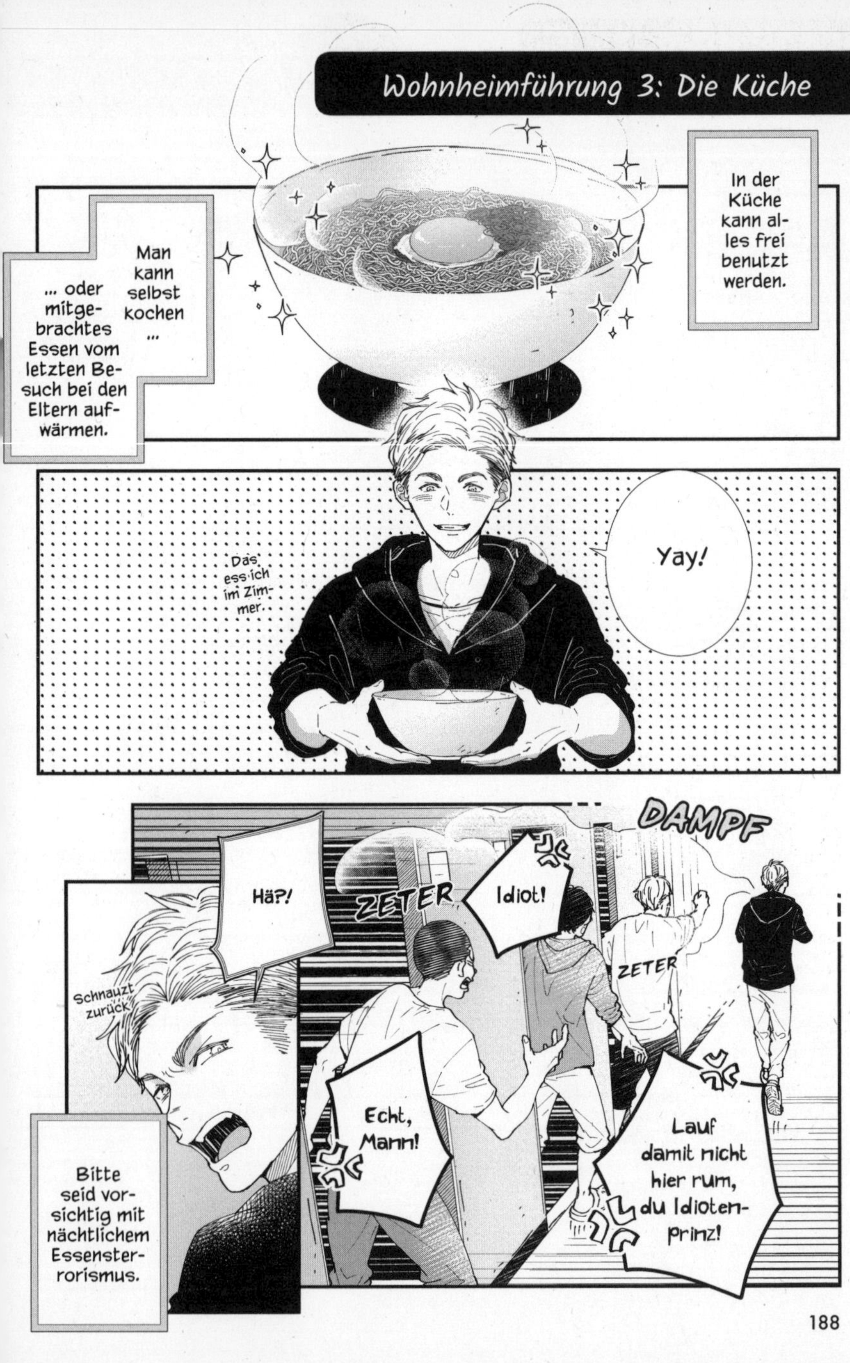

Wohnheimführung 3: Die Küche
In der Küche kann alles frei benutzt werden.
Man kann selbst kochen …
… oder mitgebrachtes Essen vom letzten Besuch bei den Eltern aufwärmen.
Yay!
Das ess ich im Zimmer.
DAMPF
Idiot!
ZETER
Hä?!
ZETER
Schnauzt zurück
Lauf damit nicht hier rum, du Idiotenprinz!
Echt, Mann!
Bitte seid vorsichtig mit nächtlichem Essensterrorismus.

Über die Klubaktivitäten

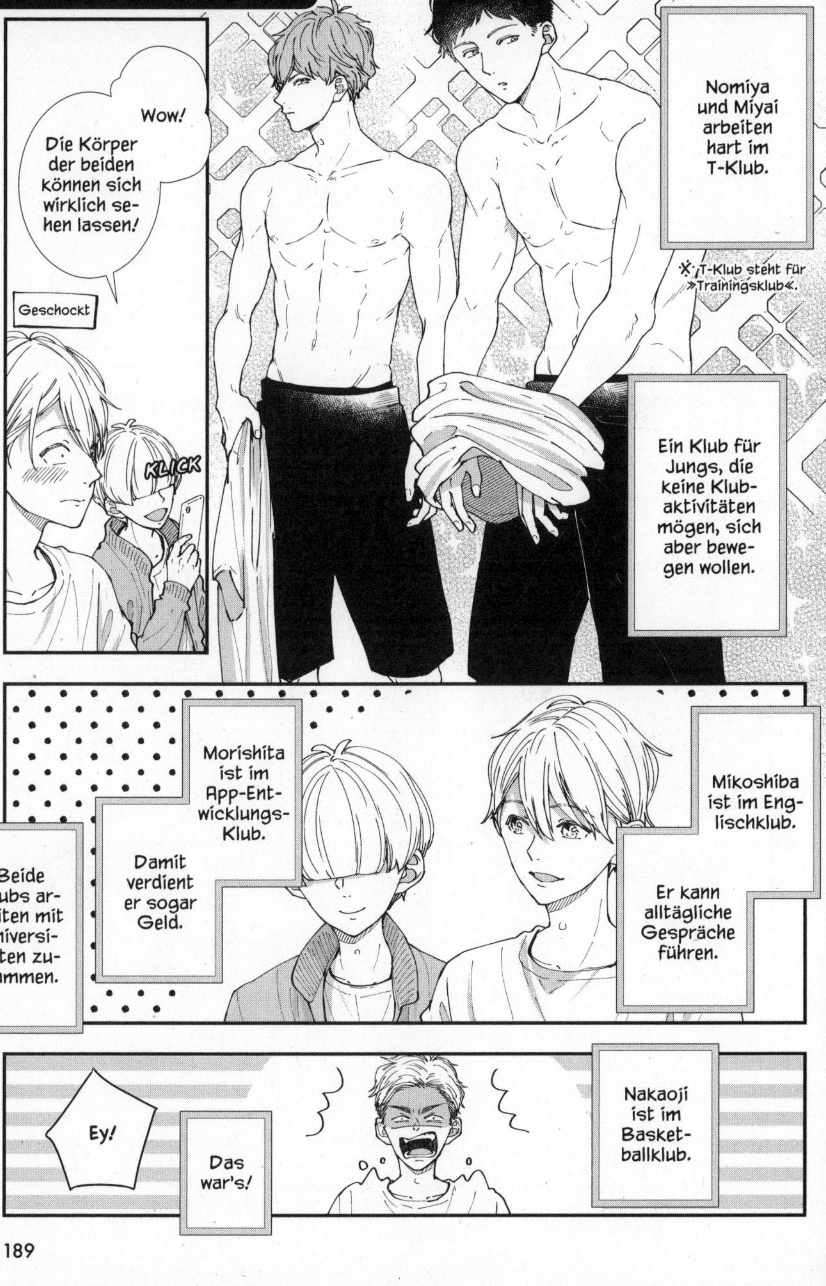

Mikoshibas Frieden

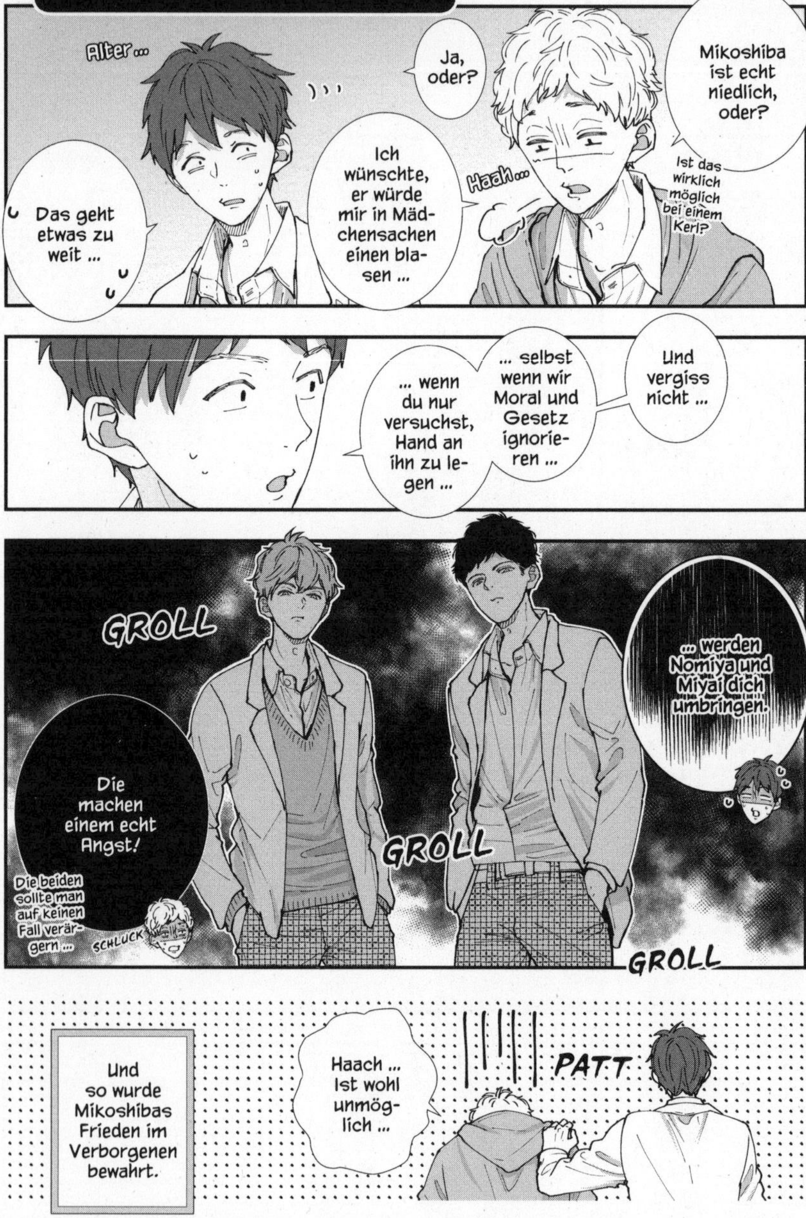

Nachwort

Guten Tag allerseits! Ich bin Tohru Tagura.
Vielen lieben Dank, dass ihr *Nomi x Shiba* gelesen habt!

Normalerweise zeichne ich eher seichte Geschichten. Aber da dies mein erstes Werk bei einem neuen Verlag ist, dachte ich mir, das ist meine Chance, etwas Neues auszuprobieren. Daher habe ich mich an einer etwas anderen Art der Liebeskomödie versucht.

Ich hatte sehr viel Spaß beim Zeichnen, aber wie ... wie hat sie euch denn gefallen? (Schluck)

Es ist eine Liebeskomödie, aber das Thema des Magazins *Kimikoi* ist »unschuldige Liebe«. Daher geht es um zwei Jungs, die mit ihrer vermeintlich unerwiderten Liebe alle Hände voll zu tun haben. Ich würde mich freuen, wenn ihr auch etwas Spaß daran hattet.

Die Geschichte war ursprünglich als Oneshot geplant, doch glücklicherweise darf ich ich noch eine Fortsetzung schreiben. Es geht also weiter!

Noch mal vielen lieben Dank!

Also dann, bis zum nächsten Mal!

TOKYOPOP GmbH
Hamburg

TOKYOPOP
1. Auflage, 2024
Deutsche Ausgabe/German Edition

Aus dem Japanischen von Dana Soltau

NOMI × SHIBA

First published in Japan in 2018 by SHUEISHA Inc., Tokyo.
German translation rights in Germany, Austria and German-speaking Switzerland arranged by SHUEISHA Inc. through VME PLB SAS, France.

Redaktion: Katrin Aust
Lettering: Vibrant Publishing Studio
Herstellung: Mathias Neumeyer
Druck und buchbinderische Verarbeitung:
CPI – Clausen & Bosse GmbH, Leck
Printed in Germany

MIX
Papier
FSC FSC® C083411

Wir achten auf die Umwelt.
Dieses Produkt besteht aus FSC®-zertifizierten und anderen kontrollierten Materialien.

ISBN 978-3-8420-9759-9

www.tokyopop.de